国元证券股份有限公司组织编写

中国上市公司ESG信息披露典型实践案例

主 编 俞仕新 魏玖长 沈和付
副主编 胡 甲 李 志

参 编（以姓氏笔画为序）

马可馨 王 璇 王玉岚 王远鸿 吕 靖
朱 杰 朱晓溪 刘 妍 刘兵兵 李慧敏
杨 璐 杨程炜 余 欣 张天明 张谊然
陈长春 周海娆 郑 杰 郑其昀 郑昊楠
赵 洋 姚舒宁 耿勋翾 夏 里 郭 堃
黄睿蕾 葛兴华 韩金朵

中国科学技术大学出版社

内 容 简 介

ESG是关于环境(Environmental)、社会(Social)和治理(Governance)如何协调发展的理念，也是一种基于这三个因素对公司非财务绩效的评估和对公司长期发展的评价标准。本书基于公开数据，对工业、消费、能源、金融等重点行业的基本情况、行业ESG信息披露总体情况以及各重点行业内典型公司ESG信息披露的实践案例进行分析，选取30多家重点上市公司的ESG信息披露进行公司管理案例开发，重点披露公司ESG信息披露工作的发展历程、公司ESG信息披露工作的经验及启示等内容，以期为其他公司开展ESG信息披露工作提供实践启示。

图书在版编目(CIP)数据

中国上市公司ESG信息披露典型实践案例/俞仕新，魏玖长，沈和付主编. —合肥：中国科学技术大学出版社，2023.8
ISBN 978-7-312-05772-4

Ⅰ. 中… Ⅱ. ①俞… ②魏… ③沈… Ⅲ. 上市公司—企业环境管理—信息管理—研究—中国 Ⅳ. F279.246

中国国家版本馆CIP数据核字(2023)第163613号

中国上市公司ESG信息披露典型实践案例
ZHONGGUO SHANGSHI GONGSI ESG XINXI PILU DIANXING SHIJIAN ANLI

出版	中国科学技术大学出版社
	安徽省合肥市金寨路96号，230026
	http://press.ustc.edu.cn
	https://zgkxjsdxcbs.tmall.com
印刷	合肥华苑印刷包装有限公司
发行	中国科学技术大学出版社
开本	787 mm×1092 mm 1/16
印张	25
字数	503千
版次	2023年8月第1版
印次	2023年8月第1次印刷
定价	80.00元

序

2004年,联合国全球契约组织首次明确提出环境(Environment)、社会(Social)和治理(Governance),即ESG的概念。上市公司作为市场活动的主要参与者、市场经济中最重要的市场主体,其社会效益密切关系着社会经济的发展。随着全球气候变化、贫富差距等社会问题日益增多,国际社会对可持续发展的重视程度逐步加深。在此环境下,上市公司的主要目标从"股东利益最大化"向"利益相关者与股东利益的平衡"转变,上市公司成为实现可持续发展的中坚力量,承担着社会可持续发展的重任。

尽管ESG在我国上市公司中实践较晚,行业信息披露标准尚不完善,但近年来越发得到市场主体的重视。其中的"可持续发展""绿色低碳"等理念与我国历来倡导的发展战略高度契合。党的十九大报告指出,我国经济已由高速增长阶段转向高质量发展阶段;"十四五"时期,经济社会发展要以推动高质量发展为主题;党的二十大报告中,提出了"推动绿色发展,促进人与自然和谐共生"的新发展要求,进一步强调了经济高质量发展的同时需要与环境高水平保护相统一。2022年,针对央企控股上市公司,国务院国资委发布了《提高央企控股上市公司质量工作方案》,明确要求更多央企控股上市公司完善披露ESG专项报告。

经济高质量发展离不开一大批具有国际竞争力的高质量发展上市公司,而高质量发展的上市公司不仅要创造经济效益,更要积极承担社会责任从而创造社会效益,其中社会效益的重要一环体现在ESG的实践和相关信息的规范披露中。通过了解上市公司披露的ESG信息,具有长期发展潜力及符合可持续发展要求、"双碳"战略或绿色发展战略的上市公司和项目更易获得投资者的青睐,从而引导市场资源向符合可持续发展要求、有利于"双碳"战略和绿色发展战略实施的方向进行配置。因此,上市公司ESG信息披露是整个资本市场投资和资源配置的一项基础性工作,也是中国上市公司必须履行的社会责任。

案例是对ESG信息披露最为直接、典型、生动的演绎,也是理论界与实务界进行对话交流的重要桥梁,具有研究、借鉴、指导实际等意义。"一个案例胜过一沓文件",用实实在在的ESG信息披露成效,写好中国式现代化下ESG信息披露的这篇大文章,是此部案例集结成书的重要驱动力。

鉴于此,本书收集汇总了中国上市公司ESG信息披露的典型实践案例,涉及9大产业板块、19个行业,共计34个上市公司案例。在撰写案例时,本书围绕上市公司经营理念与战略管理思想,阐述上市公司ESG信息披露工作的发展历程及效果,总结上市公司ESG信息披露工作的经验及启示;或围绕上市公司ESG信息披露工作中存在的问题,引导公众了解上市公司所在行业ESG信息披露质量评价体系构建的原则,进而思考上市公司ESG信息披露未来的改进策略;或围绕上市公司特定的ESG信息披露违规事件,梳理事件发生脉络(动因和后果),帮助公众了解ESG信息披露违规事件对上市公司价值、声誉或其他方面的影响并提出启示。

本书由行业专家、学者和实务工作者共同编写。笔者真诚地希望,这些案例成果能为今后中国上市公司ESG信息披露实践和理论研究贡献一份力量,特别是围绕"双碳"目标构建ESG发展路线图,推动绿色金融和责任投资,稳步推进上市公司ESG投资实践,对于完善ESG信息披露制度和ESG投资评价体系等方面具有较好的借鉴和指导意义,进一步激发市场主体绿色低碳投资活力,为"双碳"目标实现提供稳步的实现路径。集聚众智,群策群力,从ESG生态系统构成角度出发,尽快制定出台中国上市公司ESG信息披露标准和评价体系,力争为政府决策、监管政策落实、公司规范发展与社会和谐发展提供高标准服务和有力依据。同时,希望本书亦能给广大学者、实务工作者带来裨益和启迪。

在此向所有为《中国上市公司ESG信息披露典型实践案例》付梓付出辛勤汗水的专家、学者和实务工作者表示衷心的感谢和敬意!

俞仕新
2023年6月于合肥

前　言

目前，中国正在朝高质量发展、可持续发展的关键转型阶段迈进，随着"双碳"（碳达峰、碳中和）目标的提出，社会各界迫切地想要找到让上市公司履行责任角色、促进解决人类共同问题的方案。在这个背景下，环境（Environment）、社会（Social）和治理（Governance），即ESG的概念应运而生。

当上市公司为了追求经济利益而忽视公共利益时，一系列环境和社会问题就会出现。而ESG的出现提供了一个理想的解决方案，它为整合环境、社会和治理责任提出了一个理论和实践相结合的框架，同时倡导、强调了经济目标与社会环境责任相统一的价值理念。因此，ESG契合了中国经济高质量发展、可持续发展的诉求。与传统公司只注重经济利益相比，ESG则强调上市公司应当对外部利益相关者负责。

目前，ESG理念对于资本市场的信号作用正在不断凸显，它日益成为提高资本市场投资质量、改善资本市场功能的有效工具。ESG不仅是一种理论框架，它从实践中萌芽，由投资机构不断推动，最后逐渐得到全国乃至全球上市公司的共识，把环境、社会和治理的因素综合纳入上市公司可持续发展的前景。在"双碳"的政策背景下，ESG理念与实践已经得到主流的共识。

ESG发展史的源头是19世纪下半叶出现的上市公司层面自发组织的公益慈善等行为。1999年，全球第一个ESG指数（后更名为MSCI KLD 400社会指数）发布，该指数由标普500成分股中400家社会责任评价良好的公司组成。2004年，联合国环境规划署率先提出ESG负责任投资概念，鼓励投资者在投资过程中关注ESG问题。2006年，联合国负责任投资原则组织（UN PRI）的成立标志着ESG概念的正式形成。

与欧美国家相比，中国ESG发展较晚，但是其"可持续发展""绿色低碳"等理念与中国历来倡导的发展战略高度契合。2018年起，A股资本市场被正式纳入MSCI新兴市场与全球指数，这意味着不符合ESG评级标准的公司将会被从名单上去除。这一举动激发了国内许多机构与上市公司探索ESG的热情，也促进了相关政策与监管文件的推出。党的十八大以来，习近平总书记多次强调新发展理念，中央及国家有关部门不断引导、鼓励上市公司开展ESG信息披露等实践。2022年，针对央企控股上市公司，国务院国资委发布了《提高央企控股上市公司质量工作方案》，明确要求更多央企控股上市公司完善披露ESG专项报告。

在中国监管机构的影响下,中国资本市场ESG信息的整体披露率在不断上升,但是目前仍落后于世界其他主要资本市场。例如,2021年,中国A股上市公司ESG报告披露率约为30%,香港地区在50%以上,而欧盟披露率则超过80%。部分原因是中国目前只采取半强制监管制度,这意味着尚未存在统一的ESG中国监管机构。

随着ESG在学界、业界热度的不断上升,ESG领域的专业人才开始出现供不应求的态势,世界上许多知名学府随之相继推出与ESG相关的教学课程,例如,英国伦敦大学国王学院设置ESG管理学硕士课程,而在中国,香港岭南大学于2022年11月率先推出ESG硕士项目。与此同时,ESG相关基础入门书籍在市场上开始大量涌现,但真正适合ESG专业人士阅读的案例书籍并不多见,尤其是以中国资本市场为背景的ESG实践案例则更为少见。本书通过分析中国上市公司对ESG理念的认知和历史履行情况,意在厘清ESG框架在中国社会的发展现状及不足,梳理ESG发展的必要性和迫切性,强调ESG理论框架及其知识体系的实际应用。

本书力图在案例描述与分析方面做到特色鲜明。各个案例从上市公司ESG信息披露实践的主要驱动因素入手,逐步呈现各个上市公司ESG信息披露体系的构建特点与成功经验,力求为读者呈现出ESG信息披露的成功范式。

本书由俞仕新、魏玖长和沈和付负责策划、总纂和定稿。参与书稿编写工作的人员有:国元证券胡甲、朱杰、杨璐、耿勐翱、郑其昀、朱晓溪、李慧敏、刘兵兵、郑昊楠;长盛基金郭堃、张谊然、王远鸿、杨程炜;中国科学技术大学博士后李志、刘妍,博士生夏里、王璇、张天明,以及硕士生韩金朵、赵洋、周海娆、吕靖、陈长春、葛兴华、姚舒宁、王玉岚、黄睿蕾、余欣、郑杰、马可馨等。

本书的编写与出版得到了国元证券股份有限公司的支持,其相关研究工作还获得国家杰出青年科学基金(项目编号:72025402)、证券期货业标准研究课题"基于实证分析的上市公司ESG信息披露标准研究"(项目编号:BZKT-2022-041)、安徽省2022年度新时代育人质量工程项目(研究生教育)(项目编号:2022zyxwjxalk003)、中国科学技术大学2021年研究生课程思政建设项目(项目编号:2021kcsz014)的支持与资助。

值得一提的是,ESG是一种新兴的、发展中的前景理念。本书在编写过程中,从客观角度记录了中国上市公司经营理念与战略管理思想,阐述了上市公司ESG信息披露工作的发展历程(如驱动因素、ESG信息披露变化过程及披露策略等)及披露效果,总结了各个上市公司ESG信息披露工作的经验及启示,并结合了编写人员们的教学实践、科研实践以及管理经验,具有代表性、学科交叉性和实践性。但由于编写时间较紧,加之编写者能力、水平和条件限制,书中仍然会存在欠缺和不足,也难免挂一漏万,敬请广大读者和同仁提出宝贵意见,以便今后再版时加以改进。

目 录

序 ·· (ⅰ)

前言 ·· (ⅲ)

绪 论

第1章 ESG 信息披露概述 ·································· (003)

　1.1 ESG 信息披露的历史与发展 ·························· (003)

　1.2 国内外 ESG 信息披露的特点 ·························· (006)

　1.3 ESG 基本概念 ·· (013)

　1.4 案例选取行业分类标准 ································· (014)

工 业

第2章 电气设备行业 ··· (017)

　2.1 行业基本情况 ··· (017)

　2.2 行业 ESG 信息披露总体情况 ·························· (019)

　2.3 宁德时代的 ESG 信息披露实践 ······················· (021)

　2.4 阳光电源的 ESG 信息披露实践 ······················· (030)

第3章 汽车行业 ··· (038)

　3.1 行业基本情况 ··· (038)

　3.2 行业 ESG 信息披露总体情况 ·························· (040)

　3.3 比亚迪的 ESG 信息披露实践 ·························· (044)

　3.4 上汽集团的 ESG 信息披露实践 ······················· (053)

第4章 航空制造业 ·· (058)

　4.1 行业基本情况 ··· (058)

　4.2 行业 ESG 信息披露总体情况 ·························· (059)

　4.3 中航沈飞的 ESG 信息披露实践 ······················· (061)

4.4　航发动力的 ESG 信息披露实践 ·· (065)

消费与可选消费

第 5 章　白色家电行业 ·· (073)
5.1　行业基本情况 ·· (073)
5.2　行业 ESG 信息披露总体情况 ·· (075)
5.3　海尔智家的 ESG 信息披露实践 ··· (076)
5.4　格力电器的 ESG 信息披露实践 ··· (082)

第 6 章　饮料行业 ·· (088)
6.1　行业基本情况 ·· (088)
6.2　行业 ESG 信息披露总体情况 ·· (090)
6.3　贵州茅台的 ESG 信息披露实践 ··· (091)

第 7 章　食品行业 ·· (098)
7.1　行业基本情况 ·· (098)
7.2　行业 ESG 信息披露总体情况 ·· (099)
7.3　伊利股份的 ESG 信息披露实践 ··· (101)
7.4　双汇发展的 ESG 信息披露实践 ··· (107)

能源与原材料

第 8 章　煤炭行业 ·· (115)
8.1　行业基本情况 ·· (115)
8.2　行业 ESG 信息披露总体情况 ·· (118)
8.3　中国神华的 ESG 信息披露实践 ··· (121)
8.4　中煤能源的 ESG 信息披露实践 ··· (128)

第 9 章　石化行业 ·· (138)
9.1　行业基本情况 ·· (138)
9.2　行业 ESG 信息披露总体情况 ·· (141)
9.3　中国石油的 ESG 信息披露实践 ··· (144)

第 10 章　钢铁和有色金属行业 ··· (151)
10.1　行业基本情况 ·· (151)
10.2　行业 ESG 信息披露总体情况 ·· (154)

10.3　宝钢股份的ESG信息披露实践 ···（156）

信　息　技　术

第11章　半导体行业 ···（167）
　　11.1　行业基本情况 ··（167）
　　11.2　行业ESG信息披露总体情况 ···（171）
　　11.3　中芯国际的ESG信息披露实践 ··（172）
　　11.4　紫光国微的ESG信息披露实践 ··（186）

第12章　电子元器件行业 ···（192）
　　12.1　行业基本情况 ··（192）
　　12.2　行业ESG信息披露总体情况 ···（196）
　　12.3　京东方的ESG信息披露实践 ···（202）
　　12.4　海康威视的ESG信息披露实践 ··（213）

金　　　融

第13章　资本市场行业 ··（225）
　　13.1　行业基本情况 ··（225）
　　13.2　行业ESG信息披露总体情况 ···（228）
　　13.3　国元证券的ESG信息披露实践 ··（231）
　　13.4　第一创业证券的ESG信息披露实践 ·································（246）

第14章　银行业 ···（253）
　　14.1　行业基本情况 ··（253）
　　14.2　行业ESG信息披露总体情况 ···（256）
　　14.3　工商银行的ESG信息披露实践 ··（261）
　　14.4　招商银行的ESG信息披露实践 ··（268）

医　药　卫　生

第15章　医药行业 ···（277）
　　15.1　行业基本情况 ··（277）
　　15.2　行业ESG信息披露总体情况 ···（280）
　　15.3　恒瑞医药的ESG信息披露实践 ··（281）
　　15.4　片仔癀的ESG信息披露实践 ···（288）

通 信 服 务

第 16 章　通信设备行业 (297)
16.1　行业基本情况 (297)
16.2　行业 ESG 信息披露总体情况 (298)
16.3　工业富联的 ESG 信息披露实践 (299)

第 17 章　通信服务行业 (314)
17.1　行业基本情况 (314)
17.2　行业 ESG 信息披露总体情况 (316)
17.3　中国电信的 ESG 信息披露实践 (317)
17.4　中国移动的 ESG 信息披露实践 (321)

房 地 产

第 18 章　房地产行业 (329)
18.1　行业基本情况 (329)
18.2　行业 ESG 信息披露总体情况 (330)
18.3　保利发展的 ESG 信息披露实践 (332)
18.4　招商蛇口的 ESG 信息披露实践 (343)

第 19 章　建筑行业 (352)
19.1　行业基本情况 (352)
19.2　行业 ESG 信息披露总体情况 (355)
19.3　中国中铁的 ESG 信息披露实践 (357)
19.4　中国中冶的 ESG 信息披露实践 (361)

公 共 事 业

第 20 章　电力行业 (369)
20.1　行业基本情况 (369)
20.2　行业 ESG 信息披露总体情况 (370)
20.3　长江电力的 ESG 信息披露实践 (373)
20.4　三峡能源的 ESG 信息披露实践 (383)

绪 论

第 1 章　ESG 信息披露概述

1.1　ESG 信息披露的历史与发展

1.1.1　国外 ESG 信息披露的历史与发展

1.1.1.1　酝酿期

与 ESG 相关的理念最早可以追溯到 18 世纪的伦理投资,这是一种为了对人类社会产生积极意义而进行的投资,或是投资人为了实现自己的信念而进行的一种投资。20 世纪中叶,由于国际上的高水平发展所造成的不利后果日益突出,全球气候环境与资源问题日益严重,因此,各国的环境保护行动也开始起步。20 世纪六七十年代,各国开展了不同程度的反对种族歧视运动、维护人权和环境保护运动,人们的投资观念发生了相应的变化,社会责任投资(Socially Responsible Investment,SRI)也随之兴起,投资人在进行投资决策时,更加重视劳动者的权利和商业道德,反对性别歧视和种族歧视。较为典型的有美国帕斯环球基金,其拒绝对在越南战争中获益的公司进行投资,着重于维护工人权利问题;还有英国梅林生态基金,其主要致力于对注重环保的企业进行投资。

1972 年,第一届联合国人类环境会议在斯德哥尔摩举行,这是全球 ESG 发展进程中的重要一步。会议批准了把每年 6 月 5 日确定为"国际环境日",并且颁布了《联合国人类环境会议宣言》,从而为环境保护共同方案的出台铺平了道路。1987 年,《我们共同的未来》由挪威女首相布伦特兰代表联合国出版,重点关注了多边主义和各国在实现可持续发展方面的相互依存关系,这是 ESG 酝酿期的另一个重要里程碑。

1.1.1.2　萌芽期

20 世纪 90 年代,企业的社会责任投资实现了从伦理层面到战略层面的高度转移,企业在进行投资时,要充分考量企业的可持续发展业绩,同时也要衡量其对企业的投资风险与回报产生的影响。联合国环境署于1992年在里约热内卢举行了环境与发展大会（又称地球首脑会议），该会议的重要成就是首次提出并通过了《21世纪议程》，这是全球关注可持续发展的先驱，提倡在发展的过程中重视环境的保护。此外，本次大会还发表了金融倡议，旨在使各金融组织能够将环境、社会、治理等方面的要素融入到政策制定中来，使金融投资能够推动可持续发展。此次会议为21世纪的国际合作和发展政策提供了指引，逐渐形成了更多的指导方针、准则和其他政策文件。

1997年，美国非营利性组织环境责任经济联盟（CERES）和联合国环境规划署（UNEP）联合建立了全球报告倡议组织（GRI）。随后，该组织在2000—2013年不断更新不同版本的《可持续发展报告指南》，其中在关于可持续发展报告的编写标准部分中，对企业信息的公开和内容提出了相关意见，但是并没有成为评估的强制要求。

1.1.1.3　确立及发展期

2006年，联合国责任投资原则组织（UN PRI）正式成立，其创立单位是联合国环境规划署金融倡议组织（UNEP FI）和联合国全球契约组织（UN GC）。该组织提出"责任投资原理"，将社会责任、公司治理和环境保护有机地联系在一起，第一次提出环境（Environment）、社会（Social）和治理（Governance）的ESG概念和评价系统，并推动全球实施直至今日，旨在协助投资人了解环境、社会责任及公司治理等因素对投资价值的作用，并将其引入企业运作，以降低风险、提高投资价值、创造长远效益，进而推动社会可持续发展。受UN PRI的大力支持，ESG在世界范围内迅速发展。

2009年，包含联合国贸易与发展大会和UN PRI在内的许多国际组织共同联手，正式启动了可持续证券交易所倡议（UN SSE），旨在推动各主要交易所制定和发行ESG报告准则，提升公司的信息披露水平。

2010年之后，多个国家纷纷响应联合国的相关倡议和投资原则，针对大型企业的ESG信息披露出台相应的政策文件，这一趋势从欧美国家逐步扩散到亚太、大洋洲、非洲等区域。

2015年，193个联合国会员国共同通过了17项关于2015—2030年的联合国可持续发展指标（SDGs），旨在于保护环境的同时消除贫困、减少不平等并促进长期经济繁荣和人类福祉，从整体上彻底解决社会、经济和环境问题，从而达到可持续发展的目的。

截至2022年1月，UN PRI已有4751个签约单位，其中投资管理人最多达3576家，占比约75%；资产所有者675家，占比约14%，服务提供商500家，占比约11%。2021年，这些签约单位已拥有120万亿以上的资产。截至目前，已有超过100个成员的130

个股票交易所参加了 UN SSE。

1.1.2　国内 ESG 信息披露的历史与发展

与境外国家或地区相比,中国的责任投资、ESG 投资等理念起步较晚。从市场的整体情况来看,中国的 ESG 信息披露目前还处于发展阶段。

2005 年,国证治理指数正式发布,这是国内 A 股市场上第一只 ESG 指数。

深圳证券交易所在 2006 年颁布了《深圳证券交易所上市公司社会责任指引》,第一次将环保与企业的社会责任纳入其中。上海证券交易所紧随其后,于两年后颁布了《关于加强上市公司社会责任承担工作的通知》,目的在于激励公司主动承担其企业的社会责任。随后,中国证监会、中国证券投资基金业协会等主要监管部门开始对 ESG 的相关制度进行了研究和完善,并积极引导私募基金等机构加入 ESG 信息披露工作。

2008 年推出的兴业全球社会责任基金,是中国首个社会责任型公募基金,这个基金的主要目标是那些具有较强的社会责任感的公司,自此之后,中国 ESG 投资开始有了增长。

2010 年以来,相关基金数量和规模在中国的资产管理中出现了显著增长。2016 年至今,中国证券投资基金业协会组织了国际研讨会、主题论坛等多种形式的活动,大力推广 ESG 的概念和体系。

中国证监会在 2017 年 9 月修改后的《上市公司治理准则》中,将环保与企业社会责任纳入其中,强调企业在员工、利益相关者、社会环境等各层面承担的义务,为中国 ESG 公司建立了一个基础架构。中国证券投资基金业协会于 2018 年 11 月正式公布《中国上市公司 ESG 评价体系研究报告》及《绿色投资指引(试行)》,并在此基础上建立了一套评估企业 ESG 业绩的核心指标,标志着中国 ESG 投资迎来新的发展阶段,这对促进中国私募股权基金承担社会责任、服务绿色发展具有重大意义。

总体而言,虽然国内的 ESG 信息披露和监管政策相对欧美国家来说起步较晚,但中国整体的监管环境在不断建设提升,今后中国将逐步接轨国际 ESG 监管规范。

1.2 国内外ESG信息披露的特点

1.2.1 国外ESG信息披露的特点

1.2.1.1 美国

美国是当今世界上最大的经济体,美国的金融市场体量也具有相当大的规模。美国的ESG政策法规起步较早,发展较快。在过去十几年的时间里,美国各个主要金融主体不断出台相应的文件对ESG的发展进行规范管理,图1.1梳理了在美国ESG发展过程中具有重要意义的一些关键政策。

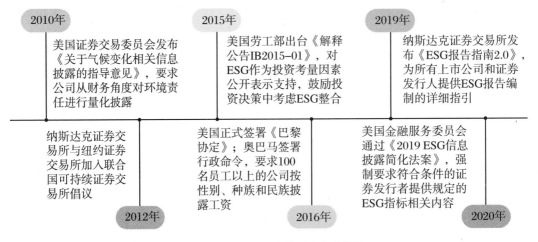

图1.1 美国ESG信息披露重点政策梳理

综合来看,美国ESG信息披露特点总结如下。

1. 政府ESG相关政策法规的强制性力度较弱

与欧盟地区相比,美国联邦政府在ESG相关政策法规上的引导较少,对于信息披露的要求大多数遵循自愿原则,截至目前,只有在《关于气候变化相关信息披露的指导意见》中,美国证券交易委员会才首次对上市企业提出就环境议题的披露要求。美国联邦政府发布的《解释公告IB2015-01》《解释公告IB2016-01》《机构投资者管理框架》及《ESG报告指南》中均没有强制要求所有上市公司披露所有的ESG信息。

2. 重视环境议题中的气候变化

在 ESG 信息披露的三个维度中，美国唯独对环境议题做出了强制要求，足以证明其对环境议题的重视。美国证券交易委员会在 2010 年通过了《关于气候变化相关信息披露的指导意见》，相关财务支出的量化披露、投资对象对环境的影响成为美国 ESG 政策法规中关注的重点。2016 年，美国在纽约参与了《巴黎协定》的签署，同意为减少导致地球变暖的温室气体付出努力。此后，美国更加关注环境和气候变化信息披露与联合国可持续发展目标（SDGs）、《巴黎协定》的一致性。虽然美国现已退出《巴黎协定》，但从以龙头养老金为代表的大型资产管理者对环境和气候变化风险的优先考量，不难看出美国金融机构对气候变化的关注与重视。

3. 着眼于解决现实问题，侧重单因素发力

美国联邦与地方政府颁布的 ESG 政策法规大多针对本国国情和可持续发展议题。例如，面对多种族的国家特点和种族歧视的遗留问题，美国平等就业机会委员会于 2016 年发布《雇主信息报告》，鼓励雇主实行同工同酬。而鉴于科技公司男女员工比例长期不平衡的现状，加利福尼亚州参议院于 2018 年通过《第 826 号参议院法案》，对加利福尼亚州公司的女性董事人数最低标准进行了规定，加强男女平等的工作与升职机会。

纵观美国 ESG 发展的全过程，无论是早期的《萨班斯·奥克斯利法案》，还是后来的解释公告、参议院法案等，每项法规对于 ESG 体系规范多侧重其中某一个特定方面，政策的"打补丁"特点较为显著。纳斯达克证券交易所、纽约证券交易所的 ESG 报告指南，针对的是上市公司的信息披露操作；而《第 185 号参议院法案》《第 964 号参议院法案》针对的则是养老基金和资产管理者。

1.2.1.2 欧盟

在 ESG 的发展进程中，欧盟始终扮演着积极回应的角色，其最先表示了对 ESG 的支持，并在 2005—2020 年的五年间对 ESG 的法律和规章进行了大量的修改，促进了 ESG 在欧洲的资本市场的发展，具体如图 1.2 所示。

欧盟 ESG 信息披露的特点总结如下。

1. 重视对非财务信息的披露与评估

自 2014 年起，欧洲各国相继制定或修改了若干法律、法规，对上市公司、资产所有者和资产经营主体在非财务信息的披露和评价提出了具体的要求，并对其实施细则和强制规定进行了细化。欧洲联盟于 2019 年发布《金融服务业可持续性相关披露条例》，将

非财务信息的公开范围扩展至金融市场和有关 ESG 的金融产品,并特别纳入了对可持续发展议题一致性的说明与规定,进一步强调了资产管理机构评估上市公司非财务绩效的过程。

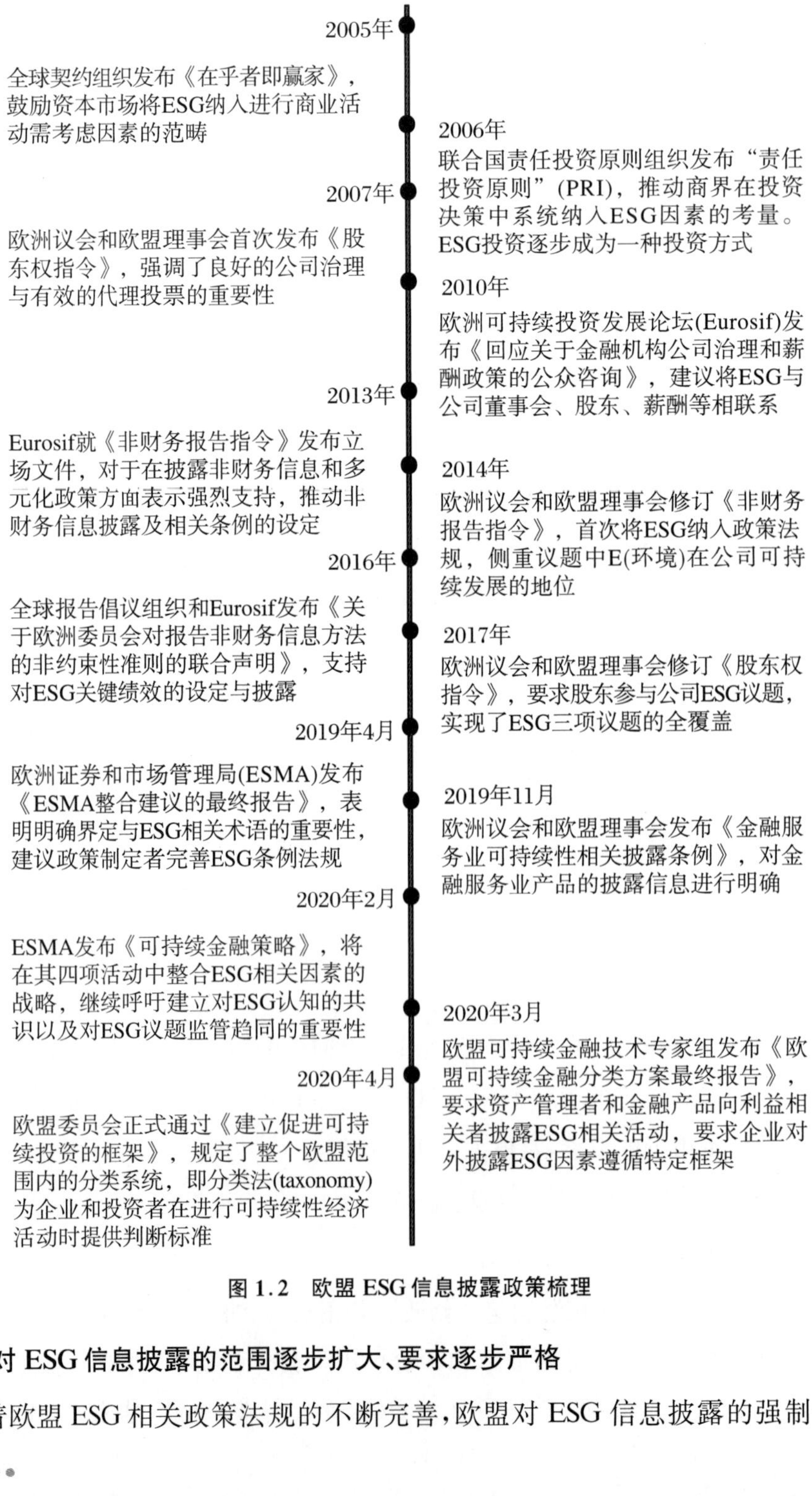

2005年
全球契约组织发布《在乎者即赢家》,鼓励资本市场将ESG纳入进行商业活动需考虑因素的范畴

2006年
联合国责任投资原则组织发布"责任投资原则"(PRI),推动商界在投资决策中系统纳入ESG因素的考量。ESG投资逐步成为一种投资方式

2007年
欧洲议会和欧盟理事会首次发布《股东权指令》,强调了良好的公司治理与有效的代理投票的重要性

2010年
欧洲可持续投资发展论坛(Eurosif)发布《回应关于金融机构公司治理和薪酬政策的公众咨询》,建议将ESG与公司董事会、股东、薪酬等相联系

2013年
Eurosif就《非财务报告指令》发布立场文件,对于在披露非财务信息和多元化政策方面表示强烈支持,推动非财务信息披露及相关条例的设定

2014年
欧洲议会和欧盟理事会修订《非财务报告指令》,首次将ESG纳入政策法规,侧重议题中E(环境)在公司可持续发展的地位

2016年
全球报告倡议组织和Eurosif发布《关于欧洲委员会对报告非财务信息方法的非约束性准则的联合声明》,支持对ESG关键绩效的设定与披露

2017年
欧洲议会和欧盟理事会修订《股东权指令》,要求股东参与公司ESG议题,实现了ESG三项议题的全覆盖

2019年4月
欧洲证券和市场管理局(ESMA)发布《ESMA整合建议的最终报告》,表明明确界定与ESG相关术语的重要性,建议政策制定者完善ESG条例法规

2019年11月
欧洲议会和欧盟理事会发布《金融服务业可持续性相关披露条例》,对金融服务业产品的披露信息进行明确

2020年2月
ESMA发布《可持续金融策略》,将在其四项活动中整合ESG相关因素的战略,继续呼吁建立对ESG认知的共识以及对ESG议题监管趋同的重要性

2020年3月
欧盟可持续金融技术专家组发布《欧盟可持续金融分类方案最终报告》,要求资产管理者和金融产品向利益相关者披露ESG相关活动,要求企业对外披露ESG因素遵循特定框架

2020年4月
欧盟委员会正式通过《建立促进可持续投资的框架》,规定了整个欧盟范围内的分类系统,即分类法(taxonomy)为企业和投资者在进行可持续性经济活动时提供判断标准

图 1.2 欧盟 ESG 信息披露政策梳理

2. 对 ESG 信息披露的范围逐步扩大、要求逐步严格

随着欧盟 ESG 相关政策法规的不断完善,欧盟对 ESG 信息披露的强制性要求增

多,ESG 信息披露的范围也逐步扩大。欧盟理事会与欧洲议会于 2022 年 6 月 21 日正式公布了关于《企业可持续发展报告指令》(CSRD)的临时政治协定,并于同年 11 月 28 日通过该指令。

新规定对公司在可持续发展方面的报告进行单独的审核,同时也对少数的非欧盟企业实施。该指令将适用于 2014 年初已被《非财务报告指令》(NFRD)覆盖的公司,并在次年起适用于其他大公司。从 2026 年开始,上市中小企业也将被要求提供可持续性披露;新规则还将报告要求扩展到非欧盟公司,即在欧盟内,净收入为 1.5 亿欧元并且在欧盟设有分公司或分公司的企业均需提交相关报表。

1.2.1.3 澳大利亚

澳大利亚在南半球有一个成熟的资本市场,它致力于建立可持续的金融体系。关于澳大利亚 ESG 信息披露的一些关键政策如表 1.1 所示。

表 1.1 澳大利亚 ESG 信息披露政策梳理

时间	主要事件或政策法规的内容
2001 年	《2001 公司法》规定澳大利亚证券和投资委员会(ASIC)针对投资决策中的 ESG 考量行为制定相关准则,可持续发展理念已存在于国家法律体系中
2011 年 6 月	退休金投资者理事会和金融服务委员会发布首版《澳大利亚公司 ESG 报告指南》,帮助公司提供更具有投资效用的 ESG 信息
2011 年 10 月	证券和投资委员会发布《披露:产品披露声明(及其他披露义务)》,明确 ESG 信息披露对象
2011 年 11 月	证券和投资委员会发布《监管指南 65:第 1013DA 条披露指南》,指导产品发行人更好履行《2001 公司法》要求进行 ESG 信息披露
2013 年 3 月	金融服务委员会发布《FSC 标准第 20 号:退休金政策》,要求退休金考量、管理、披露与 ESG 因素相关的风险和机会
2013 年 11 月	审慎监管局发布《投资治理审慎实践指南(SPG530)》,要求持证人在投资决策中考量 ESG 因素、进行 ESG 整合
2014 年 7 月	澳大利亚证券交易所修订《公司治理准则和建议第三版》,建议公司披露与可持续发展相关的风险,以及管理风险的方式
2015 年	修订《澳大利亚公司 ESG 报告指南》,细化了 ESG 议题中投资者关注的具体指标内容,鼓励公司披露有价值的 ESG 信息
2019 年 5 月	退休金投资者理事会发布《朝着更强的投资尽职管理》,建议审慎监管局制定相关标准和指南,进一步突出 ESG 因素在投资决策中的重要性

数据来源:社会价值投资联盟。

综合来看,澳大利亚 ESG 信息披露的特点总结如下。

1. 注重信息披露标准和透明度建设

澳大利亚政府十分强调信息披露的公开、透明、规范和可量化,并制定了多种法规来强化 ESG 披露的规范化。《监管指南 65:第 1013 DA 条披露指南》规定,在产品披露声明(PDS)中披露在投资决策中考量劳工标准、环境、社会和道德情况,同时披露上述因素的方式及具体考量细节。对于相关因素的考量程度必须按照实际情况清晰、无误地进行披露。

针对公司方,《公司治理准则和建议》建议公司参照相关国际框架(如气候相关财务信息披露工作组,TCFD)披露与 ESG 和气候变化相关的风险。《澳大利亚公司 ESG 报告指南》向公司提供了机构投资者最关切的 ESG 议题,以帮助公司完善 ESG 信息披露。此外,根据《FSC 标准第 20 号:退休金政策》,澳大利亚的所有养老基金也必须向社会公开如何在本基金的投资决策中纳入 ESG、如何应对 ESG 风险、如何监控投资组合中出现的各种 ESG 敞口,以及对外报告具体行动的方式。

2. ESG 政策法规的强制性要求高

澳大利亚的 ESG 条例呈现出强制性较高的特点。澳大利亚的所有上市公司必须在每年的报告中明确公布本公司是否严格遵守澳大利亚证券交易所(ASX)发布的最新《公司治理原则与建议》。另外,2019 年 2 月,ASX 公布了《公司治理原则与建议》的第四版,其中,对公司的非财务披露提出了更高的标准。此前的版本规定公司必须公开经济、环境和社会可持续发展的重要风险,第四版新增了内部举报制度、反腐败政策、董事会多元化、气候变化风险等方面的规定,还将其扩展到了非财务报告的所有常规报告中。

1.2.2 国内 ESG 信息披露的特点

1.2.2.1 中国监管部门对上市公司 ESG 信息披露的要求

中国 ESG 的前期发展历程和政策法规的演变如本章 1.1.2 部分所述,2020 年之后,中国各监管部门又陆续明确了上市公司 ESG 信息披露的过程和要求,其中中国证监会、上海证券交易所和深圳证券交易所的具体政策如图 1.3 至图 1.5 所示。

第 1 章
ESG信息披露概述

中国证监会对上市公司ESG信息披露的要求

1. 《公开发行证券的公司信息披露内容与格式准则第2号——年度报告的内容与格式》
   《公开发行证券的公司信息披露内容与格式准则第3号——半年度报告的内容与格式》
   - 属于环境保护部门公布的重点排污单位的公司及其主要子公司，应当依据法律、行政法规、部门规章及规范性文件的规定披露相关信息。
   - 重点排污单位之外的公司应当披露报告期内因环境问题受到行政处罚的情况，并可以参照上述要求披露其他环境信息，若不披露其他环境信息，应当充分说明原因。
   - 鼓励公司自愿披露有利于保护生态、防治污染、履行环境责任、减少其碳排放所采取的措施及效果、履行社会责任，巩固拓展脱贫攻坚成果、乡村振兴等工作情况。

2. 《上市公司治理准则（2018修订）》
   - 上市公司在保持公司持续发展、提升经营业绩、保障股东利益的同时，应当在社区福利、救灾助困、公益事业等方面，积极履行社会责任。
   - 上市公司应当依照有关规定披露公司治理相关信息，定期分析公司治理状况，制定改进公司治理的计划和措施并认真落实。

图 1.3　中国证监会对上市公司 ESG 信息披露的要求

上海证券交易所对上市公司ESG信息披露的要求

1. 《上海证券交易所上市公司环境信息披露指引》
   - 上市公司发生与环境保护相关的重大事件，且可能对其股票及衍生品种交易价格产生较大影响的，上市公司应当自该事件发生之日起两日内及时披露事件情况及对公司经营以及利益相关者可能产生的影响。
   - 上市公司可以根据自身需要，在公司年度社会责任报告中披露或单独披露规定的环境信息。
   - 被列入环保部门的污染严重企业名单的上市公司，应当在环保部门公布名单后两日内披露规定的信息。

2. 《上海证券交易所科创板股票上市规则》
   - 科创板上市公司应当在年度报告中披露履行社会责任的情况，并视情况编制和披露社会责任报告、可持续发展报告、环境责任报告等文件。
   - 出现违背社会责任重大事项时应当充分评估潜在影响并及时披露，说明原因和解决方案。需披露保护环境、保障产品安全、维护员工与其他利益相关者合法权益等履行社会责任的情况。

3. 《上海证券交易所科创板上市公司自律监管规则适用指引第2号——自愿信息披露》
   - 社会责任信息，指公司承担的对消费者、员工、社会环境等方面的责任情况。
   - 科创公司可以在根据法律规则的规定，披露环境保护、社会责任履行情况和公司治理一般信息的基础上，根据所在行业、业务特点、治理结构，进一步披露环境、社会责任和公司治理方面的个性化信息。

图 1.4　上海证券交易所对上市公司 ESG 信息披露的要求

深圳证券交易所对上市公司ESG信息披露的要求
1　《深圳证券交易所上市公司信息披露工作考核办法（2020年修订）》 　　➤ 每年上市公司年度报告披露工作结束后，深交所对上年12月31日前已在深交所上市的公司信息披露工作进行考核，结果分为四个等级，考核结果记入诚信档案，通报中国证监会相关监管部门和上市公司所在地证监局。 　　➤ 重点关注以下方面：是否主动披露社会责任报告，报告内容是否充实、完整；是否主动披露环境、社会责任和公司治理（ESG）履行情况，报告内容是否充实、完整；是否主动披露公司积极参与符合国家重大战略方针等事项的信息。 2　《深圳证券交易所上市公司规范运作指引（2020年修订）》 　　《深圳证券交易所创业板上市公司规范运作指引（2020年修订）》 　　➤ 上市公司出现重大环境污染问题时，应当及时披露环境污染的产生原因、对公司业绩的影响、环境污染的影响情况、公司拟采取的整改措施等。 　　➤ 上市公司应当积极履行社会责任，定期评估公司社会责任的履行情况，自愿披露公司社会责任报告。 　　➤ 社会责任报告的内容应当包括关于职工保护、环境污染、商品质量、社区关系等方面的社会责任制度建设和执行情况。

图 1.5　深圳证券交易所对上市公司 ESG 信息披露的要求

1.2.2.2　中国 ESG 信息披露的政策特点

综合来看，中国 ESG 信息披露的政策特点总结如下。

1. ESG 信息披露方式上强制和自愿相结合

国内不同证券交易所对上市公司的 ESG 信息披露要求有所区别，整体来看，中国的 A 股市场主要由公司主动公开 ESG 报告。但是对于 ESG 信息的披露，一些公司也有强制性的披露制度，比如，在 2016 年以后，中国人民银行和中国证监会等七个部委联合发布了《关于构建绿色金融体系的指导意见》，要求所有的上市公司必须进行强制性的信息披露。同年，中国证监会对《公开发行证券的公司信息披露内容与格式准则第 2 号——年度报告的内容与格式》进行了修改，明确规定重点排污单位要进行环境信息的披露。

2. ESG 信息披露中的环境议题将受到长期关注

党中央、国务院对绿色低碳发展、高质量发展和可持续发展高度重视，先后颁布了一系列政策性文件，在可持续发展方面发布重要指引。自从"双碳"目标提出之后，2020 年披露废物排放和能源消耗情况的公司数量几乎实现了翻倍，披露率已经从 2017 年的 20% 左右上升到最高接近 90%。"双碳"政策对气候风险的聚焦，使得 ESG 中的环境议题将在今后相当长的一段时期内受到市场关注。

1.3 ESG 基本概念

ESG 这一概念于 2006 年在联合国负责任投资原则组织（Principles for Responsible Investment，PRI）报告中被首次提出，其是一种关注环境、社会和治理的非财务性企业评价体系，将公司的关注重点从单纯的盈利最大化转变为社会价值最大化，同时也是一种通过系统化的方法论来促进公司可持续发展的途径。

E 代表 Environment，即环境，主要考虑公司对自然资源的利用及其自身和供应链的运营对环境的影响，换句话说，环境因素考察了公司的环境披露、影响和减少碳排放的努力[1]。企业要在环保问题上采取主动行动，既要与现行政策体系相适应，又要关注未来的影响，要从投资与生产两个层面进行。对公司环境方面考察的一些重要指标例如能源和水等资源的投入、各种废气废物的排放与污染程度等。

S 代表 Social，即社会，指企业在社会方面的表现，核心问题是公司如何管理与员工、经营所在的社会和政治环境的关系[2]。体现在对外领导力、员工、客户、股东和社区等方面，主要包括产业扶贫、乡村振兴、员工福利、性别平等、客户满意度等。社会责任强调企业在谋求收益的同时也要对消费者、雇员、投资者和社会等所有利益相关者群体承担一定的责任。

G 代表 Governance，即治理，指决策的治理因素，从企业所有者的决策到公司不同参与者（包括董事会、投资者和利益相关者等）之间的权利和责任分配[3]。公司治理方面一些重要的内容如公司在治理结构、透明度、独立性、董事会多样性、管理层薪酬和股东权利等方面的内容。

总的来说，ESG 即环境、社会和治理，包括信息披露、评估评级和投资指引三个方面，是社会责任投资的基础，同时也是绿色金融体系的重要组成部分。

---

[1] S&P Global. Understanding the "E" in ESG [EB/OL]. (2019-10-23) [2022-10-11]. https://www.spglobal.com/en/research-insights/articles/understanding-the-e-in-esg.

[2] S&P Global. What Is the "S" in ESG? [EB/OL]. (2020-02-24) [2022-11-16]. https://www.spglobal.com/en/research-insights/articles/what-is-the-s-in-esg.

[3] S&P Global. What Is the "G" in ESG? [EB/OL]. (2020-02-24) [2022-12-5]. https://www.spglobal.com/en/research-insights/articles/what-is-the-g-in-esg.

1.4　案例选取行业分类标准

本书在选取行业案例时，主要根据两个方面的标准对行业进行分类。

第一，对一级指标的分类标准，本书主要根据中证指数有限公司发布的中证行业分类体系下的成分券数量对行业进行排名和选择。中证指数官网显示，截至2022年5月，中证行业分类体系覆盖了4647只A股和2587只港股，根据一级行业成分券的数量，排名前十的行业分别是工业、可选消费、原材料、信息技术、医药卫生、通信服务、房地产、金融、主要消费和公用事业。本书在此基础上将"可选消费"与"主要消费"合并为"消费与可选消费"行业[①]，因此共提取出九个一级行业，涵盖了排行榜上的前十名，能够较好地展示市场概貌。

第二，鉴于一级行业颗粒度较粗，本书的二级指标分类则主要以各行业的经济体量作为主要标准。综合考虑各行业的上市公司数量、市场价值后，本书在每个一级行业下选取了具有一定影响力和代表性的二级行业进行分析，具体的二级行业如目录中所示。

---

① 泰康基金.行业分类体系科普系列之三：中证行业分类体系下看指数投资[EB/OL].(2022-06-05)[2022-12-18].https://t.10jqka.com.cn/pid_222614937.shtml.

工

业

第 2 章 电气设备行业

电气设备行业是我国机械工业重要的子行业之一,在居民生活和生产中始终发挥着不可替代的作用。近年来,随着我国电网基础设施建设水平的提升和电力资源的不断增加,电气设备工业先后迎来高速发展期和目前的稳定转型期,新技术的迭代和快速普及等都为电气设备行业的发展提供了新的机会,金融市场上的投资者对电气设备行业给予更多关注,因此践行ESG是电气设备行业的必然选择。本章首先介绍我国电气设备行业的基本情况、发展历程和重要作用,其次对整个行业的ESG信息披露情况进行简要总结,最后以宁德时代和阳光电源为典型案例,分别介绍其在实践中的ESG情况,总结其实践经验,期望为其他企业管理者开展ESG信息披露工作提供实践启示。

2.1 行业基本情况

2.1.1 我国电气设备行业简介

电气设备是电力系统中变压器、发电机、开关、线路等的总称,它在人类的工作和生产中占有重要地位,为人类的生活带来极大的方便。根据《国民经济行业分类》(GB/T 4754—2017),电气设备行业属于"电气机械及器材制造业",其中涉及电动机制造,输配电、控制装置制造,电线、电缆、光缆及电工设备制造,电池制造及其他电气机械及器材制造等,是我国工业体系的重点工程。

根据电气设备在工作中发挥的角色,可将其分为三大类别,分别是一次设备、二次设备和电力环保设备。在此基础上,一次设备是直接涉及电能的各个环节(如生产、变换、传输、分配和消耗)的设备;二次设备是保障一次设备运行的主要设备,它可以测量一次设备的运行状态并进行监视和必要的调节控制;电力环保设备是对工业的主要污染物(如二氧化硫、烟尘和氮化物)等进行处理的设备,如除尘脱硫设备等。

2.1.2 我国电气设备行业的发展

从产业发展来看,自20世纪80年代起,国家加大了基建投资,使得电气设备行业进入了高速增长时期。随着城镇化率、家电渗透率和电子设备率的不断提高,我国的电力消费水平长期保持在一个较快的发展速度;国内的信息技术发展迅速,互联网及有关服务行业增加了电力需求量;另外,由于国家提倡清洁能源和环境保护政策,电代煤、电代油等行业的发展使得全国的用电需求增加,进一步推动我国的电力供给迅速增加,电力供应相对宽松的同时也出现了局部过剩的情况。总体来说,今后的电力需求量还会继续增加,然而,考虑到当前的全球经济环境和国内的整体经济状况,电力消费的发展速度将会减缓,因此,改变国内电力发展模式是一种不可避免的选择,当前,电力建设正处于结构调整的过程中。

从产业链的角度看,电气设备处于产业链中端,上游产业主要是钢铁行业和工业金属行业,下游产业则以电力电网行业、钢铁和冶金等高耗能产业为主。而在下游,钢材、铜、铝等大宗产品的原材料,其交易的定价相对比较透明,谈判的余地不大。如果上游原料的价格在短期内大幅度上涨,那么企业将面对更多的资金和成本的管理问题,而原料的价格下跌,将带来库存的风险。

电气设备行业包含众多子行业,各子行业的发展程度也逐步分化,差异明显。例如,发电机和电动机等重型发电设备行业在我国发展重工业经济的过程中经历了爆发式增长,现在已经进入成熟期,向内涵式和集约式方向转变,增速明显放缓。而变压器、配电开关控制设备等输配电设备行业当前还正处于成长期,原因是这些行业与电力工业密切相关,其发展主要对下游电网端投资建设的依赖性较强,不易受到经济波动的影响。不过目前的输配电设备领域的企业仍然以中低压领域居多,竞争激烈;在高压和超高压等高技术领域的领先企业较少,这是未来需要突破的方向。

2.1.3 电气设备业对我国经济的影响

在日常的生产和生活中,电力无处不在。四通八达的庞大电网助推了社会经济的快速发展,也便利了居民的日常起居,而电气设备正是构建电网的基础,由此可见电气设备行业在整个国民经济中的重要地位。

从行业特征来看,电气设备产业属于政策导向的产业。电能是一种公共服务能源,电气设备行业的发展与国家的经济发展状况及政策导向有密切的相关性。经济发展水平直接关系到社会的消费水平,消费水平又导致了对电力市场的需求水平,该需求要在国家统一规划的前提下,由各个下游工业来确定,因此,电气设备行业受宏观经济及国家政策的影响较大,任何一次政策的变化都会对整个行业产生指导性影响,与国民经济发展具有较强的正相关性。

目前,国家加大了对配电网的投资力度,计算机通信技术、数据处理和存储技术等正在快速发展,电力系统智能化逐渐成为电力设备产业发展的一个主要方向,电力系统将会出现新的发展机会,助推国家"十四五"时期智能制造发展规划的建设。

2.2 行业 ESG 信息披露总体情况

我国实现"碳达峰"的主要方式既离不开能源利用的电力化,也离不开能源生产的清洁化。我国新基础设施建设将持续推进,新技术的迭代和普及等也为电力行业的发展提供了新的发展机会,金融市场上的投资者对电气设备行业给予更多关注,因此践行 ESG 是电气设备行业面临的必然选择和必由之路。

综合来看,中国电气设备业 ESG 信息披露情况可总结如下。

第一,主动披露 ESG 报告的企业数量明显增加。

根据华证 ESG 评级结果,目前主动披露 ESG 信息并得到华证 ESG 评级认证的电气设备行业企业数量正在逐年增加,已经从 2012 年的 132 家增长到了 2021 年的 300 多家,实现了数量上的翻倍。2022 年,约有超过 60% 的电力上市公司发布社会责任报告或 ESG 报告,其中,闽东电力、宝新能源、深圳能源、大唐发电、黔源电力等 28 家公司已经连续 10 年以上发布社会责任报告或 ESG 报告。总体而言,电气设备行业对 ESG 信息披露给予了更多的关注,这是大势所趋。

第二,电气设备行业 ESG 优秀企业数量占比高。

新浪财经 ESG 评级中心于 2021 年 12 月 3 日与 CCTV-1《大国品牌》节目共同主办了金麒麟论坛,公布了首份"中国 ESG 优秀企业 500 强"榜单。根据上榜企业的行业分类(申万一级),2021 年中国 ESG 优秀企业 500 强的行业分布涵盖医药、生物、电子、银行等共 30 个行业。其中,电气设备行业的上榜名单如表 2.1 所示,综合来看,共有 27 个电力设备行业的公司入围,位列总行业榜单第五;在此基础上,阳光电源、金风公司和隆基股份这三家公司占据了行业前三名,它们对应的 500 强排名分别为第一、第二和第七,可见整个电力设备行业在"中国 ESG 优秀企业 500 强"榜单中占据前列。

表 2.1　电气设备行业 2021 年入选"中国 ESG 优秀企业 500 强"名单

企业名称	行业内排名	500 强排名
阳光电源	1	1
金风科技	2	2
隆基股份	3	7
明阳智能	4	17
上海电气	5	50
国电南瑞	6	75
宁德时代	7	88
福莱特	8	98
正泰电器	9	109
中环股份	10	179
欣旺达	11	181
东方电气	12	192
通威股份	13	211
格林美	14	223
国轩高科	15	245
亿纬锂能	16	268
卧龙电驱	17	314
特变电工	18	333
恩捷股份	19	379
福斯特	20	423
先导智能	21	429
璞泰来	22	447
国网英大	23	463
宏发股份	24	464
新宙邦	25	479
天赐材料	26	494
晶盛机电	27	498

数据来源：新浪财经。

第三，电气设备行业在环境议题方面需要进一步重视。

纵观近几年电气设备行业在 Wind ESG 评级中的表现，该行业在社会维度的平均得分约为 4 分，在治理维度的平均得分为 6.3 分左右，但在环境维度的平均得分仅为 1.6 分左右，充分证明了电气设备行业目前在环境议题方面的表现亟须改善。究其原因，当前我国提供电力仍然以煤炭发电为主，对环境的污染较为明显。《"十四五"现代能源体系规划》明确指出，国家将进一步推进能源领域的供应体制变革，大力发展低碳能源，为此，必须进一步提升能源利用效率，开发清洁能源，以达到能源清洁、高效、可持续发展的目的。我国已经在光电、水电、核电等方面制定了相应的计划。在上述背景下，电气设备行业今后在 ESG 实践中要加大对环境议题的重视程度，提高环境议题方面的整体表现。

2.3 宁德时代的 ESG 信息披露实践

从默默无闻的创业公司，到被称为"宁王"这个拥有千亿资产的公司，宁德时代新能源科技股份有限公司（以下简称"宁德时代"）的发展众人瞩目，其在可持续发展方面的实践和成就更是发展过程中不可忽视的环节。2022 年 11 月，宁德时代入选第 27 届联合国气候变化大会发布的《2022 企业气候行动案例集》，在 ESG 信息披露方面发挥了很好的示范作用。

本节以宁德时代为例，详细介绍了宁德时代的发展历程和其在 ESG 工作方面的成长之路，展示宁德时代在 ESG 方面获得的重要成就，以期为其他企业管理者的 ESG 实践提供借鉴。

2.3.1 宁德时代：厚积薄发，突飞猛进

福建省地处我国的东南方一隅，地处沿海山区，历来以商业和移民而著称。宁德市便在这片土地的东部，这座海峡西岸的港口小城在很长一段时间内经济发展并不如意，曾经连续几年 GDP 位于福建省倒数几位。但是，在过去的十多年间，宁德时代成长为一家拥有 7500 亿美元资产的大型企业，并且一跃成为业界的巨人。

宁德时代于 2011 年成立，是一家在世界范围内具有较强竞争能力的动力电池企业，是一家以研发、生产、销售新型动力电池系统和储能系统为主的世界知名企业，致力于为世界范围内的新型动力电池技术服务。公司主要从事的是动力电池系统、储能系统

及锂电池等方面的业务。公司在电池材料、电池系统、电池回收等产业链的关键技术方面已经形成了完整的生产和销售系统,并以其业务方式的革新来促进其在高质量的能量存储中的应用。

宁德时代的总公司位于福建省宁德市,目前,在世界范围内拥有四川宜宾、江苏溧阳、福建宁德、青海西宁、广东肇庆、上海临港、福建厦门、江西宜春、贵州贵安、德国埃尔福特十大工厂,并且在德国慕尼黑、法国巴黎、日本横滨、美国底特律等地设有分公司。2018年6月11日,据深交所公告[①],宁德时代新能源科技股份有限公司人民币普通股股票正式上市。

2019年,宁德时代上榜《财富》中国500强,位列290位[②]。2019年6月11日,宁德时代入选"2019福布斯中国最具创新力企业榜"[③]。2019年10月23日,2019年《财富》未来50强榜单公布,宁德时代排名第四[④]。2019年12月,宁德时代入选2019中国品牌强国盛典榜样100品牌[⑤]。2020年9月10日,2020中国民营企业500强榜单发布,宁德时代位列第181位,营业收入4578802万元[⑥]。2022年2月8日全球动力电池企业最新排名出炉,宁德时代连续5年登顶世界第一。

综合来看,从2018年开始,宁德时代的市值还不到500亿元,到现在的市值已经超过了1.5万亿元,成为全球第一的动力电池公司,宁德时代一日千里的发展速度可以称为一个奇迹,俨然成为行业"风向标"。

---

① 深圳证券交易所. 关于公司首次公开发行人民币普通股并在深圳证券交易所创业板上市之法律意见书[EB/OL]. (2018-06-08)[2022-11-18]. http://www.szse.cn/disclosure/listed/bulletinDetail/index.html?c016d81d-ec51-475b-98f4-7b9733317086.

② 财富中文网. 2019年中国500强排行榜[EB/OL]. (2019-07-10)[2022-11-18]. https://www.fortunechina.com/fortune500/c/2019-07/10/content_337536.htm.

③ 福布斯. 2019福布斯中国最具创新力企业榜[EB/OL]. (2019-06-11)[2022-11-18]. https://www.forbeschina.com/lists/1715.

④ 财富中文网. 2019年《财富》未来50强揭晓,16家中国公司上榜[EB/OL]. (2019-10-23)[2022-11-18]. http://www.fortunechina.com/rankings/c/2019-10/23/content_348795.htm.

⑤ 新浪科技. 刚刚,这100个品牌上红榜了!有你爱的那个它吗?[EB/OL]. (2019-12-15)[2022-11-18]. https://tech.sina.com.cn/roll/2019-12-15/doc-iihnzhfz6074679.shtml.

⑥ 站长之家. 2020中国民营企业500强,完整500强企业名单一览[EB/OL]. (2020-09-10)[2022-11-18]. https://www.chinaz.com/2020/0910/1182767.shtml.

2.3.2 ESG 实践历程:起步虽晚,精益求精

2.3.2.1 ESG 信息披露工作的变化过程

2018年宁德时代上市之后,公布了第一份社会责任报告,此后的2019年和2020年,宁德时代延续了每年披露社会责任报告的传统。直至2021年,宁德时代正式发布了第一份ESG报告。截至目前,宁德时代一共只有4份社会责任报告/ESG报告,数量相对较少。对此,首席制造官、工程制造和研发体系联席总裁倪军自信地对记者们说:"虽然我们是这几年才开始披露社会责任报告,但我们的每一份报告都是保质保量地完成。"

事实的确可以证明倪军的话,《宁德时代2021年度环境、社会与公司治理(ESG)报告》成功入选《2022年社会责任ESG 300研究案例库》,该案例库是《AI国际商业评论》为了跟踪研究企业社会责任与ESG,重点跟踪分析沪深300成分股总体发布情况而建立的案例库,以独立第三方的形式进行独立评价并发布的榜单,每年更新。在推动共同富裕、强化科技创新、落实"双碳"愿景的背景下,对于各类机构发布社会责任报告具有启发作用和示范价值,对于促进提升社会责任意识发挥着不可替代的促进作用,由此可以看出宁德时代在ESG信息披露方面取得的显著成果。同时,2021年宁德时代获得"前程无忧2021年度人力资源管理杰出奖""智联招聘2021中国年度最佳雇主全国20强""海投网2021—2022最具影响力雇主""猎聘2021年度非凡雇主"等荣誉称号。之后还入选"2022中国制造业民营企业500强"榜单、中国企业联合会和中国企业家协会发布的"中国大企业创新100强"等榜单,取得了较多荣誉。2022年11月,《2022企业气候行动案例集》在第27届联合国气候变化大会(COP27)上正式发布,宁德时代"全球首个电池零碳工厂"入选并作为首个案例进行展示。

2.3.2.2 ESG 管理理念与架构

宁德时代在为客户提供创新的产品与服务的同时,也将可持续发展的管理理念与日常的业务经营理念相结合。公司制定并公开发布《可持续发展承诺》,包含对客户、投资者、供应商、产品、环境、员工和社会等各方面的利益相关者进行可持续发展承诺,致力于通过建立可持续发展的管理系统,遵循商业道德和法律法规,保证公司的可持续发展,并为世界各地的用户提供具有竞争力的新能源产品解决方案。

宁德时代成立了由上至下的ESG系统,以保证ESG工作的有效开展。公司可持续发展治理与管理的组织结构见图2.1,可持续发展委员会成员包括5位体系联席总裁担任委员,负责监督和决定公司ESG事务。ESG的实施层面包括了各部分的行政人员,

他们是各子领域的负责人,以确保 ESG 的有效实施和实施。为了更好地推进和鼓励企业的可持续发展管理,企业把 ESG 业绩与各有关部门的业绩联系起来。对此,公司制定了适当的评估指标,并依据年终考评成绩,实行相应的奖励和惩罚机制。

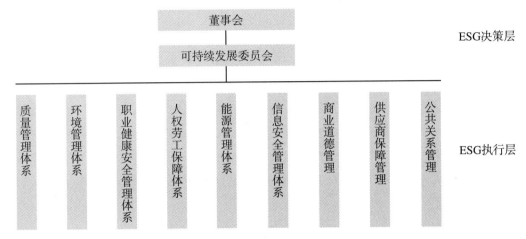

图 2.1　宁德时代可持续发展治理与管理架构

2.3.2.3　ESG 实质性议题的识别

深入理解各方的需求与焦点,有助于持续改善 ESG 的治理与管理绩效。为此,宁德时代在 ESG 经营中一直坚持利益相关者参与原则,认清关键的利益相关者,并与其形成定期的交流,以充分了解各方的意愿和期望,并以一个稳固的沟通通道来回答他们的要求,与他们建立起一个长期信任的双向联系。

基于上述理念,宁德时代在 ESG 信息披露的议题筛选方面进行了三个步骤的工作。第一个步骤是识别:参照深圳证券交易所《上市公司社会责任指引》《上市公司自律监管指引第 2 号——创业板上市公司规范运作》等相关法规,参照 GRI《可持续发展报告标准》等相关的国际准则,结合行业对比,对公司的现实业务进行剖析,并确定实质问题。第二个步骤是分类:根据投资者、员工、客户、政府和监管部门、供应商、公众和社区等各方的交流成果,在与专业人士的共同努力下,共同构成一个切实可行的方案。第三个步骤是汇报:针对已确认的高实质问题,将其列为企业进行 ESG 信息披露工作的重要内容。

2.3.3　ESG 报告编制:千锤百炼,不断升级

宁德时代每一年的报告都在往年报告基础上有新的变化和升级,《宁德时代 2021 年度环境、社会与公司治理(ESG)报告》是目前取得成就最高的一次报告,该报告在往年报

告的基础上取得更多新的进步和飞跃,具体变化如表2.2所示。

表 2.2 宁德时代历年来 ESG 报告的变化一览

	2018 年	2019 年	2020 年	2021 年
页数	26	53	66	61
名称	社会责任报告	社会责任报告	社会责任报告	ESG 报告
形式	黑白	彩色	彩色	彩色
报告一级标题	公司概况	公司概况	公司概况	关于宁德时代
	股东和债权人保护	负责人的供应链	疫情专题	产品与服务
	员工权益保护	环境管理	负责人的供应链	经营与管理
	供应商、客户和消费者权益保护	劳工及人权	环境与能源管理	环境保护
	环境保护	企业社会责任活动大事记	劳工及人权	绿色低碳发展
	社会公益	总结与展望	企业社会责任活动大事记	员工发展
	精准扶贫	建议与反馈	建议与反馈	可持续供应链
	社会责任展望			社会贡献
				关键绩效表
				对标索引表
				报告编制说明

数据来源:宁德时代2018—2021年的社会责任报告和ESG报告。

由表 2.2 可以看出,宁德时代近几年在 ESG 报告的编制工作方面不断取得新的进展和突破,从黑白到彩色,从 26 页到现在的平均 60 页,所披露的议题也越来越详细、越来越体系化。根据一级标题也能看出宁德时代当年的工作重点,比如 2020 年开设了疫情专题,2021 年在环境保护专题之外还增加了绿色发展专题,同时在 ESG 报告的结尾部分增加了关键绩效表、对标索引表和报告编制说明等内容,使读者有更清晰和更直观的阅读体验。以宁德时代 2021 年度 ESG 报告为例,宁德时代在环境、社会和公司治理板块中披露内容的亮点部分如下[①]。

2.3.3.1 环境方面

宁德时代是当前世界上最大的锂离子电池研究与生产企业,持续致力于以科技创

---
① 参考材料来源:《宁德时代 2021 环境、社会与公司治理(ESG)报告》。

新来支持新的动力体系建设。宁德时代始终坚持走在低碳发展之路上。公司以先进的蓄电池及风光水等可再生能源作为动力,取代以传统石化动力的固定式及机动式动力,并以电气化及智能化为中心,进行整合式的市场应用。

宁德时代在2021年继续实施"灯塔工厂"和"零碳工厂"的工程,通过运用人工智能、云计算等技术,不断提高生产和运行的效率,减少能耗,为实现"碳达峰、碳中和"提供强有力的支持。2021年9月,宁德工厂获得了世界"灯塔工厂"称号,宁德时代在提升生产力和竞争能力的前提下,已经达到了低缺陷、高产出、75%的劳动生产力和10%的能耗的生产标准。宜宾工厂目前是全球新能源产业首家"零碳工厂"。

宁德时代致力于从上到下解决环境问题的治理。公司董事会将全面负责气候变化议题的管理,领导和制定气候变化应对策略,通过四个层面的治理体系来管理气候议题。可持续发展理事会负责识别和确定重大的气候议题,评价这些风险和机遇对公司的冲击,并为公司制定风险应对策略,以保证公司建立一个高效的环境风险控制体系。公司各有关部门将风险控制纳入公司的工作重心。

宁德时代遵循 ISO 14001:2015 环境管理体系,根据自己公司的实际,编写了一本《环境管理手册》,并将其应用于公司环境治理的指导思想。安全生产委员会主要负责制定公司环境目标与绩效目标、制度文件及经营战略,要求公司内的所有生产基地严格落实对环境因素的识别工作、对合规性进行不同层级的内审和评审,并协助相关部门落实相关的环境制度,促进各项目标顺利完成。截止到2021年末,公司的12个子公司全部建成了环境管理体系,5个已稳定投入使用的子公司已经通过了 ISO 14001:2015 环境管理体系认证。

宁德时代建立了一套行之有效的内控体系,按照各国及区域的排放规范,实施了严格的排污控制措施,确保达标排放。公司按照自己的实际状况,制定了年度减排计划,并制定了环境自行监测的方案,定期邀请专业的第三方机构对公司生产过程中产生的各种废弃物进行监测并出具报告,根据结果,公司的环保指标每年都会达到要求。

宁德时代以其自身的实践推动可持续发展目标的实现。本着"让生活充满正能量"的使命,公司始终将可持续发展理念与公司的生产、运营相结合,并不断地将其推向社会,用自己的行动促进环境、经济和社会的可持续发展,加强参与各方对可持续发展理念的认识,并将公司的可持续发展责任付诸实施。公司将每年9月设立为"可持续发展活动月",通过一系列的活动的开展让员工能更多地了解可持续发展的主题。目前为止,宁德时代已经连续3年举行了可持续发展月活动,让所有员工在日常生产和工作中养成健康环保的习惯。2020年2月,公司在支付宝推出宁德时代的品牌公益林,每月在公司内部面向全体员工举办形式多样的"浇水"活动,激励职工"浇水",截至2021年底,宁德时代已完成了1032棵樟树所需要的能量。

2.3.3.2 社会方面

宁德时代注重员工的民主交流,建立了一个多元的、民主的交流平台。公司内部建立了一个论坛交流平台,通过完善的运作体系在公司内部建立起一个良性的交流环境。所有的雇员都可以根据法律法规,以真实或不记名的方式反映自己在工作中的各种问题和意见,或者在这个平台上交流关于工作和生活的问题。公司各有关单位对职工提出的问题和意见进行跟踪,并给予答复和处理。另外,公司还会对员工进行"内部管理调查",一是调查员工的基本需求,二是调查员工感受到的管理层支持,三是调查员工在工作中的团队合作,四是调查员工的个人发展情况,通过这四方面更加了解企业自身的经营状况。

宁德时代继续关注职工和家人的身体健康,并为他们的工作和生活带来更多的帮助。公司于 2015 年正式组建了宁德时代困难互助会。在入职 2 个月后,每个人将月薪中的 1 元(公司补贴 4 元)存入困难互助会成立的困难互助基金。基金主要是针对因病、伤、灾等紧急情况下的职工和家庭成员,对困境职工给予切实的协助,以缓解他们的财务压力。以 2021 年为例,公司和分子公司共收到并审核通过了 97 份困难救助申请书,发放共计 151.36 万元的资助。公司共为困难职工提供服务 330 人次,共发放 448.44 万元的互助补贴。

在培训与发展方面,宁德时代提倡建立"快速学习"的企业文化,并以建立一个学习型企业为目标。公司建立了一套完整的人才培养系统,并根据管理能力、专业技能、行业知识和职业素养等方面制定了一套完整的人才培养方案,全面提高了企业的综合能力,增加了企业的综合效益。公司采取了一种新型学徒制(中级工班)项目,并与其他专业机构进行合作培养,为公司的基层职工增加了高质量的培训服务。

另外,宁德时代还为员工提供教育培训工作,以提高其专业发展能力和整体素质。自 2019 年起,公司与宁德学院合作,为员工提供学习、交流和发展的机会,通过"求学圆梦行动"为公司发展提供专业技术人才。宁德时代以送教上门、学费资助等形式,协助企业职工进行持续的培训,不断地提高他们的学历水平和专业文化素质。截至 2021 年末,宁德时代已有 969 位雇员参加了在职进修。2021 年,公司的 9 家子公司在线上进行了 13854 项技能培训,累计训练员工 322442 名,累计培训时间已经超过 100 万小时。不仅如此,为了让公司内部的培训资源更加丰富和便捷,宁德时代引入了学习管理系统(Learning Management System,LMS),涵盖通用力、专业力和领导力,并且该系统能够对讲师、课程和数据进行统一数字化的管理。

在员工健康方面,宁德时代针对职业健康与安全设立了三级培训体系,对所有员工进行公司级、部门级、班组三级安全教育,涵盖员工入职、进入部门、进入班组的各个环节,涉及员工工作中必备的安全生产知识、日常工作环境与危险因素、安全生产风险识别方法和风险管控措施等内容的培训。为了对员工在安全方面的意识、知识和技能进行全面提升,公司还将日常安全文化宣传与定期文化培训作为辅助。2021年,公司"三级安全教育"培训覆盖全体员工,通过线下授课、线上考试的方式开展培训,公司的所有员工上岗工作之前必须先取得该培训体系合格成绩。2021年度,公司未发生职业病事件。

在社区的奉献上,宁德时代始终坚持可持续发展的承诺,以长远的眼光关注和投资于社区的发展需要,对社会的紧急需要做出反应,为促进整个社会的可持续发展作出自己的贡献。宁德时代是有责任的企业,它积极地激励雇员参加义工活动,并奉献自己的一份力量。2017年度,公司组建了志愿服务队伍,在各工厂、生产基地相继设立义工小分队,开展了丰富多彩的志愿服务活动,形成了浓厚的志愿服务气氛。截止到2021年度结束,共有12000多位员工自愿加入了公司的志愿者队伍。

宁德时代始终坚持以产业扶贫、教育扶贫和医疗扶贫的方式来支持我国的扶贫工作,并在扶贫领域内逐步建立起稳定的基础,为实现共同富裕贡献力量。针对新冠肺炎,宁德时代建立了一套高效的响应机制和一套完整的防疫制度,做好防疫物资储备、风险人员筛查、入场防控、防疫宣传等工作,通过行之有效的制度构筑群防群治的严密防线。

2.3.3.3 公司治理方面

良好的治理和负责的经营行为是企业可持续发展的基础。宁德时代通过建立完善的管理制度,严守商业伦理,确保公司的长远稳定发展,并将其作为积极履行环境与社会责任的根基。

宁德时代尊重和保护全体股东的权益,确保全体股东享有同等的获取信息的机会。本着"合规、公平和及时"的理念,宁德时代与投资者进行了高效的交流,包括定期报告、投资者电话咨询、实地调研等。公司任命董事长为宁德时代投资者关系管理的负责人,其工作包括与投资人的沟通、接待和解答投资人的问题。同时,公司还为中小投资者的表决创造了有利的环境,保障了中小投资者的公平权益。2021年,公司获得证券时报第十二届中国上市投资者关系管理论坛颁发的《2021年度中国上市公司最佳投资者关系奖》。

宁德时代恪守合规运营的基本原则,以营造合规、廉洁、诚信的工作氛围为宗旨,并始终贯彻"查防结合,以防为主;齐抓共管,重点防控"的工作理念。公司的董事会下设一个行为准则委员会(COC),它对公司各个系统和分子公司的廉洁合规进行全方位的监督。行为准则委员会制定公司连接建设制度,以反贪污和职业道德为中心,对违规员工进行全面排查,并将其上报给公司的董事会。行为准则委员会下设咨询办公室,对《CATL行为准则》的实施进行全面监督。宁德时代于2019年加入"企业反舞弊联盟"并成为理事会员单位,与800余个成员机构共同配合,一起开展了"黑名单"分享和异地配合等协查工作,并接受专业辅导。截至目前,公司已经参加了多场联盟的交流和培训。2021年11月,宁德时代加入"阳光诚信联盟",并与联合会的其他成员就反欺诈、合规管理、反贿赂管理等问题进行了广泛交流与深入讨论。

高质量的产品和服务是公司的根基。宁德时代建立起符合公司经营特点的质量管理体系,实施全方位的质量保障与预防措施。公司的测试验证中心已经通过了国家认可委员会(CNAS)的官方认证,为新技术的开发和验证提供了强有力的技术支持。此外,公司始终秉承对自身和对他人知识产权的绝对尊重,以健全的经营理念推动企业经营的高质量发展。宁德时代在公司内部针对知识产权和专利管理制定了相应的制度性文件,并且成立了2个专门的专利管理机构,以保证其对知识产权的有效保护。2021年,公司设立12个专业部门的专利管理委员会,对专利评审建立分类体系,邀请一百多位专家对公司内申请的专利进行了上百次的评审。

在信息安全领域,宁德时代坚持"聚焦风险,立足预防,意识引领,技管结合,全员参与"的信息安全方针,公司注重企业信息化建设,借鉴国外先进经验,建立了高标准、全覆盖、满足监管要求的信息化管理系统,为国内外用户提供良好的信息安全基础。宁德时代在国际上的经营活动中,严格遵守国家针对数据安全和个人信息颁布的各项法律法规进行操作。在企业迅速发展的同时,企业的信息安全也扩展到了产业链的各个环节。宁德时代设立了专门的安全保密委员会(SSC),下设安全保密办公室(SSO),与公司的其他部门进行协作配合,共同开展信息安全管理工作,推动公司营运能力的不断提高。

2.3.4 案例小结

宁德时代的管理层认为,其在ESG方面取得成就的关键因素主要如下。

第一,始终贯彻利益相关者的参与原则。深入了解各利益相关者的需求,关注重点有助于持续改善ESG的治理绩效,宁德时代在ESG管理中始终贯彻利益相关者参与原则,参考公司所在交易所的最新政策,借鉴同行业其他公司的优良做法,结合自身业务特点和专业人士的建议,在充分考虑投资者、员工、客户、监管部门、供应商、公众等利益相关者诉求和关注重点的基础上,对实质性议题开展相应的识别与筛选工作。宁德时代对不同利益相关者提出的重点问题给予针对性地沟通与回应,例如,对投资者的沟通与回应是股东大会、财务报告和路演,对客户的沟通与回应是CIR创新平台、满意度调查等,对供应商的沟通与回应是供应商质量管理和供应商辅导与提升等方式,了解各利益相关者的关注议题,让所有利益相关者都能在ESG报告中找到自身关切的议题,该工作为宁德时代ESG信息的内容打下了良好的基础,提高了ESG信息披露的质量。

第二，坚持向碳中和迈出坚定步伐。宁德时代董事长曾毓群在 ESG 报告中致辞，表示"碳中和"全球行动既是挑战，也是机会。作为全球领先的新能源创新科技企业，宁德时代将适应更高标准的 ESG 法规、碳政策要求，以技术创新赋能客户、自身、供应链绿色低碳生产运营，与利益相关者一同助力全球降碳，实现可持续、共赢发展。在公司 2021 年度的 ESG 报告中，除了传统形式上的议题披露之外，宁德时代专门增加了关于碳中和的专题。宁德时代的发展与世界范围内的碳中和战略有着密切的联系：能源和运输都是二氧化碳的主要来源，清洁和运输是实现碳中和的关键。为了帮助中国达到"碳达峰、碳中和"的目标，宁德时代坚持走在低碳发展之路上，并在此方面取得了巨大的进展。

第三，坚持创新是引领发展的第一动力。宁德时代的董事长曾毓群说道："只有依托强大的创新体系，凭借更快的进步速度，才能站在时代浪潮之巅，走得更快，行得更远。"因此在宁德的"碳"环保之路上，创新永远是最耀眼的因素。从业内领先的无模组电池 (CTP) 技术，到 4.5 微米超薄箔材的超薄基材技术，再到 15 分钟充满 80% 荷电状态 (SOC) 的超快充技术，再到全球首家电池行业"灯塔工厂"和全球新能源产业首家零碳工厂，每一次突破，都凝聚了宁德时代对创新技术的执着追求。在创新技术方面，宁德时代一直处于行业的领头羊地位。截至 2021 年底，宁德时代已建立拥有 10079 人的研发团队，其中硕士 2086 人，博士 170 人，共投入约 77 亿万元研发金额。为进一步激发公司员工的创新活力，公司于 2021 年开发并投入运行了第一个以"创新协同"为主题的创意平台 (CATL Innovation Research，CIR 创新平台)。在网上发布的作品，经过初稿审查后，会有高级专家对作品进行指导和评价。审核合格的作品将会得到公司的资金进行前期研究，而如果创意计划完成了，则会进行公司级别的扩增和产品的应用。其间，来自 29 个行业 1019 名员工参加了 CIR 的创新活动，共计 2553 条创意建议，为企业创建一个强大的企业文化平台。

2.4 阳光电源的 ESG 信息披露实践

> ESG 是当今企业的主要投资观念和评估准则，它关注企业环境、社会和治理绩效。成为各个企业关注的焦点之一。阳光电源股份有限公司（以下简称"阳光电源"）连续两次获得国际著名指数公司 MSCI 的 AA 级 ESG 评级，成为 A 股公司的最大"黑马"，本节将以阳光电源为对象，介绍阳光电源的发展历程，展示其在 ESG 方面的表现与成就，总结其取得众多 ESG 荣誉的背后缘由，期望为其他企业管理者提供相应的参考。

2022年1月14日,阳光电源正式加入中国ESG领导者组织,成为组织第37名成员,这是由新浪财经牵头发起,联合中国ESG领域表现卓越的企业共同组建的商业领袖企业组织。阳光电源在ESG实践方面屡次取得不凡成绩,得到业界的认可。

2.4.1 认识阳光电源:历史悠久,光伏白马

阳光电源是一家以太阳能、风能、储能、氢能、电动汽车为核心的新型电力设备研发、生产、销售、服务的国家级高新技术企业,坐落于安徽省合肥市高新区。公司的主营业务包括:光伏逆变器、风电变流器、储能系统、水面光伏系统、新能源汽车驱动系统、充电设备、可再生能源制氢系统、智慧能源运维等。

公司从1997年创立至今,一直致力于新型能源发电,以满足客户需求。公司的研发队伍以技术创新为动力,具有多年研究开发经验和较强的自主创新能力,目前已完成20多项国家级重点项目,并参与制定了多个国家标准,成为国内行业少数几个拥有多项核心技术的公司。公司主要生产的太阳能逆变电源通过了TOV、CSA、SGS等多个国际权威的检测,并在世界150多个国家和地区大量销售。截至2022年,公司已经在全世界范围内完成了超过269 GW的逆变器装机量。

公司先后荣获"中国工业大奖""国家级制造业单项冠军示范企业""福布斯中国创新力企业50强""国家知识产权示范企业""全球新能源企业500强""亚洲最佳企业雇主"[1]等荣誉,拥有国家级博士后科研工作站、国家高技术产业化示范基地、国家企业技术中心、国家级工业设计中心、国家级绿色工厂,综合实力位居全球新能源发电行业第一方阵。

2.4.2 ESG工作概览:经验丰富,硕果累累

2.4.2.1 ESG信息披露的管理和过程

阳光电源成立可持续发展报告工作组,在公司高级管理人员组成的项目领导组的带领下,由品牌中心牵头,协同战略、董事会办公室、品管、人力资源、采购等相关部门,按照公司管理实践和披露要求完成报告编制工作,并完善指标体系,在日常工作中落实各

---

[1] 工信微报. 99家上榜!第四批工业产品绿色设计示范企业名单公布[EB/OL]. (2022-11-22)[2022-12-10]. https://baijiahao.baidu.com/s?id=1750420884522961769&wfr=spider&for=pc.

项可持续发展事务,构建可持续发展竞争力。

公司积极推进可持续发展及 ESG 能力建设,高层领导积极分享国际及国内 ESG 发展趋势,公司 OA 办公自动化系统开设可持续发展专栏,向员工普及前沿知识,并从商业道德、社会责任、供应链尽责管理等方面对组织赋能,可持续发展事务负责部门也积极参加外部培训,同时与不同行业的企业开展交流,提升可持续发展管理水平。

阳光电源注重各方的关心与需求,通过构建一套行之有效的确认与参与制度,准确、客观地传达与披露信息,听取各方的反馈与建议。为了更好地发掘各利益相关者的主要期待和诉求,提高本公司 ESG 报告的针对性和实效性,阳光电源坚持"议题识别—议题评估—筛选报告"三阶段社会责任议题实质性分析模型,对各利益相关者进行问卷调查,对企业可持续发展的内容进行科学分析与评估。

2.4.2.2 ESG 信息披露的成效

阳光电源从 2016 年开始披露第一份社会责任报告,此后连续六年披露社会责任报告。阳光电源在 2022 年开始将上一年度的相关报告更名为"可持续发展报告",虽然名称不同,但主要目的都是持续推进公司 ESG 能力建设,构建可持续发展竞争力。

2020 年,阳光电源也荣获新浪财经主办的中国企业 ESG"金责奖"——最佳环境(E)责任奖[1]。2021 年,阳光电源荣获工信部"2020 企业社会责任报告 AA 评级"、世界品牌实验室"社会责任大奖"。

2021 年,MSCI 通过官方渠道陆续公布了部分公司的最新 ESG 评级结果[2]。在新增的 25 只 A 股中,阳光电源的 MSCI ESG 评级为 AA 级,成为 2016 年以来第三家获得高评级(AA 或 AAA 级)的 A 股公司。这也是阳光电源连续两次获得国际著名指数公司 MSCI 的 AA 级 ESG 评级,并被纳入恒生 A 股可持续发展企业指数。

2021 年 12 月 3 日,新浪财经 ESG 评级中心、CCTV-1《大国品牌》节目联合发布"2021 中国 ESG 优秀企业 500 强"榜单,对中国 A 股、港股、美股等优秀企业进行 ESG 综合评价,阳光电源位列榜首[3]。

2022 年 1 月 14 日,阳光电源正式加入中国 ESG 领导者组织,成为组织第 37 名

---

[1] 新浪财经. 阳光电源荣获 2020"金责奖"最佳环境(E)责任奖[EB/OL]. (2022-11-22)[2022-12-10]. http://www.chinapower.com.cn/zjqy/scmb/20201210/37005.html.

[2] ESG 亚洲报告. A 股最新 MSCI ESG 评级:阳光电源成最大"黑马"[EB/OL]. (2022-04-08)[2022-12-10]. https://www.in-en.com/finance/html/energy-2246553.shtml.

[3] 新浪财经. 2021 中国 ESG 优秀企业 500 强[EB/OL]. (2021-12-06)[2022-12-10]. http://finance.sina.com.cn/zt_d/2021esg500/.

成员①。

2022年3月,联合国全球契约组织(UNGC)于中国网络日前公布了"实现可持续发展目标2021企业最佳实践"名单,阳光电源凭借在"双碳"目标实践上的杰出表现,获评"碳达峰、碳中和"最佳实践案例。

2.4.3 ESG报告编制:形式丰富,内容多样

阳光电源从2015年开始披露第一份社会责任报告,截至目前,阳光电源一共披露了7份社会责任报告,在这些年里,阳光电源的ESG报告也有较多明显的变化。从篇幅上来讲,阳光电源的ESG报告基本都在70至80页,丰富详实。从内容上来讲,阳光电源每年的工作重心有所变化,因此ESG报告的内容也有相应体现。值得注意的是,从2021年起,为了确保报告的真实性、公平性和透明性,阳光电源将委托第三方审验公司进行审验,要求其提供单独的审验结果报告。这是其他报告中所没有的内容。后文以2021年阳光电源可持续发展报告为例,展示其在内容中的丰富和独特之处。

2.4.3.1 环境部分

阳光电源以节约资源和环境保护为前提,加快构建清洁低碳高效能源体系,持续推动绿色转型升级部署,关注社会环境治理需求,主动参加社会废弃物处理,利用已有的资源进行协同处理,做到垃圾无害化、减量化、再利用,减轻对环境的负担。通过调整优化用能结构、实施节能减排改造,持续提高能源利用效率,坚决减少污染物排放,以实际行动践行绿色低碳可持续发展。

阳光电源建立了完整有效的能源管理制度、流程和体系,制定了《能源管理手册》,自2017年起推行并通过ISO 50001能源管理体系后,不断扩大覆盖范围,目前包括习友路厂区、长宁大道厂区和阳光储能。2021年综合能耗9141.51吨标煤,较2020年增长33.43%,因扩产导致能耗增加(2021年产能同比增加44%),单位产值能耗为0.0907吨标煤/MW,较2020年降低4.32%。

阳光电源还通过一系列措施帮助公司实现绿色建筑、绿色照明、绿色出行和绿色教育。公司积极推动绿色建筑体系发展,以绿色、循环、低碳理念指导公司建设所有在建项目,既满足节约资源、保护环境和减少污染的目标,也提高建筑的安全性、舒适性和健康性;公司设置照明技术评估实施指标,从源头保障照明的高效节能、环保、安全。在保证

---

① 新浪财经.阳光电源正式加入中国ESG领导者组织[EB/OL].(2022-01-14)[2022-12-10]. https://cn.sungrowpower.com/news/1289.html.

满足照度、均匀度等使用标准的前提下,全面实现LED照明灯具切换替代,以降低照明电力消耗。同时,采用更科学、友好的照明设计,公共区域照明系统采用一系列技能措施,夜间照明避免对外产生干扰光,严控景观照明时段及溢散光等,以公司的实际行动持续向员工、供应商推行绿色教育。

阳光电源深耕光伏、风电项目开发多年,累计开发建设光伏、风力发电站超25 GW,公司拥有雄厚的技术研发实力和丰富的系统集成经验。在荒漠、山丘、地质灾害治理、土地污染治理、农光互补、渔光互补、林光互补、漂浮电站八大典型建设场景均有广泛项目应用案例;将自然生态环境资源与光伏、风电项目有机融合,通过技术研发方案维持且不断改善当地脆弱生态环境系统,做到"板上发电、板下种植/养殖"的立体化土地利用模式,还创新出土壤质量提升及污染土地利用方案等多项造福一方的"新能源+"模式。

作为新能源电源设备的研发、制造企业,阳光电源生产过程中使用的能源和废弃物排放在整个产业链中对环境的影响占比较小,设备运行过程中也不产生污染,大部分资源消耗和排放集中在上游供应链企业中。公司鼓励供应商通过各种方式改善环境管理绩效,降低环境风险,包括建立环境管理体系、减少污染物排放、开发使用环境友好型的产品或服务等。供应商管理部在开发新供应商时,对企业生产环境情况进行调查,通过审核或监造活动不定期对供应商环境保护工作做出评估,并将其纳入供应商合格评价的重要一环。2021年,启动对440家制造商的绿色电力使用情况的调研行动,接收到240家供应商数据回传,71家供应商已至少利用一种可再生能源完成能源结构优化,占比30%;有意向开展光伏能源建设的供应商135家,占比56.25%,超过30家供应商希望阳光电源助力其优化能源结构。

2.4.3.2 社会部分

阳光电源秉持"全球绿色梦想,成就更好的我们"的雇主品牌理念,通过招聘海外本地化人才、外派、自主培养等方式,积极打造国际化的人才队伍。同时,公司始终以员工发展为核心,主张"促进员工发展,成就员工梦想",协助员工实现自身的价值和自身的发展,使他们与公司的联系更加密切,互相守望,共同创造洁净的明天。

阳光电源致力于培养可持续的伙伴关系,始终将客户需求直线传输至供应链管理过程,竭力建立可持续发展的绿色供应链,推动供应商落实可持续发展实践,保障人权及维护劳工权益、限用管控有害物质及不使用冲突矿产物料等,针对关键物料供应商开展冲突矿产报告模板(CMRT)调查,逐步推动供应商签署《供应商遵守社会责任行为守则承诺书》和《不使用冲突矿产承诺书》,推动供应商完成社会责任自评,持续降低供应风险,提升供应链风险管控能力。供应商管理部按照供应商社会责任相关评估要求,每年至少组织一次对主要材料供应商的社会责任和道德标准情况的实地审查,对其当年的社会责任表现和绩效进行评估和审查,并逐步推广生产物料关键物料供应商签订《供应商遵守社会责任行为守则承诺书》,对取得证书或者符合该标准的供应商,根据《供应商质量审核作业规定》给予相应审核得分。2021年完成供应商准入审核的新供应商124家,其中使用环境、社会标准完成筛选的98家,占比79%。

阳光电源在日常的生产和经营活动中积极回报社会。充分利用本地的自然资源及社区资源,最大限度利用公司自身的优势,让社区从这一进程中获益。2021年公司规划全球公益战略,聚焦生态环境保护、贫困应对,支持科技创新、教育、人才培养、社区发展、灾害援助五大领域,由品牌中心统筹管理公司的公益事务,从制度、流程上规范相关部门的对外捐赠行为,用实际行动来表达对社会的关心和支持。2021年,公司捐赠支出526.20万元。

阳光能源积极参与社区发展。阳光电源加强与周边社区的沟通交流,公司的绿色工厂长期对外开放,积极开展研学活动。青少年绿色实验室被合肥市教育局、合肥市环保局授予"合肥市首批环境教育基地"称号。公司员工自愿走进周边社区学校科普低碳环保知识,引导青少年关注气候变化。在开发建设电站项目过程中,阳光电源严格遵守当地法律法规,建立与社区居民、政府机构等利益相关者的沟通协商和参与的工作机制,力求与本地社区一起发展,积极协助社区的所有居民提高居住品质,为其创造工作机会并为其生活带来方便。由于该电厂地处偏僻,交通不便,所以阳光电源在建设电厂时,也会兼顾当地的需求,如为一些贫困地区先后完成了水泥道路的修建和修复。

2.4.3.3 公司治理部分

阳光电源严格按照《上市公司信息披露管理办法》,履行信息披露管理义务,确保信息披露的真实性、准确性、完整性、及时性。同时,公司严格执行《内幕信息知情人登记管理制度》,对公司重要信息的上报、传递、保密等方面进行了规范,以保证公司内部信息的安全性,并能使公司的股东对公司当下的经营动态、财务状况及重要事项进展进行及时了解和掌握,从而保护广大投资者的合法权益。公司在2021年公布了4次定期报告和165次的临时性公告,并在证监会的信息公开考核中取得了B级的成绩,未出现任何的信息披露事件。

阳光电源始终恪守企业的核心价值观,在公司的日常运作中将合规经营的管理思想贯彻到底。公司的运作遵循相关的法律、法规和商业伦理,要求全体员工不得以违背法律、法规和职业道德等方式获取业务,保持市场的公平性。公司内部持续完善依法管理制度,保证公司一切业务活动合法化、规范化;通过多种方式和途径对员工进行法律法规教育,加强公司内部人员在经营活动中的各种风险管控能力;在外部,公司主动参加"阳光诚信联盟"的各种活动,增强成员公司之间的真诚合作,引导成员单位依法办事,做好行业表率。此外,公司明确要求所有员工本人和家属在持股、任职、兼职、开展或推荐业务时,都必须严格履行必要的回避措施,避免存在利益冲突的情况。

阳光电源设有独立的审计督查部门,由审计督查部、人力资源中心、采购中心及各业务部门相互分工和协作,持续完善公司的惩治和预防腐败体系,通过构建反腐败预防、举报投诉、惩治宣传等管理机制,逐步在内部形成"不敢腐、不能腐、不想腐"的长效机制,确保公司业务合规、有序、高效运行。

在阳光电源全球化营销战略下,公司的广告营销平台在国内和海外均严格遵守本地化的隐私政策等相关法律法规,制定《网站管理规定》《媒介管理规定》《微信公众号管理规定》《舆情危机应急管理制度》《产品信息发布流程》等管理制度,规范产品等营销广告发布与管理,同时接受信息化部门和审计部门监督指导。公司内部建立起以品牌中心为管理归口,各业务市场为分管及推进部门,每年定期通过培训提升专业能力,建立起品牌、市场双向沟通机制,系统化推进广告营销工作的落实。截至2021年,公司目前从来没有被监管部门发现违规广告的情形,也无业务违规和违反营销宣传规定的事件发生。

2.4.4 案例小结

作为一家以"让人人享用清洁电力"为使命的企业,阳光电源认为联合国17项可持续发展目标(SDGs)可以帮助公司评估业务发展与世界需求能否接轨,并从中发掘机会,最终为实现可持续发展目标作出公司专业贡献。2021年,阳光电源界定了10个与自身密切相关的可持续发展目标,并在可持续发展报告中对这些可持续发展目标进行关键行动的回应。例如,SDGs中的目标4是优质教育,阳光电源采取的行动是将"支持科技创新、教育和人才"列为公益领域之一,深入开展教育公益活动,助力社区教育事业发展,持续加大公司培训投入,增加人均培训学时,并面向所有员工开展培训,关注员工职业发展。再如,SDGs中的目标13是气候行动,阳光电源深耕"光、风、储、电、氢"等新能源行业主赛道,响应全球气候倡议,通过加大可再生能源开发利用力度和能源效率提升,大力推动全球减污降碳,为全球气候目标贡献企业专业力量。类似这样的回应在阳光电源的可持续发展报告中都能找到相应的展现,值得其他公司借鉴。

双碳目标背景下阳光电源充分认识到了与气候有关的各种风险和机遇对公司的经营产生会产生重要影响,并把它作为一个关键要素融入到可持续发展的过程中。公司按照气候相关财务信息披露(TCFD)框架,结合国际上的先进准则和做法,从战略、治理、风险管理、指标和目标四方面,全方位地提高公司的环境风险管理和信息公开水平。为有效处理全球气候变化可能给该公司的经营带来的冲击,阳光电源梳理、明确相关部门职责,整合现有资源,将不同部门的职责和绩效扩大至气候相关事务,使公司运营全流程与应对气候变化工作深度耦合。目前,确定由品管中心作为牵头部门,负责依据公司董事会的要求进行气候相关工作的顶层设计,统筹规划公司应对气候变化的治理架构和执行方案,上报公司决策层审批。设备动力部、生产中心、各事业部、行政中心、采购中心、财务中心、人力资源中心、品牌中心等跨部门协作,共同承担气候相关的工作目标和职责。战略中心作为监察考核部门,定期考评工作绩效并上报公司高层。

第 3 章 汽 车 行 业

汽车行业主要由四大子行业构成,主要包括零部件生产行业、整车制造行业、汽车经销以及后市场等。本章主要聚焦整车制造行业,深入浅出了解行业及其 ESG 信息披露现状。在此基础上进一步引入汽车行业相关 ESG 信息披露案例,以更好地认识 ESG 信息披露与实践对汽车行业发展的重要性。

3.1 行业基本情况

3.1.1 汽车行业的发展现状

作为中国国民经济发展的重要产业之一,汽车行业是资本、技术密集型的工业,行业规模巨大,紧密连接着其他产业,资金投入量巨大,同时需要其他重点行业新型材料、新型设备、新型工艺以及新兴技术的支持。

2021 年全年,汽车产业市场经受着严峻的考验,国内汽车销量同比仅小幅增长 3.8%,为 2628 万辆。值得一提的是,新能源汽车年销量高达 352 万辆,同比爆发式增长 158%,年度市场渗透率达 13.4%[①]。截至 2022 年 11 月,新能源汽车产量达到 625 万辆,销售量也达到 606 万辆,同比增长 100%,提前达到了《新能源汽车产业发展规划(2021—2035 年)》中要于 2025 年市场渗透率实现 25%的目标[②]。

2009 年,中国汽车销量达到 1364 万辆,超越美国,成为全球最大汽车销量市场,自此正式拉开了中国本土品牌从蹒跚学步到大鹏展翅的蜕变历程。目前,中国已成为全球产销量第一的汽车大国。截至 2021 年底,全国新能源汽车保有量占据汽车总保有量

[①] 此数据统计来自乘用车市场信息联席会。
[②] 中国汽车工业协会行业信息部.2022 年 11 月汽车工业产销情况[EB/OL].(2022-12-09)[2022-12-20].https://mp.weixin.qq.com/s/zvJeXgFcBo9D-4wGZZ5s3w.

的 2.60%,达到 784 万辆①。在新能源汽车方面,在资源环境约束凸显和欧盟发力政策补贴的耦合下,欧洲的新能源汽车市场发展迅速超越中国,成为世界第一,达到 136.7 万辆的销售量②。在资源环境约束凸显的情况下,新能源车企应当积极扮演绿色理念的"引领者",绿色文化的"传播者",绿色生产的"先行者"。

3.1.2 汽车行业的绿色发展趋势

我国汽车行业展现出强大的韧性与活力,在气候突变和经济下行的今天,更有责任与义务去寻求主动的绿色转型,以最佳的姿态迎接席卷全球各业的可持续发展浪潮。汽车行业数字化研发趋势显著,更多智能化操作系统、无人驾驶等新技术的应用加速行业变革。汽车适配软件借助于数字化的发展机遇,有望通过灵活的研发周期、定制化的用户需求、较低的研发成本等路径获得更好、更快的发展。

在政策助推下,汽车行业绿色转型对于我国发展战略的推进以及保护我国能源安全等方面极为重要,我国汽车行业在新能源汽车领域的超前视野、全球领跑,有望实现持续攀升的发展态势。新能源车增长与全球碳排放政策紧密相关,因此要求我国新能源汽车企业更应具有长远视野。根据欧盟对销售新车的规定③,2020 年销售新车中的 95%碳排放须达到 95 克/千米,2025 年达 80.8 克/千米,2030 年达 59.4 克/千米,同时需要补交因超过要求排量而产生的罚款。而在 2021 年,欧洲多个品牌车企因碳排放平均值不达标而面临巨额罚款。

我国经济发展进入新常态,新消费群体为新能源汽车取缔传统燃油车助力,中高级汽车取代普通汽车趋势明显,"Z 世代""她经济""新中产"等成为消费主力,汽车消费市场不断拓展④。无论是"造车新势力",还是传统车企,如何实现在汽车行业内忧外患的转型升级中大浪淘沙,是摆在汽车企业发展面前的一个重要问题。

---

① 新华社.3.95 亿辆,4.81 亿人! 公安部发布 2021 年全国机动车和驾驶人数据[EB/OL].(2022 - 01 - 11)[2022 - 12 - 20]. http://www.gov.cn/xinwen/2022 - 01/11/content_5667669.htm.
② 参考材料来源:欧洲环境署(EEA),EV Sales blog.
③ 该规定指欧盟于 2019 年 4 月发布的《2019/631 文件》。
④ 乘联会. 2021 年中国汽车业主要数据及其思考[EB/OL].(2022 - 03 - 40)[2022 - 12 - 20]. http://www.cpcaauto.com/newslist.php? types = yjsy&id = 383.

3.2 行业ESG信息披露总体情况

3.2.1 我国上市汽车企业ESG信息披露现状

本节将汽车企业发布的与ESG相关的报告均纳入后续的文本分析范畴内，主要有企业社会责任报告、ESG报告以及可持续发展报告等多种形式，力求客观地展现汽车行业ESG信息披露现状。汽车行业ESG披露情况因其自身特点，具有信息透明度较低、碳排放数据较难核算、披露内容参差不齐、报告语言较为含蓄等特点。

整体来看，我国A股上市汽车企业ESG报告整体披露度较高。自2009年起，汽车行业上市公司逐渐开展ESG信息披露工作(多采用"社会责任报告"的形式)，比较有代表性的如长安汽车、福田汽车。2012年，有超过一半的汽车行业上市公司发布2011年度社会责任报告，形式多为纯文字内容的报告。2022年，中通客车、中国汽研也主动开始披露ESG信息。

截至2022年12月，汽车行业已完成2021年度ESG信息披露工作。汽车行业上市企业包括小鹏汽车、理想汽车、蔚来汽车等选择以ESG报告的形式进行信息披露，而上汽集团、比亚迪、长安汽车、长城汽车等则选择延用社会责任报告体现碳排放、碳治理等相关重要议题。根据Wind ESG行业分类标准，筛选出26家具有研究价值的我国整车制造行业A股上市企业。2022年，A股上市汽车制造行业发布年度ESG报告情况(共计15家)如表3.1所示。

表3.1 披露ESG报告的汽车(整车)行业上市公司

证券代码	公司名称	公司属性
600066.SH	宇通客车	民营企业
002594.SZ	比亚迪	民营企业
601238.SH	广汽集团	地方国有企业
601633.SH	长城汽车	民营企业
600733.SH	北汽蓝谷	地方国有企业
600213.SH	亚星客车	地方国有企业
000625.SZ	长安汽车	中央国有企业
600104.SH	上汽集团	地方国有企业
000957.SZ	中通客车	地方国有企业

续表

证券代码	公司名称	公司属性
601965.SH	中国汽研	中央国有企业
600006.SH	东风汽车	中央国有企业
000800.SZ	一汽解放	中央国有企业
600166.SH	福田汽车	地方国有企业
600418.SH	江淮汽车	地方国有企业
000550.SZ	江铃汽车	中央国有企业

数据来源：企业年报及社会责任报告等，作者整理。

在披露企业中，众泰汽车仅发布过1份社会责任报告，其余发布企业均连续发布。部分企业（如北汽蓝谷）还尝试过以"可持续发展报告"的形式进行信息披露。A股上市企业中，有七成国有企业积极响应ESG披露号召（见图3.1），中央国有企业中仅有中汽研汽车试验场股份有限公司（简称"中汽股份"）未进行披露。由此可见，民营汽车企业的ESG信息披露提升具有较大空间。

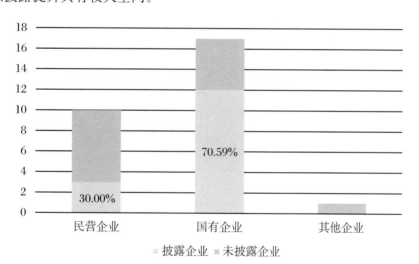

图 3.1　披露ESG信息汽车（整车）行业上市公司的企业性质

数据来源：企业社会责任报告，作者整理。

3.2.2　我国上市汽车企业ESG评级表现

我国汽车行业主要上市公司的ESG评级结果如表3.2所示，由此可以看出不同机构的 ESG 评级结果略有差异①。就华证 ESG 评级而言,评级标准侧重财务重要信息,与 Wind ESG 评级不同的是,负面事件的影响并未纳入 ESG 评级结果。

表 3.2 我国汽车行业上市公司 ESG 评级表现

证券代码	公司名称	Wind ESG 评级	华证 ESG 评级	富时罗素 ESG 评分	商道融绿 ESG 评级	盟浪 ESG 评级
600066.SH	宇通客车	AA	BBB	1.5000	B+	A+
002594.SZ	比亚迪	A	A	2.3000	B+	A
601238.SH	广汽集团	A	BB	1.8000	B+	A
601633.SH	长城汽车	A	BBB	1.7000	A−	A+
600733.SH	北汽蓝谷	BBB	CCC		B−	B−
600213.SH	亚星客车	BBB	B		B	
000625.SZ	长安汽车	BBB	A	1.3000	B	A−
600104.SH	上汽集团	BBB	BBB	1.3000	B	A+
688071.SH	华依科技	BBB	BB		B−	
000957.SZ	中通客车	BBB	CCC		B−	
601965.SH	中国汽研	BBB	BBB		B−	
600006.SH	东风汽车	BBB	BB		B−	
000800.SZ	一汽解放	BBB	BBB	1.2000	B+	BBB−
600166.SH	福田汽车	BBB	BBB		B−	
600418.SH	江淮汽车	BBB	BB	1.1000	B−	
603950.SH	长源东谷	BB	B		B−	
000868.SZ	安凯客车	BBB	CCC		B−	
301215.SZ	中汽股份	BBB	B		B−	
000550.SZ	江铃汽车	BB	BB	1.1000	B+	
601127.SH	赛力斯	BB	CC		B−	BB−
603949.SH	雪龙集团	BB	BBB		B	
600686.SH	金龙汽车	BB	CCC		B	
601777.SH	力帆科技	BB	CCC		B−	
000572.SZ	海马汽车	BB	CCC		B−	
600303.SH	曙光股份	BB	CCC		B−	
000980.SZ	众泰汽车	B	C	1.0000	C+	

数据来源:Wind ESG、华证数据、富时罗素、商道融绿、盟浪。

---

① 天风证券股份有限公司. A 股 ESG 评价体系的比较、现状与问题[EB/OL].(2022-02-26)[2022-12-20]. http://stock.finance.sina.com.cn/stock/go.php/vReport_Show/kind/macro/rptid/699257868421/index.phtml.

3.2.3 汽车企业 ESG 信息披露未来发展趋势

ESG 信息披露对中国汽车行业的企业实现可持续发展具有重要意义。"2022 中国汽车论坛"将中国汽车社会责任实践议题初步概述为责任治理、员工权益、环境保护、利益相关者关系、供应链管理、技术创新、产品质量与安全、应对气候变化、社区参与和发展九大板块[①]。另外,中国汽车工业协会发布了《中国汽车行业可持续发展报告》,从行业角度出发,涉及责任担当、智能创新科技、产品研发、员工发展、绿色可持续以及合作共赢等多个维度,整体全面地展现了汽车行业的绿色可持续的新发展理念践行情况[②③]。作为一次全面"诊查",汽车企业的可持续之路远不止如此。

在新能源赛道呈现持续爆发态势的今天,汽车厂商的"绿色转型"已是大势所趋,这也助力汽车行业 ESG 信息披露持续"升温"。想要在国家"双碳"顶层战略及"ESG 指引"的严苛标准之下实现真正的净零排放,"绿色"甚至需要贯穿汽车全生命周期和全产业链。汽车行业在产品设计端具有先天优势,尤其是新能源汽车细分领域。但是,如何确保在生产过程中实现"绿色工厂"和"绿色园区",在供应链采购环节实现"绿色供应链",甚至如何确保车间员工的人身权益,都将成为未来"绿色革命"中的重要环节。

除市场因素外,汽车制造业应在全球汽车变革的浪潮之中,抓住 ESG 的云梯加速崛起。在"碳中和"大背景下,以汽车行业为代表的制造业越来越多地侧重 ESG 中碳排放、污染物、水资源等环境绩效,企业"脱碳"表现也已成为投资人的重要参考指标,企业应积极回应利益相关者的期望与诉求。

然而,碳排放、绿色转型只是传统汽车制造业走出"困境"的冰山一角。当前行业经济运行存在困难和制约,国际局势存在较大不确定性,行业韧性及抗风险能力的提升迫在眉睫。汽车行业的 ESG 信息披露指标具有非常大的特殊性,考虑包括汽车投诉、汽车质量评测、汽车召回事件等指标,构成一个不同于其他行业的评判体系。

[①] 汽车工业协会,金蜜蜂智库.2022 中国汽车行业社会责任实践优秀案例[EB/OL].(2022-11-14)[2022-12-20]. https://baijiahao.baidu.com/s?id=1755318332879909902&wfr=spider&for=pc.
[②] 中国汽车工业协会.2021-2022 中国汽车行业可持续发展报告[R].上海:中国汽车工业协会,2022.
[③] 汽车纵横.走好可持续发展赶考路[J].汽车纵横,2022(11):34.

3.3 比亚迪的 ESG 信息披露实践

本案例主要描述了比亚迪股份有限公司(以下简称"比亚迪")在积极践行社会责任理念和可持续发展战略的同时,如何坚守绿色信念,又是如何作为深圳一隅的电池厂商乘着"绿色"与"科技"的东风,成功成长为中国汽车制造业龙头企业。旨在通过比亚迪集团 ESG 信息披露的探索与实践,为其他已经披露或者尚未披露 ESG 报告的新能源汽车行业企业提供参考,启发读者思考传统行业如何在履行好社会责任的同时,实现其绿色转型发展,如何在保证企业经济效益的同时,达到社会效益最大化的双赢局面。

2022 年 11 月,比亚迪第 300 万台新能源汽车正式下线发布,这对于比亚迪集团来说是一个重要的里程碑,发布会上醒目而洋溢着活力的引导牌上赫然写着:"同心同行,一路向前,为共同的绿色信念打造好每一台安全好车,引领着每一次新突破。"作为国内首位宣布停产燃油车的车企,同时,作为国产汽车品牌首个突破万亿市值的车企,比亚迪市值位于世界第三,仅次于特斯拉和丰田。比亚迪集团董事长王传福感慨道:"比亚迪作为国内新能源汽车的品牌代表,肩负使命与责任。从 0 到 300 万辆,是比亚迪引领行业发展、推动行业变革的一张成绩单。""顶流"比亚迪背后,是深圳快速崛起的绿色低碳产业和日益趋严的披露准则……

3.3.1 前世今生,立足绿色

3.3.1.1 科技奠基之路

比亚迪于 1995 年在广东省深圳市创立,从经营手机代工业务开始,逐渐发展成为我国新能源汽车的领军企业。目前公司经营业务广泛,主要包括汽车业务、手机业务、二次充电池和光伏业务等,同时发展城市轨道交通等领域,致力于构建一体化生态链。目前公司员工总数超 22 万人,在香港交易所和深圳交易所上市,公司总市值达到千亿级。

比亚迪始终坚持"科技是王道,创新是基础"的发展思路,依托于强大的研发实力,坚持创新驱动发展模式,在充放电池、乘用车、商用车以及城市轨道交通多领域发挥自身的力量。2021 年,公司的营业收入为 2161.42 亿元,汽车、手机部件、二次充电电池营收分别为1124.89亿、864.54亿、164.71亿元,占比分别约为52%、40%、8%[①]。由此可见,汽车、电池作为比亚迪的主要营收来源,在比亚迪可持续规划中占有举足轻重的位置(见图3.2)。

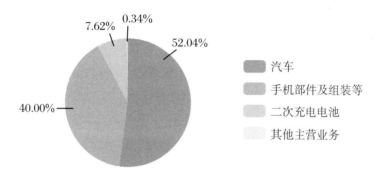

图3.2 比亚迪2021年度业务构成

数据来源:比亚迪2021年度企业年报。

比亚迪在新能源车、电池技术上锐意发力,车用芯片及储能等领域的革新,肩负着引领中国自主创新的使命。正如喜马拉雅资本的创始人和董事长李录所说,"比亚迪就像一台不断学习的机器"。比亚迪始终秉持着"自主研发,自主生产"的理念,坚定地走自主品牌的发展之路。就其核心业务汽车而言,目前比亚迪拥有两大系列产品——"海洋"和"王朝"。在产品设计上,比亚迪不仅吸取了国际潮流先进理念,而且还与中国文化审美观念相一致。产品搭建插电混动、纯电产品体系,以及提出e平台解决方案等措施,实现了电动化和集成化提速,也响应者国家"双碳"背景下的绿色号召。同时,在动力电池方面也不断推陈出新,形成以锂离子动力电池组为主、镍氢电池为辅的多元化格局。在电池领域,比亚迪更是拥有100%自主研发能力、设计与生产能力。作为我国目前最大的车规级IGBT片材生产厂商,比亚迪半导体业务计划分拆上市。

3.3.1.2 绿色发展之路

比亚迪承诺以技术创新推动人类社会可持续发展,无论是新能源汽车还是e平台的升级换代,种种产品格局及发展战略无一不在响应国家的"双碳"目标。2003年,位居全球充电电池生产企业第二名的比亚迪成立了比亚迪汽车。2008年,比亚迪首次提出了"三大绿色梦想"的概念,绘制了太阳能、储能电站、电动车的理想蓝图。2015年,比亚迪因其努力获得联合国首个能源行业的奖项——"联合国能源特别奖",标志着国际社会的认可。2016年,作为首个获奖的中国企业,比亚迪再次获得阿联酋政府颁布的"扎耶德未来能源奖",肯定了比亚迪在可持续发展领域的贡献和成就。2017年,比亚迪获得

---

① 比亚迪股份有限公司.比亚迪股份有限公司2021年年度报告[R].深圳:比亚迪股份有限公司,2022.

世界知名财经杂志《财富》颁布的"年度最受赞赏的中国公司",在汽车行业中位列第一,总体排名第五。2020 年,在《财经》杂志颁布的"财务长青奖"中,比亚迪以优异的表现获得"可持续发展内控奖"。2020 年 3 月,比亚迪成立弗迪公司,打开了新能源汽车核心零部件的海外销售市场,正式进入 2.0 开放战略阶段。同年,跻身 BrandZ"最具价值的中国品牌"100 强车企榜单,更是连续 6 年蝉联冠军。2021 年,比亚迪荣获中国企业 ESG"金责奖"最佳公司治理(G)责任奖。此外,比亚迪作为行业的领先者受邀参加联合国 26 届气候大会,与多方组织共同签署了《零排放中、重型车辆全球谅解备忘录》。2022 年,比亚迪汽车正式宣布从 3 月起不再生产燃油汽车整车,这是世界上第一家官方宣布停止燃油汽车生产的车企。

所谓"十年磨一剑",在车市集体遇冷的寒潮下,2022 年比亚迪单月销量破 10 万,超越一汽大众,并成功拿下同年 4 月"单一厂商销量王"的美誉。2021 年,比亚迪汽车销售量达到 74 万辆,其中新能源汽车销量超过 60 万辆,同比增长 220%。与此同时,比亚迪以 1288 亿美元的总市值位列全球车企市值排行榜第三名,让投资者一度喊出"比亚迪是下一个丰田"的口号。

3.3.1.3 信息披露之路

正如董事长王传福所言,比亚迪正以"领导者之姿"引领全球汽车行业的绿色变革,推动我国在新能源汽车领域的崛起。如此的跨越式发展,离不开 ESG 理念在国内外市场的愈加普及。那么,是什么让"技术为王,创新为本"的比亚迪十年如一日地坚持信息披露?

不管是厚积薄发的技术研发,还是 27 年来一贯坚持的绿色经营理念,皆成就比亚迪于诸多汽车厂商之中率先选择公布社会责任报告。2014 年,比亚迪董事长王传福带领公司取得优异的成绩,不仅公司获得国际方面的认可,他个人也因其优秀的领导力取得"扎耶德未来能源奖"中的"个人终身成就奖",2015 年荣获第一财经颁布的 2015 年度"中国最佳商业领袖奖",王传福的获奖理由这样写道:"如果说中国经济绿色和可持续的增长问题正在变得越来越急迫,那么在当今中国企业家群体中,几乎只有一个人为解决这个最大的'痛点',已经坚持了 20 年。"从最近几年的刀片电池、DM-i 超级混动、e 平台 3.0 三大技术产品的落地不难看出,比亚迪"为王"与"绿色"背后的主要原因是其自上而下所奉行的长期主义的结果。

然而,与所有汽车厂商面临的问题相同,高昂的技术研发费用需要资本市场源源不断的活水注入。比亚迪执行副总裁廉玉波也坦言,动力电池原材料以及其价格的上升给整个产业链带来了巨大的冲击。汽车行业发展形势严峻,比亚迪也难以幸免,因上游产出成本较高,2022 年 3 月,比亚迪不得不对其两大系列产品进行售价的调整。除了提升售价外,企业发展对资金的需求更需要外来的活水不断注入,而国际市场对绿色投资的重视也要求比亚迪做好积极主动的信息披露工作。和比亚迪在新能源车、电池技术、车用芯片、储能等领域锐意创新战略一样,ESG报告的公布也能在一定程度上给投资者带来可观的回报,同时也顺应着国家"双碳"号召的重要使命。

比亚迪品牌管理负责人以及公关事业部门总经理李云飞曾在公开场合表示:"首先感谢用户的选择跟支持,第二感谢政府各级部门的重视和政策支持,媒体朋友们多年来的关注和支持,第三感谢上游供应商的助力和下游经销商的协同,也感谢汽车同行们众人拾柴火焰高,最后感谢比亚迪的22万员工,齐心协力筑梦未来。"李云飞总经理所提及的企业发展需要感谢的几个维度,也体现在了比亚迪ESG信息披露的利益相关者期望与诉求。早在2014年的社会责任报告中,比亚迪就首次对上下游供应商、员工福利等情况进行了披露。积极有效的ESG信息披露,不仅是企业自上而下的内检,同时也是向政府及相关监管部门交上一份"合格"的答卷。

3.3.2 未雨绸缪,做好披露

处于经济动荡与能源危机的漩涡中,有些企业管理者选择节约成本求精益,有些管理者选择扩大产能谋出路,王传福在时代发展的洪流中选择"积极承担社会责任"。这种负责任的企业态度提供了强大的生命力和市场竞争力,推动着比亚迪不断突破自己、实现高质量的发展。比亚迪对企业社会责任披露工作的重视,也体现在第三方评级的稳定表现、版面和内容的持续升级、热点议题的与时俱进等方面。

3.3.2.1 稳定的ESG评级表现

比亚迪在可持续披露方面的表现十分突出。自2010年起,比亚迪就开始了《社会责任报告》的披露之旅。在2017年A股"入摩"时,比亚迪获得当时汽车行业的最高评级"A级",并且在此后的评级中一直保持水准。Wind ESG评分给予了比亚迪"A级"的评分,在其所在细分汽车行业的31家企业中排名第二,是一个非常出色的排名。

3.3.2.2 合规的ESG披露形式

自2010年起,比亚迪就开始披露《社会责任报告》,并从2016年起新增繁体中文版本、英文版本,契合了报告使用者的更全面的需求[①]。值得一提的是,不同于"造车新势

---

① 比亚迪股份有限公司官网《可持续发展》栏目(https://www.bydglobal.com/cn/SocialResponsibility/SocietyDevelopment.html)。

力"小鹏、蔚来对"ESG 报告"披露形式的选择,比亚迪仍在标题选择上热衷"社会责任报告",且报告整体内容的文本含量较高。社会责任报告一方面带给了比亚迪"锦上添花"的发挥空间,但另一方面主观性过强和第三方监管机构缺失带给了阅读者"不可靠"的印象,这必将会成为其发展和壮大道路上的阻力。

比亚迪似乎也感受到了迫在眉睫的"改革"之势。2021 年,比亚迪成立碳排放管控委员会,针对不同的工作设置了各项推进组,保证了各项工作的稳步实施。同期,积极响应国家政策,开展"碳达峰、碳中和"规划的研究,真正达到了碳足迹可测、可循。随着比亚迪公司企业社会责任(CSR)委员会组织架构的不断调整和完善①,相关部门的职能责任更为明晰,清晰的分工体系以及管理架构为企业带来高效的工作(见图 3.3)。这一独立部门的设置与升级所带来的业务提升,也显著体现在了比亚迪 2021 年度社会责任报告质量提升中。

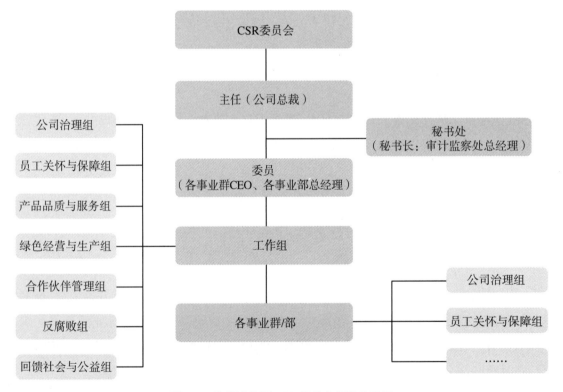

图 3.3 比亚迪公司 CSR 委员会组织结构图

数据来源:《2021 年比亚迪社会责任报告》。

---

① 比亚迪股份有限公司.2021 年度比亚迪社会责任报告[EB/OL].[2022 - 12 - 10]. https://www.bydglobal. com/sitesresources/common/tools/generic/web/viewer. html? file = % 2Fsites% 2FSatellite% 2FBYD% 20PDF% 20Viewer% 3Fblobcol% 3Durldata% 26blobheader% 3Dapplication% 252Fpdf% 26blobkey% 3Did% 26blobtable% 3DMungoBlobs% 26blobwhere% 3D1638928314607% 26ssbinary% 3Dtrue.

3.3.2.3 丰富的 ESG 内容要素

比亚迪的社会责任报告结合国内外主流原则,同时参考全球报告倡议组所发布的《可持续报告指南》以及国内的《中国企业社会责任报告指南》等倡导和要求进行编写。如表 3.3 所示,2013 年及以前的社会责任报告仅 5 页,且为纯文字版,涵盖内容信息较少。2014 年,比亚迪在年报中增添了目录、图片等,增强了报告的可读性。此后,比亚迪也一直延续这种图文结合方式进行披露。

表 3.3 比亚迪 2013—2021 年度社会责任报告要素

年份	页数	目录	图文封面	图表	案例
2013 年	5	○	○	○	○
2014 年	40	●	●	●	●
2015 年	65	●	●	●	●
2016 年	60	●	●	●	●
2017 年	58	●	●	●	●
2018 年	72	●	●	●	●
2019 年	78	●	●	●	●
2020 年	78	●	●	●	●
2021 年	84	●	●	●	●

数据来源:2013—2021 年度比亚迪社会责任报告,作者整理。

以比亚迪 2014—2021 年的年度社会责任报告内容为分析对象,可以看出有几个重要的节点。首先,是 2015 年报告中引入了"ESG 内容索引"板块,这一新增板块将原本"自说自话"的社会责任报告升级成为"有迹可循"的与利益相关者的沟通工具。其次,报告在 2021 年引入了"关键绩效指标",将原本模棱两可的文字描述真正落实至"定量考核",至此体现出了 ESG 关键要素。但是在利益相关者识别方面,比亚迪从一贯沿用的客户与消费者、员工、股东或投资者、供应商、政府、行业或标准协会、非政府组织与社区、媒体、研究机构或学术界体系,剔除了媒体与研究机构(见表 3.4)。

表 3.4 比亚迪 2014—2021 年社会责任报告内容

	2014 年	2015 年	2016 年	2017 年	2018 年	2019 年	2020 年	2021 年
总裁致辞	○	●	●	●	●	●	●	●
关于我们	○	○	○	○	●	●	●	●
CSR 管理	●	●	●	●	○	○	○	○

续表

	2014年	2015年	2016年	2017年	2018年	2019年	2020年	2021年
企业经营与管理	○	○	○	○	●	●	●	●
伙伴合作与管理	○	○	○	○	●	●	●	●
产品品质与服务	○	○	○	○	●	●	●	●
员工关怀与保障	●	●	○	○	●	●	●	●
绿色运营与环境保护	●	●	○	○	●	●	●	●
回馈社会与公益	●	●	●	●	●	●	●	●
负责任的运营	○	●	●	●	○	○	○	○
绿色产品和技术	○	○	○	○	○	○	○	○
关键绩效指标	○	○	○	○	○	○	○	●
ESG内容索引	○	●	●	●	●	●	●	●
意见反馈表	○	●	●	●	●	●	●	●
展望未来	○	○	○	○	○	●	●	●
第三方评价	○	○	○	○	○	○	○	○

数据来源：2014—2021年度比亚迪社会责任报告，作者整理。

2014年，比亚迪披露的首份彩色年度《社会责任报告》围绕"我们的公司""公司经营与管理""环境保护""员工关怀""社会公益"五个维度展开，系统地阐述了公司围绕ESG战略所开展的实践。此时，比亚迪的ESG报告的内容已具雏形。公司价值观以"平等、务实、激情、创新"为核心，彼时报告所涉及的子内容已经涵盖供应链安全、绿色生产等内容。相较2014年，2015年的报告披露内容及章节均无明显变化，但是在报告结尾引入了"GRI指标"对标，更加贴合实质性议题，篇幅也从原本的40页增加至65页。2016年，这一趋势更加明显，比亚迪引入中国社科院《中国企业社会责任报告编写指南（CASS－CSR3.0）》、香港交易所《环境、社会及管治报告指引》与所披露内容目录对标。2021年，此板块升级为《环境、社会及管治报告指引》内容索引"，并按照香港交易所"ESG报告指引"的内容对应所在章节，将正文中未做披露的内容均汇总至"关键绩效指标"章节，首次做到了内容层面的"全面披露"（仅"B7.3－描述向董事及成员提供的反贪污培训"未做披露）。总的来看，这几年报告所涵盖的内容没有较大变化，但是在目录分类上进行了调整，将制造业行业强调的"产品质量"体现在了"产品品质与服务"，而将"绿色技术与产品"与"绿色运营"放在了子分类中。

在香港交易所比较关注的碳排放、资源使用等环境问题方面，比亚迪都做到了较好的披露水准。"气候变化"作为比亚迪面临的高实质性议题之一，在2021年度报告中被提及。不同于"绿色产品与技术",比亚迪首次在报告中详细阐述其如何面对严峻的气候形势及所采取的应对策略,并强调了"打造零碳园区"的目标。2021年8月,比亚迪的碳排放管控委员会成立,以协助企业进行碳管控。比亚迪作为整车制造厂商,设计生产环节的项目众多,在进行碳核算时如何统一"碳语言",如何确保数据的可靠性都是重中之重。

3.3.3 同心同行,探索之路

3.3.3.1 升级ESG披露形式

从《2021年比亚迪社会责任报告》内容来看,在集团的大愿景"用技术创新,满足人们对美好生活的向往"之下,并没有拆解出细分、具体、可实现的目标。在具体项目的披露中,比亚迪的报告大量存在"用意图代替效果"的现象。但是在比亚迪的报告中,无法看到具体的数据,无从知道"严格管控"有多严格,"有效降低"有多有效。这样的披露语言,会大大降低披露信息的可信度。其实,从比亚迪自身来讲,ESG信息披露已经成为一种常态,如何提升报告质量需要自上而下的自检。

与大多数企业一样,比亚迪选择了在官网的《可持续发展》板块下进行报告的发布,此子板块位于《社会责任》大板块下,与其并列的还有《公益慈善》《员工关怀》《环境信息公开》等子板块,但是点击进入《可持续发展》板块后,比亚迪又将可选子板块设置为《可持续发展》《公益慈善》《员工关怀》,存在一定的分类不明确现象。

3.3.3.2 特色ESG指标识别

企业与社区的关系,曾经属于缺乏沟通、缺乏建设性的对立关系,最终只能把问题交由政府裁决。"合规只是底线",这不仅是ESG的基本原则,也逐渐成为各个市场参与者的共识。在"合规"基础之上,企业应该充分尊重利益相关者的利益诉求。像比亚迪这样的大企业,本来也是行业和地方标准制定的重要参与者。规则是服务于社会福祉的,而不是用来逃避责任的。如今事已至此,让工厂来改进废气处理设备,是成本最低的解决办法。企业承担责任,对于多方而言都是最优的选择,并且能修缮企业与社区的关系。"社区关系"并非一个可有可无的ESG议题,处理好社区关系,需要企业与社区保持良好的沟通,并在危机事件中积极承担责任。企业可以在日常经营中改善社区关系,例如,可以将部分设施向居民开放(如操场、食堂等),将一些内部岗位优先向社区开放,赞助社区活动(如球赛)等。此外,基于中国特色的社区关系管理方式,还可以发挥基层党组织的作用。

ESG 的执行从企业战略出发，渗透企业日常经营与管理中，绝非定期发布 ESG 相关报告这么简单，需由企业整体达成 ESG 新发展理念的共识。如何量化并监督 ESG 的执行工作，同时建立合理评价体系，评估对公司的影响状况，在这个问题上，比亚迪选择的做法是：将 ESG 纳入战略框架，制定目标；利用数据驱动决策流程，以确保实现长期绩效；加强组织内部沟通，提升透明度。

在关键议题方面，比亚迪在产品安全与质量、清洁技术机遇等领域，一直处于行业领先地位。考虑到比亚迪产品的市场表现，以及在电池、电子器件、新能源等领域的创新和业绩，它在这两个议题上获得领先水平毫不意外。然而，比亚迪在"化学安全"和"劳工管理"两个议题上处于落后水平。MSCI 对比亚迪上述两大主题评价不佳，但也给予了正面评价。对于 A 股市场而言，ESG 评级通常会被视为一个相对较低的门槛，而如果一家上市公司能够通过 ESG 评级提升其整体盈利能力，则该股票的持续发展能力较强，有望成为市场中的焦点企业。但事实上，比亚迪并非一家只注重短期收益的公司。

3.3.3.3 量化 ESG 披露准则

严格 ESG 信息披露标准中应该涉及"全面性"与"一致性"两方面的要求。所谓"全面性"是指一个公司的报告要考虑到积极与消极的绩效，坦率地揭示需要改进或不足之处，不可报喜不报忧。所谓"一致性"是指公司披露信息要尽可能涵盖所有业务线，并和历年披露范围连贯，而不是仅仅将业绩不错的产品和业务推向聚光灯，同时此举便于企业定期对自身 ESG 表现持续跟踪推进。上述两点，归根到底，一方面是对利益相关者利益的维护，有助于投资者能够对企业经营情况进行客观评估，较好地完成投资决策。另一方面，有利于企业管理者自上而下地对企业的可持续经营开展自检，也利于提升员工及高管的企业文化认同度。此外，再好的 ESG 报告若没有第三方机构的鉴定和审阅，都会缺少对报告的实质性、完整性、量化一致性、平衡性进行验证，难以得到公众的共鸣和专业机构的认可。

3.3.4 案例小结

2023 年将是新能源汽车补贴的最后一个年份，经历"断奶"之后，市场竞争赛场上必定会上演一场残酷的洗牌，优胜劣汰、适者生存，中国新能源汽车将何去何从？作为新能源汽车行业的领军人物，王传福用 27 年对绿色梦想始终如一的坚守，写下了比亚迪如今 300 万辆新能源汽车的里程碑。比亚迪为中国新能源汽车的变革、发展作出了突出贡献，也期待比亚迪在 ESG 信息披露方面继续展现出其创新与负责任的形象。

3.4 上汽集团的 ESG 信息披露实践

在全球"碳达峰、碳中和"持续推进的浪潮下,绿色清洁能源逐渐成为能源的主力军,ESG 理念也早已席卷各行各业。对汽车企业来说,如何响应国家"双碳"政策,通过技术创新、不断深化全面改革践行绿色新发展理念,是对企业生存至关重要的命题。本案例主要描述了上海汽车集团股份有限公司(以下简称"上汽集团")作为传统车企在响应"双碳"号召的同时,如何布局海内外产业绿色转型升级。

2022 年,上汽集团推出了高端化序列和纯电新能源子品牌,在满足国外需求的同时助力国内新能源的发展。从气候变化到后疫情时代,从"双碳"政策到欧盟"碳税",上汽集团展现出了传统汽车制造龙头企业如何在"绿色浪潮"中探索转型之路的成功经验。

3.4.1 上汽集团的"三驾马车"

上汽集团作为中国汽车行业的龙头企业,早在 20 世纪 50 年代就实现了上海汽车制造零的突破,目前是国内汽车行业规模领先的上市公司。上汽集团利用创新驱动发展转型,从传统制造型企业逐渐转变成为以满足消费者出行需求提供服务和产品为发展之路的车企。同时,作为一家大型汽车集团公司,其产业链投资不计其数,旗下子公司包括华域汽车、上汽通用五菱、上汽财务、上汽大众、上汽通用等。

2021 年,面临着严峻的发展形势,在原材料价格上涨、能源约束以及芯片短缺的情况下,同时伴随着反复多变的新冠疫情,上汽集团依旧实现了全年终端销售量 581.1 万辆,同比增长 5.5%,总营收为 7798.46 亿元,同比增长 5.08%,净利润为 245.3 亿元,同比增长 20.1%,持续领跑国内汽车行业。上汽集团第 16 次取得的整车销量王的称号离不开其"新三驾马车"的助力,即"中国自主品牌""新能源汽车升级""海外市场拓展",三者持续孵化又不断互相影响。上汽集团 2021 年度研发费用高达 196.7 亿元,同比大幅增长 46.8%,主要用于新能源开发、数字化应用技术发展以及智能网联等。

从上汽集团的主营业务构成可以看出,上汽集团主要以整车业务为主(见图 3.4)。在企业最重要的自主品牌方面,上汽公司始终坚持新能源"三电系统"与软件硬件智能化全方位布局,两大新能源品牌"飞凡"和"智己"推动高端化转型以及可持续发展。同时,公司利用出口优势不断开拓海外市场,海外业务发展前景广阔,良好的市场基础推动持续的高质量发展。目前,公司已与国内外众多知名整车厂商达成战略合作关系。这也体现在财务数据上,2021年,公司自主品牌整车销售量超过285万辆,同比增长10%,占上汽集团总销量的52.3%。除了自主品牌的良好表现,虽是"后起之秀",上汽集团在新能源汽车领域也不甘落后,销售量达到73.3万辆,同比增长128.9%,国内位居行业第二名,国际上占领全球第三的位置。海外市场发展成果显著,销量突破69.7万辆,同比增长78.9%,整车出口量连续六年占据全国第一。在上汽集团旗下,乘用车两大品牌MG和荣威也是拓展海外市场的主力军,特别是MG品牌,在2021年海外销量达到了47万辆,位居中国海外销量品牌榜首。除此之外,上汽集团旗下另一品牌上汽大通MAXUS,也是海外市场的急先锋,两者相加,上汽集团在2021年海外市场的销量增长也非常显著。2021年2月,上汽集团海外整体销量突破了5.6万辆,同比增幅达到69.3%。2022年,上汽旗下品牌在欧洲市场的销量目标为12万辆,这也是中国汽车品牌在海外首个达成"10万辆级"的地区市场,实现了"在海外售出的中国汽车之中,每3辆就有1辆汽车来自上汽"这样优异的成绩。之所以在海外市场获得如此迅速的突破,除了依托上汽集团全球化发展的体系之外,同时新能源、智能汽车也是其拿下欧美等发达地区市场的主要推动力。

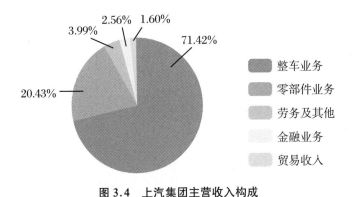

图 3.4　上汽集团主营收入构成

数据来源:《上汽集团2021年年度报告》。

在全球可持续发展观盛行之下,各级政府颁布相应政策推动汽车行业低碳化转型,助力车企不断升级。上汽集团作为传统汽车制造企业之一,努力跟随行业发展脚步,把握发展趋势,加快绿色转型,满足消费者需求提供服务和产品。

3.4.2　传统车企的转型之"道"

上汽集团2021年公布的企业社会责任报告中指出,我国汽车产业将由高速发展期进入高质量成长期,2021年对于国内汽车行业企业来说是至关重要的一年,同时也是我国"十四五"规划的开局之年。

面临新冠疫情的冲击,我国经济面临严峻的考验和发展压力,汽车行业也是如此。在新能源汽车产业快速发展的同时,新能源汽车行业的竞争日益激烈,各个企业逐渐将发展视角投向了电动汽车领域。这也是我国车市的又一个重要转折点,新能源乘用车零售比上年增长169%,且传统燃油车零售环比下滑多,新能源汽车成为市场中的"香饽饽"。无论是威马、小鹏、蔚来等行业新势力,还是传统汽车品牌比亚迪、长安等都在积极响应"双碳"政策,助力目标实现,全产业链从绿色制造出发,不断推进产业加速转型与深化发展,不难想象未来会有更多优秀的车企涌入,助力于产业升级,同时推动着环保方面不断向着绿色发展。用户的低碳消费意识正在快速提升,新生代"80后""90后"及"00后"消费者正在成为汽车市场的主要消费人群,这也是支撑汽车产品向电动化快速发展的最重要的用户基础,而且这些消费群体的绿色观念更强。

汽车产业链繁多且复杂,其所在的上下游企业都在思考如何抓住这一历史机遇,为未来产业转型升级和新基建提供动力支撑。"汽车供应链掌握低碳技术是车企面向新时代发展重要的绿色'护城河',也是进军海外市场重要的突破机会点",上汽集团总经理陈逊说道。在国家和地方政府也纷纷出台相关政策鼓励制造业进行低碳转型升级的背景下,在世界范围内低碳化转型发展的大潮中,作为"用能大户"的汽车行业义不容辞。上汽集团与宁德时代等合作伙伴积极研发电池的循环利用和重要原材料的回收,力争做到新能源汽车全产业链的完整绿色布局。

上汽集团能够取得今天的成就,也离不开其自身卓越的战略眼光。早在"十五"规划期间,国家着力于推动新能源汽车发展,重点推动整车技术水平提升和汽车核心零部件技术发展。2021年,上汽集团最新的愿景使命是"用户为本,伙伴共进,创新致远"。在实现高质量的"碳达峰"与"碳中和"的过程中,上汽集团充分考虑消费者的感受,同时积极落实国家战略。上汽集团从董事会、管理层、职能部门到各子部门,全方位推进可持续发展相关议题,传承企业文化以实现更高质量的发展。

从国家发展策略来看,随着"双碳"战略的逐步推进和落地,我国经济发展模式发生巨大变革,能源结构调整,生产生活以及消费方式不断创新。正因如此,新能源板块成为资本市场的热点,以光伏、风电领域以及新能源汽车为核心,如何推动和助力于"双碳"的实现,通过技术革命的不断推动和创新能力的提升践行绿色低碳以及可持续发展理念,是行业发展必须解决的重大难题,绿色转型与低碳发展也成为行业发展的新风向。

3.4.3 出口大企的绿色宏图

随着自上而下的战略规划,新能源汽车在上汽集团销量占比之中也逐渐上升到了一个非常重要的地位。其中,"微电之王"上汽通用五菱依旧保持较高的增速,乘用车中的新能源汽车销量突破 9000 辆,大众新能源汽车销量达到 6300 量,在合资品牌新能源汽车销量榜单中位列第一。国家对汽车行业寄予厚望,出台政策鼓励支持新能源车消费和使用。上汽集团积极响应国家号召,有望在 2025 年新能源汽车销量突破 270 万辆,占比达 32%;其中自主品牌销量达到 480 万辆,新能源汽车销量占比达到 38%。上汽集团不断加快在整体低碳转型和提升产品端新能源化的比例,重点是在产品端提高纯电动车型的占比,计划将于 2025 年实现"碳达峰",最终在 2060 年之前真正实现"碳中和"。

在经济全球化、市场一体化的大背景下,做好 ESG 信息披露工作,"未雨绸缪"才是应对风险与危机的最好战略。ESG 不单是企业的信息披露工作,更是推动中国现代化转型进程,让整个中国发展更加绿色可持续,让汽车行业全生命周期更加具有韧性的一项重要战略。比起被动的探索绿色产业升级之旅,上汽集团早在 2008 年就开始了主动的信息披露。2009 年 3 月,上汽集团披露了《2008 年度社会责任报告》,作为其首份责任报告,这在当时汽车行业中算是"领头羊"。现在看来,这份发布于 2009 年的报告也十分"超前"。是什么促使早在 2009 年的上汽集团选择 ESG 信息披露的呢?

外部制度和同类型竞争者的双重压力推动着上汽集团自上而下、由内而外的自检和更新。通过 ESG 信息披露,投资者和社会公众能够全面系统地了解公司的可持续战略与表现,作为与利益相关者沟通的材料,ESG 报告中涵盖了利益相关者的参与过程以及相关的重要议题,并且为利益相关者解释说明企业为提高其满意度而进行的工作与成果,既加深了企业利益相关者对公司经营的理解,同时又加强了 ESG 报告的使用程度。一份系统、完善、真实、可靠的 ESG 报告,降低了企业内外部的信息不对称,同时提升公司的经营管理能力,保证经营绩效的同时提升自身社会服务水平与环境效益,实现企业价值形象的提升,并获得公众的认可。

根据上海证券交易所的规定,上汽集团作为 A 股主板上市企业,每年需要向社会公开披露社会责任报告,以展示上汽集团在社会责任领域取得的绩效。因此,如何通过提升产品和服务品质来实现行业低碳升级成为当前汽车产业亟须解决的重要问题之一。在社会方面,我国"精准扶贫""构建人类命运共同体"等基本国策作为企业社会发展的指导精神,企业发挥自身优势,结合行业特点与企业目标,推动社会可持续发展,积极承担社会责任,许多中国企业,特别是国企,积极响应扶贫的号召,扶贫行动多元化,这正是中财绿金院所指出的"中国特色指标"之一,可以有效促进中国社会的可持续发展。与此同时,我国政府也将社会责任纳入国家治理体系和能力现代化建设之中,以实现经济、政治、文化、生态全面协调可持续发展。因此,我国特色社会责任也要在 ESG 指标中得以反映,在此背景下,中财绿金院结合中国特色,在慈善、扶贫等方面进行了创新性的设定,同时增添了灾害救助等其他定性与定量的社会责任衡量指标,并且国际上普遍采纳的 ESG 标准已无法满足我国的企业社会责任披露需要。

3.4.4 案例小结

2022 年 4 月 15 日,中国证监会发布《上市公司投资者关系管理工作指引》,对上市公司 ESG 信息披露提出了更高的要求,其中需明确管理投资者关系工作的具体职责,与利益相关者沟通内容中增添环境、社会与治理相关议题,深刻贯彻落实新发展理念。ESG 并非传统的财务评价体系,它能够推动公司以及公司利益相关者的全面发展,从而带动全社会的绿色创新,实现高质量、多元化的可持续发展。

在此背景下,研究汽车行业上市公司绩效评价指标设计及应用问题具有重要意义。政府以及各监管部门越来越重视企业 ESG 践行与披露,各类政策与指引逐渐颁布,同时在"双碳"政策的推动下,新能源汽车行业中的多家企业积极践行 ESG 理念,保证公司财务绩效的同时不断提升 ESG 管理能力与管理水平。如表 3.5 所示,上汽集团的 ESG 评分在不同的榜单中评分表现的差异较大。

表 3.5 主流机构 ESG 评分表现

Wind ESG 评级	华证 ESG 评级	富时罗素 ESG 评分	商道融绿 ESG 评级	盟浪 ESG 评级
BBB	BBB	1.3000	B	A+

数据来源:Wind ESG,华证数据,富时罗素,商道融绿,盟浪。

放眼全球,低碳发展是国内车企参与国际竞争的必然要求。上汽集团作为中国对外出口汽车行业的领头羊,深刻意识到践行低碳环保宗旨、提升国际竞争力的重要性。汽车行业及其衍生行业强大的市场影响力,铸就了"双碳"大背景下整个汽车产业生态的结构重组,而掌握低碳技术是车企面向新时代发展重要的绿色"护城河",也是进军海外市场重要的突破机会点。

第4章 航空制造业

航空制造业是集尖端科技的战略性新兴产业,象征着一个国家的尖端科技实力。同时航空制造业为高能耗行业,不少航空制造企业响应国家"双碳"目标,积极转型,向着低碳、高能效的可持续发展之路前进。本章从航空制造业行业现状和行业ESG信息披露情况两方面展开,并结合两大航空制造企业中航沈飞和航发动力的ESG信息披露案例,为同行及其他行业公司提供ESG信息披露和ESG治理的实践经验。

4.1 行业基本情况

航空制造业是集高端材料、精密制造、特种加工工艺、电子信息等尖端技术于一体,具有高技术、高成本、高风险、高附加值、高产业关联性的战略性新兴产业。根据《中国制造2025》[①],航空制造业主要生产包括飞机、航空发动机及航空机载系统与设备等航空装备(见表4.1)。

表4.1 《中国制造2025》航空装备解读

名称	涵盖范围	航空装备解读
飞机	干线飞机、支线飞机、通用飞机、直升机、无人机以及特种飞行器	飞机被称为"工业之花"和技术发展的火车头,产业链长,覆盖面广,在保持国家经济活力、提高公众生活质量和国家安全水平、带动相关行业发展等方面起着至关重要的作用
航空发动机	涡扇/涡喷发动机、涡轴/涡桨发动机及传动系统、活塞发动机	航空发动机被誉为"工业皇冠上的明珠",是以航空燃气涡轮发动机为基础的产业集群,对国民经济和科技发展有着巨大带动作用,集中体现国家综合国力、工业基础和科技水平,是国家安全和大国地位的重要战略保障
航空机载系统与设备	航空电子、飞行控制和航空机电	航空机载系统与设备是确保飞机安全,增强飞机性能和效能,提高飞机舒适性、可靠性、维修性的重要支柱和手段

---

① 工信部装备工业司.《中国制造2025》解读之:推动航空装备发展[EB/OL].[2022-12-10]. http://www.gov.cn/zhuanti/2016-05/12/content_5072767.htm.

长期以来,美国波音公司、欧洲空客公司几乎垄断了全球民用客机市场。从2021年的交付情况来看,全球商用飞机交付量1034架,其中波音公司交付340架,空客公司交付611架,占全球交付总量的92%。经过多年的发展和蓄力,我国首架国产客机C919于2022年成功试飞,并于2023年正式进入民航市场,开启常态化商业运行,步入发展提速关键期,打破了民航客机市场国际垄断竞争格局,标志着我国航空制造业取得历史性成就。

4.2 行业ESG信息披露总体情况

航空制造业上市公司企业近几年积极贯彻实施航空强国和"碳达峰、碳中和"等重大国家战略。当前,航空制造业在实现ESG方面仍然存在很多争议,大约只有30%的航空制造业上市公司发布ESG报告,目前行业ESG信息披露意识薄弱(见图4.1)。在国内电力行业作为首批行业被纳入全国碳排放权交易市场之际,随着碳交易市场覆盖行业范围逐步扩大,中国民航业已在计划之中。

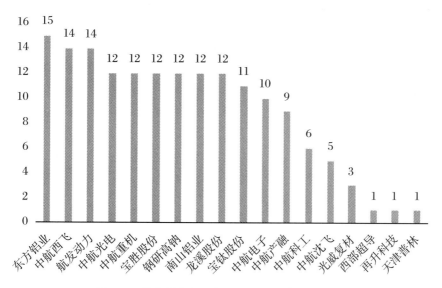

图4.1 航空制造业上市公司ESG报告发布情况

数据来源:《航空制造业上市公司ESG指数报告》。

在国际MSCI的ESG评级中,中国的航空业公司大多处于ESG评级榜单的中等位置,需要提升和改善的地方仍有很多。在当前新的国际宏观环境下,ESG是航空企业需要考量的迫切任务。东方航空获得A级最高评级,南方航空获BBB级,中国国航、顺丰航空、北京首都机场的ESG评级均为BB级,处于这一级别的还有全球知名飞机制造商空中客车公司和波音公司,同被排除在第一梯队之外。当前,全球领先的各大飞机制造商、零部件供应商、机场和航空公司在"碳中和"方面均已经展开了积极行动。

"航空制造业上市公司ESG指数"显示,我国航空制造业上市公司ESG指数整体处于中等水平。该指数由中国社会责任百人论坛ESG专家委员会指导中国社会科学院研发,具备一定的专业性和代表性,说明我国航空制造业公司的ESG治理存在着普遍性的问题,ESG治理水平有待提升。其中,中航光电位列指数排名的第一位。中航产融、南山铝业、中航科工、再升科技均位于上游。该指数同时指出,航空制造业国有上市公司在各评价板块表现均大幅领先民营上市公司,ESG指数平均得分也相对更高;航空制造业上市公司社会价值这一板块表现优于ESG治理、风险管理板块(见图4.2)。

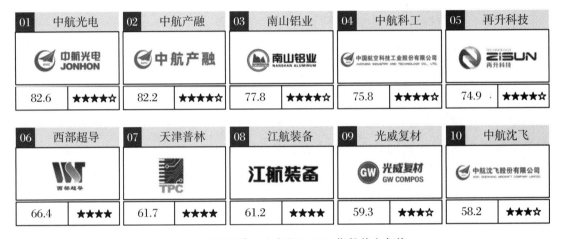

图4.2 航空制造业上市公司ESG指数前十名单

数据来源:《航空制造业上市公司ESG指数报告》。

从四大航空公司披露的2021年ESG报告中,可以看到三家国有航空公司的ESG报告更加直观,布局也经过精心设计。除了排版格式之外,四大航空公司(国航、南航、东航、海航)的ESG报告内容具有很强的一致性,都主要从安全经营、绿色发展、服务、公司治理、利益相关者、员工关怀和社会公益事业这几个方面进行披露。

相关资料显示,在往年行业披露的ESG报告中,各家公司更倾向于在绿色发展情况方面进行较多的信息披露。在2021年的ESG报告中,国航、南航、东航和海航均在绿色发展板块新增并着重强调了"双碳"这一热点词,并详细报道了相关案例,披露了关键的相关数据。

在中国航空业积极谋求海外发展的背景下,实现"碳中和"、参与碳交易,深入贯彻ESG管治战略,是中国航空业者即将迎来的大趋势和大方向。

4.3 中航沈飞的ESG信息披露实践

作为高能耗行业,为助力国家实现"双碳"目标,航空制造业应加快构建低碳高效能源体系,降低二氧化碳排放量,构建绿色低碳的可持续发展经济体系。中航沈飞股份有限公司(以下简称"中航沈飞")被誉为"我国战斗机第一股",积极承担相应的社会责任,关注环保、社会责任、公司治理等热点问题,公司定期披露ESG报告,争做ESG领域的领跑者。

4.3.1 中航沈飞:中国战斗机的摇篮

中航沈飞是以航空产品制造为主营业务的股份制公司,全资子公司沈阳飞机工业集团被称为"中国战斗机的摇篮",承担中国战斗机和国防装备的研发和生产。2018年,中航沈飞通过重大资产重组借壳上市,核心军工资产整体上市,实现了从传统国有企业向上市公司的实质性转变,开创了产品、产业、产融同步发展的新格局。上市公司成为沈飞集团全资股东,沈飞集团负责全部业务开展运营。重组完成后,航空工业集团及其关联方合计持股比例为74.79%,为实际控制人。

中航沈飞是我国航空防务装备的整机供应商之一,与成飞并列且各自承担不同型号歼击机生产任务。自成立以来,中航沈飞先后研制生产了40多个型号和8000多架飞机装备部队。公司功勋显赫,曾创下中国航空史的多个"第一"。

中航沈飞凭借浓厚的科技实力,紧紧围绕航空生产技术的演进和尖端航空产品的发展需求,以智能制造为核心,构建了数字化生产和系统集成平台、自动化装配,形成了新一代航空产品开发生产的技术支撑体系。公司已成功建成我国首条数字化、柔性化、自动航空加工生产线,实现智能制造新突破。近年来,中航沈飞实现快速发展,企业规模不断扩大,主要经济指标保持健康增长,整体实力持续增强。

4.3.2 中航沈飞进行ESG信息披露的动因

我国航空制造业起步较晚,碳排放体量较小,暂时没有纳入碳排放管理。即便如此,面对国家"碳达峰、碳中和"的大趋势,航空制造业主制造商也需要高度重视碳排放,尽早实施碳减排管理,提前布局节能减排的技术研究。一方面,航空制造业作为航空运输业的上游产业,直接面临下游排放压力的传导。我国航空制造业产品需要和国外相似产品竞争,碳排放水平一定是航空公司重点考虑的因素之一。另一方面,航空制造业作为高端制造产业,应当承担起相应的社会责任。大飞机产业是典型的战略性高科技产业,其发展与国家安全和经济发展密切相关。不可否认的一点是,航空制造业企业因其高精尖的技术特点以及高度保密的行业特性使得其在ESG转型过程中将会面临更为艰巨的困难。

4.3.3 中航沈飞的ESG信息披露内容

中航沈飞已经连续5年披露社会责任报告,综合近5年的社会责任报告来看,中航沈飞披露的社会责任报告重点关注的ESG议题主要有:利益相关者权益保护、绿色环保、社会责任与乡村振兴等;报告篇幅较短,且披露的可量化的指标相对较少。总体而言,中航沈飞在公司治理方面信息披露较多,环境、社会责任方面信息披露较少。

4.3.3.1 公司治理

1. 股东权益保护

中航沈飞具备完善的公司治理结构,公司的最高权力机构是股东大会,决策机构是董事会和监事会。公司积极修订公司章程,加强政党管理,落实公司章程中董事会的权利和义务,明确股东、党委、董事会和管理委员会的权利和义务限制,形成权责法定、权责透明、协调运转、有效制衡的公司治理机制。

中航沈飞积极加强合规管理与风险控制,公司构建"2+5+N"合规制度框架,梳理发布合规义务1000余条、合规风险及审查事项600余项,合规管理体系基本建成并通过验收。合规文化建设持续强化并成为企业文化的重要部分。公司深入推进风控要素融入AOS管理体系,持续完善风控体系建设;抓实年度重大风险应对、季度风险监测、重大事项评估工作,确保风控体系有效运行;强化监督评价、缺陷整改工作,查找缺陷并落实整改,促进合规管理水平提升,保障公司经营风险可控。

2. 员工权益保护

员工安全始终是中航沈飞重点关注的ESG议题之一。中航沈飞坚持"安全第一、预防为主、综合治理"的方针,全面落实各级工人安全生产责任制,设置安全生产专项经费,用于消除生产作业现场安全隐患、改善员工安全生产作业条件,提升本质安全度。中航沈飞注重人才引进培养。全面推进"百博千硕"工程,承办航空工业集团首届重点高校博士生双选会,加强与双一流高校开展校企合作,完善人才引进配套政策,引进博士、硕士研究生数量与质量持续提高,2021年,共招录博士研究生7人、硕士研究生36人。拓展引才渠道,引进技术专家1人、技能专家3人。公开招聘比例达到100%,2021年校园招聘300余人。

2020年新冠疫情爆发以来,中航沈飞筑牢疫情防控防线,守护员工健康安全。贯彻传达地方政府疫情防控精神,积极做好员工健康防护。

3. 供应商、客户和消费者权益保护

中航沈飞坚守契约精神,严格履行与供应商的合同,积极披露重要信息,及时支付合同约定款项。公司建立起完善的采购管理制度和内控体系,加强营运资本管理和风险控制,保护尊重供应商的合法权益,许多供应商已与公司建立长期战略合作关系。公司编制实施供应链管理"十四五"规划,梳理供应链全寿命周期能力地图,强化供应链能力评估与治理。

中航沈飞为确保产品质量和提升用户体验,系统实施全面质量提升工程,深入推进质量问题归零行动。对标先进业务模式,构建公司新时代质量管理体系,完成战略分析与架构设计优化,持续进行流程架构迭代,完善质量体系运行和监督机制。

4.3.3.2 环境保护

中航沈飞一直认真贯彻国家和地方有关节能环保的法律、法规和标准,大力做好节能环保工作,按照标准推进绿色航空建设,推动企业发展成为资源可持续、环境友好型企业。顺利通过有关方"四合一"联合审核,能源管理体系通过认证。

中航沈飞坚持"绿色制造",牢固树立"创新、协调、绿色、开放、共享"的发展理念,切实履行央企生态环境保护责任,围绕"绿色低碳"发展目标,坚定走绿色可持续高质量发展之路。持续推进能源管理体系和环境管理体系建设,加大节能环保技术升级,助推公司向资源节约、绿色低碳转型升级。同时持续加大环保投入,加快环保设施升级,加强环保监测,I、II类污染物全部稳定达标排放。

4.3.3.3 社会责任与乡村振兴

中航沈飞开展公益宣传,致力薪火传承。积极开展航空科普和爱国主义教育,大力弘扬航空报国精神和罗阳精神,沈飞航空博览园·罗阳纪念馆面向社会免费开放,2021年接待了8万多名游客;关注中小学生航空知识科普,2021年向20多所中小学义务讲解;开展"纪念建党百年·百场宣讲会"140余场,受众4万多人,受到社会各界广泛关注;沈飞航空博览园被中宣部授予"全国爱国主义教育示范基地"。

中航沈飞积极协助地方政府,共同抗击新冠肺炎疫情。积极配合所在地政府防疫工作,启用企业设施改造成"方舱医院",为本地区居民提供疫苗接种场所,前后历时109天,累计接待疫苗接种者超过10万人次,为所在地疫情防控工作作出贡献。

中航沈飞积极落实国家乡村振兴战略。履行央企社会责任与担当,在陕西省西乡县消费帮扶项目中采购200多万元农特产品,向陕西省汉中市宁强县捐赠中药材种植产业发展资金48万元。

2022年是中航沈飞推进"十四五"高质量发展,乘风逐梦、砥砺奋进的重要一年,中航沈飞将继续秉承"航空报国、航空强国"使命,踔厉奋发、笃行不怠,努力打造具有中国特色的现代化企业,成为有实力、有担当、负责任的优秀企业公民,为推动经济社会发展、促进社会和谐稳定作出新的更大贡献。

4.3.4 案例小结

以华证指数为例,分析中航沈飞在环境、社会、治理三个层面的ESG得分(见表4.2),华证指数ESG评价体系以ESG核心内涵和发展经验为基础,结合国内市场的实际情况,自上而下构建三级指标体系。具体包括一级指标3个、二级指标14个、三级指标26个以及超过130个底层数据指标。

表4.2 华证指数ESG评级明细

ESG构成	评级	评分	全部均分	工业均分	排名
环境	CCC	65.11	63.95	65.36	2212/4844
社会	CCC	69.86	79.61	79.40	4052/4844
治理	BBB	83.02	77.28	77.14	1244/4844

综合来看,中航沈飞ESG评级为B,其中环境评级CCC,社会评级CCC,治理评级BBB,中航沈飞在治理层面表现较好,公司高度重视利益相关者权益,积极与利益相关者沟通;在环境和社会层面表现一般,有较大提升空间。

我国要在2030年前实现"碳达峰",2060年前实现"碳中和",碳减排压力巨大,航空制造业要发挥其在节能减排的责任使命。同时碳减排也能为航空制造业企业进行赛道升级,提供谋求可持续发展的最佳契机。

4.4 航发动力的 ESG 信息披露实践

作为"现代工业之花",航空工业集知识、技术和资金于一体,可协同带动上下游各产业的蓬勃发展,是现代航空产业链的"链长"。本案例通过分析中国航发动力股份有限公司(以下简称"航发动力")的 ESG 信息披露,说明航空工业的高质量发展广泛涉及航空产业链上各利益相关者的深度参与,是航空工业企业在建设新时代航空强国过程中履行社会责任的集中体现。

4.4.1 航发动力的发展历程

中航动力股份有限公司前身为吉林华润生化股份有限公司,2014年,公司进行了重大资产重组,以发行股份购买资产的形式,从航空动力到中航工业、中航发动机控股有限公司、西安航空发动机(集团)有限公司、中国贵州航空工业(集团)有限公司、贵州溧阳航空发动机(集团)有限公司、中国华融资产管理有限公司、中国东方资产管理有限公司、北京国有资本运营管理中心等8家资产注入方发行股份,购买了7家目标公司的股份和西部航空集团拟注入的资产。重组后,公司名称变更为"中航动力股份有限公司"。主营业务从原来的大型发动机拓展到大、中、小型发动机和航模发动机,整合了中国航空动力厂几乎所有类型的主机业务,扩大了航空发动机的研制、生产和维修范围,完善和优化了发动机主机产业链。

2016年5月31日,中国航空发动机集团有限公司注册成立,2017年4月19日,公司更名为"中国航发动力股份有限公司",证券简称变更为"航发动力"。

航发动力负责生产设计我国大、中、小型军民用航空发动机和大型舰船用燃气轮机动力装置,并同时承担着这些装置的修理工作,不论从生产能力上,还是产品品类经营范围上,都是我国在装置生产领域的龙头单位,肩负着我国航空动力事业发展与振兴的历史重任。

4.4.2 航发动力的 ESG 信息披露动因分析

4.4.2.1 内在动力发展需求

开展 ESG 责任投资实践,提升航空工业绿色产业链净零碳价值科技驱动的绿色低碳技术发展是绿色经济转型的核心动力,也是航空工业拓展绿色产业链,设计开发绿色航空器产品,实现净零碳目标的关键动能。发展以新能源、新材料、新技术为核心竞争力的绿色航空愈发成为影响国内外航空产业未来发展的战略制高点。

在对公司的信用进行评级的过程中,ESG 信息披露起着直接影响作用。贷款方在提供资金时会对公司信用进行评估,信誉是被关注的首要因素。ESG 因素被纳入信用评级标准之后,投资者及社会公众可以更清晰地认识和了解企业发展的可持续能力,可以地更好评估投资风险。

ESG 在航发动力经营中的重要性不断提升,在当前 ESG 治理大背景下,航发动力需要从整体战略上制定 ESG 管治策略,不断完善和更新管治方式和公司发展目标;从企业价值链入手,优化和改进各个环节流程,持续优化 ESG 评级。航发动力认为,良好的 ESG 管理不仅可以帮助公司自身更好地进行内部控制、广纳贤士、市场营销、打响品牌,还有助于应对诸如气候变化等国际大环境的挑战,获得可持续长远发展的不竭动力。

4.4.2.2 外部环境发展要求

进入 21 世纪,生态环境破坏、全球气候变化、社会两极分化严重等社会与环境问题日益突出。解决人类面临的社会与环境挑战,实现可持续发展已成为世界各国的共同追求。国家层面也开始注重规范和管理企业在信息披露方面的工作,并对企业的信息披露出台了相关指导性文件,如国务院于 2020 年发布的《国务院关于进一步提高上市公司质量的意见》。

近年来,ESG 相关方面的投资已经成为全球资本市场的主要追随的方向,国际主要评级机构纷纷开展上市公司 ESG 评级,大量国内外投资机构将 ESG 评级结果纳入投资决策。在扩大金融对外开放的大环境下,提升上市公司的 ESG 管理绩效和信息披露水平,是上市公司高质量发展的必由之路。

航发动力作为 A 股上市公司,同时也是中央企业,完善公司治理、有效管理控制生产经营活动中产生的对环境的负面影响是企业义不容辞的首要责任与义务。公司董事会高度重视 ESG 工作,认为加强 ESG 管理是企业履行社会责任的必然要求,是赢得投资者价值认同、提升公司影响力和可持续发展能力的重要手段。公司董事会办公室成立了ESG管理工作小组,制定工作方案,建立完善ESG管理体系,提升ESG信息披露水平,助力航空工业双碳数字化平台建设。在实践中逐步探索形成了一套从战略层面布局、从管理体系入手、从信息披露突破的ESG管理提升工作模式,有效地提高了公司信息披露的整体水平,与投资者的交流互动更加顺畅,企业的持续成长能力进一步加强。

4.4.3 ESG信息披露的主要经验

4.4.3.1 完善的ESG管理体系

科学完善的ESG管理体系是上市公司实现高质量ESG信息披露的重要支撑。公司严格贯彻落实各项政策文件要求和标准指南,制定完善ESG管理体系的工作方案,内容包括:ESG管理诊断、设立管理架构、构建ESG指标体系、制定ESG指标管理与信息披露制度、开展ESG管理能力提升、建立系统完善的信息披露机制等。

公司董事会办公室ESG管理工作小组通过小组研讨、一对一访谈、发放调研问卷等形式针对公司ESG管理现状进行深入调研,访谈对象涉及公司本部主要职能部门和子公司等单位16个,针对性地制定问卷16份并发放给部门负责人,寻找差距,制定相应解决方案。通过面对面访谈,了解各部门管理职责,明确各部门的ESG管理职责和责任议题;查找ESG管理的薄弱环节,探索ESG融入现有管理体系的方法路径。针对排放物、资源使用等环境议题,工作小组同相关部门共同商讨,确定披露指标的统计口径与边界,并就供应商管理、员工职业健康与安全、社区投资等议题与相关职能部门研究信息披露内容的工作改进提升。通过全面的ESG管理诊断,了解公司ESG现状,为构建ESG管理指标体系奠定良好的基础。

公司建立了以董事会为第一责任人、董事会秘书为领导、董事会办公室为统筹、各子公司及部门分工负责、协同工作的ESG管理工作领导小组,助力公司ESG指标管理的专业化,提升ESG信息披露的科学性(见表4.3、图4.3)。

表4.3 航发动力ESG管理工作领导小组主要职责

层级	主要职责
董事会和董事	董事长为实施ESG管理和披露事务的第一责任人
	董事会和董事应尽职尽责,对公司ESG信息披露内容的真实、准确和完整负责
	董事应当了解并持续关注公司ESG工作情况、环境和社会风险及其影响,主动调查、获取决策所需要的资料

续表

层级	主要职责
董事会秘书	董事会秘书负责ESG信息披露报告编制的具体领导工作,组织、协调、实施ESG信息披露相关事务,具体承担并组织和管理ESG信息披露工作
董事会办公室	董事会办公室成立ESG工作小组,负责ESG信息披露事物的协调、执行
	负责人员具体负责ESG指标体系修订、收集、统计、披露事宜
各职能部门及负责人	各职能部门负责归口管理ESG信息,督促各子公司及时提报ESG信息,数据汇总后及时报告给董事会办公室
	各职能部门的负责人是第一责任人,同时须指定一名专职联络人向董事会办公室报告信息
各子公司及负责人	各子公司负责人是本单位ESG信息披露报告第一责任人,同时各子公司须指定专人作为联络人,负责向公司ESG信息归口管理部门和董事会办公室报告信息
	各子公司的负责人要督促本单位严格执行ESG管理和报告制度,确保本单位满足上市监管要求的ESG信息及时报告给ESG信息归口管理部门和董事会办公室

数据来源:2021年航发动力ESG报告。

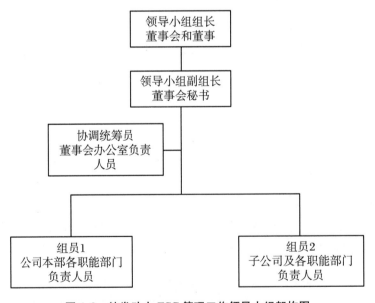

图4.3 航发动力ESG管理工作领导小组架构图

数据来源:2021年航发动力ESG报告。

董事会办公室作为ESG信息披露与管理责任部门,制定、完善ESG信息披露管理制度,明确ESG信息披露职责分工、披露指标、信息收集报送、ESG报告上会审议、报告发布等工作要求。推动ESG信息披露工作常态化、制度化,有效提升了ESG管理与信息披露的科学性和准确性。

4.4.3.2 重视ESG信息披露质量

2019年,董事会办公室牵头组织各职能部门,将ESG指标进行拆解划分至各责任部门进行归口管理;设置统一的计算公式,明确统计口径,实现ESG管理的指标化,并结合ESG信息披露的政策变化与要求,坚持动态修订与完善公司ESG指标。2020年公司修订完成第二版ESG指标体系,有效提高了ESG信息披露的科学性、全面性和整体性。

航发动力的ESG指标体系归属涉及13个职能部门,重点覆盖环境和社会范畴类议题,基本满足了ESG监管和资本市场ESG信息披露要求。

公司邀请国内一流企业社会责任与ESG专家针对公司ESG管理和信息披露存在的问题与不足进行指导与培训,培训内容涉及产业发展背景、ESG基础知识、ESG上市监管要求、ESG管理一般方法、ESG报告编制等内容。2019—2021年,先后为公司各级管理人员组织了4场ESG管理培训,共计约300人次参与,涉及16个公司本部职能部门和子公司。通过培训,公司内部普及了ESG管理知识、增强了相关人员的ESG风险意识和管理能力。

航发动力以年报、社会责任报告为载体,重点披露公司的ESG实践与进展,严格满足监管机构信息披露要求,以此保证投资者能够及时获取准确的相关信息。为了提升ESG信息披露质量,公司董事会办公室向监管机构、投资者、公众及专业机构等利益相关者发送ESG议题调研问卷,根据回收的113份有效问卷,进行ESG信息披露议题的筛选与评估,确定26项ESG议题作为报告信息披露的重点。

4.4.4 案例小结

2020年,公司在第三届中国国际进口博览会工业通信业企业社会责任国际论坛暨《中国工业和信息化可持续发展报告(2020)》发布会上,荣获"百家优秀企业社会责任报告"称号,公司的社会责任报告同时获得中国企业公众透明度研究中心社会责任报告评级办公室的A级评价。

未来,航发动力应继续做到强化董事会对ESG事宜的监管,将ESG充分融入公司治理层面,持续动态优化公司ESG指标体系,提升ESG信息披露的科学性与规范性,探索制定ESG管理的考核评价体系,增强与国内外评级机构沟通交流,提高ESG信息披露的专业化与规范化水平,努力提升公司ESG评级,让ESG治理成为公司可持续动力,推动公司提高合规运营水平,实现高质量可持续发展。

消费与可选消费

第 5 章 白色家电行业

白色家电是一种家用电器,简称"白电"。根据早期产品外观的不同,家用电器通常分为白色家电、黑色家电和米色家电。白色家电主要指空调、冰箱以及洗衣机等用于替代人力劳动的家电。由于这类家电的体积较大,早期通常涂成白色以使其与使用环境更协调。白色家电行业是制造业中一个重要的组成部分,其在消费端的市场占比较大,本章将从白色家电行业基本情况和行业内 ESG 信息披露总体情况分析行业的 ESG 现状,并结合格力电器和海尔智家这两家代表性企业的 ESG 治理案例,为同行业企业和其他公司提供 ESG 治理的实践启示。

5.1 行业基本情况

5.1.1 白色家电行业规模

我国目前已成为世界上最大的白色家电生产基地,从 2011 年到 2019 年,我国家用电器及电子产品年零售额从 6010.48 亿元增加到 8687.42 亿元,年均复合增速为 3.02%。

近年来,我国白色家电销量不断攀升。国家统计局的数据显示,在 2012—2021 年的 10 年间,我国白色家电产量在波动中上升。2021 年全年,全国家用电冰箱产量 8992.1 万台,同比下降 0.4%;房间空气调节器产量 21835.7 万台,同比增长 9.4%;家用洗衣机产量 8618.5 万台,同比增长 9.5%。2022 年上半年,全国冰箱累计产量 4164.2 万台,同比下降 6.2%;空调累计产量 12248.9 万台,同比增长 1.1%;洗衣机产量 4113.3 万台,同比下降 4.1%。2016—2021 年,我国白色家电行业市场规模在 2018 年达到峰值,达到 3713 亿元,5 年间市场规模呈现一定的波动性。

5.1.2 行业竞争现状

在《2020—2021年度中国家用电器行业品牌评价结果》的榜单中,格力、美的、海尔、海信等在空调类中遥遥领先其他品牌;海尔和美的同样位居冰箱类榜单前列;海尔、小天鹅、美的、西门子等占据了洗衣机类的榜首。

代表性企业的地理位置分布情况体现了当前行业在地区层面的竞争格局,华南地区的广东省坐拥美的集团、格力电器、海信家电、TCL、创维集团等,华东地区在白色家电行业也有着较强的影响力,比如浙江省汇聚了老板电器、宁波方太等企业,江苏省集聚了小天鹅、东方电器、江苏雷利等企业,这些地区的产业发展已初具规模和完整系统的产业生态,在全国的白色家电行业领域均占有较大的产业竞争优势。

目前,我国的白色家电市场竞争局面已经从经济较发达的大城市争夺转向中小城市的市场下沉,大城市对新产品的需求趋于放缓,更多地向售后服务提出了新的要求,而对新产品的需求主要集中在中小城市。

5.1.3 行业发展前景

随着时代的发展和科技的飞速进步,我国白色家电行业早已跨过了单纯增产扩容的粗犷发展阶段。现如今,在"碳达峰、碳中和"的背景下,智能制造也要求白色家电行业加快绿色转型,推进产品向智能化、高端化迈进。伴随国内家电消费需求升级和家电产业结构优化的调整,智能化、高端化已成为白色家电产品的主流发展方向之一,白色家电产品的高端化趋势正在逐渐被市场认可和接受。以冰箱产品为例,早期多数厂家在生产过程中只关注了冰箱的制冷和保鲜效果,随着消费理念的升级更新,当前各厂家开始纷纷在高端产品领域发力,在产品的设计语言和设计理念上开始迭代更新。在不久的未来,智能白色家电产品将呈现出物物互联的趋势,家庭中的电器产品之间将会被广泛连接、相互调动,成为一个家电的整体互联系统,各电器变得不再孤立。各个品牌积极顺应消费者的需求迭代,大力拓展智能化、高端化产品的市场需求。

在国际市场上,"一带一路"倡议将推动中国白色家电行业走出去。"一带一路"沿线国家的白色家电需求明显小于人口规模,尤其是三大白色家电均处于较低保有阶段,随着"一带一路"倡议的深入进行,白色家电行业在这些国家中将会迎来快速推广的时期,国内企业有望在普及白色家电行业中发现新的销售和经济增长阶段。例如,2018年中泰实施新的自贸协定,将泰国对中国进口电器产品的关税从原先的30%大幅减少降至5%,这一协定有助于中国白色家电行业企业进军海外市场。

白色家电行业的绿色转型升级在"碳达峰、碳中和"国家战略的背景下变得更加重要。在相关的政策文件中,对绿色智能家电发展的鼓励、支持与指导,将会保障和促使我国白色家电行业迎来新的发展道路。

5.2 行业ESG信息披露总体情况

在2020年MSCI对A股200多家中大型上市公司的ESG评级中,家电行业和其他行业如零售业、汽车业位居评级前列。表5.1展示了海尔智家、格力电器和美的集团三家白色家电行业龙头企业在各机构2020年的ESG评级情况。

表5.1 各机构2020年对三家白色家电龙头企业的ESG评级情况

股票代码	股票简称	MSCI ESG评级	商道融绿ESG评级	社投盟ESG评级
600690.SH	海尔智家	BB	B	A
000651.SZ	格力电器	BB	B−	A+
000333.SZ	美的集团	BB	B−	A

目前,白色家电行业的ESG信息披露也存在一定的问题。例如,定量信息缺乏,完整的ESG披露应包括对定量和定性指标的披露。数据质量缺少认证,可信度较低,如格力电器的社会责任报告缺少第三方审计监督。在当前大多数企业进行一定程度的ESG信息披露的大背景下,监管机构开始鼓励企业引入第三方对ESG报告进行审计。白色家电行业的ESG信息披露引入相关监管机构的审查是十分迫切的问题。因为ESG覆盖的范围广,涉及数据收集以及专业工作的判断,需要有专人对公司各部门数据进行收集及整合。同时,专业人才需要对公司业务和发展动态有全面的认识,在此基础下撰写的ESG报告才有说服力,一份具有质素的ESG报告能够更好地吸引投资者关注,所以ESG信息披露对于专业能力要求较高,需要对口部门或负责人来进行ESG信息披露的编撰事项以及和外界投资者的ESG沟通,在这一方面海尔智家专门成立了ESG委员会,做到了对ESG信息更专业、准确的披露。

5.3　海尔智家的 ESG 信息披露实践

在公司全球化发展的当下,海尔智家股份有限公司(以下简称"海尔智家")早已关注到了市场、社区和投资人对公司 ESG 表现的期望,并赋予 ESG 更高的公司站位与战略认知。专门设立的 ESG 委员会,使得公司重点关注多元化、社区参与、商业道德和可持续产品等多个运营层面,同时借用技术力量,实现 ESG 的持续落地。全球化的战略视角使得公司更清晰地认识到社会责任对企业在全球竞争市场发展的重要性,通过打造与 ESG 治理内涵相辅相成的公司发展理念,使得海尔智家更具品牌优势。

海尔智家较早地接触到了全球各地的市场,也更早地了解到欧美市场、当地社区和投资者对 ESG 的期望。正是公司全球化的发展战略和定位,使得海尔智家率先认识到 ESG 治理对公司的重要性,并部署和开展 ESG 战略。

5.3.1　关于海尔智家

海尔智家的前身是成立于中国山东青岛的青岛电冰箱总厂,于 2019 年 6 月正式更名为海尔智家股份有限公司。公司是以"为全球用户定制美好智慧生活解决方案"为目标的智慧家庭生态品牌商,主要从事冰箱、冷柜、洗衣机、空调、热水器、厨电、小家电等智能家电与智慧家庭场景解决方案的研发、生产和销售,通过丰富的产品、品牌、方案组合,创造全场景智能生活体验,满足用户定制美好生活的需求。海尔智家于 1993 年在上海证券交易所上市,是中国较早上市的公司之一。2018 年和 2020 年,公司先后在德国法兰克福交易所和香港联合交易所挂牌上市,自此,公司形成"A+D+H"全球资本市场布局。

公司成立至今,通过不断创业创新以适应时代发展。自主创牌战略帮助公司在海外市场繁荣发展,通过实行并购整合等发展战略,先后收购日本、美国、新西兰、意大利等各国品牌,构建起"研发、制造、营销"三位一体的当地市场竞争力。2019 年公司海外收入占比接近 50%,且近 100% 为自主品牌收入,业务范围涉及亚、欧、美、大洋、非等五大洲,向全球亿万用户群体提供成套家电产品与家庭场景解决方案。

5.3.2 海尔智家的ESG信息披露动因分析

5.3.2.1 商业道德

海尔智家以最高道德标准及合规要求运营公司,建立合规文化,以赢得投资者、员工、用户、供应商和社区等各利益相关者的信任。在海尔智家的ESG报告中,政府及其他监管机构、股东及投资者和供应商、经销商及合作伙伴是商业道德这一方面的主要利益相关者。通过披露企业管治、劳工准则、产品责任、反贪污、社区投资、气候变化和供应链管理方面的信息,加强各利益相关者对公司合法经营、建立合规文化的关注,满足股东以及投资者的利益诉求,增强股东和投资者的信心,与供应商建立长期稳定的合作关系。

5.3.2.2 可持续产品

海尔智家长期以来追求提供设计环保、性能卓越的产品和优质服务,使家庭和社区生活更美好。用户和业内同行是可持续产品的主要利益相关者。长期以来,海尔智家的ESG报告都将产品责任作为重要实质性议题,对产品质量的重视从"砸冰箱"事件起,始终贯穿在公司长期的产品设计制造中。在如今信息化的时代中,对产品质量信息的披露能够直接满足顾客相关诉求,加强与顾客的沟通,同时优质的产品服务也将增加产品的附加值。

5.3.2.3 可持续运营

海尔智家作为一家制造业企业,一直通过减少运营对环境的影响来保护地球。在其ESG报告中,媒体及非政府组织和公众是主要利益相关者,废弃排放物、能源消耗、员工雇佣、供应链管理、产品责任、气候变化和社区投资是主要的议题。作为全球领先的家电企业,海尔智家响应国家"双碳"战略,科学规划降碳减排方式,引领行业迈向更加绿色和可持续的"零碳"未来。

5.3.2.4 包容及多元化

建设安全、包容的工作环境,坚持"人的价值第一",利用员工多元化拉近与用户、社区的距离,这是海尔智家关注员工这一利益相关者在雇佣、健康与安全、发展与培训方面的权益的努力。海尔智家致力于建立多元、平等、和谐的工作环境和氛围,关注、保障员工切身权益,加大对员工的技能培训与个人职业生涯发展规划力度,不断提升员工满意度,做到与员工共同进步。通过对这些信息的披露,可以向员工及外界展示公司的人文关怀形象,并提升员工的工作积极性,吸引更多优秀员工共同为公司的长远发展作出贡献。

5.3.2.5 社区参与

通过社区沟通及社区投资活动助力社区建设,对排放物和社区投资的信息披露,是海尔智家维护其合法性的重要举措。公司每年积极参与社会活动,响应国家希望工程与乡村振兴的建设,在新冠疫情防控期间也不断贡献力量,积极参与社区疫情防控,承担社会责任的情况,赢得了社会公众对海尔智家的认同感和信任感。

5.3.3 ESG信息披露的主要做法

5.3.3.1 提前布局ESG管治战略

海尔智家副总裁、资本市场总经理黄晓武表示:"不论是高质量发展观、ESG发展观,还是长期发展观,这些观念不是割裂的,而是一体的,这其中ESG是核心,上市公司是中国企业的优秀代表,也是中国经济的支柱力量,上市公司需要担当起以ESG为核心的可持续高质量发展理念引领者和示范者的角色。"海尔智家自觉担当起优秀企业的标杆和引领角色,较早认识到ESG管治理念对于企业发展的重要性,将ESG视为企业发展的动力源泉,已连续10多年发布社会责任报告,ESG管治战略使得在公司在绿色发展、投入社会公益事业和促进公司治理方面勇当国内ESG实践的先行者和践行者。

2021年3月,海尔智家设立了ESG委员会,标志着公司对环境发展、社会责任和公司治理的规划部署再上一台阶(见图5.1)。

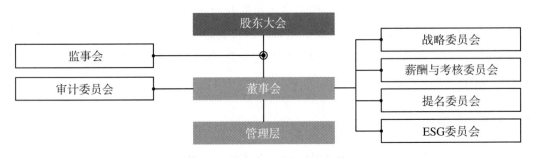

图5.1 海尔智家公司治理架构

数据来源:海尔智家ESG报告。

海尔智家相信良好的ESG管治在保障企业稳定运营、应对突发性危机与把握发展机遇等方面具有重要意义,形成了治理层、管理层与执行层组成的覆盖海外体系的 ESG 管治架构。同时,发布了《海尔商业行为准则》,指导 ESG 相关工作。其中 ESG 执行办公室由证券部、战略部、研发部、内控部、人力部、法务部、能源部、价值观等部门构成,管理日常 ESG 相关工作,并向 ESG 委员会定期汇报工作进展。各 ESG 职能部门和业务板块最高管理者组成 ESG 执行工作组,推进 ESG 工作的有效落地,并定期汇报工作进展。

在组织架构上,海尔智家的 ESG 委员会直接向董事会汇报,ESG 执行工作小组在 ESG 执行办公室的统筹安排下负责最后的 ESG 实施和落实。

5.3.3.2 及时制定降碳减排策略

海尔智家率先响应国家"双碳"战略,并制定降碳减排策略,从原材料供应商到物流,从消费端到回收拆解工厂,在全球实现产品生命周期全过程的降碳减排,从原材料、包装运输和产品回收等降碳方面引领行业迈向更绿色、共赢的"零碳"未来。

在"双碳"的国家战略大背景下,企业自身的发展与国家战略将紧密联系。海尔智家持续开展降碳减排行动,实施 4-Green(4G)战略,力求将设计环节、制造环节、经营过程和回收流程绿色化,持续升级公司排放物监控系统及处理设施搭建智慧能源互联控制平台,通过大数据分析不断提升精细化管理能力,实现资源节约,在全球建立供应商相关行为准则,对供应商劳工管理、冲突矿产管理、商业道德等做出约束,进行监督检查,推进供应链劳工管理,并实施现场审核。2021 年海尔智家国内共审核通过 81 家供应商,推进供应商冲突矿产管理,要求供应商提供未使用冲突矿产相关证明资料,建立供应商数据管理系统,追踪供应商环境及社会数据,评估其可持续表现,依托全球协同运营体系,为供应链上下游企业的复工复产提供多项支持。

识别气候变化风险与机遇并积极应对,减少温室气体排放。除本年度尚未启动体系认证工作的新建工厂外,所有工厂均获得 ISO 9001 质量管理体系认证,全年全部产品做到"零召回"。

在海尔智家的 ESG 报告中,披露了公司为支持国家"双碳"目标的实现所设立的环境治理目标:

(1) 以 2021 年为基准年,在保持产值提升前提下,力争 2022 年每万元产值温室气体排放量(范畴一、范畴二)下降 3%;

(2) 以 2021 年为基准年,在保持产值提升前提下,力争 2022 年每万元产值能耗下降 3%;

(3) 以 2021 年为基准年,在保持产值提升前提下,力争 2022 年每万元产值水耗下降 3%;

(4) 以2021年为基准年,力争2022年每单位产品无害废弃物处理量下降3%;

(5) 以2021年为基准年,在保持产值提升前提下,力争2022年每万元产值有害废弃物处理量减少3%,并100%合规处理。

在环境治理板块,海尔智家在对环境治理努力所做的绩效披露的基础上,还披露了下一年度的环境治理相关目标,体现了海尔智家对环境责任的重视,同时更反映出企业将持续采取降碳行动,在推进碳核查项目的同时,开展低碳研究和探索工作,制定短、中、长期的减碳行动路线图,提升可再生能源使用比例,加快推进各生产制造环节的工艺改进,有效降低废弃物产生,并进一步完善回收、拆解、再利用的再循环体系建设,助力碳减排等绿色生产环节,助力国家实现"双碳"目标的积极作为和自信,这对一家本身就对环境有着不少负面影响的制造业企业来说是难能可贵的,更加突显海尔智家在社会公众的形象。基于全球化布局的优势积极实施"碳达峰、碳中和"战略,使得海尔智家在全球各地具备良好的环境治理形象,在全球化的市场中拥有更强的竞争优势。

5.3.3.3 充分展现企业社会责任

公益事业可以体现大型企业的社会责任。无论是作为"社会保障的重要补充"还是"发挥第三次分配作用",海尔智家始终积极行动,不断辐射海尔智家的能量,创造社会价值,以行动回馈社会。

企业的全球化战略视角同样使得海尔智家更重视社会公益慈善事业,在全球积极开展行动,发挥企业反馈社会的力量。2021年,海尔智家累计公益捐赠3779万元,彰显了公司长期参加社会公益事业的形象。

海尔智家在国内累计为希望工程投入1.22亿元人民币,共援建345所希望小学和1所希望中学,覆盖全国26个省、直辖市及其他地区,是团中央希望工程中援建希望小学最多的企业。2021年,海尔智家共投入资金786万元,有效丰富了边远地区的基础教育资源,提高了贫困地区的教育质量。

2021年,海尔智家不仅投入2000万元用于帮助全球各地的自然灾害救治工作,还针对新冠疫情产生的对生命健康的威胁在全球积极展开援助行动。当疫情席卷泰国、印度等多国时,海尔智家第一时间捐赠医疗设备用于当地新冠疫情救助,捐赠全套智慧家电产品援助受灾家庭,获得了当地社会和公众极高的夸赞和认可。

5.3.3.4 全面完善公司治理体系

在公司治理方面,海尔智家构建了自主管理、管理层、执行层的系统性ESG治理结构,明确了ESG的具体实施路径,将ESG嵌入各部门的业务发展中。来自世界各地的海尔智家员工,有着不同的技能本领、经历和文化背景。海尔智家致力于创造包容、平等的工作环境和氛围,通过多元化体系的建设,为每一位员工的长远发展提供帮助。同时,启动多层次的短期、中期、长期激励计划,进一步完善公司治理结构。海尔智家不断部署深化高端品牌、场景品牌、生态品牌战略,海外市场快速发展,并通过完善的股权激励以更好地激励公司经营管理的杰出人才,致力于公司战略的实施,无论是丰富的激励计划,还是广阔的发展空间,海尔智家的公司治理方面都得到了员工认可。

此外,2021年,海尔智家首推"A+H"全球员工持股、H股受限制股份单位计划、A股股权激励计划,境外员工被首次纳入计划范围,吸引和激励公司核心骨干,激励计划有效期不少于5年。公司于2009年推出的股权激励计划,至目前为止已包含5期股权激励计划、6期员工持股计划,从推出计划至今,公司中高层中共计5200余人次作为激励对象被纳入了计划之中。

在披露用户与产品服务的相关信息外,海尔智家还高度重视数据安全,另设用户隐私相关板块进行披露,这对一家制造业企业来说非常少见。可见海尔智家对坚守数据安全底线,并不断提升在信息安全领域的技术能力,全方位保障网络及数据隐私安全方面的努力。

5.3.4 案例小结

海尔智家相较同行业其他公司,较早地开始了ESG实践,受到社会公众及同行的普遍认可。2021年,全球最大指数编制公司MSCI将海尔智家ESG评级从B级上调至BB级,在所有参评的国内家电企业中评分最高[1]。同时,在Wind ESG评级中,海尔智家获评AA级,ESG评分也属国内行业最高[2]。海尔智家长期以来的ESG实践和不断突破创新的ESG治理表现,使其获得"2021 ESG绿色公司之星""2021卓越社会责任企业"两项用以表彰在ESG治理方面表现突出的公司奖项。

海尔智家在今年中证指数发布的A股上市公司ESG评级中为AAA级[3],继在MSCI和Wind两大机构发布的ESG评级中,海尔智家是国内同行业唯一一家获评AAA级企业,且成为连续3年评级为国内同行业最高的公司。

正如海尔智家在《致股东的信件》中写道:"作为全球化的企业公民,海尔智家致力于关爱环境和践行社会责任,因为我们认识到只有拥有一个绿色的星球,我们的下一代才有未来;只有开放和引入多元化的人才,企业才能维持创新活力;只有关爱员工,支持上

---

[1] 参考材料来源:MSCI指数编制公司。
[2] 参考材料来源:Wind数据库。
[3] 参考材料来源:中证指数。

下游合作伙伴,投资于社区,回馈社会,我们才能实现可持续发展。"这正是海尔智家对ESG的理解所在。

5.4 格力电器的 ESG 信息披露实践

珠海格力电器股份有限公司(以下简称"格力电器")是一家注重社会责任和信息披露的行业内标杆企业,本案例以格力电器年度社会责任报告为研究对象,从信息披露形式和内容方面提出改善措施,作为提升其他企业社会责任报告质量的借鉴,使得企业具备可持续发展能力,为ESG报告撰写提供一定借鉴和实践启示。

5.4.1 关于格力电器

格力电器,成立于1991年于1996年11月在深交所挂牌上市。公司成立初期,主要依靠组装生产家用空调,现已发展成为多元化、科技型的全球工业集团,产业覆盖家用消费品和工业装备两大领域,产品远销160多个国家和地区。公司现有8万多名员工,其中有1.4万余名研发人员和3万多名技术工人。在国内外建有17个家用电器生产基地,覆盖从上游生产到下游回收全产业链,实现了绿色、循环、可持续发展。格力电器一直以来重视产品研发与产品技术攻关,公司现有15个研究院、126个研究所、1045个实验室、1个院士工作站(电机与控制),拥有国家重点实验室、国家工程技术研究中心、国家级工业设计中心、国家认定企业技术中心、机器人工程技术研发中心各1个。

5.4.2 ESG信息披露的内外动因

5.4.2.1 内在发展动力需要

企业社会责任感对任何一家企业的发展历程都具有重要的驱动作用,对企业文化的培养和形象的塑造也具有重要影响,尤其对始终秉承贯彻企业社会责任感的格力电器来说,更是如此。格力电器是中国企业的崛起和高质量发展的代表性企业,其中最根本的是公司以社会责任感为重要驱动力,高度重视企业社会责任意识的培养和建立,上至管理者,下至基层员工,全方位将企业社会责任融入企业文化之中。对于格力电器来说,单纯依靠优于同行业内其他企业的领先技术和管理经验并不能让格力电器获得可持续发展的动力,还必须凭借高度的社会责任感,凝聚企业发展的力量。格力电器密切关注社会、股东、消费者、经销商、供应商、员工等利益相关者的利益诉求,正是这种对企业社会责任的重视,使得公司的营业绩逐年提升,不管是在销售收入、盈利能力,还是在全球竞争力方面,格力电器在国内行业均属前列。

5.4.2.2 外部环境的要求

企业的 ESG 评级越高,在面临外部市场动荡等一系列风险挑战时,越能通过更强的韧性管理和风险管理水平保持企业的竞争优势。从国内目前情况看,ESG 报告披露采取自愿原则,同时鼓励企业积极主动发布 ESG 报告。监管机构和交易所并未给出统一的 ESG 披露清单或者模板,业界则在积极推动《企业 ESG 披露指南》等团体标准的建立。在"碳达峰、碳中和"等一系列绿色发展政策的推动下,中国的 ESG 信息披露率和披露水平也在逐年提升。企业的 ESG 政策成为大众对于企业全新的评判标准。首先,消费者会根据品牌的道德标准和生产行为对环境的影响来进行选择;其次,投资者会更青睐具有实质性整体战略的企业;同样,社会层面则要求公司在内部管理、社会责任披露等方面提高透明度;另外,新时代的员工也会更关注企业的可持续发展战略。

这些对行业龙头企业格力电器来说,不仅需要新的技能、颠覆性的商业模式,还需要多样化的视角以及跨行业合作,包括员工、客户、供应商和合作伙伴,连供应链的透明度和彻底的去碳化也包含在内。

5.4.3 ESG 信息披露的主要内容

1996—2006 年,格力电器还处于起步发展的阶段,这期间内格力电器的企业社会责任主要面向消费者、经销商和社会公众三个群体。随着格力电器在十几年间的快速发展,2007—2013 年,格力电器披露的企业社会责任报告中,利益相关者的范围里有了股东、员工和合作伙伴的加入。2014 年至今,格力电器的信息披露已初步完善,利益相关者依然是股东、员工、消费者、经销商和社会公众。

2010 年起,格力电器的报告开始从内容和形式上进行丰富扩展,增加了报告的篇幅,报告的体例也更加完善,同时添加了目录部分。报告的信息披露不只局限于原先对企业发展的状况概述,还包括了格力电器的财务指标绩效、股东及投资者权益保护、消费者与员工权益保护、供应商及经销商权益、环境保护和社会公益事业六个方面的情况,《深圳证券交易所主板上市公司规范运作指引》等文件也开始被纳入格力电器企业社会责任报告编制的参考性文件,报告编撰变得更加规范化和高标准,受到了社会公众和业界的广泛认同。

5.4.3.1 社会责任

格力电器的社会责任特指针对政府、股东及投资者、消费者和供应商和经销商的企业责任。格力电器对这些内容均十分重视,在每年的报告中都做了较为详实的信息披露。

对政府的责任体现在:良好的公司治理是实现公司高质量发展的根本。在报告期内,格力电器严格遵守并执行《中华人民共和国公司法》《珠海格力电器股份有限公司章程》等法律法规及管理制度,不断完善公司治理水平,积极拓展创新业务,保证公司的持续发展。公司自成立以来诚信经营,积极纳税。2021年度,公司缴纳各种税金94.40亿元,累计纳税1466.99亿元。公司不仅与全体员工共享发展成果,还努力回报社会,力所能及支持国家和地方财政。

对股东及投资者的责任体现在:董事会及审计委员会、监事会、经理层通过公司的内部控制制度,明确了在内控机制中担任的角色与责任,形成了公司、下属部门及子分公司、业务环节三个层面内部控制流程和制度。公司严格按照信息披露的文件要求,真实、准确地做好公司定期报告、临时公告的信息披露工作,以及及时披露关联交易、股价敏感信息和其他重大事项。2021年,公司发布各类公告152份,及时向市场传递公司投资价值,有效维护了投资者利益。公司建立起多元的投资者沟通机制,通过投资者热线、深交所网上互动平台、邮件及接待会等形式,与投资者保持密切的交流。

公司按照公平、公开、公正的原则,切实服务好投资者。2021年,组织召开业绩说明会1次,路演活动1次,接待在线机构及个人投资者共353人;在互动易平台答复用户共151条提问;积极接听投资者热线1654次,耐心倾听来自各方投资者的声音,充分的沟通交流使得投资者对公司的经营业绩等都有了清晰的认知和了解。在公司自身不断发展壮大的同时,格力电器不忘关注股东的利益诉求,努力与股东共享发展成果,促进资本市场理性发展。公司在保证经营业绩稳定,盈利能力提高的同时,为股东提供稳定、持久的回报。据统计,公司自1996年上市至2021年(2021年的年度利润分配预案未算在内),累计实现分红24次,分红总金额达到898.56亿元,占期间归母净利润总额的48.67%。报告中,格力电器还披露了历年以来的公司分红情况。

对消费者的责任体现在:格力电器始终秉持着"创新是第一生产力"的理念,坚持创新驱动。2021年,格力电器坚持自主创新、攻坚克难,取得了一系列技术成果。格力电器充分考虑用户的需求,坚持围绕用户需求开发满足消费者的新产品,不断丰富公司产品的深度与广度,以完美质量为追求,以全面质量管控体系为核心,将格力完美质量管理模式贯穿到产品研发设计、零部件采购、生产制造、营销服务等价值链环节中。格力的完美质量管理模式取得良好成效,依托此模式,格力质量水平逐年提升,全公司产品售后故障率连续多年下降。格力的高品质产品获得了消费市场积极的反应,已连续3年荣获"全国市场质量信用AAA等级用户满意标杆企业"称号。作为可选消费行业,格力电器对产品的售后服务相比同行业更加重视,建立了客户服务评价体系,积极听取来自市场的反馈和意见,不断完善细致产品售后服务内容和方式,提高消费者满意度。格力电器已连续11年领跑空调行业顾客体验满意度榜单,该榜单是中国标准化研究院顾客满意度测评中心针对国内空调行业对消费者的顾客体验满意度的评价。

对供应商的责任体现在:"共建双赢"是格力电器与供应商处世之道。公司立足于科学合理的采购制度和监管制度,杜绝腐败现象,确保采购在"阳光"下进行。公司采购订单分配根据厂家供货质量、成本、及时性等进行多维度量化评估,实现采购订单分配的公平、公开、公正,确保供应商核心权益得到保障。通过信息化管理工具,解决供需双方的核心业务内容(如开发、交货、商务、合同等),通过信息化手段建立更加安全稳定的供求关系。作为一家有责任感的企业,格力电器致力于与供应商同发展、共成长。一方面,格力电器每年积极征集供应商创新的技术工艺优化项目,与供应商合力验证,共同进步,共享新挑战带来的发展成果;另一方面,公司组织专家团队向供应商输出技术工艺和质量管理理念等,赋能供应商,帮助供应商在质量管理和技术方面得到改善和提升,带动其快速发展,同时供应商的技术水平与质量的提升也进一步保障了格力产品的质量,提高格力供应链的竞争力,实现二者的双赢。

对经销商的责任体现在:格力电器对经销商的重视程度和发展模式有着自己独到的理解。格力电器为各区域销售公司提供"远程视频培训+技术解答"相结合的服务支持方案,对其一线服务人员进行技能培训。针对国内市场,公司组织开展终端业绩倍增计划、销售训练营、全国巡回技术训练营、格力售后精英班、讲师认证及线上专项学习等活动,提升管理、销售、售后等相关人员的专业技能;公司还组织资源到各销售公司开展专业的产品知识培训,加深各销售公司及经销商对公司产品的理解。针对海外市场,公司积极开展在线远程客户培训及技术咨询,全年累计完成30个国家600场次技术培训,培训客户达5000人次,有力地支持了格力电器海外市场的开拓和服务。格力电器不断完善公司制度流程,保障各销售公司、经销商的合法权益,严厉打击不公平竞争行为,维护经销商之间的货源秩序,创造公正、公平的市场环境,切实保证合作伙伴的权益;对各销售公司、经销商针对扰乱市场的举报快速响应,深入调查,保证二级市场的良性竞争。公司加强与市场监督管理部门的联系,协助国家监管部门,严厉打击不法商家违法使用格力商标或产品谋利的行为。格力电器协助销售公司推进信息化的改革创新,建立销售管理系统,实现了业务无纸化,提高了信息传递的效率,降低了人为管理的疏漏。公司将计划、产量、物料、库存等信息进行整合,定时为销售公司更新各类报表数据,为销售公司制定需求计划、预测市场起到了重要的参考作用。

对经销商的责任信息披露反映了格力电器与经销商共谋发展的经营理念,同时能够让经销商在了解自己对格力电器的重要地位基础上,更信任、更专注地提供服务,构造公司与经销商间互利共赢的更紧密关系。

5.4.3.2　治理责任

在员工权益保护方面,格力电器自主搭建培训体系,多元化的自主培养机制有利于对创新人才的培养,力求实现高质量人才供给。多年来,格力电器人才队伍不断壮大,2021年,公司持续调整优化内部人才结构,打造出一支敢于和善于干事创业的年轻队伍。公司根据技术研发人员的成长路径,设置多层级、多维度的培养项目和课程,专项实施制造业实践技术培训,自主培养创新型科技人才,大力弘扬新时代劳动模范和工匠精神,培育精工制造的技能工匠。公司全面深化推进全员学习发展计划,并重点集中力量制定各层级管理干部、核心骨干、主管、班组长、大学生等专题训练方案,通过专题项目设计,强化培训效果,带动整体培训质量提升,努力锻造一支有能力、敢创业、能干事的员工队伍,为企业发展再添人才力量。格力电器坚持把员工的幸福感放在首位,将提高员工幸福感作为企业的责任。关爱员工福利变化,推进民主建设,提升桥梁纽带作用,鼓励职工积极主动参与企业民主管理。在日常生活中,公司对员工力争做到凡工伤必探视、凡重病必慰问、凡住院必关怀,落实常态化关怀慰问。2021年度,公司累计慰问伤病职工达176人次,为员工送去关爱与温暖。公司还设立了阳光互助基金,做好职工大病医疗救助工作,减轻公司员工及其直系家属在重大疾病、非工受伤等方面的医疗经济负担,2021年度共救助138人次,救助金额逾百万元,减少员工因病致贫、因病返贫情况。

在社区参与方面,格力电器在报告中通过多案例的描述,展示了格力电器积极支持社会公益事业,践行志愿服务的形象。格力电器深知人才培养对国家社会和经济发展的重要性。为满足社会人才需求,推动实体经济发展,公司在职业教育领域积极推动校企合作,着手筹建格力职业学院以培养更多高素质技能型人才。面向国家重大发展战略和大湾区人才需求,力求建设一批满足市场需求、具有较强竞争力和发展潜力的高质量专业人才的珠海格力职业学院已于2021年2月正式启动校园建设,并计划于2022年7月完成建设工作。

5.4.3.3　环境责任

格力电器严格遵守环保法律法规要求,参照ISO 14001环境管理体系标准,建立了内部环保管理体系制度,进行环境保护体系化管理,确保公司所有排放物均符合环保标准要求。围绕相关绿色制造战略,格力电器积极从全流程开展绿色环保新技术的研究和应用,以实现节约资源,减少环境污染。公司在产品设计端大力研究并应用精益设计技术,实现降低产品材料使用量,并为绿色生产奠定基础;在制造端大力开展精益生产、绿色生产相关技术的研究和应用,包含通过换热器绿色制造工艺升级改造、高固含材料、水性涂料、低能耗材料、免喷涂材料、可降解回收材料应用、产品材料分级使用等技术研究和应用,进一步削减材料和能效的耗用量、VOCs等废气废水的排放量,有效保护环境。格力电器坚持走好节能减排之路。公司建立了节能管理评价体系,每月对各单位体系运行从节能自主管理(包括自主督查、节能教育、培训、总结)、节能降耗改善项目和公司监督检查等多个维度进行管理评价,推进公司节能工作开展。在当前国家双碳驱动、绿色经济转型战略目标的指引下,格力电器积极响应国家号召,致力于绿色环保和可持续发展产业,将新能源板块打造成为格力多元化发展的重要组成部分。

5.4.4 案例小结

通过对 ESG 信息的披露,可以让社会和公众知悉格力电器不但潜心致力于技术创新和品质制造,还很重视环境、社会与治理责任。2020 年,格力电器再次上榜《财富》杂志最新公布的世界五百强企业名单,位居第 488 位。《暖通空调资讯》发布的数据显示,2021 年格力中央空调是中央空调行业销售规模唯一超过 200 亿的品牌,实现了中央空调市场"十连冠";《产业在线》发布的数据显示,格力家用空调内销市场份额位居行业第一,已做到领跑 27 年;除了空调业务的优异表现外,格力电器在小家电市场依然十分具有竞争力,显示了强劲的增长潜力,奥维云网数据显示,格力电暖器类产品与电风扇类产品的线上市场份额均位列行业第二。由此可以看出,格力电器的发展与其重视 ESG 信息的披露密不可分。

第 6 章 饮料行业

饮料几乎受到所有人的欢迎,但是人们越来越重视自身的健康,大众也提高了对饮料的要求。我国饮料行业的规模不断扩大,增速趋于平缓,但如今的饮料行业还面临安全、创新等问题。在 ESG 投资理念日益盛行的当下,饮料企业想要发展得更长久,必须对 ESG 管理重视起来。本章介绍了饮料行业基本情况,包括行业简介、发展现状及未来发展趋势。此外还分析了 ESG 信息披露体系在饮料行业中的重要性、行业 ESG 具体披露情况以及面临的 ESG 挑战及困境。本章选取了该行业内的典型企业贵州茅台与五粮液,重点介绍企业 ESG 管理工作的探索与发展之路,分析总结其在 ESG 报告编制与披露工作中值得学习借鉴的先进经验与存在的改进空间。

6.1 行业基本情况

6.1.1 饮料行业简介

饮品的形式大多是浓浆或固体形态,是人类生活中经常饮用的液体,能够解渴、补给身体能量等。最早生产的饮料主要是谷物人造酒,源自于中国古代。在 20 世纪初,全世界基本上建立起较为完善、规模较大的饮料工业。

我国食品饮料企业的优势在于成本和区位,其缺点是技术不够先进、创新力不足、缺乏多样的企业产品、国际贸易能力差等。我国人民生活水平持续快速提升,饮料行业企业也面临着更大的市场环境。除此之外,饮料企业需要重视生产规模的扩大以及技术的更新,以便于在同国外企业的竞争中脱颖而出。近些年,得益于城镇化步伐加速、城镇居民可支配收入增多、城乡居民消费水平提升等因素,我国饮料行业持续发展。销售渠道越来越多样化,如自动售货机和便利店等,使得消费者能够更方便地购买产品,从而提高了产品的消费频率。如今网络的迅速发展使得消费者购物变得更加灵活和便利,也促进整个饮料行业的发展,其中以"天然、营养、绿色、健康"为品类特点的植物饮的发展最为突出。

如今，人们在许多场合都需要饮料，比如聚餐、运动、户外活动等。有市场才有供应，这种消费需求促进饮品领域的不断拓展，使得未来国内饮品公司具备更广泛的市场和良好的成长条件。

6.1.2 饮料行业发展现状

2015—2021年，我国生产规模以上饮料的行业总量及增长率略微出现变化，但大致处于上升的状态。2020年，全国饮料行业产量实现16347.3万吨，2021年，全国生产实现18333.8万吨，同比增长12.15%。

2021年我国华南地区和华东地区饮料产量分别为4281.99万吨和4116.76万吨，均占全国饮料总产量的23%左右；西南地区饮料产量为3076.08万吨，占全国饮料总产量的16.78%；华中地区饮料产量最少，为2901.19万吨，占全国饮料总产量的15.82%。

2020年，我国饮料类累计零售额达到2294亿元，较上年累计增长14%；2021年，饮料类累计零售额达到2808亿元，较上年累计增长20.4%。

6.1.3 饮料行业未来发展趋势

新冠肺炎疫情爆发后，人们越来越重视健康，消费者更加关注饮料的成分，希望能找到提高免疫力、改善睡眠或减轻压力的产品，因此健康饮品在未来可能会成为主流。将来饮料行业会朝着健康方向发展，人们对饮料的需求也会逐渐增加，饮料行业的产能不断提高，产业结构将进一步得到提升和优化，主要表现在如下四个方面：第一，人们的消费需要日趋多元化，饮料生产将逐步从单一型向复合型过渡；第二，随着我国消费者健康意识的提高，饮料行业将从功能饮料向营养饮料转变；第三，随着人们生活元素的多样性以及消费者对保健元素的认识，保健饮品也将从果味型逐渐向果汁型过渡；第四，由于市场竞争、老龄化消费、人民健康意识增强等因素的共同影响，中老年饮品也将成为未来健康饮品市场的消费热点。

6.2 行业 ESG 信息披露总体情况

6.2.1 饮料行业 ESG 信息披露的情况概述

6.2.1.1 饮料行业 ESG 评级整体偏低

数据显示,饮料行业中等偏下评级公司数量较多;贵州茅台、青岛啤酒等细分龙头 ESG 评级获上调。具体来看,饮料行业的数据普遍缺失环境维度的相关内容,能源消耗、温室气体排放较上一年翻倍;在人均工资、人均培训市场等社会责任方面的实践表现一般;董事长薪酬增速超过 A 股平均水平。

6.2.1.2 饮料行业 ESG 信息披露意识不断上升

近年来,饮料行业 ESG 报告披露数量、披露率稳定上升。2022 年,饮料行业有多家公司首次披露,包括贵州茅台、东鹏饮料等。饮料公司 ESG 报告篇幅连续 6 年增加,2021 年度平均页数创新高,但仍低于 A 股平均水平[①]。

6.2.1.3 饮料公司提升 ESG 实践的建议

在理念层面,公司应重视并认同新发展理念和可持续发展理念,在生产与销售全流程提升环保意识与责任意识;在信息披露层面,公司应基于利益相关者关注度与对公司可持续发展的重要性两个维度分析"实质性议题",参考国内外 ESG 信息披露指引规定,持续提高 ESG 信息披露的规范性与专业性;在实践层面,以可持续发展为目标,提高水资源利用率,减少废水排放,包装采用无塑、轻塑、可降解材料,并将 ESG 指标纳入选择合作伙伴的考量范围。

6.2.2 我国饮料行业面临的 ESG 挑战和困境

饮料企业面临较大的外部 ESG 挑战。地缘政治、全球经济动荡、新冠肺炎疫情、卫

---

① 证券时报.食品饮料行业 ESG 信息披露率首次超过 40%,提升之路任重道远[EB/OL].(2022-09-23)[2022-12-10]. http://www.tanpaifang.com/ESG/2022092390798.html.

生安全事件等因素将会对企业供应链的安全和稳定带来威胁。以产品原材料为例,酿造啤酒的主要原料是大麦,国内大麦的栽培方法和管理、储存方法的不完善,使得啤酒的质量品质不能达到酿造标准。《2021年中国酒业经济运行报告》显示,国内啤酒酿造使用的大麦约88%为进口麦芽,原料供应极易受到价格调整和国际贸易政策的冲击。能源价格飙升、气候变化等因素也会给饮料企业原料的供应和品质带来挑战。此外,饮料企业在仓储物流环节极易受到外部环境政策影响和疫情冲击,增加合规风险和财务成本。

饮料企业在运营中也面临诸多ESG方面的困境,这些内部困境也制约了企业的良性发展。例如,在包材使用方面,玻璃、纸盒、铝制品、塑料的生产和回收过程对环境影响较大,如何加快推进包材轻量化及循环利用是饮料行业急需解决的问题;在自身运营环节,饮料企业生产、酿造过程具有高水耗、高能耗和高排放等产业特点,国家"双碳"目标需要生产企业节能提效、降碳减排,对饮料企业的经营水平提出更高要求;在产业链下游,饮料产品负责任的营销模式、数字化转型、倡导健康生活和理性消费等社会议题需要企业兼顾经济效益与社会责任的统一。

因此,饮料公司需要将重要的ESG议题置于战略和运营的核心,并坚持履行具有挑战性的承诺,摆脱困境,打造新的竞争优势。

6.3 贵州茅台的ESG信息披露实践

随着ESG理念深入人心,我国人民愈加关注企业、国家的可持续发展,企业也变得更加重视ESG信息披露和报告的编制。本案例以贵州茅台酒股份有限公司(以下简称"贵州茅台")为例,分析了企业披露ESG的原因、ESG发展情况及经验,并指出了贵州茅台ESG信息披露体系的不足,为贵州茅台的可持续发展提出建议,为其他企业管理者开展ESG信息披露工作提供实践启示。

贵州茅台近年来除了财务绩效在市场上表现抢眼外,也非常重视公司的环境、社会方面的相关绩效。公司管理层认为,企业发布ESG报告可以帮助利益相关者了解公司的重大性议题,关注企业的社会责任相关信息,加强社会各界与公司的沟通。

6.3.1 贵州茅台简介

贵州茅台成立于1999年11月20日,总部位于贵州省赤水河畔茅台镇。茅台酒及茅台系列酒的生产和销售是公司的主要营业。公司主导的产品是贵州茅台,蜚声全国。

贵州茅台于2001年8月27日在上交所挂牌交易。从挂牌后至2021年6月25日,企业累积现金分红规模为1213.55亿元,约为IPO募资总额的60.80倍。而截至2021年年末,总投资规模为2551.68亿元,同比上升了19.58%。2021年,集团完成专营业务总收入1061.90亿元,同比增加11.88%;归属于母企业所有人的净营业收入为524.60亿元,同比增加12.34%。以1093.3亿元的企业市场价值,荣登"BrandZ最具市场意义中国企业排行榜"第11名,跻身世界最具企业意义的酒类企业。

企业的组织架构如图6.1所示。

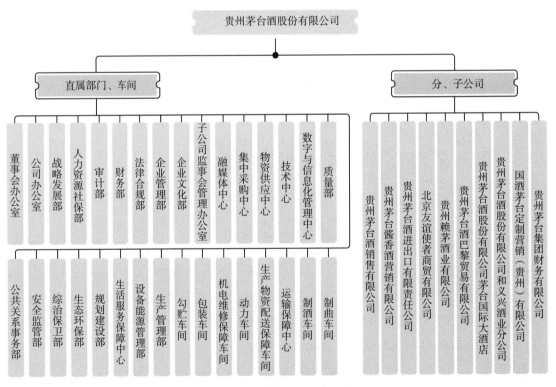

图6.1 贵州茅台的组织架构

6.3.2 贵州茅台践行ESG信息披露的驱动因素

6.3.2.1 内部发展的需要

作为饮料行业的领军企业,贵州茅台在过去并没有展现出十分出色的ESG成绩,也没有系统地披露过ESG相关信息,除了年报中有限的环境信息、员工数据及公司治理情况外,贵州茅台对外公布的ESG信息严重不足。

但贵州茅台的目标是打造世界一流企业,塑造世界一流品牌。为了让广大投资者和监管部门放心,也为了更好地提升公司的经营管理水平、风险控制能力等,公司于2021年3月31日发布了第一篇ESG报告。该报告使得投资者和社会公众能够全面系统地了解公司的ESG战略与表现,有助于公司与企业利益相关者深入沟通、持续对话,使得社会公众提高对公司环境、社会治理表现的认知度以及提升公司品牌形象和商誉价值。

6.3.2.2 外部环境的要求

可持续发展近些年来逐渐引起社会各界的广泛关注,越来越多的企业关注和研究ESG相关内容,积极披露ESG信息已成为企业提高竞争力的途径之一。

白酒企业的ESG评级和投资价值,是国内外的一大分歧。一方面,贵州茅台在各个ESG评分中都比较低。2021年第三季度,贵州茅台在MSCI的ESG评分中被降低至CCC,是全球市值前20家企业中MSCI评分最低的企业,引发市场关注。在Wind推出的ESG评分中,贵州茅台评分则是BB,属于7档评级中的第5档。另一方面,由于国内ESG基金策略大多综合考虑公司财务和ESG,尽管贵州茅台ESG表现不够好,但其财务状况优秀,是国内ESG基金的重仓股。直到2022年第一季度末,在22只纯ESG基金中仍有4只重仓贵州茅台。

采用可持续发展报告和ESG报告命名的企业越来越多,贵州茅台属于酒业,更应该以身作则,紧跟国际发展趋势。基于此,贵州茅台发布了首份ESG报告。

6.3.3 贵州茅台ESG发展情况及经验

贵州茅台此前连续13年公布的都是社会责任报告,而2021年则首次公布了环境、社会及治理(ESG)报告。

贵州茅台紧紧围绕公司治理、环境保护、社会责任三个方面,公布了2021年环境、社会及治理(ESG)报告。该报告是公司首份 ESG 报告,下面分别从这三个部分进行简要介绍分析。

6.3.3.1 公司治理

贵州茅台坚持以高质量发展统揽全局,始终坚守质量是生命之魂,不断强化全过程、全场景、全员工的质量管控,深入推进科技增能,加快智慧茅台建设,深化对外交流互鉴,持续提升企业核心竞争力。

贵州茅台的公司治理下主要分企业管治、风险管控、依法运营、商业伦理、卓越品质、科技创新、智慧茅台以及行业发展等方面。基于公司管治方面,公司从实际出发,严格按照相关法律、法规和规范性文件的要求,优化公司治理结构,不断完善薪酬制度,保证公司透明规范运行。此外,公司在风险管控方面实施的工作有 2021 年更新控制点 796 条;2021 年项目现场踏勘 30 余次;2021 年完成内审结算审计 431 项[①]。公司按照"一融合、两转变、三防线"的思路和原则,加强依法经营能力建设,为公司的高质量发展提供保障。公司于 2021 年依法办理法律纠纷案件 39 件、自主和协助普法场次 70 余次、经济合同的法律审核率为 100%[②]。公司还在知识产权和市场维权方面做出了很大的努力。商业伦理也是公司注重的一个方面,贵州茅台恪守商业伦理,严格打压商业贿赂行为,完善公平竞争审查机制,旨在给消费者留下一个诚信经营、公平竞争的企业形象。

除了上述这些,贵州茅台在经济责任方面也有所建树。公司一直坚持高品质发展战略,根据新时期的五匠质量观,全面建立"365 质量管理体系",进一步加强企业全链品质控制制度的建设,不断提升企业品质文化水平,以新思维、新举措加强和提高茅台品质的最强核心竞争力,不断创造高质量产品。另外,贵州茅台还不断重视发展技术创新,加强政府对其的资金投入,进一步完善以及优化合作机制与平台建立,更加重视人才培养吸纳、培训和应用,积极推动研究成果转化使用,努力建立行业内顶尖创新与研究平台,旨在融合发展技术创新、产教融合与成果转移,为高质量发展奠定基础。2021 年,公司投入 1.9 亿元用于科技研发,同比增长 43.94%。贵州茅台还很关注数字、智能化等领域,公司不断完善"智慧茅台"工程,关注核心业务和关键环节的智能化提升,积极推进数字赋能,推动数字科技和实体经营的深入结合,助力传统产业转型提升赋能。在产业经营领域,作为酒类龙头企业,贵州茅台参与行业标准建立,强化产品相互合作,促进酒类产业的发展。

---

①② 贵州茅台.贵州茅台 2021 年环境、社会及治理(ESG)报告[R].遵义:贵州茅台酒股份有限公司,2022.

6.3.3.2 环境保护

贵州茅台以"一基地一标杆"为宗旨,坚定走好绿色产业路线,不断增强生态环保综合治理意识,扎实推进水资源管理、污染治理、节能降碳、绿色供应链建设、生态保护等工作,守护绿水青山,走出一条保护生态、振兴企业的可持续发展道路。

在环保领域,贵州茅台坚持以问题为导向,进一步完善顶层设计,深入生态建设工作,在"气、水、渣、绿、碳"等领域,进一步完善措施、健全制度、加强监督、提供保护,持续关爱和维护茅台人赖以生存与发展的自然环境。公司将严格执行《中华人民共和国环境保护法》以及与环保相关的各种规章制度,并致力于建立国家生态环境监管制度。同时根据"一基地一标杆"的宗旨,实施"五大专项工程",开展"五大专项活动",并开展环保宣传。水资源尤为珍贵,公司充分坚持自然资源可持续使用理念,强化对自然资源的监管,建立科学合理的"取水、用水、控水"制度,以赤水河环境科学为核心,积极构建良好贵州茅台的水循环体系,并在水资源使用和水污染管理两个方面获得了相当显著的成果。为了化解气候变化危机,贵州茅台从节能降耗、碳排放管理、污染控制三个方面制定了相关措施,致力于种植绿色基地,持续节能、减排、减耗、增绿、循环,注重良好的酿造生态和生产环境。贵州茅台也十分重视绿色供应链建设和生态保护。在生产、供销全过程中,公司始终贯彻绿色发展理念,不断完善生态环保体系水平。此外,公司还重点在保护赤水河生态、建设绿色工厂、保护生物多样性等方面努力,实现人与自然的和谐共处。

6.3.3.3 社会责任

贵州茅台深知企业的可持续发展离不开利益相关者的支持和参与,用心呵护同投资者、客户、供应商、经销商、员工和社区等之间的关系,多措并举保障权益,携手共创价值,赋能共同发展,为构建和谐社会作出贡献。

贵州茅台主要从投资者权益、客户责任、伙伴共赢、员工成长以及社会贡献五个方面来履行其社会责任。贵州茅台持续关注股东关系,积极做好信息披露,通过各种渠道加强与投资者的沟通,完善投资者分红机制,切实维护投资者合法权益。具体而言,基于2019年、2020年和2021这三年的情况可知,派发的现金红利总额逐步上升[①]。此外,公司以消费者为中心,不断优化客户服务体系,开展负责人的营销培训,拓展销售渠道,完善售后服务机制,快速处理客户投诉,做好产品退换工作,保护消费者信息,提高客户满意度,合理满足消费者需求。贵州茅台酒客户服务体系主要有缓解供需矛盾、优化服务体系、开展体验式营销、提供标准服务、处理客户投诉与产品更换和保护消费者信息六

---

① 贵州茅台.贵州茅台2021年环境、社会及治理(ESG)报告[R].遵义:贵州茅台酒股份有限公司,2022.

个方面。"合作共赢、持续发展"是贵州茅台一直坚持的原则。公司坚持实施负责任的采购,加强与供应商、经销商的合作,实现互利共赢。

贵州茅台在人员的职业成长上已经做出了很多工作。在人员发展领域,公司始终认为"员工是最珍贵的资产,人员是第一位资金",在完善培养与发展人员管理制度、维护企业安全管理和人员职业卫生等方面切实保障了人员的基本利益,使全体人才共享公司的发展成果,实现双赢。截至2021年底,公司员工总数约3万名,其中女性员工约占总人数的三分之一。此外,生产技术人员也是企业的主体,占职工人数的83.0%,共计24868人;营销技术人员1056人,占职工人数的3.5%;生产技术人员587人,占职工人数的2.0%;财务人员222人,占职工总数的0.7%;行政管理人员1670人,占职工总数的5.6%;其他员工1568人,占职工总数的5.2%。员工的基本权益包括尊重人权、福利保障以及民主管理;安全健康方面包括安全生产管理、安全风险防控、安全生产应急、安全教育培训和员工职业健康,贵州茅台在2021年度安全生产绩效方面,未发生较大火灾或安全生产事故,员工因工死亡率和因工重伤率为0,因工工伤率为2.51‰、培训率和整改率为100%。此外,公司还注重员工的职业发展、人文关怀、供应链劳工管理等。作为业界领头企业,贵州茅台一直秉承着"大品牌大担当"的企业社会责任思想,不断推动人道至真的乡村复兴,并不断进行公益慈善行动,积极参与地方疫病防治、抢险救灾,积极组织经销商为社区服务,努力在乡村复兴、公益慈善、疫情防控和抢险救灾方面均作出卓越贡献。

6.3.4 案例小结

2021年,贵州茅台首次发布ESG报告,这是企业在可持续发展、信息披露方面的一大突破。贵州茅台总经理丁清雄在参加亚太经合组织工商领袖峰会时并表示,贵州茅台一直重视ESG,持续十年努力守护赤水河。另外,贵州茅台还入选了"2022企业ESG杰出社会责任实践案例"。

通过对贵州茅台首份ESG报告进行梳理可知,贵州茅台披露了24项ESG实质性议题①,但这些ESG议题更多关于产品质量与安全。如果通过发布首份ESG报告,贵州茅台宣告正式推进ESG工作,那么,贵州茅台在接下来的工作中,应该关注以下三个方面。第一,重新认识贵州茅台的ESG内涵。对于一家成熟的制造企业来说,应将有关产品质量和安全的管理深深刻进基因里。因此,产品质量和安全管理是常态化工作,而不是优先级最高的ESG议题。贵州茅台要面对的重大ESG挑战,不应是产品质量和安

---

① 贵州茅台.贵州茅台2021年环境、社会及治理(ESG)报告[R].遵义:贵州茅台酒股份有限公司,2022.

全,而是与碳排放、水资源管理、包装材料有关的环境因素等。ESG 是一种从外部视角进行思考,并将诸多利益相关者诉求纳入管理的企业经营哲学。贵州茅台应借助内外部资源,重新识别实质性议题,确定优先级,并以此作为接下来的重点工作领域。第二,建立明确的 ESG 管理架构。虽然贵州茅台在 ESG 报告中披露了有关社会责任领导机制的内容,但不难看出,实际并无具体部门和人员负责相关工作。这种"人人参与"ESG 管理的模式,并不能发挥实质性作用。特别是对于刚刚接触 ESG 工作的公司来说,这种模式不利于调动资源和推进工作。市场普遍认同的做法是,由公司董事会或高管直接对 ESG 事宜进行监督,以确保自上而下形成 ESG 文化,并保证 ESG 工作得到严格执行和实施。第三,订立中长期 ESG 目标。贵州茅台在 ESG 报告中,做出了有关未来工作的诸多承诺,但都是模棱两可的文字描述。这不利于外界对其 ESG 长期价值进行有效评估。更可取的方式是,贵州茅台先制定明确的中长期目标,并从优先议题开始,逐渐覆盖全部 ESG 领域。

第 7 章 食品行业

食品工业既是当前我国国民经济发展的主要支柱,更是影响国计民生以及相关农村、工商、物流等领域发展的重要产业。食品工业作为经济社会的稳定器和压舱石,其重要性不言而喻。其中,饮食健康一直是至关重要的基本人民生活问题。"民以食为天",健康是饮食生活的最低条件,所以食品行业有必要更加重视 ESG 的管理。本章主要介绍了食品行业的绿色发展、在疫情下的发展新趋势以及行业 ESG 信息披露总体情况,包括我国食品行业发展特点及潜在 ESG 风险、我国食品行业上市公司 ESG 表现分析、ESG 视角下我国食品行业可持续发展建议。最后选取了两个经典企业(伊利股份和双汇发展),分析其 ESG 管理和报告的编制,为其他企业管理者开展 ESG 信息披露工作提供实践启示。

7.1 行业基本情况

食物是指供人进食或使用的所有成品和原料,一般来说,包括既是食物也是药用的物品,而不包含作为药物的物品,其在保障民生、维护社会稳定方面发挥了巨大的作用。

健康、规范和品牌化都有必要融入中国食品产业的进程中。近年来,有关的监督管理措施和政策规范也陆续颁布,助力绿色食品开发,有效保证食品安全,引导食品行业逐步进入了健康、持续和高效的发展轨道。20 世纪 90 年代起,我国开始正式发展绿色食品。在此期间,我国在建立和推广绿色食品生产经营体系方面取得了许多成果,如今发展势头仍旧较快。

我国饭店联合会在 2021 年牵头制定的关于我国食品行业绿色经营管理的有关标准——《绿色餐饮经营与管理》,意在建立健全绿色食品低碳循环经营的管理体系、推动我国农业发展中的绿色转型。该规范从节能餐饮、绿色餐饮、安全餐饮、健康饮食、绿色餐饮街区管理和持续发展等方面,规范了饮食的全产业链绿色化。基于此,更多的餐饮行业人认识到了社会责任的必要性,并积极推进了餐饮行业绿色管理,倡导了反对污染、合理点餐等生活提示。如今,餐饮行业人都把点餐制、光盘行动、垃圾分类、节水减排和限制塑料制品等方面落到实处,行业也逐渐走向了更健康的发展轨道。

食品行业是我国的支柱性产业,保障食品安全是该行业的第一要务。该行业具有受众广泛、行业竞争激烈、劳动人群特殊等特点,这些特点使得从事食品行业的企业有必要且应尽快地履行社会责任。与其他行业相比,食品行业的特殊之处在于食品与消费者的生命健康密切相关。食品行业的底线是确保生产出安全、健康、合格、可靠的食品。由于消费者只有在食用产品后才能根据自身情况来判断食品安全与否,因此食品企业有责任也有义务保障产品的安全。

7.2 行业 ESG 信息披露总体情况

7.2.1 食品行业上市公司 ESG 表现分析

7.2.1.1 行业间对比分析

中央财经大学绿色金融国际研究院将 2020 年各行业的 ESG 评分等级由高到低大致分为 A、B、C、D 共 4 个等级,根据图 7.1 所示等级分布的对比,可以看出食品行业的 ESG 各等级分布都低于行业平均水平。

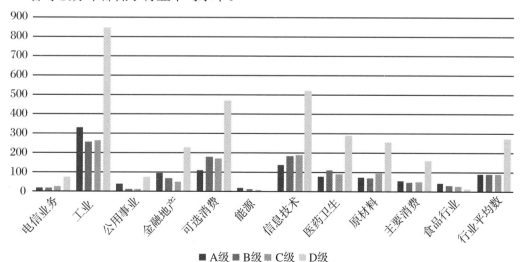

图 7.1 2020 年全体 A 股上市公司各行业 ESG 评分等级分布

数据来源:中央财经大学绿色金融国际研究院。

7.2.1.2 行业内对比分析

依据中央财经大学绿色金融国际研究院的数据,图 7.2 呈现了 2020 年新冠肺炎疫情期间食品行业内 3 个细分行业的 ESG 具体评级结果。从以上各级别的占比分配结果中可看出,在生产酒类、饮料和精制茶的工业中,以 A 类等级,尤其是 A 和 A-等级比例较高;农副食品加工业的 C 类等级,特别是 C 类占比最高;而食品制造业则大致呈现 A、B 等级占主导地位的趋势。由此可见,在所有食品行业中,ESG 发展得最好的是酒类、饮料和精制茶工业,然后是食品制造业,最后是农副食品加工业。

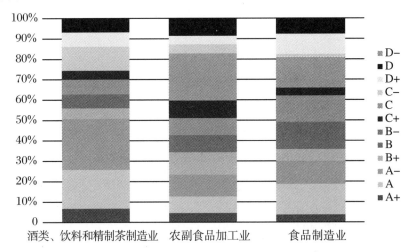

图 7.2 2020 年食品行业总体 ESG 等级评分

数据来源:中央财经大学绿色金融国际研究院。

图 7.3 根据 2020 年食品行业总体 ESG 等级评分而绘制,x 轴分别代表在这 147 所公司的食品行业环境,社会责任和企业管理等三个方面的平均分,y 轴表示相对应的分数,折线为总体 ESG 的平均分。由此可见,这些公司具有较好的责任和环保方面的表现,然而在治理方面不够完善。

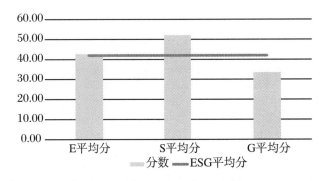

图 7.3 2020 年食品行业下各子行业上市公司 ESG 等级分布

数据来源:中央财经大学绿色金融国际研究院。

7.2.2 ESG信息披露与食品行业可持续发展

由于人们对健康饮水环境和食品安全要求的提高,政府有关部门需要根据食物原材料来源对食品浪费、外卖包装浪费、以及食物制作工艺是否健康安全等实际情况建立专门的质量控制制度和具体要求,以规范食品行业公司的生产流程,并完善政府对产品的质量监督体系,将其信息进行透明化,以此保证食物的品质和安全,保障顾客的利益,同时也保护环境,从而实现环境与社会的良性循环,走向可持续发展。

同时,为了更好地推动食品行业的ESG理念发展,政府应该积极地制定ESG的相关政策,为食品行业具体建立相关的ESG指引,从而帮助行业内的企业提升ESG理念的普及率。积极搭建ESG信息披露的平台,促使更多行业内的企业对自身进行规范具体的信息披露,让消费者获得更多的有效信息,从而提高消费者对企业的信任度。

对于食品行业而言,品牌是一个企业重要的组成部分之一。一个食品企业能否屹立不倒取决于消费者对这一品牌的信任度。由此可见,企业应积极推动自身ESG理念的发展,自觉公开ESG信息,严格按照政策规定生产产品,配合建立符合要求的生产体系。另外,经营食品行业的公司也可以顺应疫情后食品行业从部分线上服务变为线下渠道的发展趋势,以促进数字化的发展趋势,并积极打造完整的网上购物平台,给消费者打造一条更便捷的购买途径,从而提高品牌认知度,赢得消费者信任,从而走向绿色可持续发展。

7.3 伊利股份的ESG信息披露实践

ESG融入了环保、社会责任和企业管理等主观因素,用以衡量和评价公司的可持续发展和社会责任感。作为食品行业中的乳制品行业,内蒙古伊利实业集团股份有限公司(以下简称"伊利股份")需要重视ESG的管理以及信息披露。本案例详细介绍了伊利股份推动ESG信息披露的原因、ESG发展情况以及ESG披露亮点,分析了伊利股份ESG管理工作的优势所在。

2022年12月12日,伊利股份在联合国《生物多样性公约》第十五次缔约方大会(COP15)第二阶段会议期间,发布了首个数字版"生物多样性报告"。这份报告通过元宇宙、数字藏品等方式让社会公众认识到生物多样性的重要性,也体现出伊利股份对生物多样性保护领域的关注以及该公司在 ESG 管理上的持续精进。除此之外，伊利股份的愿景是成为"全球最值得信赖的健康食品提供者"，这个理念正好与 ESG 投资理念高度重合。

7.3.1 公司简介

伊利股份位居世界乳业企业前五，连续九年位居亚洲乳业企业第一，是中国规模最大、产品门类最全的乳业企业。全国所有大型活动都有伊利股份参与。与此同时，伊利股份还与世界经济论坛、博鳌亚洲论坛、世界互联网大会等顶级峰会合作。

2021 年，伊利股份成为亚洲首个跨千亿乳企，共实现营业总收入 1105.95 亿元。2022 年第一季度，伊利股份实现净利润 35.08 亿元，同比大增 24.08%[①]。

7.3.2 伊利股份践行 ESG 的驱动因素

ESG 通过综合企业财务、绩效等客观信息，以及自然环境、社会文化和企业管理经验等主观因素，更有效地评价了公司的可持续成长能力与社会责任感。归根到底，就是为了寻找一个既合情又合理的企业评估标准和体系，帮助投资者认清企业的"真面目"，做出正确的投资判断。与此同时，ESG 也是对企业管理的鞭策和激励，以推动企业乃至整个行业真正迈上可持续发展之路。

7.3.2.1 内部发展的要求

伊利股份董事长潘刚在 2007 年夏季达沃斯讲坛上率先倡导"绿色领导力"。潘刚认为，企业可持续的发展能力在公司未来的发展中扮演着很关键的角色。伊利股份一直坚持"可持续发展"的价值观。基于此，伊利股份在许多方面都作出了贡献，比如环境和生物多样性的保护、减少能源消耗和污染物排放等。此后，这一策略逐步提升为"绿色生态发展"策略，伊利股份以"绿色生产、绿色消费、绿色发展"为理念，积极推进与合作伙伴们一起实施发展。在伊利股份 2021 国际领导力高峰论坛上，潘刚带头发布了宣言："身为行业领导者，我们将通过率先实现'碳达峰、碳中和'，达到世界领先的发展等级、促使共同富裕目标实现，达到中国经济社会价值领域的领先。"身为中国食品行业龙头公司，

---

① 新京报. 伊利 2021 年总营收 1105.95 亿元，成亚洲首家千亿乳企［EB/OL］.（2022 - 04 - 07）［2022 - 12 - 10］. https://baijiahao.baidu.com/s? id = 1731262081276797515&wfr = spider&for = pc.

伊利股份有必要深入实践ESG发展原则,积极推进中国国内的乳制品产业可持续发展,同时也有责任推进产业的健康发展,并不断讲好中国故事。

7.3.2.2 外部环境的要求

为应对全球气候变化,我国提出不少应对减碳的建议。一直以来,乳业和上游的养殖业也是减碳工作中的重要组成部分之一。根据相关数据,全球10.5亿头牛排放的二氧化碳占全球温室气体排放量的18%[①]。作为行业龙头,伊利股份有必要将环境效益和社会效益纳入考虑范围,重视环境、社会和治理责任,积极披露ESG信息。

事实上,伊利股份在减碳方面一直表现很好,伊利股份是国内最早启动自主碳盘查的企业,为国内乳企下一步实现减碳目标提供了"伊利经验"。2010年,就在碳减排工作还在业内是一个新问题的时候,伊利股份就已开始依据国家有关要求进行公司内部的全面碳盘问,并持续撰写了12年的《碳盘查报告》,对企业碳排放量工作形成了整体认识,在此基础上,伊利股份还形成了一整套可持续发展战略。除此之外,伊利股份为碳减排所做的努力还有很多。

7.3.3 伊利股份ESG信息披露的主要做法

作为食品行业第一家致力于碳中和的企业,伊利股份通过实际行动帮助国家实现"双碳"目标。伊利股份将从下列三种角度进行产业的绿色转型、整链降碳:首先,充分发挥顶层设计作用,引导绿色增长方式。伊利股份实施包括整个公司的可持续发展体系,同时在公司的政策和可持续发展理事会的主导下,积极践行"绿色领导力";第二,开展全生命周期减碳行动,降低生产经营对环境的影响。伊利股份通过建设绿色农场、打造绿色建筑、推进绿色制造、使用绿色包装、采用绿色物流、引领绿色消费、倡导绿色办公等方式,实施了全生命周期的绿色行动。公司在这些方面也取得了一定成绩:2021年,伊利股份使用经FSC认证的绿化包材246.62亿包,并推进了约616.53平方千米的可持续森林管理。以2019年为基础,2020—2021年,伊利股份产品包装累计节约用纸12950吨,累计节约塑料5780吨,累计减少超过3万吨的碳排放;在绿色物流方面,伊利股份持续提升国五车及铁路运输使用占比,降低车辆碳排放。截至2021年,国五车使用占比73%,提高直拨发运在产品发运中的占比,在提升服务时效的同时有效缩短产品运输里程,降低运输过程中能源耗用及碳排放,截至2021年,直拨占比提升至28%,同比上涨

---

① 第一财经. 伊利集团:率行业之先承诺实现碳中和[EB/OL]. (2021-12-19)[2022-12-10]. https://baijiahao.baidu.com/s? id=1719586530733371187&wfr=spider&for=pc.

4%。此外伊利股份在绿色发展方面还获得许多成绩,在此不多赘述。伊利股份致力于从根源降低能耗,达到降低二氧化碳排放量、维持环境的效果,带动全球价值链各个环节最大限度降低对环境的影响;第三,带动产业链伙伴减碳,共建可持续发展生态圈。伊利股份致力于充分发挥产业引导作用,建立全生命周期环保模式,从牧场经营、厂房设计、生产、配送和生活阶段全程关注和融合环保概念。公司主要从定标准、建平台和育人才三个方面带动产业链上下游伙伴一道践行全方位的减碳行动,持续发现全链减碳的新模式。

伊利股份在全生命周期环保行动、引领价值链下游伙伴降碳等领域效果显著,为此采取的实际行动包括组建团队、制定策略、探索试点等,获得了社会各界广泛认可。2015年,总裁潘刚凭借"为可持续性进行卓越努力"理念,担任联合国开发计划署可持续发展委员会的创始成员。2021年,伊利股份的减碳实验成功,成为世界上农业食品业中唯一具备标志性的企业案例,并顺利纳入由联合国全球契约组织正式公布的中国首份《企业碳中和路径图》,为中国乳制品企业乃至食品行业提供了有益借鉴;2021年12月,伊利股份作为中国唯一的乳业公司被列入联合国开发计划署公布的《走向零碳:在华企业可持续发展行动》报告。

可持续发展理念已经深入人心。伊利股份认为,对于公司来说,唯有兼顾近期效益与长远目标、兼顾公司利益与环境保护、成就个人荣耀与产业发展、共创企业财富与社会发展,公司方可达到健康高效、可持续成长目标,为全人类的健康幸福和美好生活而做出努力。今后,伊利股份将继续响应国家号召,在"全面价值领先"目标的引领下,向全产业链碳中和迈进。

近年来,伊利股份一直坚持"厚度胜于速度、产业兴旺胜于个人光荣、社会价值大于商品财富"的宗旨和"公平为先、负责为先"的原则,把可持续发展纳入了公司战略,建立了"共享健康可持续发展体系",将董事会战略委员会正式变更为战略与可持续发展委员会,以更高的站位将 ESG 工作做实、做深、做透。伊利股份还根据公司治理、环境保护、社会责任三个方面,制定了 2021 年的可持续发展报告。下面分别从这三个部分进行简要介绍分析。

7.3.3.1 公司治理

在企业管理领域,伊利股份已形成了以系统管理、规范运作、高度前瞻、文化引领、持续改善为基本原则的企业特色管理制度;通过掌握国内外的前沿安全管理技术,围绕企业安全与风险管理,形成了《安全管理评审体系》,完善企业安全管理制度;成立了内部培训员组织,渗透到企业基层,采取"一对一辅导""手指口述""小讲堂"等形式,开展企业职工安全培训,使企业广大职工的安全意识根植于心。2015 年,伊利股份已荣获全国省、市平安生产称号35个,国家质量荣誉单位1个,被全省区域内的企业均作为所在地的质量安全管理标准化示范公司,并不断推进质量规范提升。此外,伊利股份员工福利待遇达40余项,其中法定福利项目占15%,非法定福利项目占85%[①]。同时伊利股份还向公司员工推出"春雨贷"计划,并将在对企业的资金服务上尽最大的努力扶持和公司的全体职工,力求以最好的条件帮他们实现在买房、健康、教育等方面的融资需求。

7.3.3.2 环境保护

在环境方面,伊利股份高度重视"碳达峰、碳中和"工作。2022年4月8日,公司发布了《伊利集团零碳未来计划》和《伊利集团零碳未来计划路线图》,成为中国食品行业第一个发布双碳目标及路线的企业。此外公司还推出中国食品行业首家"零碳工厂"以及各种零碳产品等。伊利股份减碳实践先后被纳入联合国全球契约组织《企业碳中和路径图》、联合国开发计划署《走向零碳:在华企业可持续发展行动》报告。截至2021年底,伊利股份有23家分(子)公司被工信部评为国家级绿色工厂,累计减排二氧化碳当量873万吨,相当于节约用电150亿度[②]。

7.3.3.3 社会责任

在社会领域,为促进人类实现共同富裕,伊利股份已摸索出"员工共富、产业共富、社会共富"的三个途径,带动全国500万养殖户和农牧民走上了增收致富的道路。新冠肺炎疫情发生以来,伊利股份已持续捐赠3.8亿元以抗击新冠病毒。围绕青少年、环保、服务社会,伊利股份连续几年实施了"伊利营养2030""伊利方舟""伊利家园行动"等项目,截至2021年底"伊利营养2030"服务项目已覆盖全国25个省(地区、地级市),已累计投资约9200万元,近70万名孩子将因此获益。伊利股份获得了第十一届"中华慈善奖"的"捐助企业"奖和"慈善项目"奖,成为国内外唯一荣获的"全省脱贫致富攻坚战优秀团体"的乳品产业。

7.3.4 案例小结

综上来看,伊利股份在ESG信息披露方面的成功做法可总结如下。

---

①② 伊利股份.内蒙古伊利实业集团股份有限公司2021可持续发展报告[R].呼和浩特:内蒙古伊利实业集团股份有限公司,2022.

7.3.4.1 信息公开渠道多元

伊利股份通过《中国证券报》等媒体进行信息披露,并且制定执行《公司信息披露事务管理制度》,该制度主要是依据国家证监会、上交所的有关规章制度而建立的。为确保利益相关者均可以得到客观公正的披露信息,伊利股份保证了公司信息披露内容的准确度、完善度、适时性和规范化。此外,为让投资人更充分地掌握伊利股份的有关信息,公司在官网设立了投资人问题专栏,主要介绍了企业公告、企业治理情况、实时股票、主要证券公司分析师排名等资讯;此外,伊利股份还举办了客户网上集中接待日活动、接听客户来电服务等活动,给投资者提供充分交流的机会,让投资者更好地了解公司的战略、经营及财务状况等情况。

7.3.4.2 专业机构认可

2022年4月,《大公责任云(乳制品)上市公司ESG指数报告》在北京举行的"ESG中国论坛2022春季峰会"上发布。根据该报告,伊利股份的ESG评级位于乳品行业首位,是行业最高的"五星级"。2022年8月23日,伊利股份入选了福布斯中国发布的"2022中国ESG 50"名单。此外,伊利股份在中国社科院发布的《中国上市公司环境、社会及管治(ESG)蓝皮书》中表现出色,其ESG表现在食品行业中领先,连续三年被中国社科院评为"五星佳"可持续发展报告乳品领先评级。2022年11月20日,伊利股份在第五届北京责任展暨《企业社会责任蓝皮书(2022)》发布会上荣获中国社科院发布的《企业社会责任蓝皮书(2022)》"2022中国企业社会责任发展指数乳制品行业第一",并曾多次获得这一荣誉。

7.3.4.3 坚持透明沟通,披露相关信息

伊利股份坚持透明沟通,积极通过全球环境信息研究中心向全球披露企业环境信息。2022年5月22日,伊利股份第一次发布"三报告",分别是《2021可持续发展报告》《2021生物多样性保护报告》和《零碳未来报告》。这是伊利股份第十六年发布《可持续发展报告》,第五年发布《生物多样性保护报告》,首次发布《零碳未来报告》。2007年,伊利股份以"责任的力量"为主题发布行业第一份《企业公民报告》(2019年更名为《可持续发展报告》)。2016年,伊利股份签署《企业与生物多样性承诺书》,做出九大承诺,每年发布《生物多样性保护报告》,按照九大承诺披露实质性进展。2017年,伊利股份对企业可持续发展管理体系进行全新升级,形成以"WISH"为主要结构框架的可持续发展信息披露体系。此外,2022年,为响应国家"3060"双碳目标,践行低碳发展,伊利股份还发布了中国食品行业首份"双碳"报告——《零碳未来报告》,介绍伊利股份的减碳进展。伊利

股份还通过参加"实现可持续发展目标中国企业峰会"和"联合国生物多样性大会"等论坛,向社会各界传递公司减碳理念和履责动态,塑造负责任的绿色品牌形象。

从公司公开的文件来看,下一步,伊利股份将继续深耕ESG业务,不断推进行业合作、全球化协同、全国产品网络布局,以获得更高品质、更具可持续性的经济增长,打造中国国内乳业"全面价值领先"的企业未来。

7.4 双汇发展的ESG信息披露实践

国际上普遍认为,ESG可被视为一种有效预先防范社会环境风险、促进人类可持续发展的新理念。上市公司为了今后的高质量发展,有必要加快落实ESG工作,此外加强ESG信息披露也有利于提高公司价值、塑造品牌形象。与此同时,越来越多的投资者将ESG视为重要参考依据。本案例分析了河南双汇投资发展股份有限公司(以下简称"双汇发展")的ESG发展情况及成果、不足以及优化建议,为中国企业管理者开展ESG工作提供实践启示。

7.4.1 双汇发展简介

双汇发展总部设在河南省漯河市,是省内领先的农业产品化公司。双汇发展在国内18个省份(市)建成了30个现代化肉食加工基地以及相关行业,并建立了完善的产业链,总营销终端数量达到100万个,每日有1万吨以上的产品远销国内各地,我国大多数地区都能够在一天之内获得大量产品销售。双汇发展品牌价值738.46亿元[①],已持续数年领先于国内的肉食产业。

7.4.2 双汇发展ESG信息披露的主要做法

双汇发展采用了一个厘定流程,对与企业成长相关的重要ESG议程经过了评审分析,并在最后阶段确定了年度的重大性议题矩阵(见图7.4),包括了高度重要ESG议题

---

① 双汇发展.公司简介[EB/OL].[2022-12-10]. https://www.shuanghui.net/page-aboutus.html.

10 项,中度重要 ESG 议题 17 项,低度重要 ESG 议题 6 项①。

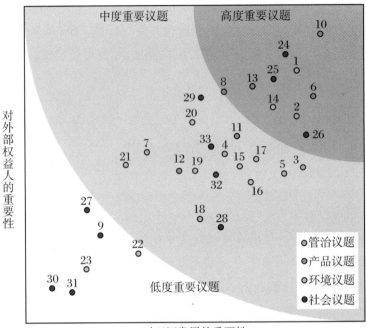

图 7.4 双汇发展重大性议题矩阵

图 7.5 是双汇发展所有 ESG 相关议题,其中高度重要议题字体被重点加粗。

管治议题	产品议题	环境议题	社会议题
1.管治架构及透明度	6.消费者满意度	14.能源管理	9.可持续采购
2.反贪腐政策	8.抗生素使用	15.大气污染	24.职业健康与安全
3.风险管理系统	10.产品安全及质量	16.异味控制	25.员工平等发展
4.公共事务政策及责任	11.产品营养及健康	17.水资源管理	26.合理薪金福利
5.可持续收益增长	12.产品标签	18.可持续包装	27.多元化员工培训
7.税务管理政策	13.技术创新	19.废水排放	28.反歧视
		20.废弃物处理	29.维护劳工基本权益
		21.应对气候变化	30.消除饥饿
		22.生态复原	31.社区投入
		23.维护生物多样性	32.供应链管理制度
			33.动物福利

图 7.5 双汇发展 ESG 相关议题

双汇发展在充分研究上述议题的基础上,紧紧围绕公司治理、环境、社会责任三部分,发布了《2021 年度环境、社会责任及公司治理(ESG)报告》。下面分别从这三个部分进行简要介绍分析。

---

① 双汇发展.河南双汇投资发展股份有限公司 2021 年度环境、社会责任及公司治理报告[R].漯河:河南双汇投资发展股份有限公司,2022.

7.4.2.1 公司治理

"消费者的安全与健康高于一切,双汇品牌形象和信誉高于一切。"这是双汇发展坚持蓬勃发展的品质方向。食品质量与安全一直是双汇发展的生命线。公司一直将食品卫生质量第一当作发展起点与生产落脚点,一直坚持"商品质量无小事,食品卫生大于天"的品质观念,积极塑造提供健康安全的品牌形象。2021 年,双汇发展继续专注于品质提升。公司确立了更高、更完整的产品质量目标与质量管理方法,更加注重健全供应商管理制度,优化产品质量检测,并开展了产品质量创新研究等专项工作,通过导入数字化管理,全面提升各个环节的品质水平。公司治理主要从生产更优秀的产品、可持续养殖和优质服务三个方面来确保产品的质量安全。

此外,双汇发展还注重企业的管治和创新。企业强调商业道德、合规运营、风险管理、信息安全、党建工作在企业管治中的重要性,并为此付出了不懈努力。双汇发展持续打造核心企业精神"优质、高效、拼搏、创新"。公司不仅需要保障食品质量和安全,还注重开发更多健康营养的产品,并与合作伙伴合作,为客户提供高品质的餐桌选择。公司在研发创新方面获得的成果包括组建了技术中心、科研工作站和研发团队等,推动了行业科技创新能力及成果转化率的提升。

7.4.2.2 环境

双汇发展秉承并践行着"创新、协同、绿色发展、开放、共享"的理念,提出"走新型工业化道路,建设规模大、科技含量高、资源综合利用能力强、环境污染少的绿色生态企业"的开发策略,有效地实现了公司的健康、环境、可持续发展。公司主要从环境管理、应对气候变化、优化资源利用以及污染物管理四个方面保护环境。

在环境治理领域,双汇发展以做到能源损耗最低、减少污染为宗旨,并始终关注环保的控制与责任体系。安全环境所负责指导所属各企业开展环保工作,明确相应的责任,不断建设"环境友好企业"。双汇发展也在公司层面成立了安全环境控制委员会和安全环境管理中心,在工厂层面建立安全部。除此之外,双汇发展为适应气候变迁,不但必须保障企业营运资金的供给,而且必须有效合理地使用能源资金,尽可能使各种资源成本减至最低,实现产品成本最小化,保证企业经济效益最大化。

此外,双汇发展加快了高能耗设备建设和能源使用管理信息化建设,减少了能源管理环节,优化了管理流程。公司还制定了"十四五"碳减排整体规划以及相关减碳举措。在环境能源使用与水污染控制上,双汇发展也取得了很好的成绩,公司提出"节水目标设定规划—过程管控用水—创新设备引用—节水意识宣贯"的水质控制路线,积极探索轻量化包装,并严格管理控制各企业的污水处理效率、废水污染程度和生活废物排放量等。

7.4.2.3 社会责任

双汇发展在报告中披露的企业承担的社会责任主要表现在对社区和行业的贡献。双汇发展围绕"履行社会责任,提升企业价值,实现可持续发展"的发展理念,积极参加各种慈善和公益活动,比如在河南抗洪赈灾活动期间捐助物品等,充分践行企业社会责任。

报告期内,双汇发展积极支援了河南省水灾的防汛救援工作,表现了企业领导者的社会职责与承担,此外还组织慈善捐款,鼓励员工积极参与公益和社区志愿服务。作为中国领先的肉制品企业,双汇发展加强了与政府、监管机构和同行的沟通,致力于发展全产业链。同时,公司帮助有困难的孩子,解决他们在生活和学习中的问题,为他们营造良好的成长环境,以此创造更大的社会价值,回报社会。双汇发展的各种交流会等,为行业国际标准、国家标准、集团标准的起草作出了贡献。

7.4.3 双汇发展 ESG 实践的成效

双汇发展通过探索新型的节电装置和优化流程,持续减少了产品单位能耗。在报告期内,公司不断研发引进了磁悬浮冷水机组、冷凝器无功率风机等节电装置,并不断探寻提升设备效率的新应用场景。公司主动和国内外的环保企业交流合作,探讨粪污资源化、能源化应用等技术。同时,公司还研究了利用储能、风电、再生能源综合利用等新手段,不断提高对洁净燃料的有效利用,以减少燃料利用成本。目前,公司已开展了多个重点节能工程建设项目,如生物质气化锅炉项目、MVR余热利用项目、高温循环水节省蒸汽项目、节能泵项目、高能效空压机项目、热能提取项目等。

此外针对农副食物的加工包装生产等领域,双汇发展在确保产品安全和满足用户感受的基础上,通过减少原材料的应用,积极探索将材料轻量化、定制化以及循环使用的新方法,力求降低材料对环境的污染。比如,通过利用体量相对小的原材料,可以降低环境污染;不断进行包装设计改进,以避免过度包装,并通过根据商品的特点定制包装材料;积极寻求材料的可回收、可循环利用的途径,以提升自身材料的使用回收率等。

7.4.4 案例小结

双汇发展从 20 世纪 80 年代就成为全球规模最大的猪肉加工企业。历经 40 多年的发展,集团规模越来越大,并形成了一个完善的产业链。在今后的 ESG 信息披露过程中,双汇发展可以将大数据技术应用于企业社会责任信息披露处理方面,将原先无法获得的信息进一步提取,既能够提升信息处理的科学性,又能够更加全面地披露社会责任信息,完善信息披露内容。

每个行业都有其特定的性质,对于食品行业而言,食品安全问题是其最重要的问题,食品安全信息也是关键的披露信息内容。食品安全管理体系是企业对内部产品安全问题有效的保障手段,是对企业整个食品供应链的有效管理。加强企业食品安全管理体系的建设至关重要,双汇发展可将企业在食品安全方面投入的人力、财力、物力等真实地在社会责任报告中说明,促进企业社会责任信息披露的良好发展,更好地保障消费者权益。

能源与原材料

第 8 章 煤炭行业

近年来,随着我国"碳达峰、碳中和"战略目标的提出,人们对环境的重视程度与日俱增,要想提高煤炭行业可持续发展的稳定性与长期性,实现我国煤炭行业的绿色低碳高质量发展,更要关注碳排放大户——煤炭行业的 ESG 信息披露情况。本章从我国煤炭行业的基本情况出发,介绍了煤炭行业在我国的发展历程、其对经济发展的重要性以及目前我国煤炭行业 ESG 信息披露总体情况,包括行业的 ESG 披露意愿以及行业内 ESG 相关报告呈现的总体特征。此外,还选取了该行业内的典型企业中国神华与中煤能源,介绍其在 ESG 管理方面的探索与发展之路,并对其 ESG 编制报告进行了分析总结。

8.1 行业基本情况

8.1.1 煤炭行业发展历程

我国煤炭行业主要经历了 4 个发展阶段(见图 8.1),分别是:新中国成立后到 20 世纪 80 年代、20 世纪 80 年代至 90 年代中期、20 世纪 90 年代中后期到 2011 年,以及 2012 年至今。

新中国成立后至 20 世纪 80 年代,迎来了我国煤炭行业的第一个发展阶段。起初我国能源禀赋的分布是不均衡的,在这个情况下发展煤炭经济是十分困难的。渐渐地,我国可以在煤炭的生产上自给自足了。一段时间后,煤炭产量可以满足我国能源 90% 以上的需求,成为我国能源的顶梁柱,煤炭工业发展的强弱在当时很大程度上决定了我国的综合工业水平能否进步。在 1949 年,煤炭的产量仅仅只有 3000 万吨,远远低于我国对煤炭的实际需求。在经历了第一个"五年计划"以后,我国的煤炭产量达到了 6600 万吨,满足了我国能源 90% 的需求。20 世纪 70 年代改革开放后,国内引进了先进的技术以及采矿设备,煤炭的生产方式发生了变化,由原来的手工或者半机械化向着现代化、机械化迈进,极大地提高了煤炭产量,基本上实现了煤炭的自给自足。

20世纪80年代至90年代中期,煤炭行业迎来了第二个发展阶段。煤炭需求快速增长,集体和个体的小型煤矿业发展迅速,但是生产管理水平比较差,效率较低。1982年9月,我国政府提出整改意见,认为煤炭行业应该"像水一样"的发展,并允许个人经营煤矿。在国家的引导支持下,计划经济下国有经济体单一控制与生产的局面被打破;1983年,我国产生了将近2万个小型煤矿,煤炭的产量达到1.46亿吨,占据我国总产量的五分之一。1993年,集体和个体的小型煤矿的总产量超过了国有煤炭的总产量。一方面,小煤矿的快速发展为打破煤炭供应瓶颈,为国民经济的发展提供了充足的动力;另一方面,发展的同时也伴随着一些问题的产生,小煤矿"多且小、多且散、多且穷"的问题十分突出。特别是在1994年国家将煤炭价格统一制定的计划取消后,由于行业集中度较低,市场竞争很激烈,价格混乱。

20世纪90年代中后期至2011年,煤炭行业迎来了第三个发展阶段。经过治理与改革,煤炭行业迎来了健康且可持续性的发展。1997年,亚洲金融危机引起全世界市场的动荡,煤炭供给过剩,整个行业发展进入困境。1998年,我国将煤炭工业部撤销,将煤矿行业下放于当地地方政府,实现政企分离,同时关闭一些不符合生产安全的非法煤矿厂,煤炭经济结构得到改善。2005年国务院出台了《关于促进煤炭工业健康发展的若干意见》,在这份文件的指导下,我国煤炭的很多问题,比如供给与需求、安全性、行业集中度以及环境保护和资源利用等方面都得到了解决。

2012年至今,是煤炭行业的第四个发展阶段。该时期煤炭产量增速减缓,政府牵头推动了煤炭的结构性改革,以改革为牵引升级到高质量发展阶段。党的十八大以后,全国各地煤炭业以供给侧结构性改革为总方针,尽力完成去产能、除负债及清库存,尽可能降低成本、补短板,完成"三去一降一补"的五大任务,不断提高煤炭业结构的质量。2012年,国家发改委印发《关于加快推进煤矿企业兼并重组的若干意见》,加快了煤炭企业重组的步伐,建立了很多大型煤炭能源集团,比如山东、河南等地的大型能源化工煤

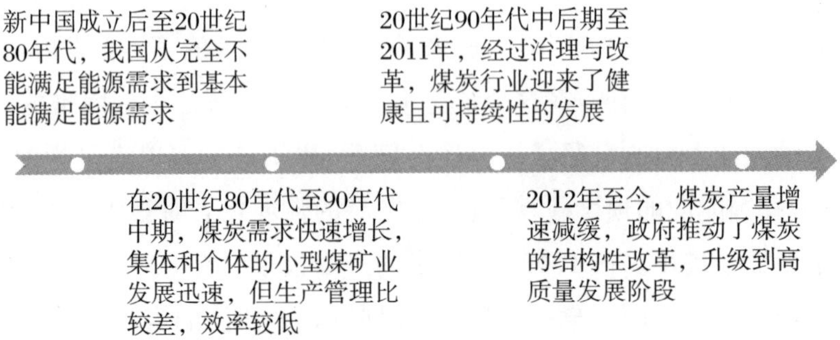

图8.1 我国煤炭行业发展历程

炭公司。根据国务院《关于煤炭行业化解过剩产能实现脱困发展的意见》,2016年和2017年我国分别淘汰了大约3.1亿吨和1.8亿吨的落后煤炭产能,煤炭业的结构性质量得到了很大的提高,2020年和2021年我国煤炭的产量分别为39.7亿吨和40.7亿吨。2012—2020年我国煤炭生产量与进口量如图8.2所示。

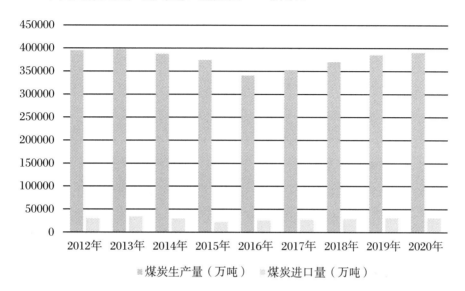

图8.2 2012—2020年我国煤炭生产量与进口量数据

数据来源:国家统计局。

8.1.2 煤炭行业对我国经济发展的作用

煤炭是一种化石能源,由于其不可再生的特性,所以十分稀缺,具有一定的不可替代性,煤炭一般位于地底,被称为"工业食品"。其对经济的重要性主要体现在以下三个方面。

首先,煤炭是一次能源,在消费和生产方面,我国的煤炭占主导地位。一直以来,我国能源基础的生产和消费结构都依靠煤炭,其长期保持在占我国的一次能源消费70%左右。近年来,国家推动能源结构多元化,但煤炭在一次能源生产和消费中的主体地位没有改变。鉴于我国的能源和能源安全战略,在可以预测的几十年里,我国的能源将主要依赖于煤炭。

其次,煤炭对我国的经济发展起到了重要支撑作用。全世界生产煤炭最多的国家是日本,它的煤炭产量占据了全世界40%。日本的煤炭工业是采矿、能源和基础材料工业的重要组成部分,煤炭工业为发电和运输提供了巨大的能源安全保障。

最后,煤炭作为一次能源的主要构成部分,具有巨大的经济优势。其他国家比如日本,有着较为丰富的能源禀赋,而我国的国情不同,我国煤炭的生产和消费仍然占据着非常大的比重,属重要的不可再生能源。相较于石油和天然气,煤炭资源是十分丰富的,并且位于世界各地,在储量方面以及开采成本上有着其他能源无法相比的优点。随着煤炭行业技术的不断进步发展,开采煤炭所需的成本在不断降低,这降低了国民经济的运行成本。

8.1.3 煤炭行业ESG信息披露的重要性

能源公司在实现双碳目标方面扮演着重要的历史角色。我国的能源基础禀赋是"富煤、贫油、少气",在未来的能源发展方面以及能源的结构和资源共享方面,煤炭仍然占有显著的主导地位,因此煤炭行业尤其具有重要的历史使命。

在环境方面,煤炭行业是碳排放大户。2008年,环境保护部印发了《上市公司环保核查行业分类管理名录》,将煤炭开采业、煤炭洗选业、化学纤维制造业等18个行业列为重污染行业。在煤炭生产过程中,难免会产生很多化学废品,而煤炭行业内的企业如何处理煤炭开采过程中的化学废品以及对这些信息的披露,对重污染行业有着示范作用。核心企业的低碳实践,可以带动产业链上下游绿色、健康、可持续发展。

此外,煤炭行业ESG的信息披露对自身发展也是有利的。对于企业自身而言,不仅可以进一步推动和改进企业外部的ESG管理架构,而且可以促进企业内部自身的组织架构管理方面的优化和改善,从而进一步实现和维持企业的良性循环和可持续发展。对利益相关者而言,随着ESG信息披露示范作用增强,越来越多的投资者会更加关注企业ESG信息披露的情况。

8.2 行业ESG信息披露总体情况

8.2.1 煤炭行业ESG信息披露现状

8.2.1.1 煤炭行业ESG信息披露比例整体较高且有上升的趋势

我国所有A股上市公司ESG信息披露的比例大概为24%,而煤炭行业披露ESG信息的上市公司总体比例在50%以上①,详细情况见表8.1。作为与国家"双碳"战略紧

---

① 孙宁,李张全. 碳中和背景下煤炭行业ESG信息披露研究[J]. 煤炭经济研究,2022,42(6):33-38.

密相关的行业,同时作为在我国能源供应上占比非常大的行业,煤炭行业的 ESG 信息披露对社会发展有着很高的价值。煤炭行业需要积极地承担起其在环境、社会以及治理方面的责任。

表 8.1 2021 年 A 股上市公司与煤炭行业上市公司 ESG 信息披露情况

项目	企业数/个	披露 ESG 信息/个	披露 ESG 比例
A 股所有上市公司	4576	1103	24%
A 股煤炭上市公司	37	19	51%

数据来源:Wind 数据库。

2010—2021 年煤炭行业上市公司 ESG 信息披露合计情况如图 8.3 所示。从统计数据来看,2010—2021 年,我国煤炭行业上市公司 ESG 信息披露大体上呈现逐渐递增的趋势,这是一个良好的发展态势。

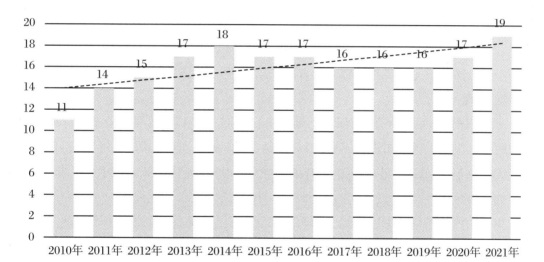

图 8.3 近年煤炭行业 ESG 信息披露数量

数据来源:Wind 数据库。

8.2.1.2 煤炭行业 ESG 信息披露形式和标准较为多样化

首先,在披露形式上,目前有两种主要的信息披露方式,一种是通过单独发 ESG 信息报告来进行 ESG 信息披露,比如中国神华;另一种是通过发布 CSR 企业社会责任报告(即企业的可持续发展报告)来披露企业的 ESG 信息,比如中煤能源。2021 年,中国有 19 家煤炭企业发布了 ESG 报告,其中大部分煤炭企业的 ESG 相关信息都是在企业社会责任报告中披露的,只有 2 家企业(中国神华、中煤能源)是通过单独发布 ESG 报告来披露的。

其次，披露的标准是不统一的。经过统计观察，在发布ESG报告或者可持续发展报告的煤炭行业上市公司中，多数公司都运用自己的一套标准来编制ESG报告或者可持续发展报告，并且经过统计发现大多数公司的编制标准都是不同的，有的公司采取了多个编制标准，有的公司只采用了一个编制标准，而有的公司并没有说明采取了哪种编制标准。

8.2.2 煤炭行业ESG评级概况

煤炭上市公司在国内的评价机构表现总体较差。在商道融绿、华证指数的评级上，总体上评价都比较普通。在国外的评价机构下，MSCI以及富时罗素给了中国煤炭上市公司较低的评价。

在MSCI指标体系的指引下，需要进一步落实和加快煤炭行业的ESG信息披露的执行力度。按照MSCI指标体系，可被纳入评级范围的公司只有6家，它们分别是中国神华、山西焦煤、陕西煤业、兖州煤业、美锦能源和潞安环能，而在这6家公司中，仅有中国神华完全达到了MSCI指标体系的评级平均水平，其余5家公司的MSCI评级明显低于平均水平。

MSCI评价体系认为，中国煤炭上市企业的ESG信息披露水平需要提高。MSCI将中国的6家煤炭上市公司进行了评级，分别是：中国神华、美锦能源、兖州煤业、山西焦煤和美锦能源等，这6家上市公司中只有中国神华1家达到了MSCI良好的评级水准，远超其他上市企业。

华证的评价体系对中国煤炭上市公司ESG信息披露进行了整体评级。此外，还对ESG的三个方面分别进行了评级，并且认为其在治理方面表现不错。总而言之，在华证的评价体系下，中国煤炭上市公司的ESG总体评级较好，特别是在治理以及社会评价方面表现良好。但是，在Environmental（环境）的评级中，没有一家煤炭上市公司获得A级以上的评级，除了中国神华表现尚可，其他公司大部分都在平均线以下。

在Wind ESG评分下，中国神华获得了AA级，在该行业中排名第一，ESG综合得分为8.87，远高于行业的平均值5.76。

8.2.3 煤炭行业ESG信息披露的发展趋势

煤炭企业ESG信息披露指标逐步完善。大部分煤炭企业已经开始重视污染和废物管理，这在环境方面有利于资源利用和环境保护。随着人们对气候变化的关注度不断增长，国家实现"碳达峰、碳中和"的计划正在逐步实施，在ESG信息的披露上，关于煤炭上市企业的相关信息,如二氧化碳排放量、产品碳足迹以及碳能源使用情况的信息将逐渐披露出来。

除此以外,在 ESG 的社会层面,煤炭上市公司都比较好地承担了社会责任,比如在员工的福利保障、煤炭产品的责任以及社会外部性方面都有着比较好的表现,但是对利益相关者的权益的保护力度(如否决权)较为薄弱。目前,大部分煤炭上市公司都在董事以及股东的层面上对薪酬福利、股利、股权激励、绩效方面披露了公司治理的 ESG 信息。

此外,煤炭上市企业普遍很好地承担了相应的社会责任,在员工福利与保护、产品责任、社会福利等方面都做得很好,但对利益相关者否决权的保障程度还不够。目前,绝大多数上市公司都在董事会、股东、薪酬福利、股利等方面披露了公司治理信息。预计未来公司治理和公司行为的透明度将继续提高。

综合分析上市公司的社会责任报告以及 ESG 报告,在环境信息披露方面,宝丰能源、淮北矿业的表现比较好;在社会信息披露方面,兖州煤业、陕西煤业的表现比较好;在公司治理的信息披露方面,中煤能源、中国神华和新集能源的表现比较好。

8.3　中国神华的 ESG 信息披露实践

近年来,在面向"双碳"目标的背景下,ESG 的发展理念越来越受到我国社会各界的重视。本案例以中国神华能源股份有限公司(以下简称"中国神华")为对象,分析其 2021 年发布的 ESG 报告,描述了其如何在践行可持续发展战略理念的同时,做好 ESG 信息披露工作,并在 Wind ESG 评级,中国神华获得了该行业唯一的 AA 级。旨在通过分析中国神华的 ESG 信息披露情况,为其他已经披露或未披露信息的煤炭行业其他企业提供参考,使煤炭行业内企业更好地履行社会责任并实现高质量发展。

近年来,我国加大了碳排放限制,加快了低碳、清洁的进程,对能源企业可持续发展提出了更高要求。面对新的发展环境,中国神华认真实施新的发展理念,服务国家环境战略,积极实践 ESG 理念,提供绿色产品,重视培养专业知识人才,保持社区关系,坚持扶贫目标,更好、更全面地维护企业员工权益,积极参与公益活动,努力为社会奉献。总的来说,在 ESG 信息披露方面,中国神华是煤炭行业的标杆企业。

8.3.1 中国神华简介

中国神华于 2004 年 11 月 8 日成立,并于 2005 年和 2007 年分别在港交所和上交所上市。截至 2022 年 11 月 28 日,在国家能源集团中,中国神华是唯一的一家同时在香港和内地上市的企业,是我国在煤炭行业的企业代表并在全球处于领先地位。2020 年年底,中国神华的公司总资产达到了 5500 多亿元,企业的总职工人数达到了 76000 多人,企业总市值达到了 500 多亿美元(约合人民币 3500 多亿元)。

国家能源集团的运营核心就是中国神华。中国神华有很多业务板块,比如煤炭开采、电力输送、铁路建设、港口建设、航道运输和煤炭化工业六大业务板块。其中,煤炭开采板块是业务的起点,中国神华利用自身的自有运输部门、销售网络以及上下游的发电和煤炭化工产业等优势禀赋,以跨行业和产业为主题进行发展,来提高中国神华在石化行业的集中度。同时,要继续保持中国神华的产品竞争优势,要让其规模优势最大化,降低企业经济成本,这些竞争优势要长期稳定保持和不断完善,形成中国神华不可替代的核心竞争力。

关于组织架构方面,中国神华成立了董事会,组成方式为:董事长 1 人;副董事长 1 人;执行或非执行的董事成员 6 人;独立且非独立的董事成员 3 人。此外,中国神华的董事会下还设立了 5 个委员会,它们是战略委员会、审计委员会、安全健康和环保委员会、薪酬委员会以及提名委员会。

中国神华公司是一家股份制有限责任公司,它是在 2004 年依据现代企业制度和国际标准成立的。公司有着完善的激励措施,比如通过股票增值权、绩效单元对公司高管进行长期和短期的激励,此外,还创立了以高效率、高透明度为主的公司治理架构以及有效的约束激励机制。中国神华的高管总是按照国际资本市场的准则进行管理,对全体股东,尤其是中小股东的权益有着很好的保障,以努力实现"百年神华,基业长青"的目标。

8.3.2 中国神华 ESG 信息披露的推动因素

中国神华根据公司设立的《投资者关系管理办法》和《信息披露与重大事项报告管理办法》等制度,来制定每年的利益相关者关系的管理工作规划。

中国神华有限公司怀着主动、对利益相关者(投资者关系)的初心与信念来进行信息披露的工作。第一,中国神华始终以高质量为标准进行信息披露,通过高质量的公司治理水平来保障实现。第二,中国神华仔细研究了上交所以及港交所的信息披露准则,探寻其不同的标准以及侧重点,坚持"合规披露、从严披露和全面披露"的原则展开披露工作。第三,在前面工作的基础上,中国神华不断地对披露工作和内容进行改善和完善,不断为企业的投资者提供更为及时且直观的信息。

除此之外,中国神华对 ESG 报告的工作十分重视,在 2018 年以前,中国神华的 ESG 信息披露主要是在企业社会责任报告上完成的,在此之后,中国神华主动地将在企业社会责任报告一起披露 ESG 信息升级为单独的 ESG 报告;在 2019 年,中国神华根据港交所最新发布的《环境、社会及管治报告指引》要求,主动、提前且全面地发布了 ESG 报告。

8.3.2.1 外在环境的影响

中国神华以新发展理念作为指引,积极响应国家提出的"碳达峰、碳中和"的目的,力争实现国家最新颁布的能源领域的"一个目标、三型五化、七个一流"的战略方针(见图 8.4),力争建立一个具有全球竞争力的上市公司,稳步向新能源清洁利用的方向推进,并且主动积极地为社会负责,不断提高企业的治理能力以及企业的竞争力。

在环境治理的层面上,公司以"创立绿色能源、建设美丽中国"为企业信念,以"专业履责"为企业理念,履行企业责任,提高产品的质量还有服务的质量,加快公司多产业一体化的进程,努力为能源行业的经济发展贡献自己的一份力量,降低风险,保障煤炭的安全性与可靠性,保证稳定的电力供给,成为绿色低碳能源发展的领跑者、实践者、推进者,成为绿色低碳能源技术的解决者、提供者、服务者。这不仅是符合企业发展的心之所向,更是民之所向、国之所需,煤炭行业需要中国神华这样的企业发挥示范作用,以提高我国整个煤炭行业的 ESG 信息披露质量。

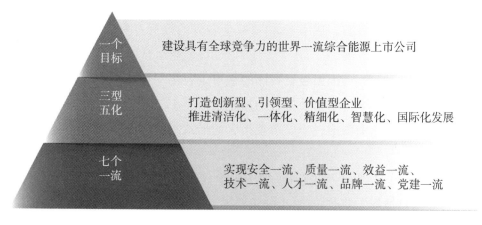

图 8.4 中国神华的战略方针

数据来源:中国神华 2021 年 ESG 报告。

8.3.2.2 内部发展的需要

ESG 信息披露对中国神华的企业绩效提高有着重要的作用,以 ESG 为引擎可以推动企业的发展。

首先,ESG 信息披露可以让公司实现长期且可持续的发展。可持续发展是我国国家发展战略的基石,它涉及各个方面,比如生态环境、经济发展和社会治理之间的权衡、公平、持续和协同性发展,其要求企业在保护"绿水青山"的前提下,得到高质量的"金山银山"。我国社会面临很多压力,比如城市化进程速度加快、人口数量的变化迎来转折点、社会资源匮乏以及疫情下的公共成本增加,因此持续且合理的绿色发展更加受到社会的关注。而 ESG 信息的关注点如公司治理、环境保护和社会责任,公司对这三方面的投资能为其带来长期的利益,是公司长期价值增长的发展动力。

其次,ESG 信息不仅关注了企业,也关注了利益相关者。依据管理学中的利益相关者以及资源依赖理论,公司想要发展必须得到外部因素的支持,公司积极承担社会责任有利于公司获得良好的正面形象,因此能够得到投资者的青睐,增强对其的信心,从而增加对公司的投资,形成正向循环,提高公司的运营效率,为公司的健康、可持续发展创造出一个优良的生态环境。

8.3.3 中国神华 ESG 信息披露的实践及经验

早在 2007 年,在企业的社会责任报告中,中国神华就已经披露了关于环境、社会和公司治理的有关信息,在 2007—2017 年的 12 年间,中国神华的 ESG 相关信息都连续已在企业社会责任报告中披露。近年来,由于社会各界的投资者更加关注资源的匮乏、公司的可持续发展与绿色发展、公司社会责任的承担、企业运营效率以及全球气候变暖等问题,在这些因素的推动下,国家号召我国的上市企业主动披露 ESG 信息,而中国神华响应了国家号召,在 2018 年以单独报告的形式发布了 ESG 报告,内容详实。中国神华是我国煤炭行业上市企业中第一个以单独报告的形式来披露 ESG 信息的企业,是煤炭行业的标杆。

2008 年 1 月 20 日,中国神华获得了"中国十佳投资者关系上市公司"奖项,这是中国神华首次在信息披露上获奖,有着十分重要的意义。

2017 年 6 月 23 日,中国神华分别召开第四届董事会的第一次和第二次会议,提出全面贯彻落实 ESG 报告的披露工作。

2019 年 3 月 24 日,中国神华主动将在企业社会责任报告中一起披露 ESG 信息升级为单独的 ESG 报告,这是一个转折点。

2021年1月6日,中国神华召开了环境保护、社会责任和公司治理相关信息系统的线上视频会议,中国神华也首次上线试运行了国家能源集团ESG信息系统,旨在创建ESG信息披露的长效治理和实施机制,为促进ESG的治理绩效打下坚实有力的理论和实践基础。

2021年3月13日,中国神华顺利召开了第五届董事会安全、环保及健康委员会的第三次会议,审议通过《中国神华董事会安全、健康及环保委员会议事规则》修订稿、《中国神华能源股份有限公司2020年环境、社会责任和公司治理报告》。

2021年9月18日,在2021年年度440家企业中,中国神华在控股的上市公司的ESG评级中评定为四星半级,远远高于行业的平均水平,达到领先者的水平,成功入选"央企ESG·先锋50指数","ESG管理信息系统"入选ESG优秀案例。[①]

中国神华以新发展理念为指引,并且积极响应国家提出的"碳达峰、碳中和"的目标,力争建立一个在国际上有着全球竞争力的上市公司,稳步地向新能源清洁利用的方向推进,并且主动积极为社会负责,不断提高企业的治理能力以及企业的竞争力。

8.3.3.1 中国神华将ESG理念纳入公司的治理体系

中国神华的董事会的所有成员都对ESG信息有着最高的领导权、直接负责决策权,但同时对ESG信息的汇报要承担一切责任,可见其对ESG信息披露的内容及质量非常重视。董事会同时也监察影响公司业务运作和利益相关者的ESG信息的相关事宜。除此之外,董事会还专门设置了安全、健康和环保有关的责任委员会,由其分管的相关部门直接负责监测ESG关键问题的有关承诺以及具体表现,最终向董事会进行及时跟进和汇报,使得ESG理念深深融入到企业的公司策略中。

公司也十分重视ESG可能会给公司带来的安全、声誉等风险隐患。中国神华根据市场宏观经济状况和公司的战略决策,针对ESG重要问题定期开展评估,并向董事会汇报。之后董事会根据报告确定ESG能给企业带来的风险和机遇,把重要的问题作为近期ESG项目管理重点工作,并将其纳入到公司的战略规划中,监测公司对该ESG问题的管理和绩效表现。

公司还制定了一系列目标规划以及管理办法,覆盖各个方面,如碳排放、废气污染物排放、绿色清洁能源的使用以及企业绿色绩效等ESG主要指标,而且董事会定期对目标进展进行监督。中国神华还将安全生产、节能环保、员工保障、公司治理等ESG指标放在管理层以及各个子公司的绩效考核之中,保证企业能完成ESG目标。

---

① 中国神华. 荣誉集锦[EB/OL]. [2022-12-10]. http://www.shenhuachina.com/zgshww/ryjj/rognyuList.shtml.

8.3.3.2 中国神华ESG理念的实践

在公司治理层面,中国神华将ESG理念深入贯彻到组织架构和决策中。其确立了由董事会直接领导决策、由专门委员会进行监督管理、由高管负责的公司治理模式。董事会定期检查ESG指标的状况,努力促进ESG理念落实和实现ESG的绩效管理目标。

在社会层面,中国神华勇于担当、主动承担起社会责任。在新冠肺炎疫情防控工作期间,在物资匮乏、形势紧张的关头,主动申请为疫情防控一线提供人力和物力,全力阻击疫情。此外,中国神华全面贯彻落实党中央的精准扶贫政策,将"两不愁三保障"作为突出问题来着力解决,坚持企业投入和贫困个体投入相结合的方针,坚持多个措施同时并举的帮扶模式。此外,还为贫困地区的基础建设提供了帮助,比如教育、卫生、医疗等。

在环境层面,中国神华以"奉献清洁能源、建设美丽中国"为自己的理想信念和企业使命,贯彻"专业履责"的以人为本的理念,主动履行社会责任,追求产品质量和服务质量的提高,为社会提供更加安全、可靠、低风险以及绿色稳定的煤炭供给,力争成为煤炭行业绿色清洁能源的领头羊、绿色清洁能源技术能源的先行者。

中国神华多年来对煤炭清洁生产、使用和转化道路上的探寻,向世界证明了只要对煤炭资源进行合理的利用,煤炭完全可以成为一种绿色清洁能源。第一,中国神华率先提出并完成了"煤炭超低排放"的实践,证明了煤炭的发电可以向天然气一样干净。经过处理,煤炭发电过程中一些垃圾产物,比如烟尘、二氧化氮和碳氧化物等对环境有害的污染气体的平均排放标准要远低于天然气的平均排放标准,实现了"煤炭发电和天然气发电一样干净"的壮举。2018年底,中国神华的全产业链都实现了"煤炭超低排放"的标准,提前2年时间实现了中国神华改造煤炭的目标。第二,中国神华煤炭生产实现了"采煤不见煤"。中国神华对大型矿井先进协同技术进行综合运用,支撑了中国神华千万吨级矿井的安全高效的煤炭生产,实现了集机械化和自动化于一体的安全高效的煤炭开采全过程。通过优化工作结构、增加采煤技术的投资进而提高采煤设备的水平等途径,最终使得井工矿采煤的回采率达到了惊人的84%,这在世界的范围上都是一个优秀的数字。中国神华还以创新为驱动,创新煤炭绿色开采工艺,使得露天矿复垦率达到了85%以上[1]。第三,在煤炭的运输上也贯彻落实了绿色理念,采用铁路装卸站的方式进行粉尘的治理,通过建设节能环保的数字化模式的铁路港口等措施将2000多千米的运煤专线打造成为绿色低碳走廊,实现修一条路,带动一方经济,绿化一方水土。

---

① 中国神华. 中国神华 2021 年度报告[EB/OL]. (2022-03-26)[2022-12-10]. http://www.shenhuachina.com.cn/zgshww/2021/202203/23c84e85343545f09def9b615924dc4e.shtml.

8.3.4 案例小结

中国神华每年的 Wind ESG 评分都是逐年递增的,从 2019 年的 7.15 分发展为 2022 年的 8.81 分;同时,ESG 评级也在不断提升,从原来的 A 级提升到如今的 AA 级,并且 ESG 评级取得了全行业第一的成绩,成为行业的标杆,值得业界学习。

从 ESG 管控架构上来看,中国神华坚持一体化服务和协调有序安全高效的可持续发展,将 ESG 理念深深融入公司的创新改革发展战略之中,持续地改进和完善 ESG 治理的架构体系和运行机制,坚定不移地推进能源和煤炭全高端产业链的清洁安全高效的利用,从而提供更加高质量的能源产品,积极地回应和满足利益相关者的所有需求和期待。图 8.5 是中国神华的 ESG 管控架构。

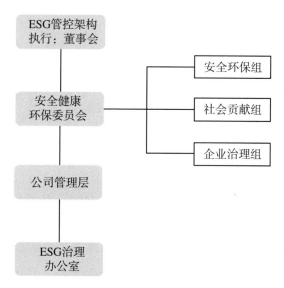

图 8.5 中国神华 ESG 管控架构

此外,在编制标准上,中国神华采用了 4 种编制标准,分别是 GRI 标准、中国社会科学院《中国企业社会责任报告指南》(CASS-CSR4.0)、香港联交所《环境、社会及管治报告指引》以及上交所《上市公司行业信息披露指引》,相对于其他煤炭行业参照的标准数量较多。

中国神华制定了《中国神华能源股份有限公司环境、社会与公司治理管理办法(试行)》,旨在保证公司 ESG 治理体系的稳定而有效地运行,从而全面地提升 ESG 的履责能力。

中国神华全面整理并结合港交所和 MSCI 评级等相关权威评级部门的评级要求,结合公司的具体运营情况,进一步完善符合公司文化的 ESG 指标体系,确定并坚持 ESG

工作底线和指标,并按照重点底线、中线和高线的指标划分好并分阶段落实。

中国神华构建环境、社会和治理(ESG)的应用程序管理信息系统,覆盖该企业的产权单位,以"三级填报、二级审核、部门管理"为控制模式,对企业环境、社会责任和治理等数据实现信息化的管理,将环境、社会和治理理念和生产经营结合起来。认真准备环境、社会和治理的报告,及时披露相关成功案例,多渠道、多角度与利益相关者沟通,交流环境、社会和治理工作经验,促进环境、社会和治理,宣传ESG治理成果,提高ESG治理绩效。

8.4　中煤能源的 ESG 信息披露实践

2008—2020年,中国中煤能源股份有限公司(以下简称"中煤能源")连续13年发布社会责任报告,两次荣获"央视财经50指数社会责任十佳企业"。2021年,中煤能源入选"全国煤炭行业社会责任报告优秀企业"名单。同年,中煤能源入选"央企ESG·先锋50指数",荣获"绿色低碳"优秀社会责任案例。为进一步满足性能原型创新型上市公司的要求,尤其是对信息披露的要求,2022年起中煤能源首度推出环境、社会和管治的ESG信息报告。

2008年,中煤能源发布了第一份企业社会责任报告,自此后的每年,中煤能源都相继发布企业社会责任报告,累计已有13份报告。中煤能源计划于2022年首次推出环境、社会和治理(ESG)报告。其目的在于主动披露中煤能源在2021年的环境保护、社会贡献和公司治理方面的非财务信息,加强与利益相关者的联系并进行沟通监督。

8.4.1　中煤能源公司简介

2006年8月22日,中国中煤能源集团有限公司发起并成立了中煤能源,公司的总部设立在北京。中煤能源在2006年12月和2008年2月分别在港交所和上交所上市。中煤能源的主营业务有四类,分别是煤炭产业类、煤炭生产和贸易类、煤炭化工类以及煤矿装备制造类,是一家大型的能源企业。其中最主要的业务是煤炭产业和煤化工产业。

在煤炭产业方面,中煤能源煤炭资源很丰富,煤炭产品、现代煤炭开采技术多样全面;公司主要开发的山西矿区、内蒙古鄂尔多斯矿区都是重要的煤炭生产基地,山西乡宁县新矿区目前是国内低硫低磷优质炼焦煤的最大基地。公司煤炭生产基地的优势在于产煤的同时还配备运煤通道,用于和主要贸易港口连接,从而最大限度地拥有不可替代的竞争优势,为实现公司的煤炭产业业务的可持续发展提供了十分有利的条件。

在中煤能源的煤化工产业方面,公司重点以开发煤制烯烃和尿素等业务为主的现代煤化工产业。制煤基地主要分布在内蒙古等省份及自治区,主要装置以"安稳长满优"的状态运行,主要生产运营指标遥遥领先于同行业的其他煤炭企业。

在企业文化方面,中煤能源致力于建设具有全球不可替代的一流的世界级能源型企业;中煤能源的使命是提供优质能源,引领行业发展,创造美好生活;坚持以人为本,使职工的幸福指数大大增加,更加心无旁骛地投入工作,履行好自己的社会责任,为建设美丽中国贡献自己的一份力量。中煤能源的核心价值观是科学发展、安全高效、和谐共赢。中煤能源始终坚持以人为本、统筹兼顾,实现企业全面协调可持续发展。

在组织架构上,中煤能源设有党委会和董事会;党委会负责对企业董事会成员的行为进行监管约束,董事会包含经理层,并且下辖5个委员会,分别是审计与风险管控委员会、薪酬与考核委员会、提名委员会、战略与发展委员会以及安全、健康与环保委员会(图8.6)。

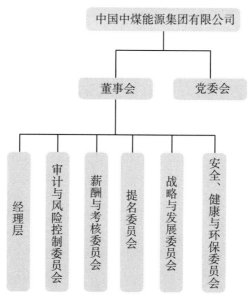

图 8.6 中煤能源 ESG 管控架构

8.4.2 ESG 信息披露的内外部动因

2009年4月,中煤能源首次披露了2008年的企业社会责任报告,在当时的煤炭上市企业中,这是极为罕见的。企业社会责任报告中详细包括了环境保护、公司治理和社会贡献等方面内容,自2008年起,公司编撰了13份企业社会责任报告。近年来ESG概念从国外引入中国,越来越受到人民群众、政府等的重视。2018年,煤炭行业中国神华的仅有一家企业将ESG信息以单独报告的形式进行披露。随后,考虑到ESG信息披露的内外部动因,中煤能源董事会成员2021年决定将企业的ESG信息以单独报告的呈现方式进行披露,其主要披露环境保护、社会责任以及公司治理等方面的信息,旨在促进与利益相关者的随时沟通和紧密联系。

8.4.2.1 外部环境的影响

2020年,面对疫情的严重冲击、市场的大幅波动,中煤能源遇到了前所未有的挑战。疫情的出现,消费水平降低,影响了全市场的总需求,而产品的生产需要能源供应,因此市场对能源的需求也是大幅下降。

不仅如此,疫情的出现使得企业要承担的社会责任增大。2021年,在中国共产党成立100周年之际,全面建成小康社会和全面打赢脱贫攻坚战的目标全部实现。为了防止"返贫"的出现,企业要承担起更多的社会责任,为人民服务,降低社会风险,阻击疫情,并且应该主动担当能源保供稳价的社会责任。

在环境保护方面,中煤能源作为产煤大户,在煤炭的生产和消费过程中碳排放和污染物排放较多的企业之一。因此,中煤能源有义务响应国家的号召,预计在2030年达到企业碳排放的峰值预计,在2060年达到企业碳排放的中和。

面对种种的外部环境需要,中煤能源坚持在习近平新时代中国特色社会主义思想指引下,深入贯彻新发展格局和理念,巩固和进一步优化供给侧结构性改革方案,公司上下同心协力、迎难而上,促进和统筹疫情防控和生产经营的各项专项工作,努力全面完成全年的目标任务,营业收入创历史新高,使公司经济实力跃上新台阶。

8.4.2.2 内部发展的需要

中煤能源一直以来始终怀着健康绿色可持续发展的信念。中煤能源面对前所未有的世界之大变局,在国内,市场的需求降低,在国外,中煤能源的技术合作交流以及进出口贸易都受到了阻碍。面对这种情况,公司更应该注重健康可持续的发展,以长期价值为方向标,指引公司发展。

中煤能源时刻把握着新能源行业的最新趋势以及新能源行业对大规模企业及高精尖人才的潜在需求,把推动企业高速发展作为发展主题,将供给侧结构性改革的全面推进作为企业发展的主线,在落实"碳达峰、碳中和"战略的同时,全面深入学习"四个革命、一个合作"的关于新能源企业安全管理条例与实施的具体战略。此外,中煤集团始终秉持以"在2035年成为世界一流企业"为企业战略目标,以"提效存量及增量转型"为企业发展思路,以"新能源煤炭产业"为企业发展基石,以"煤炭安全清洁高效转化利用产业"和"能源型综合型服务产业"为两翼,打造出多功能性互补、绿色环保低碳、创新典型示范、治理管理现代的综合型世界顶尖新能源新兴企业。

中煤能源主要从四个方面来稳健公司的可持续发展。第一,优化发展煤炭的生产和贸易产业;第二,持续发展煤炭的低碳转化产业;第三,极力发展多能互补的安全能源产业;第四,转型提高能源的综合服务产业。同时,积极响应和把握国家开拓的现代产业链的重要机遇,以能源制造产业为核心业务,以综合能源服务为重点示范项目,全面推进企业的深化改革、业务的整体提升、产业的资源整合、商业模式的更新、内外市场的拓展。

这些发展的内在要求,都离不开公司在ESG方面的努力。在环境层面,做好环境保护,构建绿色清洁能源;在社会保障层面,积极履行社会责任;在公司治理层面,健全合理的组织架构,为公司的高效发展保驾护航。

8.4.3　中煤能源ESG信息披露实践

自2008年起,中煤能源编撰了13份企业社会责任报告。近年来,ESG概念从国外引入到中国,并受到越来越多的重视。2021年,中煤能源首次披露了ESG报告。

首先来看中煤能源2013—2020年社会责任报告结构的变化,在内容结构上,总体变化不大,共有6个方面。除了2014年没有"员工责任"之外,其余年份都有这6方面内容(见表8.2)。

表8.2　中煤能源2013—2020年社会责任报告结构统计表

	2013年	2014年	2015年	2016年	2017年	2018年	2019年	2020年
经济责任	√	√	√	√	√	√	√	√
安全责任	√	√	√	√	√	√	√	√
环境责任	√	√	√	√	√	√	√	√
创新责任	√	√	√	√	√	√	√	√
员工责任	√		√	√	√	√	√	√
社区责任	√	√	√	√	√	√	√	√

数据来源:2013—2020年中煤能源社会责任报告。

在篇幅方面,从图8.7中可以看出,中煤能源的社会责任报告的页数总体上是逐年减少的,由此可见,中煤能源ESG信息披露的内容总体上也是减少的。

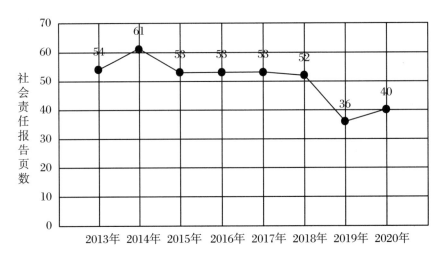

图8.7　2013—2020年中煤能源社会责任报告篇幅

数据来源:2013—2020年中煤能源社会责任报告。

在2021年首次发布的ESG报告中,其内容结构也是上述的6个方面,并且页数为40页,说明此次ESG信息披露的内容量上变化不大。

接下来探究中煤能源2013—2021年有关ESG议题数量的变化。总体上看,议题数量减少了(见图8.8)。然而中煤能源的ESG信息披露质量整体上是下降了还是提升了？这是一个值得思考的问题。

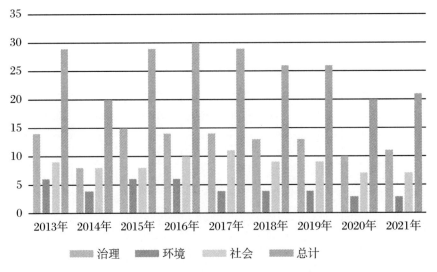

图8.8　2013—2020年中煤能源ESG信息披露议题数

数据来源:中煤能源社会责任报告与ESG报告。

8.4.4 中煤能源 ESG 信息披露的经验

8.4.4.1 社会责任

2008 年至今,中煤能源连续 8 年发布企业社会责任报告。中国煤炭工业协会连续 3 年授予中煤集团"社会责任报告优秀企业",中煤集团 2 次荣获"金蜜蜂优秀企业社会责任报告领军企业"。在中国社会科学院 2015 年发布的《中国企业社会责任蓝皮书》中,中煤集团在国有企业 100 强社会责任发展指数榜单中位列第 31 位,中国企业 300 强排行榜中排名第 41 位,一直都保持着行业领先水平。

中煤能源参与制定行业社会责任标准。中国社会科学院企业社会责任研究中心中煤能源课题组联合编制了《煤炭开采与洗选业社会责任报告编写指南》3.0 版;中煤能源集团也与中国煤炭工业协会合作,编制了《中国煤炭行业社会责任指南》。在社会责任管理和实践的相关案例中,中煤能源一直是行业标准的典范,为其他新能源企业提供参考标准。

中煤能源将企业社会责任融入企业战略中。《中煤集团"十三五"发展规划》与社会责任工作和企业规划实施同步制定,将社会责任工作理念融入公司发展战略,构建社会责任管理体系的支柱和顶层设计。中煤能源也会开展社会责任的相关学习和培训。中煤能源始终致力于构建社会责任的学习交流开放平台,旨在运用创办相关网站、定期线上会议、邀请著名专家、开辟学习专栏等丰富的线上与线下结合的学习和交流模式,有计划、有选择、有层次地开展相关培训工作,提高公司全体员工的社会责任意识(见图 8.9)。

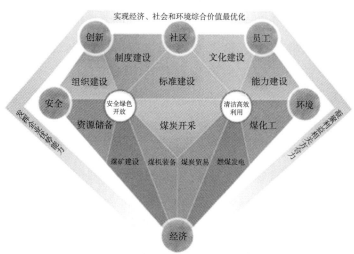

图 8.9 中煤能源社会责任模型

数据来源:中煤能源 2021 年 ESG 报告。

此外，在中煤能源的 ESG 信息披露方面，研究发现其在员工安全健康上有着比较好的表现，远低于煤炭行业的平均员工死亡率，图 8.10 是中煤能源 2016—2021 年员工死亡数和死亡率的变化情况。

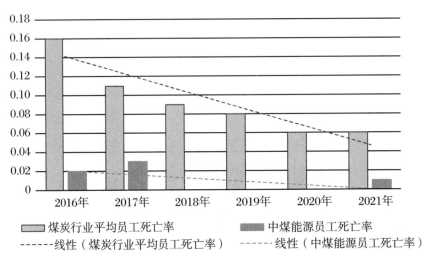

图 8.10　2016—2021 年中煤能源员工死亡率

数据来源：中煤能源 ESG 报告与社会责任报告、中国统计年鉴。

8.4.4.2　公司治理

中煤能源持续推进 ESG 管理，思路主要是将 ESG 理念和现有的企业管理体系、企业高端产业链、企业利益方等结合，积极地探索和创建适合中煤集团的 ESG 体系的管理发展模式，不断提高和完善企业工作人员的履责执行能力，致力于实现"经济、社会和环境综合价值最优化"的可持续发展的战略合作计划。中煤集团的 ESG 管理还覆盖了"决策、组织、实施"三个层次的企业 ESG 管理体系模式，严格按照企业的 ESG 管理重难点，制定并完善实施相关策略，并及时推进计划，推动各部门和业务单位的相关工作进度，将整合融入的思维模式贯彻于日常工作运营中。

在决策层方面，中煤能源 ESG 的重大事项的决策主要由公司的董事会直接参与，公司的董事会的决策事宜主要包括 ESG 的相关发展的制定、ESG 年度报告的审核和 ESG 的实践项目进展的评估等。

在组织层方面，中煤能源设立了 ESG 的管理团队，该团队主要负责协调处理 ESG 的日常管理相关工作，主要工作包括 ESG 年度报告的编制、ESG 新老员工的组织培训、ESG 员工的 KPI 进度、ESG 员工的个人实践的优秀案例的征集、ESG 企业文化的活动策划和实践的相关事宜等。

在实施层方面，中煤能源及其职能部门主要负责开展 ESG 的各种议题的归纳整理和管理,定期总结相关的企业管理举措、制定适合员工职业发展道路的绩效指标以及不断总结和创造优秀管理案例。中煤能源目前已初步成立了包括经济、环境、创新、员工、社区等全方位的ESG管理指标体系,旨在为ESG企业管理培养优秀的储备人才,保证ESG企业责任报告指标的合法性和合理性,为进一步促进ESG加入创新型能源领域的规模化管理运营奠定了良好的基础。

中煤能源有着ESG报告的编制体系和完善的报告编写与具体流程,公司还会定期和重点客户举办相应的座谈会和见面会。同时,会分区域不定期邀请海内外新闻媒体走进和深入了解中煤能源,了解中煤能源真实的日常运营状况。此外,中煤能源还会积极征求和采纳ESG的知名权威专家的可行性建议,耐心倾听企业职工代表的意见,通过引入利益相关者的参与的办法更加全面地回应对方对ESG的相关热点和议题提出的所有质疑,不断提高ESG绩效表现和管理体系(见表8.3、图8.11)。

表8.3 中煤能源2021年ESG报告议题

利益相关者	沟通与方式与渠道	实质性议题	回应
政府	日常工作会议、信息报送、专题会议	贡献税收、提供就业、促进社会发展	守法经营、依法纳税、促进经济发展
投资者	报告与公告、业绩说明会、日常接待、互动问答平台	公司治理、稳健经营、分红收益、信息沟通、市值管理	高质量发展,提升企业盈利能力;规范信息披露,加强投资者关系;加强市值管理,增强投资者信心
供应商	公开招标程序、工作会议	商业道德、公平合作、共同发展	公平采购、依法履行合同、制定《物资采购管理办法》《合格供应商名录》《重点供应商名录》
客户	服务热线、售后服务、座谈、定期走访	产品质量、服务质量、商业道德、满足个性化需求	提供优质、个性化的产品及服务、建立便捷的销售网络
员工	职代会、满意度调查、座谈会、来信来访、网络学院	基本权益、职业健康、薪酬福利、工作环境、职业发展、民主管理、生活关爱	员工培训、提供良好的工作条件、提供良好的工作环境、提供长远的职业发展机会
同行	合作、专题研讨	行业标准、公平竞争、促进行业发展	开展合作、分享经验、推动行业的可持续发展
金融机构	专题会议、信息报送、按时还本付息	经营状况、经营风险、合规治理、信贷业务往来	按时还本付息
媒体	信息透明	发布报告、多渠道披露信息	定期披露ESG信息、公众关心的重大事件
社区和公众	公益活动、保护环境	慈善捐助、志愿者服务、社区发展	赈灾救危、扶贫济困、环境保护

数据来源:中煤能源2021年ESG报告。

在ESG管治的推进中，中煤能源将ESG融入新能源型创新型发展型公司战略。在公司谋划发展战略的同时，不断将ESG相关工作同步到实际工作中，将ESG的最新理念融入中煤能源的发展战略中，形成ESG管理的行业标杆。

中煤能源经常开展ESG培训，相关培训开放于线上和线下平台，包括对内不定期、不定时组织召开集体会议，积极实施实践培训，邀请著名专家面授等多种丰富的学习互动形式，有针对性地设计ESG的学习方案，对外通过参加资深专家主持的ESG的相关会议和培训班、专业机构开展的ESG的交流会、重点论坛举办的专业培训等方式拓宽参与者的视野和格局。

中煤能源不断加强ESG沟通。2008—2020年，中煤能源连续13年发布社会责任报告，2次荣获"央视财经50指数社会责任十佳企业"。2021年，中煤能源入选"全国煤炭行业社会责任报告优秀企业"名单。同年，中煤能源入选"央企ESG·先锋50指数"，荣获"绿色低碳"优秀社会责任案例。为进一步满足性能原型创新型上市公司的要求，尤其是对信息披露的要求，2021年起中煤能源首度推出环境、社会和管治报告。

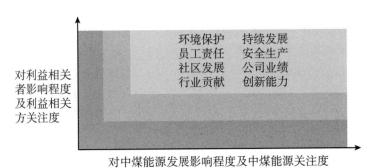

图8.11　中煤能源议题识别

数据来源：中煤能源2021年ESG报告。

8.4.4.3　环境治理

中煤能源始终以习近平生态文明思想为指导思想，全面贯彻国家低碳环保节约和节能的方针政策，认真坚持新发展理念，坚持低碳、智能、环保、高效的发展管理模式，推动煤基产业链全方位高质量发展。

在气候变化的应对方面，推进绿色发展已经逐渐在全球范围内达成共识，党中央关于"碳达峰"和"碳中和"的重大战略审议，为推动和发展我国特色社会主义社会全面低碳绿色环保转型的新格局新理念提供了根本的指导方针和意见。中煤能源依据中共中央、国务院等印发的《关于完整准确全面贯彻新发展理念做好碳达峰碳中和工作的意见》以及关于《2030年前碳达峰行动方案》计划的实现，综合研究国家"碳达峰"领域的政策法规，同时结合中煤能源对"十四五"的发展规划，公司对主要的运营板块将要面临的风险与可能过的机遇进行实际的估量和考察后制定了一系列相应的预防和应对措施。公司在气候变化的应对上,尤其是对极端天气的应对方面,已经做好了全面的准备,即使在恶劣的洪涝、雨雪冰冻、高温等灾害情况下也能有效地防范,公司日后也会完善对极端天气的应急预案并提高应急处置恶劣气候变化能力。

在温室气体排放的控制方面,中煤能源已发布了《碳排放及碳资产管理暂行办法》,该管理条例规范了对建设三级碳资产管理额管理体系,有效防控碳交易,规避碳配额的相关法规风险,推进温室气体的排放,促进低碳转型发展。

在推进绿色低碳转型发展方面,2021年,中煤能源以"存量提效、增量转型"为主要发展战略,致力于减少碳排放、促进和完善碳资产管理的相关体系、改善和优化相关业务流程以及提升管理的业务水平。而且,公司一直持续对重点的碳排放单位进行逐一盘查,不断记录碳排放的真实数据。中煤能源在低碳转型方面,一直是全国碳市场交易的积极参与者,100%按期完成首年度履约。公司在不断精进企业业务的同时,还不断摸索低碳转型发展的新路径,寻找低碳的增效潜力,在低碳创新方面也要加大发展力度,加快推进低碳转型新发展。

8.4.5 案例小结

2020—2022年,中煤能源在Wind ESG指数评级均为A级。总体上来看,中煤能源ESG评分比较平稳,且有进步,但是进步缓慢。具体来看,中煤能源在治理、环境总分评分方面稳步上升,但是在治理方面,治理评分总体在下降,不过2021年,达到了最高值,环境表现较为优秀。

第 9 章 石 化 行 业

石化行业是我国重要的行业,其渗透范围之广,是其他行业无所能及的。同时,作为重污染行业之一,石化行业的环境议题也备受关注。本章将从石化行业的发展历程、对我国经济发展的作用以及石化行业 ESG 披露情况进行展开讲述。此外,本章还选取了两个代表性企业——中国石油和中国海油,来讲解它们的 ESG 信息披露之路。

9.1 行业基本情况

9.1.1 石化行业发展历程

石化行业是以石油和天然气为基础的化学工业,它们的工业产品种类丰富。1949年新中国成立后,石化行业在艰难的困境下起步发展,经过 70 多年艰难的探索,我国的石化行业取得了举世瞩目的成绩,建立了产业链上下游齐全配套的工业体系。

我国在石化行业的发展大概经历了以下几个历程:

1949 年到 20 世纪 50 年代末是我国石化行业的恢复与发展时期。1949 年,我国原油的产量只有 12 万吨,完全满足不了国内的需求,同时,原油的加工能力也只有 17 万吨,此外,以石油为基础的化工行业的产值仅仅只有 1.77 亿元。新中国成立后,为了石化工业的全面发展,我国首先采取了恢复的战略,经过 3 年的努力,我国的石油产量提升了 3.6 倍,达到了 43 万吨。1956 年,我国探明了克拉玛依油田,有力地保证和促进了新中国成立初期的经济建设。

20 世纪 50 年代末至 1965 年是我国石化行业的历史性转折时期。1955 年初,经过中国地质部和中国石油部的合作,有关部门对华北平原及松辽盆地进行了地质考察。经过接近 10 年的发展,1963 年,我国的石油基本上可以自给自足。1963—1965 年,我国先后拿下了石油生产所需配套和所需催化剂等 5 个关键的攻关项目。到 1965 年年底,提前实现了我国油品自给自足。

1965—1978年，我国石化行业迎来了一个迅速发展的时期。1965年，我国不仅探明了山东的胜利油田，还在天津拿下了大港油田。12年之后，大港油田的原油产量达到了315万吨，胜利油田的原油产量达到了2000万吨。1973年，胜利油田和大港油田的原油产量短短3年时间就比1970年高了50%。1976年，大庆油田原油产量突破了5000万吨，为全中国的原油产量突破1亿吨打下了坚实的基础。之后在中国石油部的指引和领导下，建立了以大庆为主的等七个大型的炼油工厂。1966—1978年，我国的原油产量每年平均递增19%。石油的快速生产不仅为我国经济的快速发展打造了稳定的基础，同时也为我国的经济发展提供了坚实有力的保障。

1978年改革开放以后，我国石化行业迎来了一个历史性的转折。从1978年到2022年，在40多年的时间里，我国的石化工业规模增长迅速。2017年，我国的石化工业产值就已经达到了13.8万亿元，并且总利润额是8400多亿元。在整个石化工业的规模中，我国排在世界第二位。除此之外，我国的产业结构在不断改进，产业链也在不断更新。在这期间我国设立了从石油的开采到炼制以及煤炭化工、农用化工、医药和国防化工等多个部门，涵盖了各个行业的领域。整个供应链是相互衔接的，并且有着非常完整的石油化学工业体系。[1]

此刻，全球的石化行业迎来了深刻的调整期，因为发达国家不断制造一些阻碍或绿色壁垒，限制发展中国家高排放产品的生产和使用，比如煤炭、石油等，这对我国石化行业的发展来说是一个前所未有的巨大挑战。第七十五届联合国大会上，中国主动承担了全球的绿色义务，提出了"碳达峰、碳中和"的战略目标，二氧化碳排放力争于2030年前达到峰值，努力争取2060年前实现"碳中和"。

9.1.2 石化行业对我国经济发展的作用

石化行业在我国的能源供应中占有主导地位。因为石油可以炼制出很多的附加产品，比如汽油、煤油和柴油等，它们都是我国主要能源的供应成分。目前全世界石油和天然气的消费量占总能源消耗量的60%左右。2007年，我国石油、天然气只占了总能源消耗的11%和4%。石油化工的能源主要用来为汽车、拖拉机、飞机等交通运输工具作为原料。此外，原油经过化学可以加工生产出来一些原料，比如乙烯、丙烯等。石化行业推动了我国交通运输业的发展以及各种工业附加产品的发展，为我国的国民经济发展提供了非常大的推力作用。

---

[1] 中国石油石化.是化工人就该看看,中国石油和化学工业发展的70年历程[EB/OL].(2019-09-20)[2022-12-10].https://chem.vogel.com.cn/c/2019-09-20/514382.shtml.

我国的各个工业部门都离不开石化工业产品。比如现代交通业的发展与燃料密切相关,没有燃料就不会有如此发达的交通业。此外,基础材料如金属的加工以及各类精密仪器的生产组合都需要化学产品,比如润滑剂和其他配套材料。2007 年我国的滑油脂产量达到了 1000 多万吨,占全世界的四分之一,它在我国建筑工业中的应用十分广泛,比如门窗、涂料、管材等。此外一些轻工业,比如纺织业也是石化产品的传统用户。新产品、新技术、新材料的开发都需要石化产品的推动。石化产品渗透了我国的各个工业,对我国工业经济的发展起到了重要的推动作用。[①]

9.1.3 石化行业开展 ESG 信息披露的重要性

从环境层面来看,很多石油化工企业都被列为排放污染物的重点单位和强制清洁生产审核的单位。由于它们被列为重污染行业,其环境信息的披露情况受到社会的广泛关注。据统计,整个石化行业每年排放了大约 40 亿吨的废水,大约 6 万亿立方米的废气,以及危险约 1500 万吨的废物产量,各项排污量在各个工业中都很靠前。

从社会和公司治理层面来看,公众对石化企业的生态保护工作倍加关注,因此石化企业有必要采取一些更加透明的管理办法。即使国内有很多的石化企业,并且这些企业的石油化工技术都达到了国际一流水平,但是社会上仍然存在着一种现象:谈到石化工企业,公众就会"谈化色变"。这表现着过去以来公众都对石化行业有一个印象:它们是污染制造的大户,对环境造成了很多负面的影响。

我国石化行业上市公司的 ESG 信息主要是通过发布企业社会责任报告这种形式来披露的,并且它们的内容往往存在着内容单一、信息不透明、信息不全面、不规范披露等方面的各种问题。石化行业的上市公司非常多,覆盖范围广,并且是重污染行业。因此它们有着很大的潜力来披露 ESG 信息,通过提高它们对 ESG 信息的披露,有助于投资者对 ESG 信息的关注,这反过来又会影响石化企业的公司治理,能够实施更有效的治理环境活动,更好地承担企业的社会责任,更好地保护环境,在经济效益和社会效益上能够同时实现可持续发展。

---

① 中国石化.石油化工在国民经济中的主要作用[EB/OL].(2010-03-27)[2022-12-10].http://www.sinopecgroup.com.cn/group/shxt/kepu/syhxp/20120326/news_20120326_81120000000.shtml.

9.2 行业ESG信息披露总体情况

9.2.1 石化行业ESG信息披露现状

我国所有A股上市公司ESG信息披露的比例大概为24%,而近年来石化行业披露ESG信息的总体比例在30%以上,稍微高于总体上市公司披露的情况,详细情况见表9.1和图9.1。石化行业是与国家"碳达峰、碳中和"战略紧密相关的行业,并且在我国能源供给和工业产品上有着重要地位,因此石化行业的ESG信息披露对社会发展有着很大的价值。石化行业需要积极地承担起其在环境、社会以及治理方面的责任。

表9.1 2018—2020年石化行业上市公司ESG信息披露情况

	2018年	2019年	2020年
上市公司数目	278	294	329
发布报告公司数目	64	66	71
占全部报告比	31.84%	32.84%	35.32%

数据来源:Wind数据库。

经整理统计,2019年石化公司数量的增速为5.76%,2020年石化公司数量的增速为11.90%;而2019年和2020年ESG信息披露的增速仅为3.12%和7.58%。ESG报告增速不及企业数量增速,说明大多数企业并没有重视ESG报告,或者说企业有关注到ESG报告但是不愿意披露。

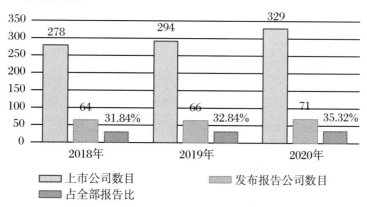

图9.1 2018—2020年石化公司ESG报告发布情况

数据来源:Wind数据库。

9.2.1.1 ESG 报告披露的要素

对 2020 年的 71 家石化上市企业的 ESG 信息披露要素进行分析,发现从大多数企业的报告中都能看到环境保护、社会责任和公司治理的状况。通过表 9.2 可以看出,大部分公司对 ESG 的三个维度都进行了说明。在环境层面上,披露信息包括节能减排、推进绿色能源的使用、对污染物进行绿色化处理后再进行排放,说明了企业对保护生态环境做出了努力;在社会责任方面,除了保护环境之外,还有对企业员工的关怀、完成政府提出的要求、疫情防控方面所做出的努力;在公司治理上,它们都遵守有关企业的法律法规,根据公司治理准则制定先进的治理体系,打造坚定的治理基础,为企业能够安稳且持久的发展提供了保障。此外,有 2 家企业的 ESG 披露信息不全面。

表 9.2　2020 年石化上市企业 ESG 报告披露要素

项目	环境保护、社会责任、公司治理	社会责任、公司治理	环境保护、社会责任
公司数目	69	1	1
占比	97.18%	1.41%	1.41%

数据来源:石化行业公司 ESG 报告。

9.2.1.2 石化行业 ESG 体系的建设

近年来,党中央提出了可持续发展和绿色发展的概念,ESG 的建设应该以其为落脚点,ESG 信息是企业可持续发展的关键,企业应该在可持续发展中深入贯彻并落实 ESG 理念。据统计,只有少部分企业成立了 ESG 委员会,比如中石化、中石油等大型企业将其用来指导和管理企业的可持续发展战略且融入到企业的决策中。但是大部分公司并没有十分重视 ESG,没有把它列入内部治理的环境,没有贯彻 ESG 理念,说明 ESG 在石化行业上市公司中总体建设不够完善。石化行业上市公司企业设立 ESG 委员会的情况如图 9.2 所示。①

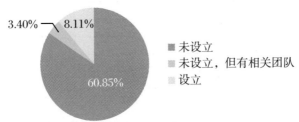

图 9.2　石化行业设立 ESG 委员会情况

---

① 李岩,杜启祥. 石化行业上市公司 ESG 报告信息披露探究[J]. 科技和产业,2022,22(5):321-325.

9.2.2 石化行业 ESG 评级概况

就国内石化行业的 ESG 披露情况，特别是通过企业责任报告披露的 ESG 信息整体而言，其披露的水平仍相对较低，关于 ESG 信息披露内容的不完整性是主要的特点。中诚信绿金发布的《2019 年度中国石油和化工行业上市公司 ESG 信息披露与评级表现分析报告》显示，上市的石化企业的 ESG 信息披露水平还有待提升，主要是由于其定性有关的信息相对较多，同时定量有关的信息又披露相对较少，特别是重点指标披露不足等。

根据数据的可得性和可对比性，从 Wind 数据库中获取石化行业的 ESG 评级，行业整体的 ESG 评级分布以及石化行业的 ESG 的评级分布如表 9.3 所示。观察发现，石化行业中没有一家公司获得 AAA 的评级；A 股整体 ESG 评级分布最多的是 BBB 级，占所有上市公司的 38.04%，而石化行业 ESG 评级最多的是 BB 级别，占石化上市公司的 67.85%。可见，石化行业的 ESG 评级显著低于 A 股，石化行业在 ESG 信息的披露上有着很大的提升空间。

表 9.3 石化行业与全部 A 股公司 ESG 评级分布

评级分布	Wind ESG 评级	
	石化行业占比	A 股整体占比
AAA	0	0.07%
AA	1.79%	1.47%
A	3.57%	8.8%
BBB	14.29%	38.04%
BB	67.86%	43.56%
B	10.71%	7.53%
CCC	1.78%	0.53%

数据来源：Wind 数据库，截至 2022 年 9 月末。

纵向对比来看，2020 年第二季度至 2022 年第三季度，A 股上市券商 ESG 评分呈现波动向好趋势，表现出季节性波动，从图 9.3 可以看出，近三年 ESG 评分最高的都在第二季度，总体呈现出波动性上涨的趋势。截至 2022 年 9 月末，石化行业 A 股公司 Wind ESG 评分均值为 65.84 分，较上年同期提高 0.02 分。说明上市企业对 ESG 信息的披露越来越重视，但是重视程度有限。

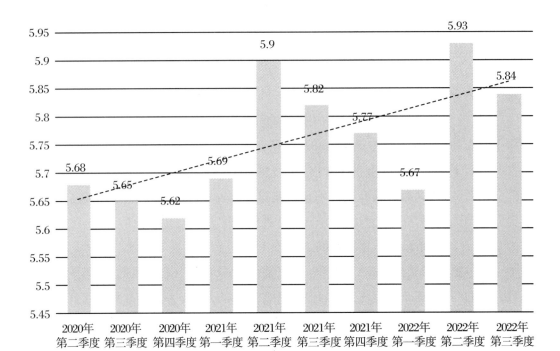

图 9.3　2020 年第二季度至 2022 年第三季度 A 股上市石化企业 Wind ESG 评分统计

数据来源：Wind 数据库。

9.3　中国石油的 ESG 信息披露实践

中国石油天然气集团有限公司（以下简称"中国石油"）在 ESG 实践中，实现从注重 ESG 管理合规到引领发展 ESG 信息披露的转变过程，继续加强对战略和政策趋势的研究，在环境、社会和治理信息披露工作中有意识地把可持续发展的理念融入其中，降低公司的风险控制成本。中国石油连续 6 年在上交所信息披露中获得 A 级，并荣获《机构投资者》最佳 ESG/SRI 指标等荣誉。本案例旨在通过分析中国石油 ESG 信息披露情况，为其他石油化工上市企业提供参考，启发思考企业如何更好地履行社会责任，实现经济效益和社会效益双赢的可持续发展。

2006 年，中国石油发布了第一份企业社会责任报告，成为石油行业的拓荒者。在之后的 15 年，中国石油每年坚持发布企业社会责任报告。中国石油的第一份企业社会责任报告,内容严谨,体系完善。报告首创了公司独立责任指标体系,包括环境、安全、能源供应等多个方面的25个指标,对社会责任进行了量化,使其更富实践性和科学性。同时,中国石油还定期实考察国际的最新研究和实践成果,及时参考和了解权威性的实践指南和GRI、IPIEAC/API的相关指标体系。此外,中国石油还及时跟进、完善了企业的社会责任理念,同步真实记录了企业的社会责任绩效。

2018年,中国石油响应社会需要和国家号召,为了更好地披露ESG信息,构建专业指标,发布了第一份ESG报告。该报告对ESG进行了更加详尽的信息披露,构建指标模型,以提升企业可持续发展能力。2018年,中国石油首次将可持续发展绩效与企业高管的绩效挂钩,可见其对ESG的重视。在指标构建方面,开展ESG专题研究,结合全球气候变化共识、绿色金融和深化改革等方面,分析了ESG热点发展趋势,并参考国际石油公司在报告中的结构、指标的构建,提高了管理层和员工对ESG报告的重视程度。而且,中国石油还积极参加了"碳足迹披露计划",主动并积极披露相关信息,在行业中起到了模范带头作用。

9.3.1 中国石油概况

中国石油创立于1999年11月5日,是在原中国石油天然气集团公司(现中国石油天然气集团有限公司)重组改制基础上设立的股份有限公司。2000年4月在纽约和香港分别上市,2007年11月在上海证券交易所上市。下面主要从中国石油的主营业务、企业愿景和价值追求等方面介绍中国石油的相关情况。

首先,在主营业务方面,中国石油是集国内外油气开发、油气炼化与销售、油气新材料应用、支持和售后服务、资本和金融服务等业务于一体的综合型能源公司,在全球30多个国家和地区相继广泛开展了油气新能源、炼化新材料、支持服务和资本金融等油气投资相关业务。2021年,在世界50多家石油公司中,综合排名第三,在《财富》杂志全球500家公司中,排名位居第四。

其次,中国石油的企业愿景是建设基业长青世界一流综合性国际能源公司,中国石油旨在打造一流的业绩、人才和品牌等,努力成为央企的示范型企业和石油新能源行业的标杆。同时,中国石油立足油气业务和油田技术服务等业务的协同发展,使实体企业和其他非实体行业相互融合促进,努力构建多能互补的新格局。

最后,中国石油的价值追求是绿色发展,奉献能源,为客户成长增动力,为人民幸福赋新能。中国石油坚持以"绿水青山就是金山银山"为理念,自觉践行低碳生活、低碳出行,推动和响应绿色环保的发展模式,促进人与自然的和谐共存,加快推进绿色出行和高质量环保生活的实现,及时引进最新的绿色低碳技术,让绿色低碳健康生活成为老百姓的日常生活方式。另外,中国石油在精进自身业务发展的同时,也实时准确把握石油新能源的发展新趋势、新方向,坚持不断发展创新,坚持绿色低碳战略,保障油气市场的平稳和供给,坚持以客户为中心,深度了解客户的潜在需求,始终全心全意为人民服务,始终将为人民谋幸福谋发展作为企业发展的根本目的和首要任务,加快产业的转型和服务升级,不断贯彻绿色低碳的生活,提高安全高效的能源和产品质量,惠及更多的人民群众,改善人民的生活质量,为建设中国特色社会主义贡献石油人的一份力量。[1]

9.3.2 中国石油的 ESG 实践历程

中国石油自建立之初,就一直保持着"创新、协调、绿色、开放、共享"的理念。此外,面对不断变化的国际形势,中国石油始终以提供清洁、可靠和可负担的优质能源为使命,坚持稳健发展方针,以实现可持续发展。2006 年,中国石油发布了第一份企业社会责任报告,处于该行业的领先水平;此外,中国石油坚持"绿色、共享"的理念,在 2014 年发布了第一份环境保护公告;在 2018 年,响应国家的号召,承担历史使命,发布了第一份 ESG 报告。除此之外,中国石油还总结经验,在 2021 年发布了《中国石油扶贫开发(2016—2020)企业社会责任专题报告》。

总结中国石油的 ESG 实践经历,可分为三个阶段。第一个阶段为 2006—2017 年,中国石油每年发布一次企业社会责任报告,主要通过这种方式披露 ESG 相关信息。中国石油以"奉献能源、创造和谐"为企业宗旨,重点关注稳定能源供应、安全情节生产、促进员工权益和支持社会公益等主要方面。第二个阶段为 2018—2021 年,中国石油响应社会公众、广大投资者以及国家的需要,秉持着开放共享的态度发布了 ESG 报告,对企业的相关数据进行了更详细的披露,主要关注公司治理、能源与环境、员工发展和社会贡献等几个方面。第三个阶段为 2022 年至今,2022 年中国石油的 ESG 理念实现了从管理好 ESG 信息披露工作到引领行业内 ESG 信息披露的转变,是 ESG 实践历程中关键的一年。报告新增"董事会声明""报告原则""数字化与智能化"等章节,并将 36 项关于公司内部经营绩效的指标进行披露。

---

[1] 中国石油. 关于我们[EB/OL]. [2022-12-20]. http://www.cnpc.com.cn/cnpc/gywm/gywm_index.shtml.

9.3.3 中国石油的ESG信息披露经验

9.3.3.1 ESG信息披露理念和整体架构

中国石油以"奉献能源、创造和谐"为ESG信息披露理念和宗旨,对公司的环境、治理和社会责任方面的重大事项进行汇报,并且追寻利益相关者最关切的议题进行针对性回复,努力让广大利益相关者得到最需要的信息。此外,报告语言优美、内容详实,结合公司的典型案例、管理实践和企业绩效,让公众能感受到中国石油的ESG理念在公司理念、运营管理上进行了全面落实。

中国石油环境、社会和治理报告以"高质量可持续发展"为基调,以"绿色发展和创新"为主题,包含治理、环境、员工和社会贡献四个章节,全面地阐述了中国石油在环境保护、公司组织架构等方面治理效率的提升、对员工的关爱以及打赢精准扶贫攻坚战的成果方面上的努力、贡献和成效,ESG报告根据港交所发布的《环境、社会及管治报告指引》、GRI以及IPIECA、API发布的报告指南进行相关指标的披露。

9.3.3.2 完善的ESG信息披露体系

作为国内石化行业领先的行业,中国石油紧跟ESG前沿潮流,积极响应国家号召、社会需求以及利益相关者的建议,2018年在第一时间发布了ESG报告,引领了行业的ESG报告编制的潮流。2006年,中国石油发布了首个企业社会责任报告;2014年,中国石油以绿色发展为主旋律,发布了首个环境保护公告;2014年,中国石油以"有质量、有效益、可持续"为发展方针,加快从注重规模发展向更加注重质量效益发展的战略转型,生产经营保持健康稳定发展,发布了首个可持续发展报告;2021年,中国石油助力打赢脱贫攻坚战,发布了《中国石油扶贫开发(2016—2020)企业社会责任专题报告》。

如今,中国石油已经形成了环境保护公告、企业社会发展报告、ESG报告、可持续发展报告等ESG信息披露体系,表9.4是近年来中国石油的ESG信息披露体系报告的数量。

表9.4 中国石油ESG报告统计表

报告类型	报告数量	首发时间
社会责任报告	16	2006年
可持续发展报告	9	2009年
ESG报告	4	2018年

续表

报告类型	报告数量	首发时间
环境保护公告	8	2014年
中国石油扶贫开发报告	1	2021年
优秀责任案例实践集	10	2010年

数据来源：中国石油官方网站《企业社会责任报告》栏目。

9.3.3.3 多样化的ESG议题

从2018年发布第一份ESG报告到现在，中国石油的报告始终内容完整、结构清晰，以议题索引为目录，从"公司治理、能源与未来、气候变化、安全、环境"等9个方面确定议题，并且每年都会根据实际情况确定实质性议题并进行增减。报告采用实质性议题分析方法，筛选出内部公司维度和外部利益相关者维度共同关注的重点ESG议题。比如在2021年的ESG报告中新增了"董事会声明""报告原则""数字化与智能化""社区影响管理"等章节。

公司每年的ESG议题数量也不断增加，在2018年，只有16个议题，而到了2021年，ESG议题数量增加到了21个。图9.4是中国石油各个年份ESG议题数量的变化情况。

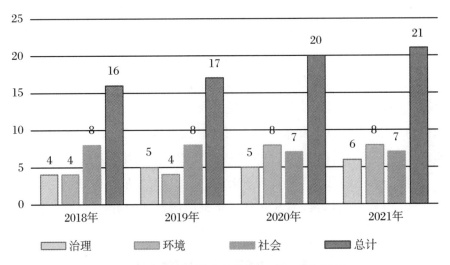

图9.4 中国石油2018—2021年ESG议题数量

数据来源：中国石油2018—2021年ESG报告。

在实质性议题的选择程序方面，中国石油也在不断地完善。公司关注利益相关者的需求，通过访谈交流、定期汇报、实地考察、专题探讨、网络交流等方式，与投资者、客户、ESG投资和评级机构等沟通，参考利益相关者建议，请他们从自身角度出发评价各议题的重要程度。此外,公司也十分重视议题的选取,总部层面在 2021 年一共开展的会议、调研沟通多达 47 次(见图 9.5)。

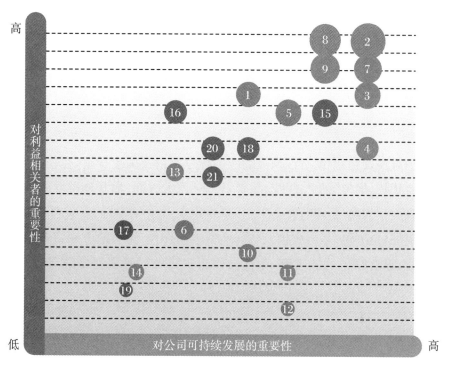

图 9.5　中国石油 2021 年 ESG 实质性议题矩阵
数据来源:中国石油 2021 年 ESG 报告。

从 2006 年的社会责任报告到 2021 年的 ESG 报告,经统计,中国石油在非财务的 ESG 信息披露方面实现了非常大的提升,定性和定量指标的环境、治理和社会的数据量都增加了 2 倍以上。

9.3.3.4　ESG 实践的主要方面

在公司治理方面,中国石油积极进行治理体系和能力的现代化建设与提升,为公司的可持续发展打好基础。公司坚持专业化和一体化的发展思路,坚持建立权责匹配、科学规范、简洁高效、富有活力的管理体系,强化对权力运行的监督管理,实现更加明确的目标管理、更加有效的资源整合、更加高质量的效益,从而推动公司提升环境、社会及治理的水平,实现可持续发展。在公司的"十四五"规划中,公司将"依法合规治企"纳入到企业的治理方面。2021 年,公司强化风险控制体系建设及监督,动态评估重大风险,推进风险控制的信息化建设,并提供预控方案。中国石油连续 16 年通过外部审计要求。公司管理体系和方法的完善,为公司的高质量发展和可持续发展提供了坚实的保障。

在环境方面,中国石油实施绿色低碳战略,促进企业的可持续发展。公司秉持"绿水青山就是金山银山"的生态环保理念,大力发展绿色低碳清洁能源。天然气的合理合规的开发,关键在于化石能源向清洁能源的过渡,中国石油主要的业务是对天然气进行常规和非常规两个方向的大力度勘探和开发,努力构建以天然气为主的多元能源结构体系。2020年,中国石油国内可销售天然气同比增长9.9%;2021年,其继续实行"稳油增气"战略,可销售天然气产量同比增长5.5%,在公司的能源产量占比中达到51.6%,进一步优化了油气生产结构。

在社会责任方面,中国石油积极回馈社会,促进企业与社会协同发展。企业根植于社会,坚持认为回馈社会是公司的责任。首先,中国石油积极参与精准扶贫,扶贫是全球可持续发展的重要议题,中国石油积极响应国际号召以及国家号召,在扶贫助贫上结合公司自身资源优势,聚焦"民生、医疗、教育、产业"四大方面,提升公司发展水平,促进当地的可持续发展。其次,公司对社会秉持"开放共享、合作共赢"的发展理念,共同促进当地经济繁荣发展,全方位、多层次扩大与当地资本的合作,为当地带来就业和产出,与中小型企业合作,建立完善的供应链,为社会作出贡献的同时实现自身高质量和可持续发展。

9.3.4 案例小结

中国石油是较早展开非财务信息披露的上市公司之一。在之后的公司经营理念中,公司站在国家"碳达峰、碳中和"的战略需求中,把可持续发展理念融入到企业的ESG信息披露工作中。作为三地上市的国际化公司,公司始终坚持高标准,参照国际披露标准如全球报告倡议组织发布的《可持续发展报告指南》(GRI3.0)和IPECA进行编制,并建立可定量的信息披露指标。此外,公司始终坚持高质量的信息披露,持续改进管理体系,积极与利益相关者沟通,不断提升ESG信息披露的内容完整性。在一系列的努力下,公司获得了质的改变,在行业取得领先水平,比如,在华证碳中和的ESG评级中,公司获得了行业评级第一名的好成绩。ESG信息披露道阻且长,即使中国石油在ESG信息披露工作中始终处在行业前列,但是中国石油仍然始终坚持高质量披露ESG信息,争取在行业中保持第一名的成绩,引领整个行业的ESG信息披露实践。

第10章 钢铁和有色金属行业

钢铁和有色金属行业是我国重工业的基石,是国家工业化水平的重要衡量标准,在国民经济中占据极其重要的位置。ESG 理念逐渐得到广泛认同,钢铁和有色金属行业也需要重视 ESG 信息的管理和披露工作。本章首先介绍行业的基本情况,包括钢铁和有色金属行业的发展历程、对于我国经济的重要性以及钢铁和有色金属行业进行 ESG 披露的必要性。随后介绍钢铁和有色金属行业 ESG 信息的总体披露情况和评级信息。最后,以宝钢股份和包钢股份为例,介绍两家大型国有控股钢铁企业的 ESG 报告编制和披露工作,以期为行业内其他企业开展 ESG 披露工作提供参考。

10.1 行业基本情况

10.1.1 钢铁和有色金属行业发展历程

钢铁和有色金属行业作为我国工业的基础行业,其发展一直以来都备受重视。总体上,行业经历了从无到有、从有到精的发展历程。概括起来,我国钢铁和有色金属行业共经历了三个关键的发展阶段。

在第一个五年计划建设时期,我国以苏联设计和援助的"156 项工程"为重点,建立起了我国重工业的基础体系。其间,我国的钢铁和有色金属行业迎来了第一个黄金发展期。钢铁行业在"一五"计划期间被提到了前所未有的高度,我国对发展钢铁行业的决心有目共睹。在"156 项工程"中,钢铁工业就占据了 7 项[①],具体包括改建鞍钢、改建本钢、新建武钢、新建包钢等。在"一五"计划期间,我国钢产量从 1952 年的 135 万吨增加

---

① 王思达. 奠定新中国工业基础的"156 项工程"[EB/OL]. (2022-01-13)[2022-12-10]. http://hbrb.hebnews.cn/pad/paper/c/202201/13/content_117421.html.

到1957年的535万吨,产量增长速度在世界钢铁工业的发展中遥遥领先①。有色金属行业在"一五"计划期间也得到了高度重视。在"156项工程"中,有色金属行业占据了13项②,新建、扩建了一批有色金属矿山、冶炼和加工企业,如抚顺铝产、哈尔滨铝加工厂、沈阳电缆厂等,形成了独立完整的有色金属工业体系。到"一五"计划收官之际,我国有色金属行业已经初具规模。

在改革开放初期,各项工作都以经济建设为中心,并形成了以轻工业、纺织业为主导,重工业稳健发展的工业格局。与此同时,我国采用了渐进式的改革思路,引入了市场因素,形成了以公有制为主体、多种所有制经济并存的局面。在此阶段,我国的经济得到了迅速的发展,钢铁和有色金属行业也从生产导向逐渐转向消费导向,进入了平稳发展的阶段。此外,值得一提的是,新中国冶金工业史上规模最大、投资最大、技术最新的宝钢也在此时成立。随着"三千项"技术引进,我国的钢铁行业开始搭建技术功底,极大地改善了钢铁冶炼的技术结构,缩小了与发达国家的差距。而有色金属行业也紧随其后,1983年4月成立的中国有色金属工业总公司,在不断发展扩大产量的同时,也在系统地引进先进技术。

在社会主义市场经济初期,我国改变了原有的坚持计划经济体制的做法,开始由计划经济向市场经济体制转型,倡导"效率优先,兼顾公平"的发展模式。在此时期,我国钢铁行业在适应社会主义市场经济的基础上继续深化,内涵式扩大再生产,通过改进技术、改善生产要素的质量和提高劳动生产率来扩大钢铁的生产规模。同时还需注意到,我国钢铁行业在此阶段发生的两大转变:第一个转变是从强调产量转向强调优化生产结构;第二个转变是从强调扩大生产满足需求转向控制总产量,防止产能过剩。有色金属行业在此阶段也进行了积极的探索和实践,形成了新的发展模式。1998年,经过国务院批准,成立了国家有色金属工业局;2000年,将大部分中央所属的有色金属企事业单位下放地方管理,并成立中国有色金属工业协会。经过这一系列的政策改革,在国有企业发展艰难的历史时期,有色金属行业被有效激活并稳步发展。

我国加入世界贸易组织之后,钢铁和有色金属行业进一步融入全球市场,在国际竞争与合作中不断发展壮大。截至2021年,我国的粗钢总产量约为10.33亿吨③,位居全

---

① 中国新闻周刊. "一五"计划:新中国第一个发展黄金期[EB/OL]. (2019-10-03)[2022-12-10]. https://www.sohu.com/a/344827598_220095.
② 王思达. 奠定新中国工业基础的"156项工程"[EB/OL]. (2022-01-13)[2022-12-10]. http://hbrb.hebnews.cn/pad/paper/c/202201/13/content_117421.html.
③ 央广网. 国家发改委:2021年全国粗钢产量103279万吨[EB/OL]. (2022-01-31)[2022-12-10]. https://baijiahao.baidu.com/s?id=1723441253931198722&wfr=spider&for=pc.

球第一;10种有色金属产量为6454万吨,比上年增长5.4%[①],产量也创历史新高。可以看出,21世纪以来,我国钢铁和有色金属行业步入稳健的发展时期,钢铁和有色金属短缺的时代一去不复返。

10.1.2 钢铁和有色金属行业对我国经济发展的作用

钢铁被誉为"工业的粮食",它是人类现代工业社会使用最多的金属材料。因其具有强度高、机械性能好、价格低廉等优势,钢铁在现代社会被广泛生产,应用于生产生活的各个领域,因此钢铁工业也被称为"工业时代的基础"。截至2021年,全球的钢产量为19.5亿吨,而我国的钢产量为10.33亿吨,占比高达52.95%[②],占据全球钢产量的半壁江山。钢铁行业作为我国建筑、汽车、交通、机械等行业的上游行业,其兴盛发达有效地促进了下游行业的发展,带动了中国经济的增长。

有色金属行业在维护国家安全、发展国民经济等方面发挥着重要作用。在国防现代化建设中,有色金属能够参与制成大量性能优越、品种多样的新型材料,这些新型材料被广泛应用于运载火箭、战略导弹、舰艇等大型零部件和电子元件中,促进了我国军事工业的发展。在国民经济发展中,有色金属在各行业里的用途也非常广泛:其中,铝作为产量仅次于钢铁的第二大金属,在能源、交通、建筑、电子等工业中都发挥着十分重要的作用;镁合金在"3C"产业中的便携电脑的合金外壳以及汽车零部件上应用广泛;铜合金在电子、机械、仪表等行业也发挥着不可替代的作用。综上所述,有色金属行业是一个产业关联度很高的行业,有色金属被广泛应用到我国国民经济的各个部门中,在我国国民经济体系中发挥着举足轻重的作用。

10.1.3 钢铁和有色金属行业在我国ESG信息披露体系中的重要性

钢铁和有色金属行业受限于传统行业的属性,在我国ESG信息披露体系中具有不容乐观的形势。在ESG评价标准下,钢铁行业的高污染高能耗对环境的负面影响较大,环境范畴的风险普遍较高;此外,金属行业尤其是上游的采矿业经常会存在剥削劳工、矿工健康损害、社会冲突等人权问题,社会范畴也具有较大风险;而治理范畴风险相对

---

① 潇湘晨报. 2021年全国有色金属行业运行情况[EB/OL]. (2022-02-09)[2022-12-10]. https://baijiahao.baidu.com/s?id=1724264628158206630&wfr=spider&for=pc.
② Maigoo网. 2021全球十大钢铁生产国,世界钢铁产量排名前十的国家,中国钢铁产量最多[EB/OL]. (2022-11-23)[2022-12-10]. https://www.maigoo.com/top/429877.html.

分散。

自 2017 年起,我国频繁出台环保整治措施,对环境治理的决心日益凸显,环保部、发改委、工信部等部门都相继出台相关文件,对环保压力较大的地区的行业予以重点关注[1],并对"2+26"城市地区的大气污染、污染物排放和行业限产问题都予以明确指示。其中,受限地区中的行业里,受影响程度最大的为钢铁行业。钢铁行业的污染覆盖生产的整条产业链,涵盖废水、废气、废渣三种类型的排放物。其中,废气中含有大量硫化物、氮氧化物和烟尘等,直接造成雾霾、酸雨等恶劣天气;废水主要有冷却水等,含有大量油污和酸碱液,直接排放会造成严重的水质污染;废渣也同样是钢铁生产过程中不可避免的产物,主要有炉渣等固体废弃物。由于排放污染物较多,对环境影响大,治理投入高,钢铁行业如何在与环境共生中谋求发展成为困扰行业内外的重要难题。

在这种背景下,钢铁行业进行 ESG 信息披露既是机遇也是挑战。如果钢铁企业抓住 ESG 信息披露的机遇,完善自身的可持续发展能力建设,一方面可以缓解由于能源有限而导致的限产问题,提高资源利用效率,另一方面也可以向社会传达钢铁企业与环境、与自然和谐共生的理念,展示自身的环境治理水平,赢得良好的社会声誉。由此,钢铁企业如何加强 ESG 管理、改善 ESG 披露实践就显得尤为重要。

10.2 行业 ESG 信息披露总体情况

10.2.1 钢铁和有色金属行业上市公司 ESG 相关报告披露率

随着社会发展,投资者对上市公司的评判不再仅仅局限于市值、经营收入和盈利能力等传统财务指标,是否具备正向的环境和社会等外部效应也是重要的考量因素。在这种背景下,钢铁行业对 ESG 理念的重视程度不断提升。截至 2021 年,48 家 A 股钢铁上市公司中有 23 家发布了 2021 财年 ESG 相关报告,披露率为 47.9%。其中,发布可持续发展报告的公司数为 2 家,4 家发布 ESG 报告,17 家发布社会责任报告[2]。与此同时,A 股 71 家有色金属行业的上市公司中有 23 家主动披露了 ESG 相关报告,披露率为

---

[1] 北京市人民政府."2+26"城市[EB/OL].[2022-12-10]. http://www.beijing.gov.cn/zhengce/zcjd/zcwd/ejeslcs/index.html.
[2] 数据来源:Wind 数据库。

32.4%[①]。整体来看,钢铁及有色金属行业对ESG理念愈发重视,近4年来发布ESG相关报告的上市公司数量和占比均呈上升趋势。

10.2.2 钢铁和有色金属行业上市公司ESG评级情况

10.2.2.1 钢铁和有色金属行业上市公司Wind ESG评级情况

钢铁行业ESG评级中环境范畴的影响较大,目前大部分ESG评级机构在环境范畴下考虑了气候变化(碳排放管理)、资源利用、能耗与节能等指标因子。根据Wind给出的ESG评价体系,在给上市公司的"AAA—CCC"的七档评级中,48家钢铁上市公司中近一半的公司ESG等级都为BB级。截至2021年,Wind ESG评级数据显示,A股上市48家钢铁企业中共计26家处于领先水平(BBB级及以上),但多数集中在中间级别,高评级的占比较少。从图10.1可以看出,评级处于AA级仅有2家公司,占比4.17%;A级公司有3家,占比6.25%;多数企业集中在BBB和BB等级,占比85.42%。

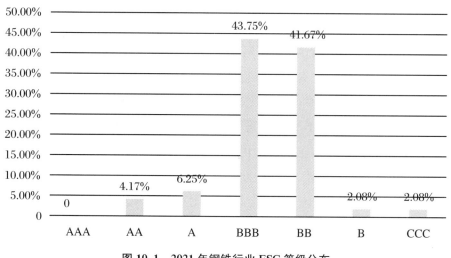

图10.1　2021年钢铁行业ESG等级分布

数据来源:Wind数据库。

有色金属行业的企业ESG等级多数集中在BB级,占比65.67%。总体来看,有色金属行业的ESG等级主要集中在中等偏后(见图10.2)。这主要是由于国内有色金属行业的技术装备水平与钢铁行业存在着较大的差距,有色金属行业所生产的金属产品种类繁多,所应用的工艺也千差万别。有色金属不仅具有冶金行业普遍存在的高温、高

---

① 数据来源:Wind数据库。

压等特点,同时还具备化工行业易燃易爆及毒性的特征。基于此,有色金属行业面对着比钢铁行业更为严峻的 ESG 风险。

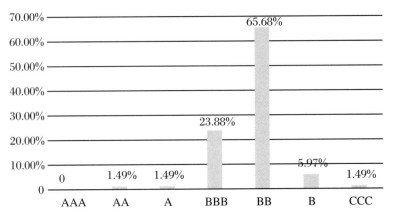

图 10.2 2021 年有色金属行业 ESG 等级分布

数据来源:Wind 数据库。

10.2.2.2 钢铁和有色金属行业上市公司 Wind ESG 得分情况

ESG 包含环境、社会、治理三个维度,根据 2021 年度 Wind ESG 评级结果,对钢铁及有色金属行业在三个细分维度的 ESG 得分情况进行进一步的分析。

总体上,无论是钢铁行业、有色金属行业还是 A 股全部上市公司,治理维度的得分都显著高于社会维度的得分和环境维度的得分,显现出中国企业对公司治理的重视。但其环境维度的评分表现就不尽如人意了,A 股全部上市公司的环境维度得分仅为 1.73,不足满分的五分之一,中国上市公司的环境治理能力亟待加强。

具体来看,钢铁行业的环境得分和社会得分均略高于 A 股上市公司平均情况,这一似乎与常识相悖的结果显现出钢铁行业上市公司对保护环境和承担社会责任的重视。有色金属行业在环境、社会、治理维度均略低于 A 股上市公司平均水平,这与有色金属行业的评级中等偏后的表现相印证。

10.3 宝钢股份的 ESG 信息披露实践

21 世纪以来,ESG 理念得到了快速发展和推广,企业的 ESG 表现不仅受到利益相关者的高度重视,而且其披露情况也会影响企业的评级。钢铁工业和有色金属行业作为我国传统重工业,在ESG治理体系的环境范畴具有天然的劣势。在如今普遍要求上市公司进行ESG信息披露的背景下,钢铁企业应该如何破局?本案例以钢铁制造业的龙头企业宝山钢铁股份有限公司(以下简称"宝钢股份")为描述对象,详细介绍了宝钢股份19年来的社会责任践行道路,总结了宝钢股份在ESG治理及披露工作中的先进经验,以期为行业内其他上市公司进行ESG信息披露工作提供参考。

2022年2月15日,宝钢股份氢基竖炉项目正式在湛江开工建设。宝钢股份董事长邹继新表示,"氢基竖炉加电炉"是钢铁企业实现绿色低碳排放普遍认同的路径之一。虽然其成本—效益比远大于高炉,但宝钢依旧坚持这么做,因为这对环境是有益的。正如邹继新在宝钢股份《2021年可持续发展报告》中表述的那样:"宝钢股份致力于成为绿色钢铁发展新局面的钢铁绿巨人,用自己的实际行动表明建设美丽中国的决心。"

10.3.1 宝钢股份:中国钢铁行业的引领者

宝钢股份成立于2000年2月3日,是由上海宝钢集团公司独家发起设立的股份有限公司,公司的注册资本为222.68亿元[①]。2000年12月,宝钢股份成功上市。现如今,宝钢股份已经成为全球领先的现代化钢铁联合企业。

宝钢股份的历史可以追溯到1977年12月,彼时正值我国改革开放伊始,国家加大力度引进国外技术发展我国钢铁行业,上海宝山钢铁总厂也由此成立。1993年7月,上海宝山钢铁总厂更名为宝山钢铁公司。1998年11月,宝山钢铁公司与上钢、梅钢合并,成立上海宝钢集团公司。随后,上海宝钢集团公司于2000年2月成立宝山钢铁股份有限公司,并于同年12月上市。

宝钢股份的经营范围广泛,涉及热轧、酸洗、镀锌、彩涂等多个品种,其生产的材料被应用在建筑、家电、乘用车、商用车、金属包装以及能源等多个方面。至2022年,宝钢股份的粗钢产量、硅钢产量、碳钢品种数量均位于世界前列。此外,宝钢股份也非常重视制造基地的布置。截至目前,宝钢股份将全国划分为华东、东北、北方、华中、西部、南方等6个区域,并在每个区域布置了大型钢铁生产基地,形成了覆盖全国的制造网络。

宝钢股份坚持"规模+能力"双轮驱动的战略。在规模上,充分利用好国内国际两个市场。在能力提升上,深化拓展"1+5"战略。其中"1"指的是一种模式,即创新深化公司多基地管理模式,"5"指的是五大能力,宝钢股份坚持打造产品经营、技术引领、绿色低

---

① 宝钢股份.关于我们[EB/OL].[2022-12-15].https://www.baosteel.com/home.

碳、智慧制造、效率提升五大能力,希望通过"规模+能力"双轮驱动,进一步"做强做优做大",从而创新"世界一流"钢铁企业。与此同时,宝钢股份也收获了一定的外部认可。2021年6月,宝钢股份荣获了国务院国资委给予的"标杆企业"称号,2021年8月,世界三大评级机构之一的穆迪投资者服务公司将宝钢股份的发行人评级上调到了A2等级。2021年9月,宝钢股份入围"央企ESG·先锋50指数"第七位①。

10.3.2 宝钢股份的ESG实践之路

作为国内发布第一份可持续发展报告的重污染行业的企业,宝钢股份最早的ESG相关报告是以环境报告的形式发布于2004年。随后宝钢股份在2006年发布的环境报告中披露了环境、社会和治理三个方面的信息。在2007年,宝钢股份开始以可持续发展报告的形式披露ESG信息,并延续至今。值得一提的是,在此份可持续发展报告中,宝钢股份首次采用GRI信息披露标准进行ESG信息披露。在此后的ESG治理和信息披露中,宝钢股份始终保持对ESG治理的高度重视,并不断改进自身工作。

10.3.2.1 宝钢股份ESG治理机制

宝钢股份在2021年发布的《关于ESG治理架构建设议案的公告》中规定了宝钢股份的治理架构。

如图10.3所示,宝钢股份设立了由董事会直接领导的4个委员会,统筹负责公司治理相关业务。其中战略、风险及ESG委员会负责对公司的可持续发展以及信息披露的相关工作进行管理。此外,宝钢股份还设立了ESG工作小组,负责管理日常运营过程中

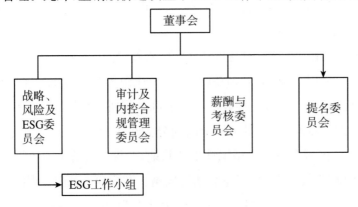

图10.3 宝钢股份ESG治理架构

---

① 宝钢股份.关于我们[EB/OL].[2022-12-15].https://www.baosteel.com/home.

的 ESG 相关风险及事宜。除了建立完善的管治机构,将 ESG 管理融入公司的日常管治和经营理念中,宝钢股份还将 ESG 相关绩效指标和管理团队的绩效与薪酬挂钩,根据年度的 ESG 评估结果采取奖惩措施,从而更加高效地推进公司的 ESG 治理工作。

宝钢股份建立了与利益相关者的常态化沟通机制,定期和利益相关者开展沟通,全面收集各方的诉求和建议,并将利益相关者所关注的问题纳入到公司的战略决策中。宝钢股份通过对利益相关者的识别,将公司的主要利益相关者分为 8 类,如表 10.1 所示。

表 10.1 宝钢股份 ESG 信息披露利益相关者

利益相关者组别	主要关注议题		沟通渠道/反馈方式
员工	员工权益与福利 晋升与发展 人才培养与留任	多元与平等 职业健康与安全 员工沟通	各类员工活动 内部刊物(报纸、杂志) 员工绩效考核 多媒体(公众号等社交平台)
政府部门、监管机构及审核机构	环境管理体系 能源使用效率 新能源使用 水资源使用效率 废气排放 废水排放	废弃物管理 温室气体排放 生物多样性 废钢循环利用 环保技术研发 碳减排与碳中和	现场调研 会谈
股东、投资者及评级机构	经济绩效与财务表现 公司治理 ESG管理体系建立	风险及危机管理 商业道德 气候变化风险与机遇	股东大会 投资者见面会 业绩发布会 新闻稿/公告 现场调研
客户	产品质量与安全 客户服务 知识产权保护 技术与创新	负责任营销 隐私与信息安全 绿色产品研发 绿色工厂	客户满意度调查 客户专线 官方媒体平台 客户大会/用户大会
社区人士、组织、非政府组织	社区参与与融合 公益慈善 抗击疫情		新闻稿/公告 各类公益事业
供应商、服务商和承包商	供应商准入及评价 供应链合作 供应链道德合规管理	供应商ESG管理 冲突矿产	供应商资质审核 供应商交流大会
行业合作伙伴、行业协会和科研院校	行业发展与共赢 智慧制造		行业协会 展会
媒体	信息披露		媒体见面会 新闻稿/公告 官方媒体平台

在识别出利益相关者后,宝钢股份积极采用多种形式与利益相关者进行沟通,发现利益相关者关注的主要议题,并通过调研确定了20项高度重要议题和23项中度重要议题。在高度重要性议题中,管治方面主要包括公司治理、风险及危机管理、商业道德和信息披露;环境方面主要包括能源使用效率、废弃物的处理、碳减排;社会层面主要包括产品质量、客户服务、技术创新、行业发展。在中度重要性议题中,更多涉及企业的供应链管理和内部员工管理。

对于识别出的高度重要性议题和中度重要性议题,宝钢股份不仅在《2021可持续发展报告》中进行了披露,还在公司官网主页可持续发展栏目下进行了重复披露,充分显示了宝钢股份将ESG治理融入公司常态化管理的决心。

10.3.2.2 宝钢股份ESG信息披露体系

宝钢股份于2004年发布第一份环境报告,截至2022年,宝钢股份已经发布了19份ESG相关报告。其中2004—2005年公布的均为环境报告,于2006年正式将报告更名为"社会责任报告",并一直持续至今。

宝钢股份在坚持进行ESG信息披露的同时,也在不断完善每一次的披露形式。如表10.2所示,宝钢股份在2003—2021年对19份ESG相关报告的形式元素进行了多次调整。从2005年开始,宝钢股份在报告末页添加了读者反馈调查表,收集报告读者的反馈并进行调整。从2006年开始,宝钢股份为可持续发展报告都添加了报告说明和披露指标索引,使得报告的信息更加规范。在2008年和2010年,宝钢股份分别在可持续发展报告中添加了报告承诺和绿色宣言板块。自2015年开始,宝钢股份为可持续发展报告添加了利益相关者问答,切实考虑利益相关者的需求。在2020年,宝钢股份首次增加了第三方验证报告,强化了报告内容的可信度。

表10.2 宝钢股份2003—2021年可持续发展报告(环境报告)元素统计

年份	图表	高管签字	目录	读者反馈	报告说明	披露指标索引	报告承诺	问答题录	审验报告	页数
2003年	√	√	√							44
2004年	√	√	√							44
2005年	√	√	√	√						56
2006年	√	√	√		√	√				92
2007年	√	√	√	√	√	√				116
2008年	√	√	√	√	√	√	√			60
2009年	√	√	√	√	√	√	√			60

续表

年份	图表	高管签字	目录	读者反馈	报告说明	披露指标索引	报告承诺	问答题录	审验报告	页数
2010年	√	√	√	√	√	√	√			60
2011年	√	√	√	√	√	√	√			52
2012年	√	√	√	√	√	√	√			60
2013年	√	√	√	√	√	√	√			52
2014年	√	√	√	√	√	√	√			52
2015年	√	√	√	√	√	√	√	√		52
2016年	√	√	√	√	√	√	√			56
2017年	√	√	√	√	√	√	√			52
2018年	√	√	√	√	√	√	√			52
2019年	√	√	√	√	√	√	√			112
2020年	√	√	√		√	√	√	√	√	78
2021年	√	√	√	√	√	√	√	√	√	122

宝钢股份深刻认识到,在报告形式上花功夫永远是锦上添花,若要真正显示公司的ESG治理能力,还得强化ESG披露内容。在2003年的第一份环境报告中,宝钢股份只披露了公司的环境管理措施和环境管理绩效。到2005年第一份可持续发展报告中,宝钢股份初步形成了"环境""社会""经营"三大板块的信息披露目录,已经初步具备了ESG信息披露的所有元素。在2021年最新的社会责任报告中,宝钢股份更是将这一目录拓展丰富,力争将每个专题都做好、披露好。

10.3.3 宝钢股份2021年ESG报告的编制

宝钢股份在2021年的可持续发展报告中,涉及了多个主题,包括企业管治、制造引领、应对气候变化、人力资源、合作共赢和社会影响力等方面。此外,值得一提的是,宝钢股份不仅公布了可持续发展报告,在2022年年中还公布了参考气候变化相关财务信息披露框架TCFD进行编制的气候行动报告,详细披露了公司在应对气候变化中所做的工作。

10.3.3.1 治理篇

宝钢股份高度重视廉洁文化建设,对腐败、舞弊等不合规行为坚决零容忍。在制度上,宝钢股份通过探索整合审计、纪检、巡视巡察等监督力量,修订了多项制度文件。在新修订的文件中,明确了各级领导人员履行廉政建设责任的内容及各级纪检监督部对同级党委及其成员实施监督的重点、主要任务、具体路径和方式,为公司落实全面反腐倡廉发挥了重要作用。在行动上,宝钢股份围绕重点领域和关键环节,积极开展对相关人员的培训教育,加强对职能人员和管理层的廉洁教育。在报告期内,公司累计通报典型案例11件,向1384位C层级及以上管理者发出廉洁节俭过节提醒短信,推动各级党组织分层开展警示教育2400场次,实现了员工培训覆盖率达到100%[①]。

宝钢股份不仅重视廉洁教育,还不断强化公司的风险管控。目前,公司已经制定了《重点风险管理方法》,在产品质量、环境保护和员工权益保护等方面,建立健全了重大风险监控报告机制,并定期开展公司的风险评估。根据风险评估出的重点风险,宝钢股份建立了公司重点风险推进机制,依据风险涉及的业务领域,成立重点风险项目工作团队,明确风险主要责任单位,组建项目组,制定项目实施方案,建立会议以及评价等相关推进机制。此外,为加强公司的风险管控,宝钢股份建立了全面风险管理系统,实现了公司层面风险管理业务线上全流程运行,提升了风险业务管理效率。宝钢股份开展风险管理业务共享服务和风险管理数据模型的同步构建,形成了支持面向多基地风险管理业务的快速覆盖架构,打造具有宝钢股份特色的智能化风险管理信息系统。

10.3.3.2 环境篇

宝钢股份深刻认识到,当下应对气候变化是人类社会所面临的重要议题,全社会实现碳中和已经成为未来的发展趋势。对此,宝钢股份积极回应国家"碳达峰、碳中和"目标,在各方面开展绿色行动。2021年11月,中国宝武举办2021(第一届)全球低碳冶金创新论坛,采用"线上+线下"同步会议的形式,携手全球15个国家的冶金同行、上下游产业链、研发机构等62个联盟单位搭建了共享交流平台,从而探索全球冶金行业的绿色低碳转型技术路径。宝钢股份自身也在不断实践探索绿色低碳冶金的技术路径。目前,宝钢股份已经制定了有效实现碳中和冶金的技术路线,包括极致能效、碳回收等6个方面。

此外,宝钢股份还积极构建碳资产管理。碳资产管理是在碳市场机制下的一种新兴资产类型,加强碳资产管理有助于提升企业的管理效率,有效实现企业碳中和。2021年,宝钢股份主要从三个方面提升公司的碳资产管理能力:一是搭建信息化平台,宝钢股份启动公司碳资产管理与产品碳足迹信息系统项目建设,构建公司统一的碳资产管理及交易数据平台,以满足公司对各基地单元碳数据的同一化、在线对标化、精细化的管理需求;二是加强碳核算及管理,宝钢股份依据我国各地政府完成年度碳排放报告与

---

① 宝钢股份.宝钢股份2021年可持续发展报告[R].上海:宝山钢铁股份有限公司,2022.

核查及排放监测制定工作的要求,策划碳资产管理方案,通过对 CCER 购买、协议转让、挂牌交易、拍卖等方式的财务核算流程进行优化完善,降低履约成本;三是开发林业碳汇,联合外部利益相关者开发林业碳汇,吸收并储存大气中的二氧化碳。

基于以上努力,全球非盈利环境组织群求环境信息报告平台(CDP)对宝钢股份 2021 年在气候方面的评级为 B 级。

10.3.3.3 社会篇

宝钢股份将员工视为企业的重要资产,把"以人为宝"当作企业管理的核心观念,切实维护并保障每一位宝钢人的合法权益。宝钢股份极其重视员工职业晋升路径的建设,致力于为各类优秀员工创造多元丰富的职业发展机会。宝钢股份的职业类别与职级的发展路径公开透明,共设有技能人员、技术人员和管理人员三个职业类别,每个职业类别分别设置职业发展等级和任职资格标准,便于员工自我设定职业目标。此外,宝钢股份还为上述多种晋升路径构建了完整的员工培训体系,打造了岗位培训、领导力与管理培训、技术人员研修等灵活多元的培训课程,助力员工职业发展,并最大化激发员工潜力。

作为钢铁冶炼高危行业,宝钢股份对员工的生命安全也高度重视。至 2021 年,宝钢股份已经设立安全委员会,负责统一领导公司的安全生产工作。为了提高员工的应急响应能力和事故防范能力,宝钢股份坚持组织员工参与相关安全培训、竞赛活动和演习。为了加深员工对安全事故的防范意识,宝钢股份结合真实事件编写了《违章的代价》,通过宝钢股份直通车、班组学堂让员工学习,以线上培训的方式提升员工安全意识和管理者的履职能力,让员工清楚违章作业的成本、损失和代价,做到"违反安全禁令就是事故"的安全理念落地。在 2021 年度,宝钢股份安全生产总投入 7.42 亿元,安全培训 44324 人次,安全培训覆盖率达到 100%,未发生较大及以上的生产安全事故。

10.3.4 案例小结

宝钢股份自 2003 年第一次公布环境报告至今,已经公布了 19 份 ESG 相关报告。2019 年来,宝钢股份积极寻求与环境共生的解决方案,并获得了不菲的成绩。根据 Wind ESG 评级数据,宝钢股份在近几年的 ESG 评级基本上保持在 A 级。与此同时,行业内其他企业的 ESG 评级则集中在 BBB 级或 BB 级(见表 10.3)。

表 10.3　宝钢股份 ESG 评级统计表

序号	评级名称	评级	评级名次
1	Wind ESG 评级	A	并列钢铁第二
2	商道融绿 ESG 评级	A−	并列钢铁第一
3	华证 ESG 评级	BBB	并列钢铁第二
4	盟浪 ESG 评级	A	并列钢铁第一

数据来源：Wind 数据库。

从 Wind ESG 评分细则来看，2018—2021 年，宝钢股份在环境、社会和治理维度的表现均优于行业平均情况。在环境维度，宝钢股份的 ESG 单项评分为行业平均情况的 2 倍左右，可见宝钢股份对环境保护的重视。单就 2021 年度来看，宝钢股份的三项评分均远超于行业平均情况，宝钢股份显然已成为绿色钢铁发展新局面的"钢铁绿巨人"。

信息技术

第 11 章 半导体行业

近年来,由于经济社会互联网、信息化、智能化蓬勃发展,半导体的应用范围日益扩大,在世界经济和社会发展过程中的重要性与日俱增,对于实现我国高质量发展发挥着关键作用。ESG 的发展方兴未艾,半导体产品公司如何应对风险,抓住机会,实现公司自身的可持续成长,离不开其对 ESG 的重视与管理。本章从半导体行业的基本情况出发,介绍了半导体行业在我国的发展历程、其对经济发展的重要性以及目前我国半导体行业 ESG 信息披露总体情况,包括行业的 ESG 披露意愿以及行业内 ESG 相关报告呈现的总体特征。在对半导体行业整体 ESG 披露情况的把握之上,选取了该行业内的典型企业中芯国际与紫光国微,介绍其在 ESG 管理方面的探索与发展之路,并对其在相关 ESG 报告的编制与披露工作中值得学习借鉴的先进经验与存在的改进空间进行了分析总结。

11.1 行业基本情况

11.1.1 我国半导体行业的发展

半导体是常温下导电性能介于导体与绝缘体之间的材料。如表 11.1 所示,按照国际通行的半导体产品标准方式,半导体具有 4 种类别:集成电路、分立器件、传感器和光电子器件,它们统称为半导体元件。

表 11.1 半导体分类简介

类别	简介
集成电路	具有制造、放大、存储各类信息的重要作用,目前已经应用于电脑、服务器、电话、有线通信、生活电子产品、车用电子设备等众多行业的核心部件
分立器件	一般分为晶体二极管、三极管、整流二极管、功率二极管、化合物二极管等,分立元件已被应用于电器、绿色照明、个人电脑、车用电子产品、网络通信、工业自动化等领域

续表

类别	简介
传感器	指利用半导体特性及易受外部条件限制这一特点生产的感应器,可包括物理感应器、化学传感器以及生物感应器等,主要应用在工业生产自动化、工业机器人、生物工程等方面
光电子器件	一般是指通过光、电转换效应而构成的各类功能元件,一般包括感光元件、受光电子器件、光复合器件等,同时还有 LED、OLED、LCD、光伏太阳能等

我国半导体产业的发展可以追溯到1953年,半导体被列入第一个和第二个五年计划的重点科技项目。1982年,第四机械工业部无锡742厂建成投产,这也是我国最早获得大规模生产能力的半导体晶圆厂。2000年,我国首先出台了振兴半导体行业的《鼓励软件产业和集成电路产业发展的若干政策》,又称"18号文件",把半导体产业上升到了我国的战略产业。随着2014年《国家集成电路产业发展推进纲要》的发布,国家又为其蓬勃发展进一步输入了动力。尽管中美贸易摩擦与新冠肺炎疫情使得我国的半导体行业发展面临了巨大的挑战,但是基于地域配套优势及国家意志,国之重器必将崛起。我国半导体发展历史如图11.1所示。

图11.1 我国半导体发展历史

11.1.2 半导体行业产业链及相关政策

半导体产品涉及的技术十分精细复杂。产业链主要包括设计、代工、封装环节;上游设备、材料等也不可或缺,具体如图11.2所示。

上游的公司主要生产半导体设计制造所需要的器件、原材料以及EDA软件等,中游制造主要涉及研发、代工、封装以及检测等环节,在下游则应用于消费电子产品、车辆及电子设备工业自动化等行业。贝恩咨询公司预测结果表明,消费电子与汽车电子两大市场在2020—2025年将保持约15—20%的高速增长态势①。

---

① 数据来源:《贝恩&哈佛商业评论:2022年中国企业ESG战略与实践白皮书》。

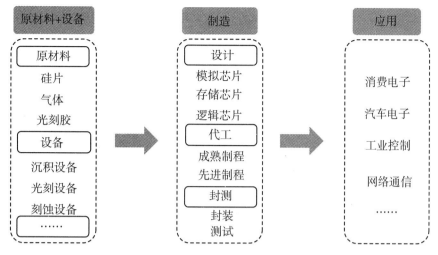

图 11.2 半导体行业产业链

半导体是信息产业技术的核心,也是重要支柱性领域之一,其研发水平是评价一个行业高新技术发达程度的核心标准。近年来,为了继续支持国内半导体行业的整体开发,突破外资局限,提高技术实力,我国有关部委制定了许多扶持与促进半导体产业开发的政策法规。表 11.2 展示了近几年来部分重要相关政策文件。

表 11.2 我国半导体行业发展相关政策文件

颁布时间	政策名称	重点解读
2021 年	《中华人民共和国国民经济和社会发展第十四个五年规划和 2035 年远景目标纲要》	必须集中优势资源攻关多领域高精尖技术,其中集成电路应用方面涉及集成化线路设计方法研究、研究重点设备和高纯靶材研发,集成化线路先进技术方法和绝缘栅双极晶体管(IGBT)、微机电控制系统(IEMS)等特色工艺科技的重大突破,先进存储技术提升,以及碳化硅、氮化锦等宽禁带半导体发展
2020 年	《国家信息化发展战略纲要》	提出我国电子信息行业基础技术装备发展规划纲领,用系统化思想克服单点缺陷,形成国际引领、安全性可控的技术框架,促进集成电路、基础应用、关键元器件等薄弱环节取得实质性突破
2018 年	《关于集成电路生产企业有关企业所得税政策问题的通知》	对满足要求的集成电路生产公司实施所得税优惠减免政策,符合条件的集成电路生产公司可享受前 5 年免除企业所得税,从第 6 年至第 10 年按 25%的法定税率减半征收企业所得税,并享有至届满为止的优惠

续表

颁布时间	政策名称	重点解读
2016年	《"十三五"国家战略性新兴产业发展规划》	明确提出加速先进制造技术、存储设备、个性化工艺技术等重要产品发展,提高安全可靠的CPU、数模/模数转换晶片、数字信号处理晶片等重要产品的研发创新能力和应用技术水平,促进先进封装测试关键装置与新材料等行业的高速发展。支持提升设计代工公司与第三方IP核公司间的技术水平,支持设计公司间和生产企业间合作技术创新,促进设计重点环节提升行业集中度,促进半导体与显示产业链协作创新

11.1.3 半导体行业对我国经济的影响

2019年2月,美国半导体行业协会(SIA)宣布,仅2018年一年,芯片的销量就创下了"超过1万亿颗"的记录。《华尔街日报》的一篇报道中认为,半导体产品是全球第四大的贸易商品,仅次于原油、成品油和汽车。SIA发布了2021年的世界半导体产业规模,结果显示2021年半导体产品的总出货量达到1.15万亿颗之多,交易额则达到5559亿美元之高,比2020年增加26.2%,为历史新高。其中,中国是半导体最大的出货市场,2021年交易成交规模将超过1925亿美元。如图11.3所示,国内半导体市场规模在过去5年保持持续增长,且年增长率均超15%。2021年中国集成电路产业首次突破万亿元,相较2017年近乎翻倍。中国半导体协会(CSIA)的相关数据显示,国内近15年产业销售额复合年均增长率高达16.97%,近5年复合年均增长率高达14.1%,国内半导体市场持续扩张。

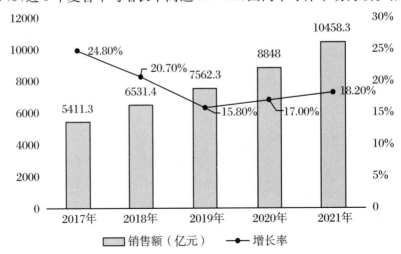

图11.3 国内集成电路产业销售额增长情况

数据来源:中国半导体行业协会。

SIA 主席表示，由于全球芯片短缺，2022 年全球半导体公司大幅提高产能来满足持续高涨的市场需求，不管是出货量或交易金额都创下历史新高，此外，由于无论现在或未来基本技术都需要芯片，未来几年市场对半导体产量需求将有显著增长。美国总统拜登曾将芯片明确称为"基础设施"，指出需求量很大的半导体芯片是新的通用货币。它们几乎是每个行业的关键组成部分，推动了全球经济发展。

如今，一部智能手机的计算能力已远远超过美国宇航局 1969 年将人类送上月球所使用的计算机，这正得益于高性能芯片的快速推广。首先，人工智能、区块链、5G、云计算、物联网以及自动驾驶等几乎所有的新兴技术都由其中的关键半导体组件驱动。同时，在消费、电子、医疗、通信、信息安全、汽车、工业、军事航天等传统领域，半导体的应用也由来已久，半导体产业也不断为传统行业的升级赋能。毫不夸张地说，几乎没有一个现代行业离得开芯片，半导体产业是现代各行业的支柱，支撑着新兴产业的发展和传统行业的升级。

11.2 行业 ESG 信息披露总体情况

11.2.1 我国半导体行业 ESG 披露意愿分析

在 ESG 披露相关要求方面，半导体行业上市公司的 ESG 信息披露行为采取以强制披露和自愿披露相结合的模式，一方面，上市公司应按照国务院国有资产监管委、国家生态环境部、中国证监会、证券交易所等相关部门的要求，披露 ESG 相关报告或 ESG 信息。另一方面，相关主管部门也鼓励上市公司主动向社会公众进行信息披露，加强与利益相关者沟通，赋能上市公司高质量发展。

在 ESG 相关报告数量与分布方面，以 Wind 数据库行业分类中的半导体产品与半导体设备三级行业为主要标准，截至 2022 年 9 月 1 日，在 145 家半导体产品与半导体设备行业上市公司中，共 43 家上市公司分别发布了 2021 年的社会责任报告/ESG 报告/可持续发展报告，行业披露率达 30%，其中属于强制披露的上市公司有 22 家，自愿披露的上市公司为 21 家。

在 ESG 相关报告中，类型为社会责任报告的有 28 篇，占比 65%，ESG 报告 13 篇，占比 30%，可持续发展报告数量为 2 篇，占比 5%。在篇幅方面，页数最多的是 102 页，平均篇幅为 43 页。在报告参考指引方面，上市公司除积极对标自身上市时所处的国家证券监管机关和证券交易所的要求，还更多借鉴并融合了全球报告倡议组织《可持续发展报告标准》(GRI)、中国社会科学院《中国企业社会责任报告编写指南》(CASS-CSR4.0)、联合国可持续发展目标(SDGs)、国家标准《社会责任报告编写指南》(GB/T 36001—2015)和国际标准化组织《ISO 26000：社会责任指南(2010)》等报告指引。

11.2.2 我国半导体行业 ESG 报告分析

半导体行业的 ESG 相关报告突出显示了坚持创新驱动、重视人才留任以及处理保密数据等三方面特点。创新研发是半导体公司可持续发展的重要助力,近七成的半导体 ESG 相关报告中都涉及了研发项目及成果、研发团队、研发投入、知识产权体系及保护等内容。此外,半导体行业是典型的人才密集型行业,优质人才的汇集是半导体上市公司保持核心竞争力的重要条件,在半导体行业 ESG 相关报告中,多数公司在人才引进方式、发展晋升途径、培育培训体系、薪酬绩效考核、关爱员工活动等方面重点进行了披露,加强员工归属感和满意度,降低员工整体流失比例。最后,受中美贸易摩擦、行业竞争及相关保密条约的影响,部分半导体上市公司在编制报告时会选择不披露敏感信息,该部分内容主要集中在研发进展、能耗数据及供应链管理等,也有公司为了保持报告的完整性和一致性,采用仅披露相对指标、敏感信息替换等方式对保密信息进行处理。

11.3 中芯国际的 ESG 信息披露实践

随着绿色经济的发展,ESG 发展理念与投资备受关注,企业愈发重视 ESG 信息的披露与 ESG 报告的编制。中芯国际集成电路制造有限公司(以下简称"中芯国际")作为荣获"杰出企业社会责任奖"等众多奖项的先进企业,其在 ESG 理念实践与 ESG 报告编制中有着值得学习的管理模式和经验。本案例以中芯国际的企业社会责任披露工作为描述对象,详细介绍了中芯国际 14 年来的企业社会责任践行与发展之路,分析了中芯国际在 ESG 工作方面的先进经验,以期为其他企业的 ESG 报告披露提供借鉴。

2020 年 5 月 5 日,中芯国际向上交所递交了招股说明书,在从纽交所退市之后,中芯国际决定重返 A 股,登陆科创板块。作为国内在半导体领域高端制造业的缩影,中芯国际走过了数不尽的艰辛和崎岖道路,而恰恰在于其不但重视企业的经济效益,同时也一直秉承着"关爱人、关爱环境、关爱社会"的 ESG 思想,把关注和促进企业社会进步当作价值追求,才能取得如今这般不凡的成就。正如中芯国际的董事长高永岗在《2021年中芯国际环境、社会及治理(ESG)报告》的寄语中写道:"二十一年风雨兼程,中芯国际始终坚持可持续发展理念,肩负时代使命与社会责任。"让我们一起走进中芯国际,探索中芯国际践行ESG理念和实现可持续发展的成功之路。

11.3.1 中芯国际简介

中芯国际创建于2000年12月,公司总部设在上海市,是世界领先的嵌入式集成电路晶圆生产代工公司之一,同时也是我国嵌入式集成电路工业领先者,公司具备世界领先的工艺生产能力、产能优势、业务配套,向全世界客户提供从0.35微米至14纳米各个技术节点的晶圆生产代工服务和技术开发业务,产品涉及逻辑晶片、混合通信/射频收发晶片、高压驱动晶片、系统晶片、闪存芯片、EEPROM晶片、图像传感器晶片、电源管理系统晶片等。中芯国际于2004年3月18日在香港联合交易所主板挂牌,并于2020年7月16日在上海证券交易所科创板鸣锣上市,公司注册资本为24.4亿美元。

中芯国际目前具有全球性的生产与售后服务平台,在上海市、北京市、天津市、深圳市共设立3座8英寸晶片厂和3座12英寸晶片厂;在上海市、北京市、深圳市、天津市各有1座12英寸晶圆厂在建中。此外,中芯国际还在美洲、欧盟、日本等国家和地区设立营销中心,并开展技术服务。

作为一家全球上市公司,中芯国际以"成为优质、创新、值得信赖的国际一流集成化电路制造企业"为理念,以"致力于通过睿智的策略、有效的实施、优秀的生产业务、积极的技术创新和人员技术培训,获得持久的赢利发展"为目标,秉承着"诚信、客户服务、质量、执行、创新和团队合作"等六个层面的基本价值观的初心,在企业管理、财务会计、信息透明和财务报告等方面遵守国家所有法规条款,在生产经营中严格执行国家的有关法律法规和制度,以保证企业道德、安全、不影响工作环境,同时保证员工得到公正的对待。

除了履行各种法定职能和义务,中芯国际在企业的社会责任上也不断实践,孜孜以求。中芯国际坚持"关爱人、关注环保、关怀社区"的公司社会责任战略,与各利益相关者密切合作,把社区责任、环境治理、工人权利保障以及消费者关切等融入企业业务经营的核心策略之中,从而不断促进公司社会责任的落实。中芯国际已在2015年组建了企业发展社会责任委员会,旨在推进企业发展社会责任事业,以达到在企业社会责任发展中的总体目标。该委员会在董事长的主导下,由企业首席财务官出任委员会主席、公共事务副总裁出任副主席,以及由各职能部门推派领导出任委员会主席。通过各项社会责任计划,企业在发展稳中向好的同时,也收获了来自社会各界乃至国际方面的广泛认可。公司持续 2 年在中国电子信息行业社会负责年会上获得"ICT 行业企业社会负责治理评估 50 强"荣誉,持续 6 年荣获"优秀社会责任奖",持续 7 年入围恒生持续发展公司基准指标,在推动社会、环境和社会道德责任研究领域向着全球认可标准持续前进。

11.3.2 中芯国际 ESG 报告的进阶发展

11.3.2.1 升级 ESG 报告编制形式

从 ESG 报告的编制形式来看,中芯国际在探索中不断完善着社会责任报告的形式。中芯国际在 2008—2020 年均发布的是社会责任报告,其中对 2011 年度与 2012 年度的社会责任报告进行了合并。公司于 2021 年公布了第一份环境、社会及治理报告。这并不是中芯国际 ESG 信息披露报告的第一次进阶升级。如表 11.3 所示,2008—2021 年中芯国际在社会责任报告的形式元素上进行了多次调整。

表 11.3 中芯国际 2008—2021 年社会责任报告元素统计

	中文	图表、案例	高管签字	二级目录	报告评价	评级报告	页数
2008 年		√					50
2009 年		√					20
2010 年		√		√			29
2011—2012 年		√	√	√			32
2013 年	√	√		√			32
2014 年	√	√		√		√	37
2015 年	√	√		√	√	√	42
2016 年	√	√	√	√			44
2017 年	√	√	√	√			54
2018 年	√	√	√	√	√	√	59
2019 年	√	√		√	√	√	126
2020 年	√	√		√	√	√	125
2021 年	√	√		√	√	√	98

数据来源:2008—2021 年中芯国际社会责任报告和 ESG 报告。

在报告使用语言方面,早年间中芯国际的社会责任报告使用的披露语言为英语,从 2013 年开始,公司使用中文在内的多种语言进行披露,这在一定程度上反映了中国投资者日益表现出对企业社会责任的关注,并且企业也积极回应着中国投资者主体对其社会责任表现方面的信息诉求。在图表和案例的使用方面,数据表明,中芯国际一直较为注重信息的可视化以及案例的应用,将社会责任信息的披露得更加充实、丰富,从而加强信息使用者对报告的理解。在高管承诺方面,除了2009年较为特殊,公司其余年度的社会责任报告中均包含首席执行官的致辞内容,且从2011年开始,中芯国际社会责任报告中还加入了高管签字,以进一步提高致辞内容的承诺程度。不过,有趣的是,从2019年开始,公司又取消了高管签字,而仅保留高管姓名的公示。可以预料到,该结果可能是由于高管致辞部分的签字与否并没有显著影响外界对企业社会责任表现方面的披露质量评价。目录通常是报告阅读者首先观察到的内容,对比中芯国际社会责任报告中的目录内容,发现企业在早年间(2008年与2009年)的目录十分笼统,颗粒度较为粗糙。从2010年开始,公司开始启用二级标题的索引,使得报告的结构更加清晰明了,还增添了色彩元素,增强了报告的可读性,便于报告使用者对内容进行概览与快速定位。从报告页数上看,中芯国际披露数量大致呈现上升的趋势,其中2008—2018年披露数量的变化较为平缓,报告页数在2019年出现了激增,从2018年的59页跃升为126页,增加了约1.14倍。在此基础上,之后的社会责任报告的页数较为稳定。相较于2019年,2021年在页数的相对数量上有所减少,但在绝对数量上表现依然亮眼。随着篇幅的增加,对于各结构指标和内容的披露更加详细。此外,从2015年开始,中芯国际在其社会责任报告中加入了"报告评价及建议"部分,鼓励其报告使用者对其社会责任报告进行评价,该做法增强了报告披露者与使用者之间的互动。通过使用者的反馈,中芯国际可以真正将社会责任报告视为一种有效的沟通渠道而非只是单方的文字表演。最后值得一提的是,自2014年起,由中芯国际委派中国企业社会负责报告评级专家委员会抽选专家学者成立评审组,对其报告披露工作开展评价,并在原有社会责任报告中附加了对评级结果的披露。评估小组从过程性、实质性、完整性、平衡性、可比性、可读性和技术创新能力等方面,比较系统全面专业地对中芯国际的社会责任报告做出了评估,独立第三方的评价也有助于提高使用者对报告的信任程度。此外,评级小组进一步给出了改进意见,有助于企业及时发现问题,改善自身披露水平。从评价报告结论来看,中芯国际在2014年与2015年获得四星级,达到优秀;随后几年获评四星半级,达到行业领先的水平。

11.3.2.2 丰富ESG报告编制内容

十多年来,中芯国际社会责任报告披露除了调整编制的形式元素,在内容板块方面也发生了变化。

如表11.4所示,中芯国际社会责任报告内容板块呈现阶段性变化趋势,可以粗略划分为六个阶段:2008—2009年、2010—2013年、2014—2015年、2016—2017年、2018—2020年以及2021年。2008—2009年,由于尚处于披露早期,可以看出中芯国际对于社会责任的信息披露也处于探索阶段。内容板块非常笼统,只分别针对环境和人进行了简单区分。从 2010 年开始，中芯国际开始从"建立信任、以人为本和保护环境"三大方面较为体系化的构建了披露框架。其中"建立信任"部分包括公司治理、合规、行业基准/标准、客户和供应商等内容，"以人为本"部分披露了员工生活园区、民办学校、人力资源发展、社团发展、个人捐助等内容，"保护环境"则涵盖环境、安全和健康以及气候变迁、绿色生产、电力保存、天然气储存、水源节约、水污染防治、环保意识推广等内容，该内容板块结构一直沿用到了 2013 年。从 2014 年开始，中芯国际的社会责任报告内容板块新增了"公司简介"和"利益相关者的沟通"两方面的内容，并将客户与供应链管理方面的内容从原先的篇章里分割出来作为独立的一部分，体现了公司对包括供应链上下游合作伙伴在内的各利益相关者的关注。中芯国际对实质性议题的关注从 2015 年开始。在此基础上，2016 年，公司将"客户服务与供应链管理"进一步拆分为"客户服务"与"供应链管理"两部分，更加充分而有条理地阐述了其客户服务战略、体系、产品质量和可靠性管控等问题。此外，公司变更原先的"利益相关者的沟通"为"企业社会责任管理"，更为系统地介绍了企业的社会责任政策、管理机制、议题管理等内容。从 2016 年开始，公司依据《环境、社会及管治报告指引》，将内容索引、指标摘要、评级报告、报告评价及建议等内容作为附录进行披露，在较大程度上完善了社会责任报告的内容结构。从 2018 年至 2020 年，企业将原先的八大板块精简为五大板块，遵循"关爱人、关爱环境、关爱社会"的企业责任发展战略，并以此为线索构建了披露框架。公司变更原先的"企业社会责任管理"为"可持续发展治理"，并将客户服务与供应链管理的相关内容重新合并到该项目下。从 2021 年开始，中芯国际持续探索、逐步完善公司 ESG 治理机制，在原有的 CSR 管理机制上进行了革新，和企业的利益相关者进行了更为广泛和有效的沟通，系统地更新了社会责任信息披露的格式和内容，选取多项实质性议题，紧紧围绕环境、社会和治理三大主题进行披露。

总体来看，中芯国际往年的社会责任报告主要从利益相关者权益保护为框架进行披露，社会责任信息主观性较强，且大部分内容是文字陈述。近两年中芯国际披露的报告中，通过科学地对环境、社会和公司治理各方面进行风险识别，制定了战略、目标和应对方法，灵活运用了图表和绩效指标，展现了执行的进度。为了满足投资者关注企业未来发展路向时对环境、社会和治理数据的需求，公司采用完善的 ESG 报告取代了社会责任报告，大幅提升了报告信息的使用价值。中芯国际在企业社会责任报告编制形式上的完善与报告内容的升级是同步推进的，虽然报告所围绕的核心议题均为环境、社会与治理，但中芯国际不仅参考国内外关于企业社会责任报告编制指南，也结合企业的自身特点和需求，不断丰富企业社会责任报告的内容和指标选取。

表 11.4 中芯国际 2008—2021 年社会责任报告结构统计

	2008年	2009年	2010年	2011年	2012年	2013年	2014年	2015年	2016年	2017年	2018年	2019年	2020年	2021年
环境保护	√	√	√	√	√	√	√	√	√	√	√	√	√	√
员工关怀	√	√	√	√	√	√	√	√	√	√	√	√	√	√
公司治理			√	√	√	√	√	√	√	√	√	√	√	√
客户服务与供应链管理				√	√	√	√	√	√	√	√	√	√	√
员工培训与发展				√	√	√	√	√	√	√	√	√	√	√
公司简介							√	√	√	√	√	√	√	√
利益相关者的沟通							√	√	√	√	√	√	√	√
商业与道德							√	√	√	√	√	√	√	√
客户服务战略									√	√	√	√	√	√
社会责任政策									√	√	√	√	√	√
社会责任议题管理										√	√	√	√	√
ESG 策略														√
重大性议题管理														√

数据来源:2008—2021 年中芯国际社会责任报告和 ESG 报告。

11.3.3 中芯国际 ESG 报告的信息披露亮点

11.3.3.1 制定明确的 ESG 策略

中芯国际希望在推动经济社会发展、环保和道德责任等领域向全球公认标准看齐,并确定了"在环境保护、社会责任和公司治理各方面都达到高水准表现"的发展方针。为真正达到该目标,公司进行了许多社会公益活动:宣布将支持社会责任商业联盟(RBA)的行为准则,并推动其供应商积极执行并加入该准则;积极保障所有雇员的利益,以遵循国际规范诚信地运营;尽力为雇员营造一个健康安全的工作环境,同时尽量避免对社会、环境和资源产生不良影响,以满足公司的环境、安全和健康政策及其相应的 ISO 等国际认可;持续保持和发展内部管理体系,以贯彻和不断完善 ESG 制度。

2013年,中芯国际开始引入责任企业的网络危机评价(RBA-Online)系统。至今,该系统一直被应用于评价企业及各厂区环保、卫生与健康、劳动者权利及道德管理状况,并根据面临的危机建议持续改进策略。2021年,公司各厂区的安全性评价结果均为低危险状态。中芯国际不仅自身坚持执行社会责任的商业联盟原则,同时要求其供应商也共同执行该原则。2021年,中芯国际选择部分国内外重点企业开展实地稽核,掌握企业执行责任商业联盟标准的现状,并向其进一步介绍准则等内容。

中芯国际积极贯彻国际标准,把"联合国可持续发展目标"和《中国落实2030年可持续发展议程国别方案》中的部分内容都纳入了ESG中。结合实际问题,中芯国际共选择了17项"联合国可持续发展目标"中的12项任务,并制定了相应措施。

11.3.3.2 建立完善的ESG管理体系

策略的贯彻落实离不开人员的管理,中芯国际建立了四级ESG治理架构(见图11.4),其中董事会作为最高责任机构,负责审批ESG相关的目标制定、策略、进度,以及ESG报告和公开披露的信息。2021年,中芯国际重新组建了ESG指导委员会,并由全球总裁出任主席,联合首席执行官出任副主席。ESG指导委员会负责拟定公司ESG战略,制定目标和指明发展方向。新的ESG委员会取代了原来的CSR委员会,主要推进企业ESG相关计划的执行,跟踪落实进展,达到ESG政策要求的效果。该委员会在ESG指导委员会的主导下,由公司最高领导级负责人出任主任,以公司内部各层级的负责人为主任委员,成员则涵盖公司各职能部门负责人,以共同推动公司的ESG发展。ESG委员会每年定期召开专项会议,以审议与ESG的有关问题,并定期向公司管理人员报告ESG进度。

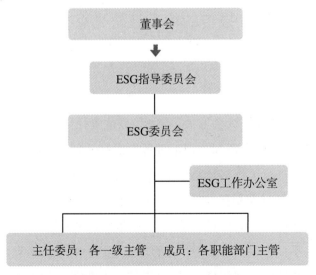

图11.4 中芯国际ESG治理架构

11.3.3.3 与利益相关者进行充分的沟通

与利益相关者的沟通问题也备受中芯国际的关注。依据与利益相关者之间关系的依赖程度、权责关系、影响程度等原则,公司鉴别出员工、股东/投资人、客户、供应商、政府和社会等六类主要利益相关者。中芯国际与各种利益关联方形成公开、高效的多向信息沟通途径,了解员工的要求和对企业的期待,作为拟定可持续发展战略的重要参考,具体见表11.5。

表 11.5 中芯国际主要利益相关者识别与沟通情况表

利益相关者	需求与期望	沟通与回应	沟通频率
员工	员工福利与薪酬	员工沟通大会	定期
	未来发展	企业微信号	不定期
	员工留任	全体邮件公告	
	员工培养计划与教育	内部网站	
	员工心理健康	道德规范举报热线	
	员工自我发展与成长	中芯杂志	
股东/投资人	职工持股奖励方案 半导体与中国市场展望 企业在行业中的竞争优势 未来发展 企业战略 实体清单影响	年度股东大会 每季度披露的公司财报,召开业绩说明大会 通过见面会谈、电话、视频和邮件等方式沟通交流,并定期获取意见回馈 发布企业定期报告、临时公告、企业社会责任报告	定期
		券商会议 非交易路演 通过法定披露媒体对外发布公司官方消息 于公司网站和微信公众号公布公司各项新闻 上证e互动和投资者热线电话	不定期

续表

利益相关者	需求与期望	沟通与回应	沟通频率
客户	客户服务与满意 企业创新管理 企业在行业中竞争力 产品质量管控 机密信息保障 商业道德规范	半年度客户满意度调研 客户季度服务/品质/科技评核例会	定期
供应商	质量、价格、交货、服务 法规遵循 商业道德规范 供应商可持续性管理 反贪腐	半年度评分	定期
		供应商ESG专项稽核 供应商现场质量稽核 供应商质量问卷	不定期
政府	未来成长潜力 半导体展望 公司在产业中竞争优势 污染防控 创新管理	政策宣讲会、座谈会、市场推广会等 在公司网站公布污染物排放数据	不定期
社会	公司治理 经济效益 创新管理 反贪腐 社会参与 外部合作 生物多样性保护	新闻稿 采访及专题报道 新闻发布会 参与公益活动 环境保护宣导 新闻发言人针对媒体关注议题给予回复，统一向外界传递公司理念和信息	不定期

2021年,中芯国际邀请利益相关者和内部管治机构成员参与可持续发展实质性议题的重要性评估,通过调查问卷、访谈、线上讨论会等形式,实际收到1635份调查问卷。

通过调研,使得各利益相关者间接参与公司的ESG发展战略和目标制定,同时了解利益相关者的关注点和期望,为确定、调整公司2021年度ESG报告的实质性议题提供客观依据。

11.3.3.4 对重大性议题进行深入分析

中芯国际系统分析了企业外部环境的变化趋势,并根据企业内部和利益相关者的需求与期待,对重大问题进行了分析。具体过程主要包括以下四个阶段:第一阶段,搜集研究问题,依据《环境、社会及管治报告指引》《中国企业社会责任报告编制工作指引》(CASS-CSR4.0)《电子信息行业社会责任指南》《GRI 可持续发展报告工作准则(GRI Standard)》《社会责任指南》(ISO 26000：2010)等报告工作准则的利益相关者问题甄选依据,同时根据利益相关者意见,搜集与企业利益有关的研究问题;第二阶段,整理研究问题,分析、甄别、整理合适的企业利益相关者研究问题;第三阶段,研究问题,通过开展企业关联方问题研究,对关切问题调查结果做出评价研究,并对关注问题做出优先安排;第四阶段,审查问题,将研究分析结论提交公司 ESG 董事会进一步审查,并汇报给企业管理层。

通过重大性议题分析(见表 11.6、图 11.5),中芯国际识别出的高关注度重大性议题包括：公司治理、公司竞争优势与成长、客户服务与满意、机密信息保护、水资源管理、能源管理、气候变化与温室气体管理、产品质量管控、商业道德规范、法规遵循、职业安全与健康、供应商可持续性管理和风险管理。

表 11.6 中芯国际重大性议题分析表

序号	实质性议题	影响范围		优先级/影响程度
		内部	外部	
1	公司治理	√	√	高
2	公司竞争优势与成长	√	√	高
3	经济绩效	√	√	中
4	创新管理	√	√	中
5	客户服务与满意	√	√	高
6	利益相关者沟通与合作	√	√	中
7	机密信息保护	√	√	高
8	水资源管理	√	√	高
9	能源管理	√	√	高
10	气候变化与温室气体管理	√	√	高
11	空气污染物管控	√	√	低
12	废弃物管理	√	√	低
13	产品质量管控	√	√	高
14	绿色产品	√	√	低
15	商业道德规范	√	√	高
16	法规遵循	√	√	高
17	人才招募与留任	√	√	中
18	劳工权益与福利待遇	√	√	中
19	人才培养与发展	√	√	中

续表

序号	实质性议题	影响范围 内部	影响范围 外部	优先级/影响程度
20	职业安全与健康	√	√	高
21	社会参与	√	√	低
22	供应商可持续性管理	√	√	高
23	风险管理	√	√	高
24	反贪腐	√	√	中

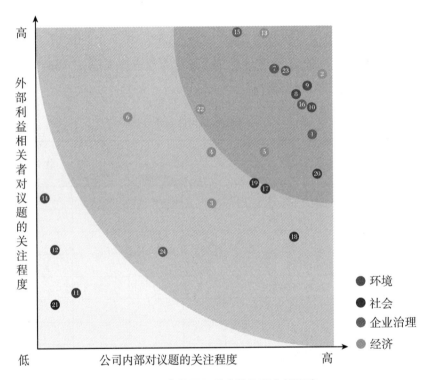

图11.5 中芯国际重大性议题分析矩阵

中芯国际在充分研究上述议题的基础上,紧紧围绕公司治理、环境、社会责任三部分,发布了2021年度环境、社会及治理报告。下面分别从这三个部分进行简要介绍分析。

1. 治理

在治理方面,机密信息保护和法规遵循是中芯国际识别出的两项重大性议题。中芯国际高度重视对自有知识产权和利益相关者的信息保护。企业构建了网络安全综合应用防御系统,包含管理制度优化、信息技术安全防控部署和信息安全意识宣导,并已经过ISO 27001:2013信息技术安全管理体系验证。一方面,企业通过网络安全委员会有效制定、完善和实施信息保护战略,实现物理保密、数据安全、制造区安全性和个人安全性。另一方面,企业进一步完善安全管理队伍,进一步有效优化物理环境监管、互联网访问管理、严格身份验证、数据信息通信秘密性、统计信息存储秘密性、数据信息应用可操控等各项网络安全技能,构成了完善的机密信息的科技防治和监控体系。公司每月进行96万次检查,包括信息安全敏感信息检查、进出公司合规检查、电子设备检查、邮件检查以及厂商/访客信息安全合规检查等。

此外,中芯国际高度重视安全培训。公司的厂商和访客接受信息安全培训比例达到100%,新入职员工100%接受信息安全培训,在职员工100%接受年度复训,包括信息安全政策和核心理念、信息安全管理措施和信息安全违规案例分享等。2021年,中芯国际搭建了适用芯片制造业的智能纵深防护平台,围绕业务目标构造弹性的自适应主动安全防护平台。该平台拥有以业务为中心的智能安全防护能力,可实现全网联动智能自适应安全智能威胁检测、智能安全分析、智能安全控制处置的安全闭环,从而实现了以威胁为中心的被动安全防御向以业务为中心的智能安全防护的转变。通过采取主动防御手段,联动全网协同防护,结合AI和大数据智能关联分析,企业实现了威胁主动智能识别、自动处置,策略智能运维的具有安全弹性的动态自适应防护系统,为设备、控制、网络、应用和数据五类工业互联网防护对象提供"防毒""防黑""防漏"的纵深综合防护。在各种措施的共同保障下,企业通过了8家客户及审计单位的信息安全稽核和认证,为制造过程中的客户产品和信息安全系好了安全带。

除了机密信息保护,中芯国际在法规遵循方面也有所建树。中芯国际设立了合规机构(ICP),并将其写入《ICP指南》,包括措施和步骤来保证公司符合高科技产品的国外出口监管规定和条约。《ICP指南》提供了规范措施说明、技术政策措施、员工培训计划、负责人员和职责、文件保管、筛查流程、稽核、不合规的上报流程以及管制设备、零配件和原物料的管理等9个章节。手册制定后并非束之高阁,而是得到了有效的使用。为使企业所有雇员充分理解公司的内部合规义务,在2021年,联合首席执行官发布了贸易内部合规政策声明,让企业所有雇员充分理解公司的贸易政策内部合规义务,并保证接受此声明。ICP人员定期进行技术培训并管理企业的ICP网站。另外,企业的ICP也经过外部客户的定期稽核和认证。

2. 环境

在环保方面,中芯国际积极响应我国的2030年"碳达峰"、2060年"碳中和"战略,进一步健全环保优惠政策,并提出了环保降碳目标,高度重视气候变化带来的巨大风险与机会,充分运用社会资源,认真执行所有的环保减排优惠政策举措,推动环保绿化方式,全力建成环境友好型公司。中芯国际于2021年注入的环保资本为近10.98亿元,较

2020年增加了21%，将重点进行污水、废气和垃圾等环保基础设施的运行、改扩建，包括污染监控、环保系统第三方评估等。

在集成电路制造行业，水资源是不可或缺的一部分。中芯国际秉承"合理利用水资源，减少对环境冲击"的管理思想，从拓展来源、提高用水效益和废水控制三个角度实施水质控制，以减少水资源风险。中芯国际各厂区分布于不同地区，公司便因地制宜，根据当地可利用的水资源的具体状况拓展水源。由于积体电路引线长度不断减少，对产品清洁水平要求越来越严格，需水量不断提高，水资源利用变得刻不容缓。项目围绕厂务统一供水减量、增加厂务污水利用、增加系统产水量和减少统一排水污染的目标建设节约用水项目，采取节约用水的方法，提高水资源效益，降低自来水消耗。在废水管理方面，企业按照制程废水成分与浓度不同分类，构建起分流系统，使得所有废水均能够在制程机台端分而治之，发挥最佳治理效率。

在能源管理方面，中芯国际依照ISO 50001能源管理体系建立起科学的能源管理制度，三级能源管理体系得以推行，贯彻能源管理岗位责任制度，并配备了专职能源管理机构和专职管理人员从事能源管理工作，为能源管理工作的实施建立起了制度和组织建设上的保障。通过投资150万元用于纯水树脂再生热源节能改善项目，公司年度节电838039千瓦时，年度节蒸汽6057吨，年度节省金额229.37万元。公司投资630万元的冰水系统冰机节能改造项目，也使得公司年度节电3397000千瓦时，年度节省金额207.2万元，成果显著。

在气候变化与温室气体管理方面，中芯国际制定了全方位的气候变化应对框架，包括发布气候变化政策、开展年度温室气体核查工作、公开披露环境责任信息，以进一步提升能源利用率、完善制程温室气体减排管理等。为保证环境信息披露的公开透明，中芯国际每年完成全球环境信息研究中心（CDP）的气候变化问卷，旨在通过披露自身环境表现，积极承担环境责任。根据ISO 14064国际标准推行温室气体核查机制，中芯国际每年定期核算运营厂区的温室气体排放量，及时了解公司温室气体排放数据情况，从而能够有计划地实施减排措施，助力实现将全球升温控制在1.5 ℃以内的目标。

3. 社会

在社会层面，员工是中芯国际最为宝贵的财富。2021年，集成电路人才流动加快，中芯国际员工整体流失率为21.22%。为进一步完善企业长效机制，引进员工并培养专门人员的忠诚度，中芯国际在2021年开展科创板限制性股权奖励项目，首批获得的奖励人共3944名，共计6753.52万股。

从2000年创办至今，中芯国际积极参与社会公益。在"芯肝宝贝计划"、肝移植、人工耳蜗和先天性心脏病救助等医疗项目中累计投入806万元，帮助了206名患者。中芯国际一直以来对青少年教育事业问题尤为关注,通过兴建学校,致力于为社会提供优质教育资源,促进文化教育事业的发展。公司也因此在2021福布斯中国国际化学校年度排行榜榜单中拿到了第62名的优异成绩。

11.3.4 案例小结

中芯国际的ESG报告中还附上了由企业社区负责报告评级专家委员会成员所提交的评估报告,评级研究报告从流程性、实质性、完善、均衡性、科学依据、可读性和创新能力的角度展开,比较全面、完整、概括的对中芯国际的企业社会责任报告工作做出了评估,有利于报告使用者对披露重点的把握,从而增强其ESG信息的沟通效果。此外,第三方专家的改进意见也有助于企业及时发现问题,改善自身披露水平,获得持续成长。2021年中芯国际的ESG评级成绩也相当亮眼,据评级小组的评价,《2021年中芯国际环境、社会及治理(ESG)报告》为四星半评级,是一份领先行业的社会责任报告,国际权威ESG评级机构路孚特也对其给出了B-的评级,处于行业前73%的位置。

根据上海证券交易所2022年发布的《关于做好科创板上市公司2021年年度报告披露工作的通知》,科创50指数有限公司需要独立发布社会责任报告或ESG报告,并着重揭示助力双碳目标、促进可持续发展的行为情形。早在2008年,中芯国际便发布了企业第一份CSR报告,具备相当超前的意识与行动,这与其同时也是港股上市企业不无关系。

在环境方面,得益于企业对于国家"双碳"目标的践行。2021年,中芯国际完善了环境保护政策,制定了节能减碳目标。在气候变化领域,为了积极响应国家的"双碳"目标,公司制定了自己的目标与计划。比如,2030年温室气体单位产品排放强度较2010年下降50%。而为实现此目标,中芯国际于2021年投入环境保护资金将近10.98亿元,较2020年增加了21%。在社会层面,中芯国际在报告中详细介绍了其人才引进和培养发展制度、员工的权益与关怀、社区公益慈善等ESG相关内容。在治理方面,公司的机密信息保护机制也可圈可点。

11.4 紫光国微的 ESG 信息披露实践

高质量可持续发展理念的深入人心，ESG 理念近年来也受到了极大的推广和传播。践行 ESG 理念不仅仅是企业可持续发展的内在需求，也是外界对于企业承担社会责任的要求。紫光国芯微电子股份有限公司（以下简称"紫光国微"）一直以来以"智慧芯片领导者"为愿景，其在践行社会责任方面也突出展示了科技在社会责任履行方面的应用。本案例旨在分析紫光国微的 ESG 披露工作，总结其主要做法与经验，以便给其他企业管理者开展 ESG 工作提供实践启示。

2022 年 7 月 11 日，紫光国微发布通告，宣布顺利完成企业股份及新任总裁、监事、负责人的工商变更登记程序，2 名原持股人完全撤出，战略投资者"智路建广联合体"成立的控股公司平台北京市智广芯控股有限公司接受紫光集团公司 100%股份。至此，历经近 20 个月的企业战略重整任务获得新进展，紫光集团公司步入全新的发展阶段。在过去的几年中，紫光国微作为紫光集团旗下的芯片产业上市企业，通过全体国微人的不懈努力，克服了集团债务危机带来的种种困难，业务保持快速发展，公司品牌知名度不断扩大，公司市值不断上升，取得了一定的成绩。

紫光国微积极主动承担社会责任，希望企业以责任擎启品牌，积极地参与推动企业与经济社会、自然环境和谐共融，继续用切实举动为经济社会的和谐发展贡献力量。企业还着力于金融服务城市民生，对顾客、消费者市场健康发展所亟需的新产品、具备前景的新产品积极参与立项开发。整体来看，其在 ESG 信息披露方面开展了积极实践。

11.4.1 紫光国微公司简介

紫光国微前身为创建于 2001 年 9 月的唐山晶源裕丰电子股份有限公司。2005 年在深交所公开注册发行。从 2016 年开始，紫光国微作为紫光集团下属重要子公司，业已成为业内领先的集成电路技术上市公司之一。公司以智能芯片技术为基础，专注于数字安全、智能控制、大功率电子和电力控制、高速安全集成电路等领域，已成为世界领先的芯片技术与解决方案供应商，产品广泛应用于银行、电信、地方政府、电动汽车、工业互联网、物联网等行业。

公司以"用芯成就客户、共创智慧世界"为使命，以"智慧芯片领导者"为愿景，坚持"技术领先、全球发展、高效运营"三条路径，深耕"智慧网联、智慧工业、智慧金融、智慧城市、智慧生活、智慧交通"六大垂直领域,致力于构建智慧产业生态圈,赋能百行百业,共创智慧世界。

2022年11月15日,我国物联网产业开发导航者峰会暨"物联之星"颁发大典在中国深圳市隆重举行。"物联之星"评比项目是中国物联网产品技术研究联合会及深圳省市物联网产业协会发起的纯公益奖项,其已历经14年的开发与积淀,公信力和可靠性深受业内人员认同,被誉为"中国物联网领域的奥斯卡奖"。紫光国微位列2021"中国物联网最具投入意义中小企业奖"榜首,并且揽获"国内最有影响力物联网安全企业奖",得到业内高度肯定。与此同时,公司的业绩表现与成长潜力亦获得了市场的广泛认同,紫光国微已陆续获得"主板上市公司价值一百强"奖、入围中小企业创利水平和综合健康指数双百强榜单,并荣登福布斯"2022国家数据经济发展一百强"榜单。

11.4.2 紫光国微ESG信息披露的主要内容

近年来,紫光集团一直将"让数字化更有能量和温度"视为践行公司社会使命的重要目标,将可持续成长的ESG模式纳入公司经营策略,追求企业文化和社会公益的最好结合点。但是从形式上看,紫光国微并没有单独的ESG信息披露报告,公司的环境、社会相关信息通常包含在其年报中。2021年公司首次将社会责任信息独立出来形成了单独的社会责任报告并在巨潮资讯网上予以发布。从其披露信息来看,紫光国微社会责任表现具有下述可圈可点之处。

11.4.2.1 研发技术赋能环保事业发展

紫光国微坚持以协调社会全方位、和谐、可持续的经济发展为原则,以节能减排、能源回收再使用为主线,严格环保责任制,加强环保监督管理,坚决保障生态健康。在日常生产经营过程中,每年都会委托有资质的第三方对厂区周边环境进行环保检测、环境影响评价;实施重大产线建设项目时,优化生产工艺,选用节能环保设备进行生产,对建设项目进行前期环保评价,积极落实保护环境事宜。同时企业还积极开发新型产品技术,已先后开发并完成"一种低功耗低电压温度传感电路"等实用新型专利,并开发成中小型化、低功耗的石英晶体谐振器、石英晶体振荡器等一系列品种,推进环保事业持续发展。

11.4.2.2 关爱员工发展人力资源

紫光国微始终认为人才是公司最重要的宝藏,对企业的成长至关重要。企业为深入推行"公司员工成长与关怀计划",高效提高公司员工整体文化素养和工作能力,明确提出了"三个一"原则,期望企业每一名优秀员工"掌握一门事业、培育一种兴趣爱好、参与一种体育运动",让所有公司员工切身体验"六个可感知"的深刻含义(见表11.7)。六个方面比较充分地考虑到人才的不同阶段的需要,并通过针对性的政策进行保证,以便对引进和保留一些有可能给企业带来业绩的人员,而且对巩固和提高公司在业界领导者的地位发挥至关重要的作用。企业通过构建平等宽容的网络平台与员工共创共享成就,为员工创造专门的技能和职位快速发展渠道,也为人员培养创造充足的空间。在2022年4月人力资源科技垂直媒体平台HRTechChina揭晓的2021年度我国人力资源科学技术大奖榜单中,企业再度荣膺"全年劳动力资源数字化最佳雇主"。

表11.7 紫光国微"六个可感知"的内涵

方面	内涵
事业可感知	持续改善绩效考核系统,采用以人与企业为基础的动态绩效机制,实时与目标相匹配,实现上下一致、协调推进;同时,为进一步完善企业内部考核的客观价值、公正,形成良性的公平竞争环境,紫光国微不断推动"岗位能上能下,工资能高能低,管理人员能进能出,技术人员层出不穷,加强人生价值引领"的人力资本机制,深刻实施人才引进、培育、留住"三部曲",企业核心管理人员稳定度一直超过95%
精神可感知	传递企业愿景、使命和价值观,紫光国微立体化表彰体系、企业文化建设和宣导等;公司内刊《国微之窗》,聚焦"凝心聚力汇智,聚焦公司发展、关注员工成长"的核心办刊理念,为公司内部开启沟通、共享的窗口,为员工提供增强信任、展示才华的平台
物质可感知	对标市场,从而创造具有竞争性的薪酬以及更灵活、高效的机制;遇重大节日,高管组织进行员工慰问活动,并以节日礼品、文化游戏等丰富多彩的方式,对公司员工致以节日祝愿;遇重大员工人生大事时,以额外节日赋予、贺金等的方式表示心意
团队可感知	公司每月的职工聚会已经变成职工沟通共享的舞台,营造积极的气氛,传播正能量、鼓舞士气;与重点企业、院校开展长期合作,加强校招和应届新人员引进的工作,并不断完善新人员的课程,让新员工迅速熟悉岗位情况,传递企业的关爱和温情,以便尽快加入团队,适应工作岗位
环境可感知	在办公环境搭建上,充分采用以需求为导向,从员工的办公需求、工作模式优化和文化需求出发,为员工提供更好的办公体验,也为员工不同工作状态需求提供环境支持,提高员工的工作效率和工作幸福度
身体可感知	疫情管控时期,公司进一步增强了政治思想意识,为了全面预测疫情局势的复杂性和严峻性,将公司统筹疫情管控与复工复产工作的方案与举措,想得更细、抓得更严、落得更实,从组建组织、摸排监测、防疫物资、宣讲教学、监督检验、关怀爱护职工等几个方面下功夫,通过科学防范、精细施策,保障职工的安全与健康;企业还在员工商务医疗保险和个人保健体检项目的基本上,不定时聘请三甲医院、医科大学客座教授进行保健养生课堂和现场问诊

11.4.2.3 投身数字化社会建设

紫光国微立足智慧晶片核心技术,重视创新、积淀和专利保障,强化科技、品牌等在潜移默化中提高企业核心竞争力中的作用,为数字化社会贡献能力。紫光积极推动国内首个汽车行业芯片网络供需对接网络平台上线,帮助建立汽车行业供应商新生态;加入国家开放指令生态(RISC-V)联盟,支持 RISC-V 生态建设活动;承办第十八届亚太智能交通分论坛,共建绿色低碳和可持续发展的智慧交通产业生态;旗下紫光同芯深度参编《中国移动新型超级 SIM 芯片技术白皮书》,为新型超级 SIM 卡的推广落地提供了技术方案。紫光国微旗下紫光安芯作为国内领先的智慧生活高科技企业,凭借自有芯片技术优势及信息安全领域的深厚积淀,能够为长短租公寓、公租房、校园等场景客户提供安全智能锁主板方案、安全智能锁产品及行业应用解决方案。紫光国微下属产业紫光同芯金融终端安全芯片扬帆出海,带领中国芯突破重围、挺进世界舞台,刷新了大国品牌的风貌,也再度为中国科技的强国路增添了浓墨重彩的一笔。此外,紫光同芯安全芯片产品成功导入国产知名汽车高端品牌,以紫光芯为代表的国产安全芯片,首次在国产乘用车市场实现装车。这不仅意味着中国原生芯片商,在全面掌握关键技术的道路上取得了重要突破,也是紫光国微"超级汽车芯"为本土汽车产业链提质增效的又一标志性成果。

11.4.2.4 稳中有序,合规经营

紫光国微以风险控制为导向,通过识别评估公司经营风险并规范内部管理机制、健全经营规范,公司以内控管理为契机,将风险和合规行为经营管理工作与企业内部控制体系相结合,合理保证公司经营管理工作法定合规行为、资金负债稳定性、公司财务报告和相关信息体系的可靠与完整,进一步提高经营效率与效果,有效推动并实现了公司快速健康发展策略。公司通过内部风控体系,严格按照市场公平交易、政府信息公开、中小企业健康生产、合理劳务用工等法律规定和相关监管规定。同时公司还设立了职业道德和合规经营管理工作专业委员,通过确定公司员工商务行为,将公司对商业道德的责任义务传导至公司每一个人员。公司关注和不断增强公司员工的风控合规管理意识,通过采取流程建设、培训宣教、检查和问责等一系列方法,落实了中小企业和公司所有人员的风控合规管理责任。公司针对风控合规的多种主题开展面向不同岗位员工的培训,要求公司员工作为一线责任人了解所处岗位的工作要求并主动遵循。

紫光国微利用内部审计检验风控规范落实质量,并利用检验成果不断提升企业管理水平。公司在坚持企业诚实经营原则的同时,积极鼓励公司员工、合伙人及其他企业关联方,将他们对涉嫌违反企业法律及社会相关规定的言行,以及其他不合乎道德规范

的、非法违规行为,以实名或匿名形式反映至专门的反舞弊邮箱或道德与合规委员会邮箱,并对报警人信息严格开展保密工作,严禁一切攻击报复活动。

11.4.3 紫光国微ESG信息披露的主要做法

11.4.3.1 升级ESG报告编制形式

尽管从社会价值与成效来看,紫光国微在社会责任履行方面取得了不错的成绩,但值得注意的是,其社会责任披露仍然存在着许多尚需完善之处。

从形式上看,紫光国微至今没有独立的ESG报告,直到2021年才有独立的社会责任报告,而以往年度仅在公司年报中披露了该事项,篇幅很短,且无图表、案例等辅助介绍。在2013—2020年,其社会责任项目并没有在年报目录中列示,说明公司对社会责任信息披露重要性的认知有待提高。虽然公司在2020年开始有了较大的转变,但总体披露信息量仍处于较低水平(见表11.8)。

表11.8 紫光国微2013—2021年社会责任信息披露元素统计

	图表	案例	目录	单独报告	页数
2013年					0.25
2014年					0.25
2015年					0.4
2016年					0.4
2017年					0.4
2018年					0.4
2019年					0.4
2020年	√	√			14
2021年	√	√	√	√	17

数据来源:2013—2021年紫光国微年报和社会责任报告。

11.4.3.2 丰富ESG报告编制内容

从内容上看,紫光国微的社会责任信息披露质量较低,具体可以体现为以下方面。首先,过程性较差。公司内部缺乏对重要事件、利益关联方调查等的甄别过程,对各种事项的投入过程数据描述较少,而仅仅披露了荣誉与成果(见表11.9)。这进一步也导致许多年度报告出现信息雷同的情况,因为从结果上看,相同的成就被反复提及,信息增量匮乏。其次,实质性较差,缺乏对实质性议题的识别、分析与讨论。此外,可比性较差,量化数据较少,这不利于年份间的数据进行比较,寻找改善的方向与机会。最后,顶层设计较为不足。紫光国微缺乏 ESG 战略体系,没有将 ESG 理念纳入公司治理体系,披露信息整体系统性设计较薄弱。公司没有配置专门的管理人员,没有进行重大性议题管理,这不利于企业有的放矢、系统地推进公司的 ESG 工作。

表 11.9 紫光国微 2013—2021 年社会责任披露内容统计

	2013 年	2014 年	2015 年	2016 年	2017 年	2018 年	2019 年	2020 年	2021 年
股东和债权人权益保护	√	√	√	√	√	√	√	√	√
员工关怀	√	√	√	√	√	√	√	√	√
员工培训与发展	√	√	√	√	√	√	√	√	√
公司治理	√	√	√	√	√	√	√	√	√
合规管理	√	√	√	√	√	√	√	√	√
精准扶贫				√	√	√	√	√	√
客户服务与供应链管理								√	√
环境保护措施								√	√
社会公益								√	√

数据来源:2013—2021 年紫光国微年报和社会责任报告。

11.4.4 案例小结

面向未来,完成战略重组的紫光国微整装待发。在环境保护方面,紫光国微努力通过创新,推出环境保护服务和方案,以助力传统高碳行业向环保低碳转变;在企业的经营、技术与管理工作上,形成完善的绿色环境管理运行制度,持续促进企业节能减排,促进碳中和。在企业社会责任方面,紫光国微将进一步做到勇担重任、科技向善,以创新的数字化科技推动百行百业转型升级;参与防疫、赈灾、扶贫、植树造林等社会公益事业,以数字之能,传播社会温情和希望;赋能"数字乡村"工程,助力新农村振兴发展。在公司治理方面,紫光国微将弘扬企业积极进取的核心价值观,坚持商业道德规范,诚实经营、公平竞争,建立涵盖商品制造整个生命周期的现代供应链管理系统,与生态合作伙伴加速无边界融合,实现企业协同发展。

第 12 章 电子元器件行业

电子元器件行业体现着一个国家的科技实力,影响着国家的现代化水平,在经济发展中占据着重要位置。在 ESG 投资理念日益盛行的当下,电子元器件企业想要实现更长远、更良好的发展,必须重视 ESG 管理。本章从电子元器件行业的基本情况出发,介绍了电子元器件产业在我国的发展历程、ESG 信息披露对于电子元器件行业的重要性以及目前我国该行业的 ESG 信息总体披露情况,包括行业的 ESG 信息披露意愿、ESG 评级情况,并对近三年该行业所发布的 ESG 报告进行了文本分析。在对电子元器件行业整体 ESG 披露情况的把握之上,选取了该行业内的典型企业京东方与海康威视,介绍其 ESG 管理工作的探索与发展之路,分析总结其在 ESG 报告编制与披露工作中值得学习借鉴的先进经验与存在的改进空间。

12.1 行业基本情况

12.1.1 我国电子元器件行业的发展

电子元器件是构成各种电子产品、机器、仪器的原材料,包括电位器、集成电路、电子化学材料等。

根据应用领域和范围的不同,电子元器件可被分为不同类型:按加工过程中是否改变了分子成分与结构可分为元件和器件;按是否具有完整电路功能可分为分立器件和集成器件;按工作中是否处理电信号及是否需要电源驱动可分为被动元器件和主动元器件。

电子元器件行业在一个国家的经济发展中占据着重要位置,也体现着一个国家的科技实力。电子元器件行业的技术水平、生产规模和发展速度直接制约着电子设备和信息系统产业的发展,而且对于宏观产业改造、世界范围内的科技进步与现代化建设有着举足轻重的意义。简而言之,电子元器件产业是对于国家安全具有基础性、先导性和战略性意义的产业。

电子元器件行业最早起源于欧美国家,在我国起步较晚,1956年建成的华北无线电器材联合厂是我国第一个综合元件厂。改革开放之后,我国产业发展较大程度上依赖进口,电子元器件行业也成为首批开放的产业之一。到了20世纪90年代,计算机等产业蓬勃发展,伴随着国际制造业转移至中国,我国的电子元器件产业实现了快速发展(见图12.1)。

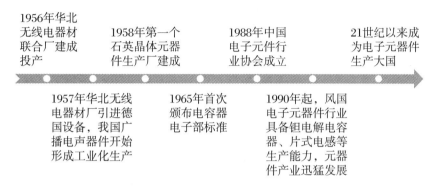

图12.1 我国电子元器件发展历史

12.1.2 电子元器件行业产业链及相关政策

电子元器件行业处于整个电子产业链的中游,上游主要为半导体、磁性材料等原材料,下游市场广泛,涵盖军事、通信设备等多领域。产业链如图12.2所示。

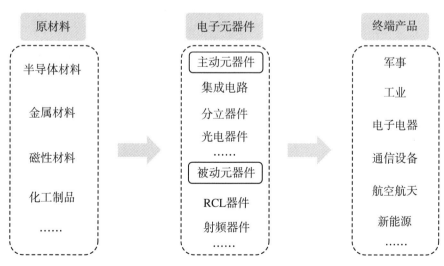

图12.2 电子元器件行业产业链

随着电子科技应用领域的持续发展与世界范围内消费水平的持续提高,各类电子市场终端产品相关的市场容量、产品广度也得到了不断拓展与延伸。2021年,我国规模以上电子信息制造业营业收入为141285.3亿元,同比增长14.7%[①]。

终端市场的快速发展也带动了我国电子元器件的需求持续增加,推动了电子元器件行业的前进,与其相关的技术研究也在不断深入。从主要电子元器件领域专利的申请情况来看,我国电子元器件行业近些年的相关专利申请在数量上实现了连续的增加。

仅统计关键词"集成电路""电容器""电阻器"和"电感器",近6年我国电子元器件专利申请数量如图12.3所示。

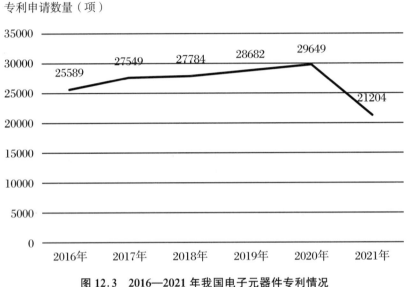

图12.3 2016—2021年我国电子元器件专利情况

数据来源:国家知识产权局。

作为信息技术产业进步发展的支撑与基石,国家一直把电子元器件行业作为鼓励、扶持的重点对象。且近年来,美国与西方国家对我国实施了愈发严格的禁运政策,为打破他人对于我国高新技术方面发展的限制,我国启动了助力芯片自主研发与控制的相关工作,政府等多部门相继发布了多部文件、政策。如2010年,我国设立了总额超1000亿元的"核高基"专项基金,把提高集成电路设计水平、丰富设计工具纳入"中国制造2025"计划。

目前,我国已经建立起了一批具备自主创新能力和国际竞争力的电子元器件大型公司。随着企业实力进一步的增强,我国电子元器件行业在某些专业领域已经具有相当强的实力,企业的生产规模不断扩大、产品质量飞速提升、生产技术显著提高、上市企业数量逐年增加,相关产品的产量或质量均位于世界前列。

---

① 央广网. 专访中国电子信息行业联合会:2021全行业整体收入规模达到23.6万亿元[EB/OL].(2022-02-14)[2022-12-22]. http://www.cecc.org.cn/news/202202/564097.html.

此外，在科技水平持续升高的背景下，随着"中国制造 2025"的推进，下游市场对于电子元器件功耗、精度、配套等方面的要求也在不断提高，我国电子元器件产业在发展中不仅面临着赶超世界先进水平的压力，同时也面临着新一代电子技术、信息技术的挑战。当下，我国电子元器件行业正处于加快转型升级的攻坚阶段，在国际贸易保护主义抬头、环境与资源的约束日益增强等错综复杂的背景下，我国电子元器件行业必须抓住新能源汽车、5G、物联网等新兴战略性产业蓬勃发展的重大机遇，为我国电子信息产业的发展乃至整个工业的发展添砖加瓦。

12.1.3 ESG 对于电子元器件行业的重要性

全球各国、各界对于 ESG 的投资规模已不容小觑，各方对于企业在 ESG 方面的付出与成果的关注和要求在持续增加。在此背景下，电子元器件企业想要得到更好的发展就必须重视其 ESG 表现。

ESG 对应环境、社会和治理三个方面，企业在这三方面的表现可以反映企业的可持续发展能力。在社会与治理方面，电子元器件与其他类型企业相比没有需要特殊关注的地方，而电子元器件行业对于环境的影响则不得不被重视。

电子元器件对于环境的负面影响从以下两个方面进行分析。

12.1.3.1 生产过程对环境造成的影响

制作电子元器件需要用到卤族元素物质以及大量的金属，比如锡、铅、银等，这些物质的加工处理过程中伴随着大量污水与有毒气体的产生，不论对环境还是人体都有可能造成无法逆转的伤害。排放的重金属会造成土壤污染，使土地贫瘠，失去活力，当这些物质进入到水中则会影响水质，对水生物、人体造成严重损害。在大气污染方面，氟氧化物的排放会造成臭氧空洞，提高了人类染上皮肤癌等各类严重性疾病的可能。

12.1.3.2 电子垃圾对环境造成的影响

电子垃圾是废弃电子设备的统称，又称电子废弃物，一般被分为两大类：一类对环境伤害比较轻、组成结构较为简单，如电冰箱等家用电器；另一类是组成材料与零件较为复杂，对环境威胁较大的废旧电子产品，比如电脑等。电子元器件废弃物对环境的影响正体现在第二类产品中，如电脑元件中含有砷、汞等有毒物质，手机元件中含有镉、铅等多种持续时间久并具有生物累积性的有毒物质。

联合国《2020 年全球电子废弃物监测》报告显示，2019 年全球产生的电子废弃物总量达新高,共 5360 万吨,而其中仅有 17.4% 被收集回收[①]。报告强调,电子废弃物会对生物的健康和生态环境造成严重危害,如其中所含的汞等物质,会损害人类的脑部和身体协调系统。

为了控制电子信息产业对于环境的污染,我国政府相继出台了较为完善的法律体系,颁布了一系列政策文件,如《废弃家用电器与电子产品污染防治技术政策》等。此外,于 2007 年 3 月 1 日起正式实施的《电子信息产业污染控制管理办法》对相关生产企业从设计、制造、销售到二手产品的回收再利用,一整条的生产链进行监管指导,以减少电子产业对于环境的污染和资源的浪费。

在电子元器件对于环境产生威胁、环境关乎人类的延续与地球的未来、政府及消费者等各方群体愈发重视可持续发展的背景下,电子元器件企业有责任和义务采取措施来改善、减轻其对环境的巨大不利影响。如对生产过程进行规范、建立完善的回收制度、践行节能减排、研发绿色产品等以持续改善其经营管理实践。在 ESG 报告中对相关措施的披露有助于企业建立良好的声誉,赢得利益相关者的信赖与青睐。

综合上述讨论可知,ESG 披露对于电子元器件企业的发展是十分必要的,尤其是在环境方面。相关 ESG 信息的披露不仅展示了企业对于人类可持续发展作出的贡献,也为企业自身的可持续发展拓展了未来。

12.2　行业 ESG 信息披露总体情况

12.2.1　我国电子元器件行业 ESG 信息披露意愿分析

随着我国电子元器件产业发展进程的不断推进,涌现出了许多优秀企业。仅从 A 股上市电子元器件企业的数量上来看,2019 年之后迎来了快速增长期。2019 年的同比增长率为 12.8%,而 2020 年的同比增长率则达到了 20.57%,并在 2021 年维持了较高的增长水平(见图 12.4)。

---

① 联合国. 全球电子废弃物激增 5 年内增长 21%[EB/OL]. [2022-12-13]. https://news.un.org/zh/story/2020/07/1061272.

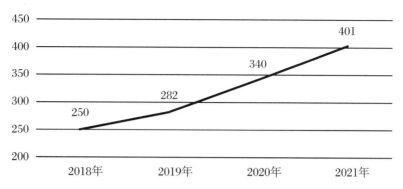

图 12.4 2018—2021 年我国电子元器件行业 A 股上市企业数量

数据来源：国泰安数据库。

随着电子元器件行业的蓬勃发展，相关企业在 ESG 信息披露方面呈现出了不同的变化趋势，如相关企业的 ESG 信息披露意愿出现了波动。2018 年，电子元器件行业 A 股上市企业中披露了 ESG 情况的企业占比为 93.6%，但随着企业数量的猛增，2019 年和 2020 年披露 ESG 情况的企业占比连续下降，2020 年的占比仅为 85.29%。2021 年相关企业数量的增速依然较高，但披露了 ESG 情况的企业占比迎来了回升，甚至高于下降开始前的 2018 年，披露率达到了 98.5%，在 401 家上市企业中，仅有 6 家企业没有对 ESG 情况进行披露。

值得注意的是，我国 A 股上市公司披露 ESG 报告的比例事实上在近 10 年为波动状态，并没有显著的增加。出于我国企业的 ESG 信息披露意愿尚且较低的原因，相关 ESG 评级机构需要自行从企业官网、年报等信息披露源搜集整理信息以对 ESG 数据库进行补充完善，上述数据中不排除这种情况。即便如此，这一趋势变化无疑体现了 ESG 披露的重要性。随着"双碳"目标的推动，我国的 ESG 投资发展持续加速，且近年来监管指导企业 ESG 披露的文件大量颁布，未来电子元器件行业 ESG 披露将得更加完善，企业披露意愿将持续上升。

12.2.2　我国电子元器件行业 ESG 评级情况分析

我国 ESG 评级起步较晚，整体 ESG 综合得分与其他发达国家相比仍有差距。统计数据显示，近年来我国 A 股上市企业 ESG 综合得分的均值以 10 分为满分的情况下主要分布在 5—6 分的区间内，整体水平不高但趋势持续上升（见图 12.5）。在 2021 年的增幅较大，这可能是由于企业自身的努力及相关法律法规的完善。

其中电子元器件行业的 ESG 综合得分均值是要大于 A 股上市企业整体均值的，且同样呈现上升趋势。

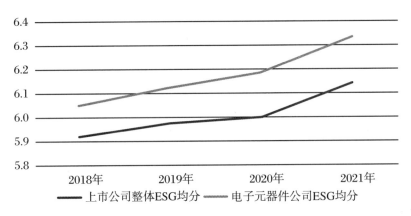

图 12.5　2018—2021 年我国上市企业 ESG 综合得分

数据来源:Wind 数据库。

聚焦到电子元器件 A 股上市企业,同样可以看出,ESG 评级结果分布集中,位于中间等级的企业占比最大,评级结果优良的企业占比较少(见图 12.6)。行业整体的 ESG 评级表现中等。

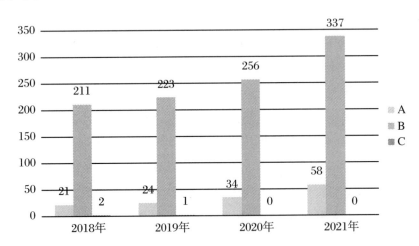

图 12.6　2018—2021 年我国电子元器件行业 ESG 评级情况

数据来源:Wind 数据库。

对电子元器件企业在具体三个维度的 ESG 得分情况进行进一步分析,如图 12.7 所示,三个维度的得分与综合得分的变化一致,呈现逐年增加的趋势,这体现了大部分企业可持续经营的能力在不断增强。

而横向对比的结果表明,环境维度的得分要显著低于社会维度和治理维度的得分,其中治理维度的得分最高。评级机构在对企业的 ESG 进行打分时,会基于每个维度选择不同的议题,并针对行业特点选择每个议题所对应的具体指标。前文提及,电子元器件行业由于其行业特点,在社会和治理维度并没有显著区别于其他行业的指标,关注的重点在于企业生产经营过程中对于环境的影响。该得分的分布情况正是该观点的印

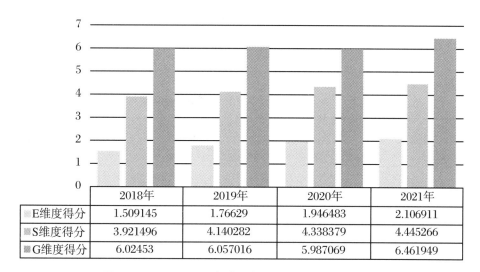

图 12.7 2018—2021 年我国电子元器件行业 ESG 得分

数据来源：Wind 数据库。

证,说明电子元器件企业在环境管理方面面临着较大的压力和困难。

目前我国电子元器件行业的 ESG 评级情况表明,与市场整体表现一致,电子元器件制造企业在环境、社会和治理方面的表现在持续改善,尤其是在 2021 年之后,随着法律法规的完善和企业 ESG 理念的普及,行业整体的 ESG 表现有了明显的提升。此外,电子元器件企业在接下来的发展中应该更加重视环境管理方面,对于环境管理的改善不仅有助于企业自身的未来发展,更关乎人类和地球的未来。

12.2.3 我国电子元器件行业 ESG 报告分析

对近三年的我国 A 股上市电子元器件企业自主披露的报告进行搜集整理,发现明确为 ESG 披露的报告数量在 2019 年和 2020 年每年都仅有个位数,在 2021 年为 15 份。2021 年,相关法律法规的完善促进了企业对于 ESG 的重视。

对上述 ESG 报告进行文本分析,从以下两个角度进行切入:ESG 报告编制所参考的依据;报告所关注的指标差异性。

12.2.3.1 ESG 报告编制的参考依据

国外的 ESG 实践于 20 世纪 90 年代就进入了快速发展阶段,多家国际知名机构陆续推出了不同的 ESG 评级体系。与之相比,我国的 ESG 评价体系发展晚了最少 20 年,当下依然处于多元化发展的探索过程中。各企业在进行 ESG 披露工作时需要参考国内外的相关指引,并结合企业自身的特点进行议题的选取与报告的编制。

对电子元器件企业编制 ESG 报告时的参考依据进行整合,如表 12.1 所示,各企业编制 ESG 报告时参考的文件来源较分散,既有国际组织,也有国内组织。具体到行业层面,针对电子制造行业的标准文件由中国电子工业标准化技术协会进行编制和发布。

表 12.1 我国电子元器件企业 ESG 报告编制参考依据

机构名称	文件名称
国际标准化组织	《ISO 26000:社会责任指南(2010)》
联合国	《可持续发展目标(SDGs)企业行动指南》
全球可持续发展标准委员会	《GRI 可持续发展报告标准》
上海证券交易所	《科创板上市公司自律监管规则适用指引第 2 号——自愿信息披露》
深圳证券交易所	《上市公司社会责任指引》
香港联合交易所有限公司	《环境、社会及管治报告指引》
中国电子工业标准化技术协会	《电子信息行业社会责任指南》 《电子信息行业社会责任管理体系》 《电子信息行业社会责任治理评价指标体系》
中国工业经济联合会	《中国工业企业及工业协会社会责任指南》
中国标准化研究院	《社会责任报告编写指南》
中国社会科学院	《中国企业社会责任报告编写指南》
中国证券监督管理委员会	《公开发行证券的公司信息披露内容与格式准则第 2 号——年度报告的内容与格式(2021 修订版)》

被参考次数最多的相关组织及相关文件如图 12.8 所示,有 83.3%的 ESG 报告参考了全球可持续发展标准委员会制定的《GRI 可持续发展报告标准》。其次是国际标准化组织所发布的《ISO 26000:社会责任指南(2010)》,有一半的 ESG 报告参考了其指引。可以看出,目前国内还缺乏统一的、可靠的 ESG 披露标准,因此各电子元器件企业在编制报告时的参考差异性较大。

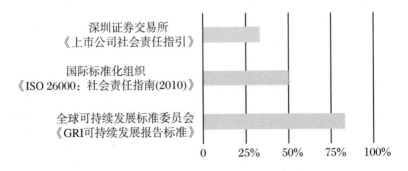

图 12.8 我国电子元器件行业 ESG 报告编制依据

此外，根据《金蜜蜂中国企业社会责任报告研究 2021》，2021 年收集到的我国企业有效的社会责任报告共 1802 份中，将 GRI 标准作为编制依据的比例达到 31.63%，仅次于香港联交所《环境、社会及管治报告指引》的 37.24%，且与 2010 年相比，增长了 15.54 个百分点[①]。电子元器件行业的表现与其他行业一致，较为认可 GRI 标准。国际组织所编制的报告指南是具有普适性的，虽然可适用于大多数国家和行业，但对我国企业，尤其是具体到电子元器件行业可能缺乏针对性，企业在编制报告时需要自行进行进一步的议题和指标选取。

12.2.3.2 披露指标差异性

《GRI 可持续发展报告标准》是目前我国大多数企业包括电子元器件企业编制 ESG 报告时最受欢迎的框架标准。相比于其余主流的国内外标准，GRI 标准的细化度更高，标准及议题制定更加模块化。其中的议题专项标准包含环境、社会和治理三个方面的 79 项细化指标，企业可依据需求，选择相应的标准进行披露。

以环境维度为例，GRI 300 系列标准包含 8 个议题，我国电子元器件企业编制 ESG 报告所采纳的环境议题如图 12.9 所示，企业最关注的环境议题为能源、水资源与污水和排放，披露率达到了 100%，此外，企业也较为关注废弃物的产生与管理。而专项议题 304 生物多样性，电子元器件企业由于经营业务特点不涉及该议题，披露率为 0。

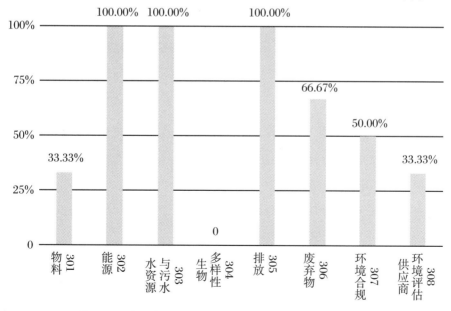

图 12.9 我国电子元器件行业 GRI 标准环境议题披露情况

---

① 殷格非，于志宏，管竹笋. 金蜜蜂企业社会责任蓝皮书 金蜜蜂中国企业社会责任报告研究(2021)[M]. 北京：社会科学文献出版社，2021.

具体到议题指标，电子元器件行业最关注的 GRI 环境指标前三名依次为：排水、管理与排水相关的影响、组织内部的能源消耗量。

除了 GRI 指标，企业也参考其他组织标准进行了指标选取，如环境管理体系、绿色办公、节能技术、绿色产品、环保培训等。企业从绿色生产与运营、绿色产品开发与技术应用等角度报告了企业对于保护环境所做出的努力与取得的成就。

综合本节的讨论，可以看出目前我国电子元器件行业的 ESG 信息披露意愿，尤其是自主披露意愿整体较低，但呈现快速的增加趋势，这得益于 ESG 理念的传播和法律法规的完善。

在 ESG 评级表现方面，大部分电子元器件企业的得分位于中间层级，三个维度中环境维度的表现最差。由于行业特点，电子元器件对于环境的影响是不容忽视的，电子元器件企业必须加强对于环境维度的管理，并在 ESG 报告中展示其取得的成果。在生产经营过程中对于环境的管理和在 ESG 报告中对于环保成就的展示不仅能为企业带来可能的经济绩效增加，更有助于企业的可持续发展。

在 ESG 报告编制方面，企业的参考标准较为分散，其中应用最广泛的标准来源于国际组织，指标的选取也各不相同。此外，企业在编制报告时缺乏统一的框架，披露的内容往往跟随着大段的文字描述，难以直观获取相关数据。指标选取的不同、指标数量的差异以及框架的缺乏导致难以对企业的 ESG 表现进行横向与纵向的对比。

12.3 京东方的 ESG 信息披露实践

随着可持续发展理念得到广泛认同与推崇，ESG 发展理念与投资得到的关注也日益增加，企业变得更加重视 ESG 信息披露与 ESG 报告的编制。本案例以京东方科技集团股份有限公司（以下简称"京东方"）的 ESG 披露工作为描述对象，详细介绍京东方 12 年来的企业社会责任践行与发展之路，分析了京东方在 ESG 工作方面的先进经验，以期为其他企业的 ESG 报告编制提供借鉴。

2022 年 4 月 21 日，京东方公布了《2021 京东方（BOE）企业社会责任报告》。这是自 2010 年起，京东方连续向社会发布《企业社会责任报告》的第 12 个年头。作为众多荣誉傍身的中国科技巨头，京东方历经了数不尽的艰难与坎坷，但正是因为它不仅注重自身的经济利益，而且愿意倾注全部努力，怀揣以人为本、用心改变生活的愿景，把关注和促进企业社会进步当作价值追求，京东方才能取得如今这般不凡的成就。正如京东方董事长陈炎顺所说:"对于京东方而言,企业社会责任绝不是一种口号,而是一种从理念到行动的时代使命。"让我们一起走进京东方,探索京东方践行企业社会责任理念,实现高质量发展的成功之路。

12.3.1 京东方:科技巨头,面板之王

京东方于1993年成立,是世界领先企业,其业务以半导体显示作为核心,融合了物联网创新等,形成了"1+4+N+生态链"。服务体系覆盖全球主要地区,旗下子公司分布于美国、加拿大等20个国家与地区。

作为全球半导体行业中的领头企业,京东方引领着中国显示产业完成了从无到强的快速发展。如今,京东方的产品已被众多有名的国内外品牌采用,Omdia的调研数据表明,2022年第一季度,在智能手机等五大领域,京东方生产的液晶显示屏出货量均处于世界第一。

京东方致力于新技术的研发,截至2021年,京东方可使用专利累计已超过7万件。美国专利服务机构IFI Claims 2021年的统计报告显示,京东方全球排名跃升至美国专利授权排行榜第11位。

京东方如此令人瞩目的成就离不开企业领先的经营理念与战略管理。京东方的企业愿景十分宏大:成为地球上最受人尊敬的伟大企业。随着业务的升级发展和"屏之物联"战略的提出,京东方在2021年发布了全新的品牌定位:把科技引领、产品卓越、融合共生、以人为本作为品牌原则;把通过尊重技术、坚持创新,为合作伙伴赋能多元价值,共创美好生活作为品牌承诺;把用心改变生活作为品牌使命。

正是在美好愿景的引领下,2010年,京东方被评为中国50家最受尊敬的上市公司。此后,京东方一路高歌,于2013年进入亚洲品牌500强,于2021年荣获全球品牌价值500强。京东方的发展创领未来、一路超越。

12.3.2 双重因素推动ESG信息披露

2011年,京东方披露了首份《2010年企业社会责任报告》,这为京东方随后每年发布企业社会责任报告拉开了序幕。彼时担任京东方集团董事长的王东升在致辞中指出了京东方决定发布企业社会责任报告的原因和必要性。

企业社会责任(CSR)与ESG所追寻的终极目标是一致的,即通过信息披露以实现与利益相关者的沟通,为股东和社会创造财富与价值,实现企业长期的良好发展。两者

都关注社会、环境与企业的运营(治理),不同点在于CSR强调多利益相关者视角,而ESG则主要从资本市场的投资者角度进行切入。目前国内采用可持续发展报告和ESG报告命名的企业越来越多,部分上市公司已经将社会责任报告更名为ESG报告或可持续发展报告。可以认为,京东方企业社会责任报告的披露也是对ESG理念的践行。

在京东方,企业社会责任是与生俱来并根深蒂固的。京东方内部非常明确,企业对于所有利益相关者承担着责任,有义务以诚信、负责的行动赢取他们的支持与信赖。此外,京东方不只注重自身的发展,也高度重视追求企业与社会的和谐发展。从内部发展视角,通过企业社会责任信息的披露,京东方可以实现与利益相关者的持续对话,有利于投资者和社会公众全面地、系统地了解企业的经营理念和企业在相关议题下的表现与取得的成果,而了解更多企业在承担社会责任方面的信息将有利于增加公众对企业的认可,提高企业的形象和声誉。除此之外,企业在社会责任方面的付出还将有利于企业与环境和社会的友好协同,促进企业的可持续发展。

从外部环境来看,京东方也有进行企业社会责任信息披露的必要性。在如今的全球竞争中,所有企业都要接受多方面的考察检验,不仅是经营绩效表现,还必须在环保表现、员工健康和发展以及社会公益等方面不断制定更高的目标。尤其是随着可持续发展理念在社会各界引起广泛关注,投资者与其他各利益相关者对于多方位信息的需求已经无法仅通过片面的财务指标信息来满足,积极报告企业参与环境、社会与治理等方面的信息已经成为增强企业竞争力所不容忽视的因素。除了利益相关者对于企业ESG实践的需求之外,政策制度的出台与完善也是推动京东方企业社会责任报告披露的动力之一。为了更高效地指引企业积极承担社会责任,我国政府等各部门与各相关机构陆续制定、颁布了多项政策与指导文件,从披露内容、形式等多方面做出明确要求,鼓励上市企业积极履行社会责任,重视运营过程中的环境、社会和治理。随着越来越多的国家和地区将ESG信息披露要求纳入监管,我国证监会等机构也在上市企业环境信息披露、社会责任管理、公司治理等方面颁布了一系列政策与要求,强制推动A股上市企业对于非财务信息的披露。

在企业内部动因和外部环境的要求下,京东方的ESG报告不断进步与完善,一路前行。

12.3.3 ESG报告的不断完善与发展

2010年,京东方发布第一份企业社会责任报告时就明确了之后的ESG信息披露前进方向:"京东方的企业社会责任没有终点,永无止境。我们正在制定企业社会责任方面的可量化标准,不断完善企业社会责任评估体系,通过自我测评体系和社会监督正视我们自己,激励我们继续向前。"在该目标下,京东方连续 12 年编制与披露企业社会责任报告,实现了报告质量的不断提升。

12.3.3.1 升级 ESG 报告的编制形式

京东方 ESG 报告的进阶首先体现在可读性的提升(见表 12.2)。

2010 年的第一份企业社会责任报告采用的尚为纯文字阐述的形式,2011 年则在报告中加入了图表元素便于信息使用者更加直观地理解和获取信息,2012 年开始,进一步添加了图片,大大丰富了报告的色彩元素、提高了报告的美观性。

为了方便报告使用者搜索需要的数据信息,自 2014 年起,京东方除了目录,还在报告最后的附录中增添了指标索引章节,对报告中各议题涉及的指标进行总结。对非量化指标以及量化指标的单位和数据信息的汇总使得京东方在报告期内各个方面的表现与成就更加清晰明了。

此外,京东方的企业社会责任报告逐步增加了专家点评与审验报告,使得报告的认可度大大提升。在篇幅方面,也由 2010 年的 38 页逐步增加到了 2021 年的 107 页。随着企业社会责任管理方针的体系的提出与建立,京东方企业社会责任报告的内容和篇幅日益详实。

表 12.2 京东方 2010—2021 年社会责任报告元素统计

	图表	指标索引	专家点评	审验报告	页数
2010 年					38
2011 年	√				43
2012 年	√				59
2013 年	√				96
2014 年	√	√			96
2015 年	√	√			108
2016 年	√	√			76
2017 年	√	√	√		77
2018 年	√	√	√		85
2019 年	√	√	√		97
2020 年	√	√	√		96
2021 年	√	√	√	√	107

数据来源:2010—2021 年京东方企业社会责任报告。

12.3.3.2 丰富ESG报告的编制内容

京东方在企业社会责任报告编制形式上的完善与报告内容的升级是同步推进的。虽然报告所围绕的核心议题均为环境、社会与治理,但京东方不仅参考了国内外关于企业社会责任报告编制指南,也结合企业的自身特点和需求,不断丰富企业社会责任报告的内容和指标选取。

2010年京东方的首份企业社会责任报告,围绕"技术与产品""品质与安全""环保与节约""客户与伙伴"等8个主题,完整地展示了其企业社会责任管理的成果。在公司治理层面,京东方从产品研发、技术创新、安全管理与管理制度等方面展示了企业的经营状况;在社会责任层面,从公益事业体系、员工培训与发展等方面展示了企业的社会责任担当;在环境层面,从绿色生产、绿色产品等方面展示了其对于人类社会与地球环境和谐发展的追求。

随着京东方对于企业社会责任的日益重视与相关管理体系的不断完善,京东方企业社会责任报告的内容板块也在不断升级。如表12.3所示,京东方围绕着核心议题对报告板块不断地进行着增添和合并,2014年所提出的板块结构在之前的报告基础上增加了创新体系等内容,构建了相对成熟的结构框架,并在此后5年沿用了这一框架。在2020年,京东方对企业社会责任报告做出了较大的调整,把之前相对细化的框架整合为治理、科技、环境和社会四个维度。这一跨度极大的调整响应了社会的需求,是顺应ESG理念越发被认可、ESG报告逐年增多、ESG指导政策不断完善的时代潮流的改变。

表12.3 京东方2010—2021年企业社会责任报告框架统计

	2010年	2011年	2012年	2013年	2014年	2015年	2016年	2017年	2018年	2019年	2020年	2021年
技术与产品	✓											
品质与安全	✓											
环保与节约	✓											
客户与伙伴	✓				✓	✓	✓	✓	✓	✓		
投资者关系	✓				✓	✓	✓	✓	✓	✓		
员工发展	✓			✓	✓	✓	✓	✓	✓	✓		
制度与规范	✓											
社会公益	✓	✓	✓	✓	✓	✓	✓	✓	✓	✓		
企业哲学与发展战略				✓	✓							

续表

	2010年	2011年	2012年	2013年	2014年	2015年	2016年	2017年	2018年	2019年	2020年	2021年
公司治理与商业道德		√	√	√	√	√	√	√	√	√		
产业责任		√	√	√								
环境责任	√	√	√	√	√	√	√	√	√			
创新体系					√	√	√	√	√			
治理											√	√
科技											√	√
环境											√	√
社会											√	√

数据来源：2010—2021年京东方企业社会责任报告。

除了内容框架的升级，京东方围绕着核心议题所选取的具体指标也在不断完善，量化指标不断增加，结合图表的灵活应用，京东方企业社会责任报告的使用价值得到了大幅提升，报告也得到了社会各界的广泛认可和赞扬。

12.3.4　ESG管理工作的全面深化

12.3.4.1　建立ESG管理体系

京东方企业社会责任实践的成就离不开CSR管理体系的建立。京东方在发展的过程中充分认识到社会责任理念与企业经营的全面融合是优秀CSR管理的必然趋势，也是企业落实履行社会责任的保证机制，只有确立了CSR管理体系，企业才能实现在经济、社会与环境三方面的综合发展。

一个完善的CSR管理体系应包含组织管理体系、日常管理体系、信息披露体系、绩效指标体系和能力建设体系。自2013年开始，京东方在最高领导层之下设立CSR管理委员会作为一个独立机构，任命董事长为委员长，总裁为执行委员长。该委员会主要负责研究与制定CSR方面的战略、原则等，并与外部对接处理企业社会责任的相关事宜。CSR管理委员会之下进一步成立CSR推进室来推进CSR的具体实践和与其他相关各组织CSR负责人的沟通（见图12.10）。

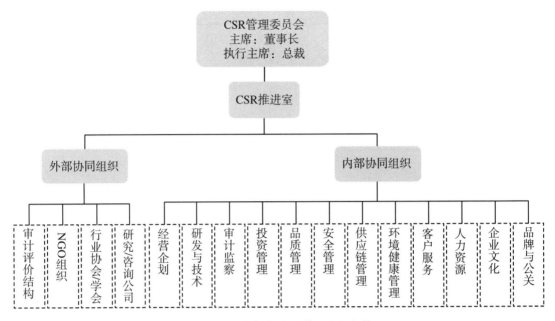

图 12.10　京东方 CSR 管理组织架构

京东方深知践行社会责任的重点在于把责任、要求融进企业运营的每一个环节,对各项业务开展持续的优化,把 CSR 理念落实到每一项工作、每一个岗位和每一位员工,使其成为生产经营的有效组成,成为全体员工的信仰和自律行为,进而企业才能有组织、有制度并常态化地进行相关工作、取得实质性成果。

除了建立 CSR 管理体系,京东方还提出了具体的 CSR 管理方针,方针可以概括为:倡导、培育、激励与促进(见图 12.11)。四大方针相辅相成,助力企业 CSR 发展实践。其中,"倡导"指的是倡导积极践行 CSR 理念,引发企业与员工对相关问题的重视和探

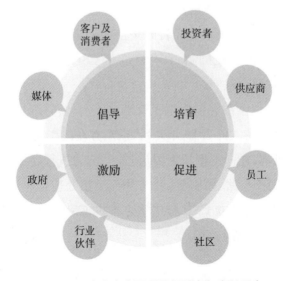

图 12.11　京东方主要利益相关者与责任理念

索;"培育"针对的是实施能力,要进一步健全企业社会责任的相关制度、形成良好的CSR环境;"激励"指要激励从管理者到员工所有人,一起营造责任文化,把绩效管理和责任绩效相融合;"促进"指要促进持续发展企业社会责任管理,不断探索相关的新思想与新方法。

在CSR管理方针的指导下,京东方的CSR管理组织积极地发挥着其功能与作用,带领京东方在企业社会责任实践中不断取得实质性成果。

12.3.4.2 重大实质性议题分析

企业社会责任披露的重点在于披露议题的识别与选取。在携手社会实现可持续发展的征程中,京东方与各方利益相关者密切联系在一起。京东方采取多元沟通方式来聆听利益相关者的声音,通过不断深化双方的交流与反馈,更清楚地认识各方需求,识别出可持续发展相关议题,推动京东方的经营与管理的改进,助力企业与社会可持续发展的进一步完善。

京东方建立了一套完整的重大实质性议题鉴别流程:筛选议题清单、排列优先级顺序、讨论与复核。京东方在编制企业社会责任报告时参考了国内外相关的主流指南文件,这个参考列表并非一成不变的,而是随着企业内外部要求的发展在不断调整,例如2010年,京东方参考了《中国企业社会责任报告编写指南》(CASS-CSR 1.0)等,到了2021年,则更换增添了《GRI可持续发展报告标准》、《电子信息行业社会责任治理评价指标体系》(T/CESA 16003-2021)以及联合国《2030年可持续发展议程》来协助确定报告内容。除了相关政策指南,京东方还把企业发展战略、利益相关者在日常沟通中的反馈等内容纳入考量,综合各方的想法和要求,经由CSR相关部门讨论最终敲定议题清单。在筛选出清单的基础上,京东方会进一步对利益相关者进行调查,然后由CSR相关部门评估后确定议题优先级顺序,并确定各议题对应的报告边界。至此,重大实质性议题的鉴别进入尾声,在京东方CSR委员会讨论与复核后,议题鉴别尘埃落定。

京东方对良好的公司治理和风险管理流程的重要性有着深深的认识,包括关乎公司可持续发展的CSR管理。对此,董事会承担着重要的责任,负责聆听相关工作执行层的汇报、监管督促相关事项在公司的落实与优化、审查并批阅与利益相关者沟通以及实质性议题评定的结果,此外还需审核公司每年的CSR报告。

以2021年为例,董事会从环境保护、科技创新、回报社区、公司治理等多议题视角出发,持续对企业社会责任管理工作的重要方向和重要决策进行控制,指引公司相关行动的开展并定期审查行动的成果。为系统化地梳理、识别企业的利益相关者与重点议题,京东方CSR报告编制小组在参考《GRI可持续发展报告标准》的基础上,考虑企业自身的特点,辅之以内外部问卷与专家评议,一共识别出八类重点利益相关者,分别对应四个 CSR 管理方针。

为更高效、精准地提取实质性议题,京东方在 2021 年间根据国内外 CSR 趋势及社会上相关热点议题、同行的领先企业、企业自身的实际情况及 GRI 标准的相关要求,构建起了涵盖公司环境、社会、治理领域的重要实质性议题库,在此基础上进一步整合管理层、公司战略及可持续发展能力的评估分析、主要利益相关者的诉求,从包括对环境、社会、治理三方面影响的重要程度及对利益相关者的重要性在内的两大维度出发,对议题的重要程度进行筛选排序。

最终,京东方通过实质性分析,选取出需要聚焦的中度、高度重要性议题共 37 项作为 2021 年度 CSR 报告的重点议题,进行集中披露与阐述,包括 9 个公司治理层面议题、10 个环境层面议题和 18 个社会层面议题。下面分别从这三个部分进行简要的分析介绍。

1. 环境

京东方坚持同环境共命运、同发展,积极构建绿色体系、研发绿色产品、实施绿色运营,致力践行对环境的承诺。其不断进行技术与产品创新来提升能效、减少排放、节约资源,在产品全生命周期实行十分严格的环境治理,保证从研发到回收处理的所有过程均达到可持续发展的要求,努力探索以新技术解决在环境治理方面的问题和挑战,完成企业与环境和谐共生、一同发展的良性循环。

作为电子制造企业,京东方在环境管理中面临着巨大的压力与挑战。为了实现绿色发展,京东方不仅建立了环境保护管理体系,还不断加强环境风险识别与防控,构建环境应急机制并积极开展突发环境事件应急演练,实现了抵御环境风险能力的持续提升。

在环境风险识别方面,京东方从多维度出发,系统识别出各种潜在的风险。比如,在新冠肺炎疫情的持续影响下,京东方认为,疫情多点散发对环境管理带来的挑战包括外协厂商入厂、废弃物运输、环境监测等方面。此外,风险识别还纳入了政策监管、产能提升等因素。京东方准确的风险识别显著提升了企业的环境绩效,2021 年,公司环境污染事件、超标排放事故、政府处罚事项发生率均为 0[①]。

在风险防控方面,京东方编订了《突发环境事件应急预案》与《风险评估报告》,完成了备案,并遵守法规要求,对相关文件进行定期修订。这是行业领先的环境风险管理措施。此外,京东方还制定了关于环境风险应急演练的计划,以"三个验证、三个覆盖"为原则(三个验证:验证预案的可行性、验证应急物资是否充分、验证人员的应急处置能力;三个覆盖:覆盖所有预案、覆盖所有人员、覆盖所有班组),定期开展废水废气超标排放、化学品泄漏等危机及相关次生灾害发生后的应急演习。例如,2021 年 3 月,京东方开展污

[①②] 京东方.京东方(BOE)2021 年企业社会责任报告[R].北京:京东方科技集团股份有限公司,2022.

水处理排放超标演练,检验了公司《WWT排放超标现场处置方案》的可实施性与应急物资储备情况,还加强了员工对于急救常识的掌握和应急器材的使用。

京东方在环境管理方面不断开拓,从企业的生产运营、绿色产品与技术的研发、绿色办公出行等各环节出发,全方位引导着越来越多的京东方人积极参与生态文明建设,携手共进,保护地球家园。

2. 社会

企业与社会各群体的发展是彼此影响、命运与共的,广大利益相关者的支持是京东方得以健康发展的重要基础。正所谓结草衔环,京东方始终怀揣着责任感、使命感,与各方一同投身在社会可持续发展事业中,坚定与社会和谐统一的协调发展之路。

京东方能成为"全球面板之王",离不开员工的智慧与付出,同样的,京东方也致力于回馈员工,助力员工发展。2021年,京东方大学堂累计培训27166人次,时长达34.90万学时,生产一线人员入模培训与上岗培训19万人次[②]。

京东方也积极投身社会公益。除了与中国扶贫基金会携手推进"照亮成长路"公益项目等,作为高科技创新企业,京东方还发挥自身的技术优势,把数字化展示解决方案应用在博物馆展览中,使展览更富有吸引力和科普力,更好地助力大众走近传统,促进文化的传承。京东方在社会贡献方面真正做到了以人为本,共赴美好未来。

3. 治理

为了在最大程度上保障和维护股东权益,京东方坚持"创新进取、正道经营"的核心管理理念,持续优化企业内部管理体系的建设和的治理水平,其将"诚信、规范、透明、负责"当作运营准则,努力形成最具商业道德、最具合规经营原则的企业文化,并致力通过系统化管理和培训推动整条供应链可持续发展能力的提升。此外,京东方还建成了多元化的高效沟通与互动机制,认真听取广大利益相关者的意见和建议,用开放进取的真心与态度不断加固企业的发展根基。

廉洁管理是京东方极具特色的一项治理议题。京东方构建并不断改善廉洁敬业体系,通过努力培育正道经营、阳光开放的廉洁文化,助力企业成为规范运营、诚信经营、有社会责任担当的优秀企业。为了培养清正廉洁的风气,京东方在教育的形式上不断开拓创新,举办了一系列以廉洁为主题的原创漫画征集活动。此外,京东方还建立了相当完善的管理体系,不仅制定了详细的《舞弊调查管理办法》,还提供了包括书信、当面举报在内的多种举报途径,并通过内外部通告等方式多次宣传这些渠道。此外,京东方还提供线上举报通道,开设专门的邮箱和电话,安排专职人员负责接听和处理。接收到举报之后,相关部门要对于该举报信息严格存档记录,实行严格的举报人保护和举报处理工作,并采取通报等手段,积极跟进和解决相关事件。2021年,京东方高层管理人员参加线上线下廉洁教育培训达 299 人次,解决处理反腐败事件 12 起[①]。

责任管理体系也是京东方行业领先的方面。京东方内化于心、外化于行,将责任管理作为企业经营和可持续发展的重要组成部分,积极与利益相关者开展沟通,持续完善责任管理体系,培养责任文化、提升责任环境、加强责任实践、巩固责任认知,建立与企业绩效相融合的全周期责任绩效管理体系,逐步推进 CSR 管理的发展升级,打造具有企业特色的 CSR 管理模式和路径。华夏基金管理有限公司 ESG 委员会主席、国际投委会主席潘中宁在京东方《2021 企业社会责任报告》的专家点评寄语中写道:"这份报告向外界呈现了京东方立足高质量可持续发展的决心,以及服务大众、造福社会的诚心。"

12.3.4.3 第三方审验

第三方对于企业社会责任报告的审验也是京东方 CSR 管理前进的一大步。2021 年的企业社会责任报告中,京东方首次增添了审验报告模块。

在传统的年报披露实践中,为了防止企业有目的地采取选择性披露,以展现对企业有利的正面信息和虚假信息,企业一般会用注册会计师审计意见证明相关报告是真实、可靠的。出于这一考量,京东方邀请德国汉德集团全球的分支机构之一的杭州汉德质量认证服务有限公司为其审核并出具了审验报告。该集团是世界领先的认证机构,审验报告极大地增加了京东方企业社会责任报告的内容与数据的可信性。

此外,审验报告也为京东方接下来在社会责任实践和管理方面提供了极具专业性的改进建议。这有利于京东方企业社会责任实践的进一步发展,也有利于京东方社会责任报告的进一步完善。

12.3.5 案例小结

自 2017 年起,京东方在每份企业社会责任报告编制完成后都会邀请相关专家对其报告进行点评。其中不乏管理界、学术界、ESG 机构等各方的专家,如《可持续发展经济导刊》社长兼主编于志宏、北京大学政府管理学院教授路风、国务院发展研究中心资源与环境政策研究所所长高世楫等。专家们对于报告都给予了高度的肯定,认同京东方积极参与可持续发展和社会责任相关倡议和行动,努力构筑价值共享,为联合国可持续发展目标的实现,为建设一个更加美好的世界所作出的贡献。此外,2022 年,京东方入选了《2022 年社会责任 ESG 300 研究案例库》。图 12.12 展示了 2018—2021 年 Wind 对于京东方 ESG 工作的评级情况,可以看到,虽然总体得分与 E、S、G 三个维度的得分略

---

① 京东方.京东方(BOE)2021 年企业社会责任报告[R].北京:京东方科技集团股份有限公司,2022.

有波动,但整体维持在较高水平,且评级维持在 A 及 A 以上,体现了 ESG 评级机构对于京东方的高度肯定。

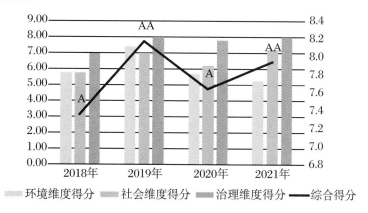

图 12.12　2018—2021 年京东方 Wind ESG 评级

数据来源:Wind 数据库。

京东方在 ESG 信息披露工作中付出的努力正在得到越来越多的认可。

回首过去,12 年来,京东方不断在社会责任实践中取得突破,建立了完整的 CSR 管理体系,持续优化 CSR 报告的内容,收获了各界的赞扬。但这不会是京东方社会责任发展的终点。展望未来,随着 ESG 理念关注程度的不断提高,企业内外部环境的动态发展,京东方还会受到来自各方利益相关者的监督,该如何进一步拓展 ESG 报告的深度与广度,如何回应利益相关者的关切,都是京东方要继续努力的方向。京东方董事长陈炎顺对此表示:"我们的志向是建树受人尊敬的伟大企业。我们为此走到一起,一起走过从前,一起经历现在,一起走向未来。"让我们一起见证,"全球面板之王"京东方将如何实现更高质量的可持续发展。

12.4　海康威视的 ESG 信息披露实践

ESG 理念近年来受到了极大的推广和传播,践行 ESG 理念不仅仅是企业可持续发展的内在需求,也是外界对于企业承担社会责任的要求。杭州海康威视数字技术股份有限公司(以下简称"海康威视")作为荣获"央企 ESG·先锋 50 指数"等众多奖项的先进企业,其在 ESG 理念实践与 ESG 报告编制中有着值得学习的管理模式和经验。本案例旨在分析海康威视的 ESG 信息披露工作,总结其工作过程中的经验与不足,以期为中国企业管理者开展 ESG 工作提供实践启示。

20多年来,海康威视从成立之初的28名员工发展到现在超过4万名员工,其一直坚持追求卓越,随着业务发展不断进行管理变革,不论是战略、人力资源、财务和质量方面的管理,还是法律合规等方方面面,海康威视兢兢业业、踏实笃行,在ESG信息披露实践方面树立了积极形象。

12.4.1 海康威视:以视频为核心,助力智能化发展

创立于2001年11月的海康威视最初以音视频压缩板卡作为主要业务,在发展的道路中顺应时代与客户需求的改变,不断在技术方面和产品方面进行创新,推动了行业高清化、网络化、智能化的发展升级。随着技术与应用的演进不断革新,公司的业务组织形式也在不断改革,逐渐聚焦企事业用户、中小企业用户和公共服务领域用户,加强智慧城市和数字化企业等智慧业务的建设与服务,为智能化时代的到来开拓前进的道路。

20多年来,海康威视在国内外建立了贴近客户的销售服务网络,服务的行业超过70个,覆盖的国家和地区达155个。截至2021年12月31日,海康威视在国内设有32家省级业务中心,在其他国家/地区设立66家分支机构,以杭州为中心建立了辐射北京、上海以及加拿大蒙特利尔、英国伦敦等多地的研发中心体系[1]。海康威视的成就也获得了各界的认可,仅2021年,海康威视便荣获"2021长青奖可持续发展创新奖""纪念彼得·德鲁克中国管理奖"等重要荣誉。

作为一家全球企业,海康威视把致力于成为一家受人尊敬的全球企业,将为人类的安全和发展开拓新视界作为企业愿景。面对着业务所在众多国家和地区的政府、各类机构、新闻媒体与人民群众对于大公司应担起更多社会责任的要求与期盼,海康威视在践行ESG理念的道路上不断奋进,与客户、合作伙伴等广大群体齐心协力,为创建更安全、更美好的未来持续努力着。

12.4.2 海康威视ESG信息披露工作的发展

2018年,海康威视发布了自上市以来的首份关于企业社会责任的报告书。次年,海康威视将社会责任报告更名为环境、社会及管治报告,并对报告的内容框架进行了相应的调整升级,这宣告着海康威视ESG报告编制与披露工作的正式启航。

---

[1] 海康威视.公司简介[EB/OL].[2022-12-20]. https://www.hikvision.com/cn/aboutus/CompanyProfile/.

12.4.2.1 进行 ESG 信息披露的契机

纵观古今中外,不论科技如何发展迭代,商业模式如何演变,文化、经济、社会如何变化,世界发展的主题一直围绕着探索、安全与可持续发展。而这也是海康威视所信奉的企业发展理念——以可持续发展作为企业应当承担的社会责任与使命。

海康威视始终坚持"成就客户、价值为本、诚信务实、追求卓越"的核心价值观,在追求企业商业成功的道路上紧跟时代潮流,引领市场。与此同时,海康威视也在努力推动公司与社会、人与自然的和谐共生。怀揣着可持续发展理念,海康威视坚持在经营过程中重视企业环境、社会与治理上的规划和建设,把企业价值观与社会进步和民生改善放在一起,不断加深企业业务与社会责任的融合。

2018 年,国内外出现了大量关于监控产品侵犯人权的媒体报道,这与海康威视部分产品所应用的场景有所重合。海康威视的企业定位是以视频为核心,其产品不乏监控设备、摄像头等。为此,海康威视认真阅读了每一份相关报道,用心聆听外界的讨论,同时认真检查自身的产品与业务。除此之外,海康威视还聘请美国著名律师事务所 Arent Fox 对公司内部进行了检视,审核海康威视产品覆盖的业务,提高公司在人权管理的水平,完善企业人权合规的各项规定。除了社会与治理层面内部要求和外界期望在不断地升高,绿色低碳可持续、构建人与自然和谐发展现代化建设新格局的理念也日益得到重视。

在 ESG 理念盛行,相关指南规定日益完善的推动下,海康威视抓住了企业发展必须重视的工作——ESG 管理。

12.4.2.2 ESG 报告内容的两大突破

随着公司内部 ESG 管理理念和体系的逐步完善,海康威视的 ESG 报告也实现了两大突破。

突破首先体现在报告由最初的企业社会责任报告更名为环境、社会及管治报告。虽然企业社会责任和 ESG 的关注点都在于借由披露企业信息实现与利益相关者的交流沟通,强调环境、社会和企业治理方面的信息,助力企业的长期稳健发展,但是近年来,资本市场的投资者愈发重视 ESG 信息披露,强调企业社会绩效与回报股东之间的联系,因此有越来越多的企业将企业社会责任报告更名升级为 ESG 报告,海康威视也不例外。

突破的第二点在于报告的框架紧紧围绕 ESG 理念进行升级,内容也更加详实了。海康威视的首份报告《2017 年度社会责任报告》采用的形式基本是纯文字描述,较难从中提取有用的数据信息。随着报告的更名,海康威视开始注重报告的美观性和可读性,大量表格和图片的穿插使得报告使用者更易获取和理解报告信息,报告的篇幅也由最初的 25 页增加到了 2021 年的 114 页。此外,海康威视还在报告附录中增加了关键绩效表和 GRI 指标索引章节,更进一步提升了报告的信息清晰度。在报告框架方面,海康威视也进行了更迭,具体变化如表 12.4 所示。

表 12.4 海康威视 2017—2021 年 ESG 报告框架统计

	2017 年	2018 年	2019 年	2020 年	2021 年
制度与文化	√	√	√	√	√
智慧生活	√		√		
产品安全与质量	√	√			
客户与产业链	√	√	√	√	√
员工关系	√	√	√	√	√
环保与公益	√				
社会公益		√	√	√	√
绿色运营		√	√	√	√
ESG 管理			√	√	√
科技创新与发展			√	√	√

数据来源:2017—2021 年海康威视 ESG 报告。

海康威视围绕着 ESG 理念所关注的核心议题,结合企业自身的发展需求,持续动态调整着报告的框架,做到了 E(环境)回答公司与环境的关系,S(社会)回答公司与社会的关系,以及 G(治理)回答公司内部各利益群体之间的关系。对 ESG 理念的深化有助于海康威视以更广阔的视角来衡量公司经营的目的,更加充分地回应利益相关者的期待。

12.4.3 海康威视 ESG 管理工作的深化

海康威视 ESG 报告的完善离不开其 ESG 管理的发展与成熟。2018 年,海康威视首次任命首席合规官,承担人权保护、隐私保护、社会责任等方面的合规管理及提升工作。此后,ESG 管理日益与其经营战略相融合,将企业社会责任理念与可持续发展理念落实到了每一项业务、每一个环节。

12.4.3.1 ESG 管理理念及框架

基于"将企业社会责任与可持续发展理念融入业务,以技术创新为驱动,致力于成为一家受人尊敬的全球科技企业"的 ESG 管理理念,结合公司核心竞争力以及利益相关者的诉求和期望,海康威视将科技为善、诚信合规、绿色低碳、和谐共生四个方面确定为公司 ESG 发展的重要方向及核心内容。并基于公司各类流程支持,按照 Plan(计划)、

Do(实施)、Check(审核)、Action(改进)的 PDCA 循环管理,实现由报告披露向 ESG 管理提升和持续改进的闭环(见图 12.13)。

图 12.13　海康威视 ESG 管理理念及框架

12.4.3.2　利益相关者参与

企业良好生存发展的实现需要利益相关者对于企业的信任和支持。长期以来,海康威视致力于搭建公开、透明、坦诚、便捷的双向沟通渠道,积极主动地调查了解利益相关者的想法与期望、观点与诉求,并做出及时回应,努力实现和谐发展、合作共赢。

以 2021 年度 ESG 报告编制为契机,海康威视调研了六类利益相关者,更新其关注重点,梳理、优化其沟通与参与机制,为更好地回应利益相关者诉求和期待,实现兼顾多方的综合价值创造明确导向。

如表 12.5 所示,海康威视对六类利益相关者及其所关注的议题有着完整的管理流程,并采取形式丰富、与各利益相关者相匹配的沟通方式,在多方之间开展长期的交流。

表 12.5　海康威视利益相关者参与情况

利益相关者	关注议题	沟通与回应方式	频率
股东/投资者	经济增长 可持续经营 创新研发	定期报告/临时公告	定期/不定期
		实地调研	定期/不定期
		电话沟通	不定期
		邮件往来	不定期
		业绩说明会/路演	定期/不定期
政府及监管机构	依法纳税 解决社会课题 创新研发 环境保护	定期报告/临时公告	定期/不定期
		往来函件	不定期
		实地调研	定期/不定期
客户	创新研发 产品安全与质量 隐私和信息安全	热线电话	不定期
		信息反馈	不定期
		满意度调查	定期/不定期
员工	薪酬福利 职业发展 职工健康与安全 人文关怀	员工体检	定期
		专业培训	定期/不定期
		员工活动	定期/不定期
合作伙伴	诚实守信 供应链管理 数据安全	公开招标	不定期
		实地调研	定期/不定期
		供应商会议	定期/不定期
社区	社区沟通 环境保护	社区活动	不定期
		新闻稿	定期/不定期
		调查与访问	不定期

12.4.3.3　重大议题识别

海康威视议题识别工作的基础是对百位内外部利益相关者开展关于海康威视ESG相关重大性议题的访谈或问卷调查，充分理解各利益相关者对海康威视的期许、建议与发展需求。此外还进一步开展同行对标、媒体分析、检索相关文件等工作，整合多来源信息以识别可以反映企业业务在ESG方面的影响，或影响权益人对企业评估的重要议题。

在议题识别完成之后，海康威视结合利益相关者调查，明白利益相关者关切的重点议题，整理出实质性矩阵，结合矩阵分析出优先议题。在将矩阵交由管理层进行验证之后，相关部门会在报告编写中如实反映企业在相关议题上的表现。在报告初步编制完成的基础上,海康威视会进一步审核报告的内容是否囊括公司在可持续发展方面表现和影响的客观描述,以及编制流程是否遵循了报告原则。最后,海康威视还会邀请各利益相关者针对报告给予意见以对报告进行完善。

12.4.4　海康威视 2021 年 ESG 报告内容解析

下面将以 2021 年 ESG 报告为例,对海康威视 ESG 管理及 ESG 报告编制进行详细分析。

2021年,海康威视对近180位利益相关者进行了访谈或调研[①],参考《GRI 可持续发展报告标准》等相关指引文件进行报告议题的识别选取和报告内容的编制与检视。多条件结合之下,海康威视对各重要议题的评估结果显示:在"公司经营"范畴,"商业道德"与"可持续经营"议题的重要程度提升至高度重要性议题,"经济增长"与"工厂自动化"议题的重要程度降低至中度重要性议题;在"营运管理"范畴,新增"创新研发"议题;在"环境"范畴,新增"生物多样性"议题,并将"包装材料使用管理"议题的重要程度提升至中度重要性议题;在"社区"范畴,新增"解决社会课题"议题。

2021年海康威视 ESG 报告共识别出包含 10 项高度重要性议题在内的共 27 项议题。

由于环境管理和科技创新对于电子制造企业的重要性,以下将针对环境维度新增的"生物多样性"议题和治理维度的高度重要性议题"创新研发"进行分析。

12.4.4.1　生物多样性

生物多样性关乎动植物的生存和自然生态系统的演化,因此被包括 GRI 在内的多方组织归类为环境维度,但是由于该议题下所涉及的例如"活动、产品和服务对生物多样性的重大影响""组织所拥有、租赁、在位于或邻近于保护区和保护区外生物多样性丰富区域管理的运营点"等指标并不广泛适用于电子制造企业,我国大多电子制造企业并未对该议题进行披露。

海康威视在利益相关者的关切中感受到了生物多样性管理信息披露的重要性,因此在 2021 年首次对该议题进行了披露。但其也未把该议题划分在报告的"绿色低碳"环境管理章节,而是把其纳入了"和谐共生"社会公益章节。2020 至 2021 年,海康威视携手世界自然基金会(WWF)、绿色江河等诸多公益组织,在不同领域开展生物多样性检

---

① 海康威视.2021 杭州海康威视数字技术股份有限公司环境、社会及管治报告[R].杭州:杭州海康威视数字技术股份有限公司,2022.

测与保护,包括在黄浦江上游助力小流域水质检测,在广东惠东县鸟禽嶂用科技保护穿山甲等公益活动。

海康威视以开展公益活动的方式回应了各界对于其保护生物多样的期待,也让世界看见更多生命的期望。

12.4.4.2 创新研发

创新研发是海康威视发展的重要动力。成立20年来,海康威视深深扎根于视频技术领域,建立了从研发到营销所有环节的完整价值链,实现了视频技术从"看得到"逐步发展到"看得懂"的进化。

2021年,海康威视的研发投入持续增加达82.52亿元人民币,占全年营业收入的10.13%,申请获得发明专利934件,累计获得22433件[①]。此外,虽然我国大数据等领域的发展取得了实质性的突破,但仍存在底层技术缺乏、与实体经济的融合存在门槛等发展难题。鉴于此,海康威视踊跃扎根于行业生态系统的创新,为行业进步贡献力量和智慧。海康威视研究院2021年参与全国信息技术标准化技术委员会(SAC/TC28)/人工智能分委会(SC42)、电子工业标准化技术协会/信息技术应用创新工作委员会和中国信息通信研究院等标准组织的工作,主编或参编国家标准13项,团标7项,白皮书2项[②]。

海康威视不断深入技术研发与产品完善,为客户创造价值,推动企业可持续发展。

12.4.5 案例小结

海康威视在ESG管理与ESG实践中不断前进着,其出色的表现也收获了越来越多的认可。海康威视于2019和2020年连续两年获评Wind ESG评级A级,在2021年更是荣获AA级。此外,2021年,海康威视荣获"央企ESG·先锋50指数",《财经》"2021年长青奖——可持续发展创新奖""中国企业ESG金责奖——2021年环境责任优秀企业""2021年彼得·德鲁克中国管理奖"等诸多奖项。

但是,海康威视与其他行业内领先企业在ESG管理方面仍然存在着差距。首先,在报告内容上,海康威视可以委托第三方对报告内容进行审验,出具审验书并将其附在ESG报告中,这样可以大大提高社会各界对于报告内容的认可与信赖。其次,在重大议题识别管理中,海康威视还可与更多利益相关者进行沟通交流,如除了现在已经识别出

[①②] 海康威视.2021杭州海康威视数字技术股份有限公司环境、社会及管治报告[R].杭州:杭州海康威视数字技术股份有限公司,2022.

的六类利益相关者，供应商、媒体等也是企业经营过程中值得重视的利益相关者，考虑和倾听更多利益相关者对于企业发展的观点和诉求，能够促使重大议题识别更加完善，使 ESG 报告提供更全面的信息，满足更广大群体的期望。最后，在 ESG 管理体系方面，虽然海康威视已经任命了首席合规官对企业的合规管理进行监管，但是还可进一步建立针对 ESG 的管理部门，如 ESG 管理委员会。在更多人的参与下，ESG 理念更易在企业内部得到推广与深化，ESG 管理实践也将迈上新的台阶。

金融

第 13 章 资本市场行业

改革开放推动了我国资本市场的诞生,它是计划经济向市场经济发展的产物,历经 40 多年,我国资本市场实现了令人瞩目的发展成果,资本市场的发展是我国改革发展的缩影,为我国经济腾飞注入了鲜活的动力。资本市场促进我国经济从农业迈向工业化道路,目前朝着科技化、智能化奋力前行,成为全球第二大经济体,但是经济快速增长也带来了一些负面影响,如贫富差距、供需失调等,而 ESG 被认为是能够推进新格局,以可持续发展的概念优化国内经济结构。本章从资本市场的发展历程、行业 ESG 信息披露情况、典型行业案例出发,探究资本市场整体 ESG 披露情况,同时选择国元证券和第一创业两个典型企业,介绍其 ESG 信息披露的探索过程,为相关行业企业提供借鉴和参考。

13.1 行业基本情况

13.1.1 我国资本市场发展历程

我国资本市场建立至今,30 多年来走过了成熟的资本市场近百年的路程。若以十年为一个阶段,则可以看出其基本的发展历程。

第一阶段的十年是从无到有的拓荒探索期。20 世纪 90 年代初,我国先后成立了上海证券交易所和深圳证券交易所,在当时的历史性关键时刻,邓小平同志南方谈话富有远见地对资本市场行业地发展提出了重要指示和意见,从而开启了我国资本市场的新篇章,我国金融市场走向现代化。

第二阶段的十年间股权分置改革让证券市场焕发新生。股权分置改革开启了我国证券市场的新篇章,其深远的影响、重大的意义无疑为我国资本市场增添了新的活力与生机。2004年,国务院发布《关于推进资本市场改革开放和稳定发展的若干意见》①,促进了资本市场的改革和发展,其中明确指出要"积极稳妥解决股权分置问题"。2005年,中国证监会发布《关于上市公司股权分置改革试点有关问题的通知》《上市公司股权分置改革管理办法》②等进一步落实股权分置改革,明确改革内容,规范改革工作。股权分权制改革点燃了投资者的信心,2007年,A股市场出现了自成立以来的持续最久、涨幅最大的牛市,10月沪指突破了历史最高点,达到了6124点。

第三个阶段的十年是多层次资本市场成熟发展期。这十年的重要目标是建立多层次资本市场体系,这也是党的十八大明确提出的,以满足我国经济社会的建设目标。之后党的十九大进一步提出"促进多层次资本健康发展",从此我国资本市场迈入了飞速发展阶段。2009年创业板的推出、2019年科创板的设立、2020年创业板注册制的推出,逐步形成了主板、同创业板、科创板、北交所(二板市场)、新三板(股转系统)、区域股权交易市场(四板市场)、柜台交易中心(五板市场)共同构成多层次资本市场体系。

13.1.2 证券行业对我国经济发展的作用

我国资本市场经过30余年的发展,取得了巨大成就。从证券行业来看,截止到2022年年底,我国A股上市公司数量突破5000家,总市值逼近90万亿元,投资者逾2亿(见图13.1)。上市公司营业收入相对于全国GDP的比例,已由1990年的不到2%,跃升至2021年的58%,成为国民经济名副其实的"压舱石"和"顶梁柱",也给经济生活带来了一系列改变。

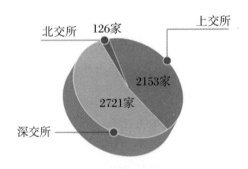

图13.1 A股5000家上市公司分布情况(截至2022年年底)

---

① 国务院.关于推进资本市场改革开放和稳定发展的若干意见[EB/OL].(2008-03-28)[2022-12-20].http://www.gov.cn/zhengce/content/2008-03/28/content_2071.htm.

② 中国证券监督管理委员会.上市公司股权分置改革管理办法[EB/OL].(2005-09-05)[2022-12-20].http://www.sse.com.cn/services/listing/equitydivision/rules/c/c_20150912_3986197.shtml.

证券行业的发展,对社会经济的发展起到了重大推动作用:第一,改变了金融生态。大大缓解了企业融资难、融资贵的情况,直接融资比例得到了提升,资本市场的融资功能得到了不断完善,优化资源配置。第二,改变财富生态。投资者可以通过持有各类金融产品实现资产保值、提高投资收益等目标。第三,拓展了经济社会管理的平台。机构投资者和个体投资者都可以参与上市公司治理,行使自己的权力。一系列举措将资本市场活动、公司治理、市场监督相结合,充分发挥主体功能。

13.1.3 证券行业在我国ESG信息披露体系中的重要性

证券公司作为ESG生态圈的一员,具有"三重身份":作为金融中介,依托金融服务优势,为企业的可持续融资赋能,如深度开展绿色金融债券等可持续融资工具的创新实践;作为投资者,将ESG因素融入到自身的投资活动中;作为企业,面临来自交易所、投资者以及其他利益相关者的ESG诉求,接受来自各方的ESG评估,开展ESG实践。

目前,中国人民银行出台了《金融机构环境信息披露指南》、中国银行保险监督管理委员会印发了《银行业保险业绿色金融指引》等系列指引文件,为金融机构披露ESG相关信息以及开展绿色金融活动提供了指导意见,提高了行业的ESG管理能力。

证券行业加强ESG信息披露有利于形成示范效应,带动其他上市企业的ESG发展,主动提高企业对ESG的理解和认识,激发企业的内生动力,推动企业建立良好的ESG管理架构,提升内部ESG管理水平,优化组织架构,实现内部管理优化,提高ESG报告有效信息的质量,推动企业持续健康发展。

证券行业加强ESG信息披露有利于培育ESG投资者,构建ESG生态系统。伴随着ESG理念的影响力持续扩大,越来越多的投资者在投资中纳入了ESG因素,被投企业或项目的ESG信息更加被投资者关注。仅从ESG基金产品看,我国泛ESG基金数量、规模自2020年以来已翻一番,增长趋势已由平稳缓慢发展转变为陡增上涨的趋势。同时,证券行业对投融资生态环境效益更加重视,最终将传导到投资者对上市公司ESG信息披露的需求上。

13.2 行业ESG信息披露总体情况

13.2.1 证券行业ESG信息披露现状

目前,我国A股上市公司有关ESG信息披露的手段主要是发布企业社会责任报告、ESG报告、社会责任暨ESG报告、可持续发展报告等多种形式。

近年来我国上市公司ESG信息披露发展迅速,A股上市公司整体ESG信息披露率约30%,且行业之间存在显著差异。其中银行业ESG相关报告披露率为100%,非银金融披露比例也达到了83%,披露比例位于A股上市公司中前两位。本节选取41家A股上市券商作为研究项,41家上市券商均披露ESG相关报告,披露率达100%。

13.2.1.1 上市券商ESG报告形式以社会责任报告为主

目前的ESG报告披露并未形成强制性标准,各家上市券商以自愿性原则,在参照监管部门信息披露政策文件要求的基础上,基于自身情况选择了不同的ESG报告披露形式。从具体形式来看,通过统计A股41家上市券商2021年ESG相关报告发现,32家披露的是社会责任报告,占比78.05%;2家披露的是ESG报告,占比4.88%,分别为国元证券、华安证券;7家披露了社会责任报告暨ESG报告,占比17.07%,国金证券2022年首次从社会责任报告形式转为社会责任暨ESG报告,可以看出,上市券商ESG报告形式仍以社会责任报告为主。

13.2.1.2 上市券商ESG报告编制依据表现为多样化

目前,ESG信息披露标准模式并未达成统一共识,各家上市券商参考了不同的ESG报告编制标准。涉及沪深两所社会责任信息披露指引、港交所ESG报告指引、GRI可持续发展报告标准以及国际标准化社会责任指南等多种标准。通过整理41家上市券商ESG相关报告发现,有23家参考全球报告倡议组织发布的可持续发展报告标准(GRI),占比56.10%;有2家参考了气候相关财务信息披露工作组(TCFD)标准,占比4.88%;有5家参考了中国社会科学院《中国企业社会责任报告编写指南4.0》(CASS-CSR4.0)进行编制,占比12.19%。参考标准数量最多的是第一创业,达到了8项(见表13.1)。

表 13.1 上市券商 ESG 报告编制依据统计表

序号	国内依据	国际依据
1	《上海证券交易所上市公司自律监管指引第1号——规范运作》	全球可持续发展标准委员会《GRI 可持续发展报告标准》(GRI Standards)
2	《深圳证券交易所上市公司自律监管指引第1号——主板上市公司规范运作》	可持续发展会计准则委员会(SASB)发布的投资银行与经纪业务行业可持续发展会计准则(SASB Standards)
3	《中国企业社会责任报告指南 4.0》(CASS-CSR4.0)	联合国《可持续发展目标(SDGs)企业行动指南》
4	《深圳证券交易所上市公司自律监管指南第1号——业务办理》	气候相关财务信息披露工作组(TCFD)发布的《气候相关财务信息披露工作组建议报告》
5	《环境、社会及管治报告指引》	国际标准化组织《ISO 26000:社会责任指南(2010)》
6	《上海证券交易所上市公司环境信息披露指引》	

13.2.1.3 上市券商对 ESG 信息披露的重视程度不一样

从公开披露的 ESG 报告来看,上市券商对 ESG 信息披露的重视程度不一样。从披露次数来看,16 家上市券商已连续超过 10 年披露 ESG 相关报告。其中,国元证券、长江证券、东北证券已连续 14 年披露 ESG 相关报告,披露时间最久。华联证券、华林证券、华西证券、国联证券则是于 2022 年首次披露 ESG 相关报告。从编制依据来看,有 23 家券商参考了国际相关标准,证券行业整体学习 ESG 前沿指标的意愿性较强。41 家券商的 ESG 信息披露参考了全球可持续发展标准委员会的指南(GRI 标准),通过对它们的 ESG 报告关于是否披露编制标准、董事会声明、利益相关者沟通、实质性议题等 9 个项目进行统计发现,超一半的券商披露信息较为系统,涵盖了 5 个及以上的项目。其中有 4 家券商公司(国元证券、中国银河、申万宏源、华泰证券)引入了第三方机构进行独立鉴证。5 家券商公司在 2021 年的 ESG 报告中针对 SDGs 设定了具体的目标并做出了回应。结合上市券商 ESG 报告在披露次数、编制依据、披露项目数量等方面的衡量因素,可以看出不同上市券商对于 ESG 理念的践行程度也不尽相同①。

---

① 匡继雄. 券商 ESG 报告披露率创新高,ESG 评分均值下降[EB/OL]. (2022-11-06)[2022-12-20]. http://www.eeo.com.cn/2022/1106/565708.shtml.

13.2.2 证券行业ESG评级概况

ESG评级结果是最能反映和衡量企业ESG理念践行水平的量化数据,较高的ESG评级结果能够使企业受到来自各方的关注和信任。虽然目前未形成统一的指标体系,但通过对主流ESG评级的分析,能够对行业和企业的ESG发展水平做出评估。考虑到评级的可靠性,选择国际认可度较高的MSCI和国内认可度较高的Wind两项ESG评级数据。截至2022年第三季度末,在41家上市券商中,除中银证券、湘财证券外,其余39家上市券商在Wind ESG评级中均在BB及以上,占比为95.12%,并且14家上市券商达到A级及以上,占比为34.14%,其中,海通证券、第一创业ESG评级达到了AA级。国外的评级结果与国内仍有差异,MSCI官网中可获得我国30家上市券商公司的ESG评级结果,其中25家评级在BB级以下,占比达83.3%,可以看出虽然在国内券商的评级水平总体而言比较高,但是国外机构的评价结果却呈现出较低的得分。

考虑到数据的可统计性以及全面性,在此选择国内认可度较高的Wind ESG评级来进行数据分析。横向对比来看,A股证券行业中评级处在A等级及以上的券商比例为34.14%,A股上市公司比例为10.34%,证券行业中评级处在B等级及以下的券商比例为2.43%,A股上市公司比例为8.06%,可见,证券行业ESG评级明显优于A股上市公司整体水平(见表13.2)。

表13.2 证券行业与全部A股公司ESG评级分布

评级分布	Wind ESG评级	
	证券行业占比	A股整体占比
AAA	0	0.07%
AA	4.87%	1.47%
A	29.27%	8.80%
BBB	26.83%	38.04%
BB	36.59%	43.56%
B	2.43%	7.53%
CCC	0	0.53%

数据来源:2022年Wind数据库行业ESG评级情况。

纵向对比来看,2020年第二季度至2022年第三季度,A股上市券商ESG评分呈现波动向好趋势,但是2022年的整体ESG评分较2021年有所下降。截至2022年第三季度末,证券行业的A股上市公司Wind ESG评分均值为6.45分,相比上年同期略微有些下降,但整体依旧处在比较高的水平(见图13.2)。

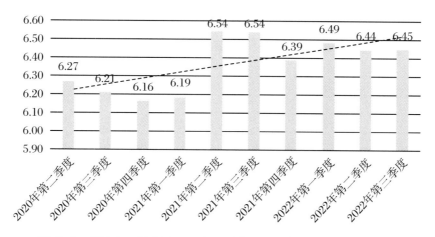

图 13.2　2020 年二季度至 2022 年三季度 A 股上市券商 ESG 综合评分

数据来源：Wind 数据库 A 股上市券商 ESG 情况。

总而言之，ESG 信息披露是一项基础工程，是 ESG 实践与 ESG 评级的基础。目前披露标准不统一，造成数据标准化程度低、可比性差等问题，成为 ESG 评级的重要障碍。未来，国内制定统一 ESG 信息披露规则，尤其是公开披露信息的规则，完善 ESG 信息披露制度成为大势所趋。证券行业应发挥自身投研优势，不断加强相关领域研究，如联合相关部门牵头制定国内 ESG 信息披露准则，将带动相关方共同关注并实践 ESG 理念。随着 ESG 信息披露规则逐步完善，ESG 信息披露将成为企业不可绕开的必要选项，证券行业作为 ESG 信息披露的排头兵，应加强 ESG 信息披露的系统性和完整性，披露范围可由上市券商逐步扩展至整个行业，充分发挥引领示范作用。同时，证券行业应将 ESG 信息披露与投资管理有机结合，积极开发相关的投资组合产品，发挥主体性功能作用，激发 ESG 投资需求并助力培育我国的 ESG 投资市场。

13.3　国元证券的 ESG 信息披露实践

近年来，ESG 发展理念与投资浪潮逐步兴起，监管方也开始以公司 ESG 信息披露为起点，逐步推动上市公司提高其 ESG 发展水平，编制系统的 ESG 报告和披露 ESG 相关信息对公司履行环境、社会、治理责任有着重要的意义。本案例主要描述了国元证券股份有限公司（以下简称"国元证券"）如何在积极践行可持续发展理念和战略的同时，端正态度，完善程序，精益求精地做好 ESG 信息披露工作，并获评 AA 级。

本案例旨在通过国元证券ESG的信息披露情况，为其他已经披露或者尚未披露ESG报告的企业提供参考，启发企业思考如何更好地履行环境和社会责任，实现经济效益和社会效益双赢的可持续发展。

中国证券监督管理委员会于2022年4月11日公布的新版《上市公司投资者关系管理工作指引》中，第二章第七条规定明确提出上市公司与投资者沟通内容中，要增加有关ESG（环境、社会和治理）的信息。国元证券董事长俞仕新表示："投资者关系管理是投资者合法权益保护的重要内容，投资者除了对企业的财务绩效很关注，对于环境绩效和社会绩效也相当重视，因此如何从企业可持续发展战略层面上进行ESG管理，一直是我们开展ESG信息披露工作的关键。"

13.3.1 关于国元证券

国元证券于2001年在安徽成立，是由原安徽省国际信托投资公司和原安徽省信托投资公司为主要发起人，并且联合了其他12家单位共同发起成立的一家综合类证券公司。国元证券于2007年在我国深圳交易所成功上市，是国内第五家上市的券商公司，也是安徽省第一家金融上市公司，公司注册资本为43.63亿元，目前公司的业务范围覆盖安徽各地以及北京、上海等中心城市[①]。

国元证券具有零售经纪、投资银行、财富管理、投融资及场外市场等综合类券商的多种证券业务资格，业务范围广，同时旗下参与控股和参股的公司遍布各个领域，包括公、私募基金、基金、期货期权以及国际业务等，经过了多年的发展，国元证券构建了多元业务品种、牌照齐全的综合金融服务平台[②]，为各种客户需求提供专业服务。

国元证券重视营业网点的布局和优化，不断扩大地域辐射拓宽营销渠道。目前国元证券的营业范围辐射全国，主要集中在安徽全省各地，全国4个直辖市、东部沿海的全部省份以及重点城市、中部省份的全部省会城市，以及西部省份的部分省会城市，总计有144家证券营业网点，影响力广阔。

国元证券自成立以来始终坚持"法制、监管、自律、规范"八字方针，弘扬"团结、敬业、求实、创新"的企业精神，秉持"诚信为本、规范运作、客户至上、优质高效"的经营理念，努力提高自身企业核心能力，提升绿色、健康的可持续发展能力。不忘初心，牢记使命，秉

---

① 国元证券. 公司简介[EB/OL]. [2022-12-20]. http://www.gyzq.com.cn/main/enterGY/company_profile/company_abstract/index.html.
② 国元证券. 国元证券2019年度社会责任报告[R]. 合肥：国元证券股份有限公司，2020.

承"打造一流现代投资银行"的战略目标,始终肩负"为您创造美好生活"的责任担当,并坚持着"诚信立足城市,服务创造价值"的经营口号[①],开拓创新,追求卓越,为客户提供价值服务,打造自身品牌形象。公司在企业发展稳中向好的同时,也收获了来自社会各界乃至国际方面的广泛认可。公司股票被纳入沪深300、深证100、MSCI中国、富时罗素、标普道琼斯等国内外重要成分指数,公司11次获得证券公司分类评价A类评级,连续11年荣获安徽省人民政府服务地方实体经济发展评价最高等次,连续14年获得深交所信息披露A类评级。

国元证券按照现代企业要求建立了规范的公司治理架构。图13.3为国元证券当前的组织结构图,形成了以股东大会为最高权力机构,董事会负责管理决策,监事会负责监督的治理结构,其中董事长作为法定代表人,履行管理职责,整个组织形成了运营高效、互相制衡、互相监督的约束机制[②]。

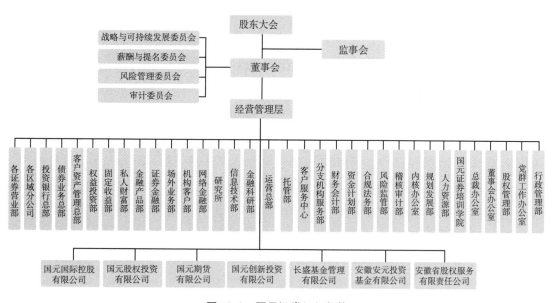

图 13.3　国元证券组织架构

13.3.2　进行 ESG 信息披露的内外动因

2009年3月,国元证券披露了上市后首份年度《社会责任报告》(2008年度),在当时金融机构中比较少有。作为国元证券的法定代表人,董事长俞仕新回忆起公司开展

---

①② 国元证券. 公司简介[EB/OL]. [2022 - 12 - 20]. http://www.gyzq.com.cn/main/enterGY/company_profile/company_abstract/index.html.

ESG信息披露工作时的情形道:"虽然公司自2009年起每年都积极承担环境、社会和公司治理责任,并将相关信息通过企业社会责任报告进行披露,但投资者对公司的财务信息和非财务信息的要求越来越高,标准也更加严格,我们需要不断加强的工作还有很多。"在对内外部环境进行分析后,国元证券意识到了进行ESG信息披露的必要性。

13.3.2.1 内部发展的需要

国元证券作为上市证券公司,一直不断提升自身发展水平,致力于将公司打造成资产规模大、业务范围广、市场地位高、服务品种丰富、内部管理机制完善、让客户满意、让投资者信任、让监管机构放心的一流公司。

公司治理结构的不断完善,不仅能够提升公司的核心竞争力和经营发展能力,同时也可以帮助公司不断提高风险控制水平。合规经营和风险控制能力可以帮助公司减少负面事件的发生,以及减小负面事件的市场反应,这样带来ESG水平的提高,从而降低市场上的股价波动。

通过ESG信息披露,社会公众、投资者等利益相关者可以全面地了解公司的ESG水平与表现,作为公司内外部的沟通桥梁,ESG报告是公司内外部对话的材料。ESG报告中涉及多方利益相关者,其参与ESG活动以及对重要议题的识别,以及公司为了满足环境、社会和治理多方综合要求开展了一系列的行为和实践,有效地帮助公司各方利益相关者对其重要议题的理解,同时加深对公司社会责任的了解,降低信息不对称水平,与公司进行良好的沟通与交流。所以系统、完整、完善的ESG报告不仅可以增强社会公众对公司的认识,维护利益相关者的权益,同时可以提升公司价值和声誉,保持良好的品牌形象。

13.3.2.2 外部环境的要求

党的十八大成功召开以来,"五位一体"的发展新理念统筹推进,这不仅是对可持续发展理念的丰富,同时也标志着我国已经进入新发展理念创新的前列。对此,越来越多的企业关注和研究ESG相关内容。企业的评价表已从传统的财务指标转变为以环境、社会、治理为核心的综合性评价体系,积极披露ESG不仅可以维持企业的良好形象,同时也成为提高企业核心竞争力的关键因素。金融机构在我国经济体系中扮演着重要的角色,一定程度上关系着社会的发展,作为微观企业与宏观经济的枢纽,金融机构直接影响经济的繁荣发展与社会的稳定。这就要求国元证券综合考虑经济、环境、社会等综合效益,积极投身于ESG活动,承担企业责任并披露ESG相关信息。

根据上海证券交易所的规定,国元证券作为A股主板上市企业,每年需要向社会公开披露社会责任报告,以展示国元证券在社会责任领域取得的绩效。

随着投资者对企业的非财务信息披露要求越来越高,ESG投资的理念越来越得到重视。越来越多的资产管理公司申请加入联合国责任投资原则组织,2021年9月,国元证券也成为其中的一员。根据责任投资原则组织的原则,签署方需要公开披露过去一年在责任投资领域的成果,披露方式可以通过公司的可持续发展报告或ESG报告呈现。

由于采用可持续发展报告和ESG报告命名的企业越来越多,国内许多上市公司也已将原来的社会责任报告更名。俞仕新认为:"国元证券作为安徽省头部券商,应紧跟国际发展趋势,为安徽省上市公司做出表率。"基于此,国元证券社会责任报告自2021年起更名为ESG报告,并且国元证券也在做好ESG信息披露之路稳步前进,开拓创新,追求卓越。

13.3.3 ESG信息披露的进阶道路

俞仕新表示:"我们将ESG因素融入公司经营管理和业务发展,在主要业务领域都配备了ESG人才,专注于发展更可持续的产品,继续将ESG风险管理整合到流程和工作方式中,国元证券不断为稳定的金融市场秩序、健康的金融市场发展贡献自己的一份力量。"与此同时,国元证券也从ESG的编制形式和内容两方面入手,不断提升ESG报告质量。

13.3.3.1 升级ESG报告的编制形式

国元证券从2009年到2020年发布的均是社会责任报告,在2021年,首次发布了环境、社会及治理(ESG)报告。

这并不是国元证券ESG信息披露报告的第一次进阶升级。如表13.3所示,2009—2021年国元证券在社会责任报告的形式和元素上进行了多次调整。从2010年开始,国元证券的社会责任报告开始运用图表辅助阐述,从而加强信息使用者对报告的理解;从2015年开始,国元证券改变了纯文字的披露方式,不仅为社会责任报告引入了目录,让报告的结构更加清晰明了,还增添了色彩元素,提高了报告的可读性;近年的国元证券报告中还加入了高管签字。相较于2009年,2010年及之后的社会责任报告的篇幅增加了不少,各项指标及具体情况也因内容的丰富更加详细。并且,国元证券注重图文结合,实践案例的加入也使得社会责任报告更加详实生动。

表 13.3 国元证券 2009—2021 年社会责任报告元素统计

	图表	高管签字	目录	案例	页数
2009 年				√	22
2010 年	√			√	33
2011 年	√			√	28
2012 年	√			√	34
2013 年	√			√	31
2014 年	√			√	30
2015 年	√	√	√	√	40
2016 年	√	√	√	√	54
2017 年	√			√	50
2018 年	√			√	30
2019 年	√		√	√	25
2020 年	√	√	√	√	45
2021 年	√	√	√	√	39

数据来源：2009—2021 年国元证券社会责任报告和 ESG 报告。

13.3.3.2 丰富 ESG 的编制内容

国元证券清楚地意识到，若要真正贯彻落实 ESG 理念，不仅仅需要在信息披露报告的可读性方面下功夫，还需要丰富和完善报告的内容模块。

2009 年国元证券披露的首份年度《社会责任报告》围绕公司治理、利益相关者权益保护、投资者教育和客户服务、环境保护和可持续发展等方面，系统地阐述了公司的 ESG 理念：公司将以全面贯彻科学发展观为指导原则，肩负着"为股东创造收益，为客户真诚服务，与员工共同发展，与社会共同繁荣"的基本原则，秉持可持续发展的理念，在追求经济利益的同时，保护股东权益，并维护内外部利益相关者的合法权益，积极承担社会责任，参加环境保护以及社区建设等公益工作，积极投身当地实体经济，促进公司协调发展、社会稳定与和谐。

十多年来，国元证券社会责任报告披露除了调整编制的形式元素，在内容板块方面也做出了变化。如表 13.4 所示，2009—2015 年，国元证券的社会责任报告内容板块区别不大，但在 2011 年和 2013 年分别新增了"未来展望"和"社会经济贡献"两方面的内容，2016 年在原有结构的基础上又新增了"党政"和"精准扶贫"模块，积极响应了国家政策，也在较大程度上完善了社会责任报告的内容结构，并维持到了 2019 年。从 2020 年开始,国元证券系统地更新了社会责任信息披露的格式和内容,选取多项实质性议题,紧紧围绕环境、社会和治理三大主题进行披露。

表 13.4 国元证券 2009—2021 年社会责任报告结构统计

	2009年	2010年	2011年	2012年	2013年	2014年	2015年	2016年	2017年	2018年	2019年	2020年	2021年
股东和债权人权益保护	√	√	√	√	√	√	√	√	√	√	√		
职工权益保护	√	√	√	√	√	√	√	√	√	√	√		
客户服务和投资者权益保护	√	√	√	√	√	√	√	√	√	√	√		
环境保护与可持续发展	√	√	√	√	√	√	√	√	√	√	√		
公共关系和社会公益事业	√	√	√	√	√	√	√	√	√	√	√		
履行社会责任存在的问题及整改措施	√	√	√	√	√	√	√	√	√	√	√		
未来展望				√	√		√	√	√	√			
社会经济贡献						√	√	√	√	√	√		
党政								√	√	√	√		
精准扶贫								√	√	√	√		
企业治理												√	√
合规经营与风险管控												√	√
商业道德												√	√
责任投资												√	√
员工培训与发展												√	√
绿色运营												√	√
金融环境影响												√	√
社会贡献												√	√

数据来源:2009—2021 年国元证券社会责任报告和 ESG 报告。

总体来看,国元证券往年的社会责任报告从利益相关者的角度出发进行信息披露,以文字描述为主要方式,主观性较强。近两年,国元证券的披露报告中灵活运用了图标以及绩效指标,科学地展示了对环境、社会、治理风险的研判,从而进行公司的战略调整和目标制定,不仅满足了外部利益相关者对企业发展的了解需求,同时采用生动的 ESG 报告对传统的社会责任报告进行升级,大大提高了报告的信息价值。

13.3.4 ESG信息披露的工匠精神

2021年是"十四五"规划开局之年,对国元证券未来高水平可持续发展至关重要。公司要立足于新的发展阶段,贯彻落实新发展理念,不断构建和完善新发展格局,保持战略定力,坚定发展信心,将ESG理念合理、有机地融入公司经营发展观念中,构建ESG管理体系,完善ESG管理设计,提升ESG管理水平,系统、科学地发展ESG,与利益相关者携手共进,全面推进经济发展、环境友好、社会和谐的持续稳定的增长格局。

13.3.4.1 建立ESG管理的体系

企业在现代社会中扮演着举足轻重的作用,作为社会公民的一员,承担社会责任既是义务也是义不容辞的使命。国元证券将在公司管理运作中融合ESG理念,积极推动ESG治理,并以ESG作为公司社会责任的三大支柱,搭建起公司的社会责任管理架构,打造具有国元特色的ESG生态管理体系。

国元证券董事会的"战略与可持续发展委员会"作为公司战略与ESG决策层,承担制定公司ESG战略和发展方向,判定公司面临的风险及机遇,核准公司的ESG长期、中期及短期目标,定期检视公司ESG绩效业绩,决策重大ESG议题事项,如审定社会责任报告等职能;ESG委员会的主要职责是将ESG战略贯彻到公司及其分支机构的经营管理中,识别公司面临的风险和机遇,制定公司的ESG长期、中期及短期目标,定期检视下属公司ESG绩效,监督ESG相关政策、相关制度的实施等;ESG委员会下设ESG工作小组,主要负责将ESG战略融入公司运营管理与业务发展,识别公司面临的风险和机遇,制定公司ESG长期、中期及短期目标,定期检视ESG绩效,审定ESG相关的政策制度的实施等,是公司ESG战略的执行机构;监事会则负责全面监督公司ESG事宜(见图13.4)。

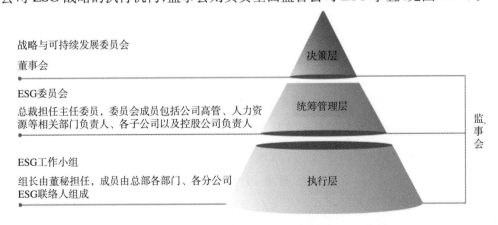

图13.4　国元证券ESG治理架构

公司 ESG 委员会成立后,积极促进董事会于 2021 年决议通过公司 ESG 发展战略以及短期、中期和长期 ESG 管理目标。2021 年度国元证券组织召开股东大会、董事会、监事会及董事会专门委员会会议共 27 次,共同审议了 159 项议案。截至报告公开发布前,董事会和 ESG 委员会参与了以下重大 ESG 事件的决策:公司保护股东和债权人的合法权益,股东大会决议以及年报对中小股东权益保护情况进行说明,其中包括股东大会召开程序上的规范性,利润分配情况,投资者关系管理情况,是否存在选择性披露等。

依托 ESG 委员会,公司成立了覆盖所有营业部和子公司的 ESG 工作小组,将公司的 ESG 目标分解至各子公司和各业务部门,确保公司 ESG 战略融入到公司运营的各个环节,从而建设全员参与的 ESG 文化。

长盛基金管理有限公司(国元证券持股比例 41%)也在公司整体发展战略、投资决策委员会和职能部门三个层面全面贯彻了 ESG 整体目标。长盛基金管理有限公司在相关制度中明确:公司将发展可持续投资作为重要的产品发展方向和投资原则;公司投资决策委员会对可持续投资业务负责;公司研究部作为开展可持续投资研究的职能部门,从行业研究和量化研究层面为评定上市公司 ESG 评级实践工作提供研究支持。

13.3.4.2 明确 ESG 投资的原则

国元证券在 ESG 道路上不断探索完善 ESG 治理架构,先是在 2021 年正式加入联合国责任投资原则组织,这无疑是在 ESG 道路上的一项重大举措,并且国元证券根据国际原则和标准制定了《国元证券责任投资指引(试行)》。同年,国元证券也正式加入气候相关财务信息披露工作组(TCFD)的支持机构,推动了国元证券 ESG 探索与国际化接轨,并将气候风险纳入 ESG 信息披露范围。

联合国责任投资原则组织创建于 2006 年,最早提出了与 ESG 息息相关的"负责任投资"的理念,旨在"将投资决策和积极所有权(active ownership)投资策略中融入 ESG 相关因素"。该组织由联合国第七任秘书长科菲·安南(Kofi Atta Annan)牵头发起成立,该原则要求签署机构将环境(Environment)、社会(Social)和治理(Governance)纳入投资策略并定期进行报告。目前,该组织成为一个由全球资产管理者、投资管理人以及投资服务供应商共同组成的国际投资者社会网络,发展绿色可持续金融是该组织的使命和职责。目前全球加入联合国责任投资原则组织的机构共管理资产规模超 80 万亿美元,约 5000 家签署方中,来自中国大陆的约 101 家。加入联合国责任投资原则组织倡导的最佳实践推动可持续的 ESG 投资,不仅能够提高环境效益和社会效益,同时还能实现公司的财务效益,使得 ESG 披露更加全面和系统。

正式加入联合国责任投资原则组织这一创举,标志着国元证券在 ESG 投资领域走上了系统化道路,每一步探索都脚踏实地、稳步前进。公司将会积极开展 ESG 实践,包括：① 积极实施管理职责，通过其在行业、产业链中的地位，辐射利益相关者，从而实现整体、系统、长期的价值；② 设定具体目标，根据所处外部环境和企业自身定位制定符合自身的政策和目标，并且由投资者引领结果实现整个金融体系全参与，这种共同协作、互利共赢的方式可以促使最终的ESG目标的实现；③ 准确详实地进行信息披露，根据全面系统的指标体系进行详尽充分的披露，有利于ESG投资实践的水平提升，同时避免对ESG的误解，实现ESG整合"明确、系统化地纳入ESG元素进入投资分析决策中"；④ 适时开展外部鉴证，通过内部控制、内部审计和外部鉴证可以保证数据的可靠性，从而大大提高ESG信息披露的准确真实。国元证券在国际化ESG理念的指引下，积极开展ESG管理框架的构建、整合ESG投资与原有的投资体系、创新绿色金融投资产品，服务于投资者，实现公司的经济效益，为环境和社会创造长期的价值。

人类活动范围的不断扩大对环境造成了巨大的影响，气候变化明显反过来也影响着人类的行为，解决极端气候、全球变暖等重大问题刻不容缓，由此，2015年气候相关财务信息披露工作组（TCFD）成立，提供气候相关的财务报告框架，2017年TCFD发布最终建议书，其中定义了气候相关的风险，提供了分析气候风险的方法以及进行信息披露的框架，对于重大气候风险，采用情景分析的方法有效地应对并识别机遇。该倡议自提出后得到了全球各国金融机构与非金融机构、政府和监管机构的广泛支持，目前已经有来自全球101个国家、3900多家组织参与，中国大陆也已经有38家企业明确表示支持TCFD，金融机构占据近一半的席位。

作为TCFD的支持方，国元证券将与许多国际组织认可的气候相关财务信息披露达成一致，满足了利益相关者对于企业面临气候变化的挑战与机遇的信息需求。通过自身实践，识别风险，制定计划，提升信息披露的完整性，同时对于企业的风险管理能力有着显著的提升，助力我国"双碳"目标的实现。

13.3.4.3 明确ESG披露的议题

进行ESG信息披露的关键就在于明确披露的议题。如何构建ESG信息披露的系统性框架是十分重要的，国元证券参考国际标准、同行先行企业以及外部政策监管的需要，结合自身业务特点与发展，制定了符合自身的ESG议题清单列表，明确了对环境、社会、治理影响程度高的议题，结合利益相关者的诉求进行评估，开展多种形式获取多方意见，制定年度重要性评估矩阵进行科学分析，确定ESG报告的披露重点。

13.3.4.4 强化利益相关者沟通

依据社会责任伦理协会颁布的AA1000利益相关者参与标准的要求，国元证券重新界定了主要利益相关者，并将部分利益相关者进行了合并。最终确立的利益相关者有：

员工、客户、股东和投资者、债权人、政府机构和监管部门、商业合作伙伴、社区和环境(见表13.5)。

表13.5 国元证券主要利益相关者识别与沟通情况表

利益相关者	需求与期望	沟通与回应	沟通频率
员工	员工权益保护 培训与发展	绩效考核	定期
客户	客户隐私与信息安全 客户沟通与服务	员工培训 内部会议 OA（办公自动化）平台 企业文化活动	不定期
		客户服务与投诉 国元点金APP 微信公众号等媒体互动 客户回访	不定期
股东和投资者	企业治理 商业道德 合规运营与风险管控	股东大会 定期信息披露 投资者之家 投资者联络站	定期
		投资者教育 公司官网、微信公众号等媒体互动 电话、客户回访 业绩说明会 投资者集体接待日 与非银分析师沟通交流	不定期
债权人	企业治理 合规运营与风险管控 责任投资	定期信息披露	定期
		沟通会议	不定期
政府和监管机构	企业治理 合规运营与风险管控	定期信息披露	定期
商业合作伙伴	供应链管理	沟通会议 问卷调研 现场、非现场核查	不定期
社区和环境	公益与社区建设 金融环境影响 绿色运营 绿色发展	微信公众号等媒体互动 公益活动 问卷调研 投资者教育 绿色办公 绿色金融	不定期

2021年年末，国元证券邀请利益相关者和内部管理机构成员参与可持续发展实质性议题的重要性评估，通过线上调研和实地调研的方式，收到4347份有效问卷。

通过调研，各利益相关者间接参与公司的ESG发展战略和目标制定，同时公司能够了解利益相关者的关注点和期望，为确定、调整公司2021年度ESG报告的实质性议题提供客观依据。

13.3.4.5 进行第三方独立验证

第三方鉴证机构的引入帮助企业识别内部管理的弊端，更加科学严谨地完善内部控制体系，还同时提高ESG管理工作水平，从内部监管、内部审计、外部鉴证提出多方改进措施和意见，使公司更加了解ESG实践过程中以及信息披露环节中的注意事项，明确可能出现的问题。

国元证券在ESG报告中附上了由TÜV南德认证检测（中国）有限公司上海分公司出具的第三方鉴证"有限保证"意见报告，该报告通过外部意见有效避免了企业选择性披露积极信息却忽略可能造成负面影响的信息披露，大大提高了ESG信息的全面性和可信度。传统的财务报告也需要外部审计意见以确保公司财务信息的准确性，ESG报告引入外部鉴证的意义也是如此。

国元证券不仅根据国际标准与体系结合自身发展与外部政策规范地进行报告的编制和披露，为了保证数据和信息的真实性和可靠性，还引入了第三方鉴证机构对ESG报告进行验证，更加客观和公正。这提升了利益相关者对ESG报告的利用度，除了政府和监管机构，外部鉴证还为公司提供了另一层约束。一方面，这种方式可以引导公司进行规范、全面、系统、真实、可靠的ESG披露；另一方面，外部意见和内部审计为公司未来有关ESG的发展和完善方向提供了更为合理的评价，有利于更好地服务于环境、社会和治理，也有利于降低风险、抓住机遇、迎接挑战。

13.3.5 ESG信息披露的议题多样化

国元证券分析了外部金融环境的发展趋势，结合外部研究机构和专家学者关于新兴风险的预测、公司在新发展阶段的战略规划、利益相关者的诉求和期望等方面，开展了ESG实质性议题分析。具体流程分为五个步骤：第一步，分析公司所处的行业的风险和机遇，找出与公司密切相关的议题；第二步，协同分析议题实际的或潜在的影响；第三步，分析议题的影响程度和重要性；第四步，分析议题的优先级；第五步，确定国元证券的高、中、低实质性议题。

通过实质性分析,国元证券识别出的高实质性议题分别有:企业治理与风险管控,商业道德,责任投资,减缓气候变化/绿色运营,金融环境影响,员工培训与发展,多样化、包容性与机会平等(见图 13.5、表 13.6)。

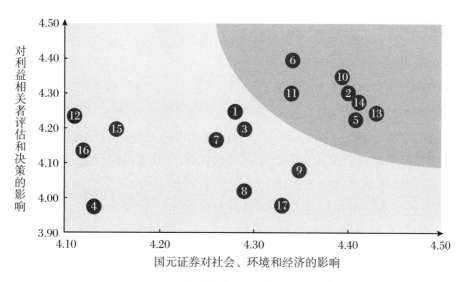

图 13.5 国元证券实质性议题分析矩阵

表 13.6 国元证券实质性议题分析表

序号	实质性议题	影响范围 内部	影响范围 外部	优先级/影响程度	序号	实质性议题	影响范围 内部	影响范围 外部	优先级/影响程度
1	经济绩效	√	√	中	10	减缓气候变化/绿色运营	√	√	高
2	企业治理与风险管控	√	√	高	11	金融环境影响	√	√	高
3	合规经营	√	√	中	12	合法雇佣与员工权益	√	√	中
4	供应链管理	√	√	中	13	多样化、包容性与机会平等	√	√	高
5	商业道德	√	√	高	14	员工培训与发展	√	√	高
6	责任投资	√	√	高	15	员工健康与安全	√	√	中
7	客户适当性管理	√	√	中	16	服务实体经济	√	√	中
8	信息安全与隐私保护	√	√	中	17	慈善公益	√	√	中
9	产品创新与知识产权保护	√	√	中					

国元证券在充分研究上述议题的基础上,紧紧围绕公司、环境、社会和治理三部分,发布了 2021 年度环境、社会及治理(ESG)报告。下面分别从这三个部分进行简要介绍

分析。

13.3.5.1 治理

在治理方面,国元证券一直坚持廉洁合规运营。2021年度,国元证券共开展审计项目111例,其中包括关联交易等重大事件管理、内部控制评价、反洗钱及反恐怖融资、募集资金管理等15项专项审计工作。

风险管理是公司治理的重中之重,反腐败更是风险管理的核心议题,国元证券通过促使员工、供应商签署廉洁协议、供应商反腐败政策来努力实现廉洁透明的伙伴生态关系。新冠肺炎疫情的出现,让国元证券重新审视和评估业务运营过程中的不确定性为公司带来的风险和机遇。国元证券制定了系统的风险减缓措施以缩小风险敞口,将气候变化、新冠疫情等新兴风险管理纳入到风险管理体系中,在完善风险管理体系的同时,还抓住了北交所开市和衍生品业务带来的经济增长和发展机遇。2021年9月22日,国元证券"云平台"率先支持北交所预约开户,成为首批支持北交所开户的券商之一,报告期内完成开户31978户,并成功保荐五家企业登录北交所,保荐数量占据全行业第四位,并且公司新三板业务评价获全国股转公司"优秀"评价。

除了完善风险管理,国元证券在人才培养方面也有所建树。在金融人才管理上,国元证券鼓励员工不断学习、不断突破自我,充分实现自我价值,力争为所有员工提供一个平等、多元和包容性的工作环境;公司鼓励更多女性担任领导者,为女性员工工作和生活平衡创造更多条件;公司认可所有员工的工作成果,为员工做好本职工作提供充分的资源,让所有员工充满认同感、自豪感和成就感。公司的员工留任率近年来一直处于行业领先水平,虽然运营总部位于内陆,但公司积极从薪酬福利、员工培训和职业发展等多方面提升员工的满意度和敬业度,力争打造一支高敬业度水平的人才队伍。2021年,国元证券在集团和子公司层面组建了60人左右的ESG技术人才队伍,并对所有ESG技术人才开展专业ESG知识培训,覆盖重大ESG风险和机遇管理、商业道德、社会责任、ESG评级方法学介绍等内容。同年,公司举办高管ESG培训1场,ESG骨干人才培训共3场。通过培训、日常分享ESG案例及全员参与的形式,同时结合"双碳"和"绿色金融"内容,将ESG理念在全公司推行。经过培训,ESG骨干人才对ESG的认同感不断增强,这将有助于进一步加强和丰富公司ESG文化。

13.3.5.2 环境

在环境方面,国元证券积极响应国家"碳达峰、碳中和"战略,努力调整资本流动方向,应对气候变化带来的风险和机遇。公司制定了《国元证券践行"碳达峰、碳中和"行动方案》,该方案明确了一条实现自身企业"碳中和"的运营战略,并通过开展ESG实践活动,提供绿色金融服务,利用自己的行业影响力降低投资活动的碳排放,并且推动行业内和其他行业实现低碳绿色经济发展。国元证券还将联合国可持续发展目标(SDGs)与公司的业务有机融合在一起,并根据全球应对气候变化的共识,来调整投资和融资活动战略,通过在可持续融资和投资方面的业务,以及公司的影响力,优先投向新能源、工艺革新的绿色企业助力,将全球升温控制在1.5 ℃以内。2021年度,国元证券通过股票质押业务服务于清洁能源的新增融资占比13.48%,通过股票质押业务服务于清洁能源的累计融资占比5.53%。股票基金投资新能源相关企业市值6.5亿元,占主动权益持仓金额的40%,做市库存股中新能源占比近30%。

13.3.5.3 社会责任

在社会责任方面,国元证券在保证履行经济责任的同时,积极践行社会责任,具体体现在公益捐赠与助力乡村振兴,数据安全与隐私保护方面。

公司成立20多年来,国元证券在公益事业上累计投入超1亿元,在抗震救灾、扶贫济贫、捐资助学、抗击疫情等方面贡献自身力量,成果显著,共资助了约2万余名学生,使他们得以完成求学梦想,帮助了约4000户贫困家庭脱贫,助力国家脱贫攻坚的伟大事业,并且对口帮扶三个国家级贫困县——太湖、寿县、六安市裕安区全部摘帽,获得中国证券业协会授予的"中国证券期货业扶贫卓越贡献奖"[1]。

与往年社会责任报告相比,国元证券ESG报告上新增了数据安全与隐私保护方面的内容。报告期内国元证券开展集中交易系统网络安全等级保护测评11次,开展针对集中交易、融资融券系统应急演练共2次,全年数据安全和信息泄漏事故数量为0。

13.3.6 案例小结

"功夫不负有心人",国元证券2021年度的ESG报告荣获Wind ESG评级AA级,是对公司ESG治理工作的高度肯定,无疑将为国元证券高质量的发展助益良多。ESG的探索之路充满着机遇与挑战,如何针对不足之处采取措施和行动,则成为公司不断前进和发展的关键。毋庸置疑,过去的十多年,一贯追求诚信为本、规范运作的国元证券,在ESG信息披露方面的工作卓有成效,也收获了各界的认可。

然而,随着ESG实践的不断深入以及全球投资者对ESG理念关注度的不断提高,新时期、新格局、新趋势下的证券行业将迎来新生态。面对资本市场的不断发展,经营环境的动态变化,全面开放以及科技运用新趋势,全球经济发展的不确定性增强,监管方开始以企业ESG信息披露为抓手来推动上市公司提升ESG发展水平,利益相关者关切

---

[1] 徐昭,马爽. 国元证券党委书记、董事长俞仕新:服务实体经济 主动融入新发展格局[EB/OL]. (2022-12-07)[2022-12-30]. https://www.cs.com.cn/qs/202212/t20221207_6312060.html.

的问题也在逐渐发生变化。

展望未来,国元证券 ESG 披露的广度和深度如何拓展？如何通过利用自身优势与同行对标提升 ESG 管理水平？公司的 ESG 信息披露如何与利益相关者紧密结合在一起？如何通过 ESG 信息披露推动公司的长期可持续发展？相信国元证券仍有很长的路需要探索。

13.4 第一创业证券的 ESG 信息披露实践

近年来,ESG 作为一种新理念已经被广泛接受,它不仅在防范社会环境风险方面功能显著,更是推动可持续发展的强大助推器。近年来,标准化、强制化逐渐成为 ESG 在我国的发展趋势。企业不断深入践行 ESG 理念,是主动落实"双碳"战略的需要,更是积极承担责任的选择。第一创业证券股份有限公司（以下简称"第一创业证券"）于 2019 年开始了 ESG 的探索与实践之路,以标准为引领,从公司战略高度积极践行 ESG 可持续发展理念,为其他已经披露或者尚未披露 ESG 报告的企业提供参考,思考如何积极推进并深度参与我国 ESG 生态体系建设,为我国本土 ESG 发展作出应有贡献。

13.4.1 关于第一创业证券

第一创业证券于 1993 年成立,起初第一创业证券还只是佛山证券公司,经过了近 30 年的发展,公司规模大大扩张,影响力也逐步提升,2016 年在深交所成功上市。第一创业证券以公司总部深圳为出发点,45 家营业部辐射全中国,在北京、上海、厦门等重点城市成立了 10 家分公司,并拥有 4 家全资子公司——"一创投行""一创投资""创新资本""一创期货",控股参股多家公司,形成了以固定收益业务为特色的全国综合类证券公司,业务体系广,牌照齐全,并且公司与国家金融发展实验室联合发起并成立"深圳市第一创业债券研究院"。

时经 20 多年,第一创业证券已从原来业务单一的佛山证券公司成长为业务范围广、业务结构均衡、营业面积大的全国性证券公司。公司始终秉承"成为有固定收益特色的、以资产管理业务为核心的证券公司"为战略导向,持续地进行自身业务拓展与延伸,走出独具特色的发展之路。同时公司明确自身定位与行业特色,服务于实体经济,充分发挥自身优势,利用良好的业务基础和资源禀赋,构建大资产管理业务布局,搭建资本市场与实体经济的桥梁,受到广泛的认可予肯定。

第一创业证券不断完善自身治理结构,严格遵循法律法规和规章制度建设公司管理体系,制定了自身业务章程和管理条例。建立健全符合公司业务特点的治理体系,形成了独立运行、互相监督、相互制衡的治理结构,保证了公司的合规运营(见图13.6)。

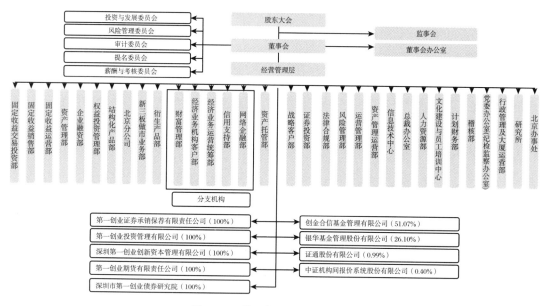

图 13.6 第一创业证券组织架构

资料来源:《第一创业证券 2021 年社会责任报告》。

13.4.2 ESG信息披露的驱动因素

第一创业证券在践行 ESG 理念时,不仅重视生态环境效益、履行社会责任和提高公司治理水平,还非常重视提升公司的可持续发展核心竞争力。

13.4.2.1 内部发展的需要

近年来,ESG 发展理念与投资浪潮逐步兴起,监管方也开始以公司 ESG 信息披露为抓手,公司逐步清晰地意识到在整个社会中所承担的重要角色和社会责任。

在公司治理与业务经营中践行 ESG 理念,不仅仅是对外部监管以及利益相关者诉求的回应,还可以提高公司风险识别能力、抓住潜在机遇、保持核心竞争力并且完善自身治理体系的需求,这样可以提高公司价值,最终使自身在行业中屹立不倒,因此编制系统完整的 ESG 报告并定期进行 ESG 信息披露可以对公司起到良好的监督作用。

传统的投资决策是以财务绩效为指引,比较单一和局限,无法适应我国现阶段的发展需求,为了保持可持续发展能力,公司需要多方考虑环境效益、社会效益、经济效益等进行 ESG 投资,未来 ESG 理念会深入投资者心中,也成为评价企业能否持续、稳定、健康发展的核心指标。

我国 ESG 信息披露起步较晚,传统的社会责任报告无法满足需要,披露过程中存在规避不利信息、选择性披露、披露真实性存疑等问题,第一创业证券采取了 ESG 整合策略,这一策略的合理性在于它将有限的 ESG 数据整合进传统的投研体系中。未来 ESG 管理体系的逐步完善,会对该政策进行动态调整,通过正面筛选、负面筛选、公司参与、股东行动、可持续投资和影响力等 ESG 策略进行整合①。

企业家是公司的核心人物,是经济发展过程中的重要参与者和引导者。而今,企业家已经在逐步重视并参与到 ESG 的工作中来,这对于 ESG 的发展是一种有力推动。不难发现,ESG 已成为市场化的选择,被大众接受。在这样的背景下,国家呼吁企业家践行 ESG 正当其时。

13.4.2.2 外部环境的要求

目前,全球近 4000 家机构组织支持 UN PRI,根据 Wind 数据,目前国内 ESG 投资基金共计 138 只。2022 年新增 ESG 投资基金 24 只,明显高于过去 3 年。未来,随着 ESG 理念的深入人心,公司践行 ESG 的能力将会逐渐提高,标准也会更加清晰和明确,最终一定会实现一个统一的准则体系。②长期来看,我国的 ESG 的框架也将与国际社会接轨。

随着我国资本市场的不断发展与开放程度的逐步扩大,ESG 在其中扮演一个连接国内与国际共同语言的角色。类似于传统的会计准则,ESG 将作为非财务信息披露的重要标准,实现更好地与国际接轨,融入国际资本市场,这样不仅有利于外资的引入,对于完善我国资本市场、提升自身企业竞争力也至关重要,ESG 投资将成为未来的投资主流方向。

在内外因素的驱动下,第一创业证券在公司发展中从战略出发落实到业务经营,积极践行 ESG 的绿色可持续新发展理念,提升企业投资能力和规模影响力,不断完善 ESG 管理体系,致力于成为行业中的领军者。

13.4.3 探索 ESG 理念的发展之路

第一创业证券的探索之路收获颇丰。2019 年,第一创业证券将 ESG 理念融入公司

---

① 第一创业证券. 第一创业证券 2021 社会责任报告[R]. 深圳:第一创业证券股份有限公司,2022.
② 上海证券报. 第一创业钱龙海:践行 ESG 理念 推动高质量发展[EB/OL]. (2022 - 02 - 07)[2021 - 05 - 10]. https://www.cs.com.cn/qs/202105/t20210510_6165169.html.

发展战略，并在工作计划中明确提出"深化ESG可持续发展理念"，自此，ESG成为公司的发展决策和经营业务中的关键词。公司的资产管理部门制定了"第一创业ESG整合债券"等一系列计划，将公司的ESG整合战略贯彻到具体的产品与服务中，为投资者创造收益，同时提升公司的品牌形象。

第一创业证券一直走在行业的前列。2020年，作为国内首个签署UN PRI的证券公司，第一创业证券在负责任投资的探索迈出了重要的一步，也深刻意识到ESG将成为长期影响公司风险与回报的重要因素。同时，第一创业证券也积极开展ESG的科研活动，与首都经贸大学等高校机构联合发起并成立国内第一家研究ESG的高校智库——中国ESG研究院，从科学研究到行业实践，从"象牙塔"到"十字街"，科学的指引使得ESG之路更加扎实。第一创业证券也成为行业中首位落实TCFD关于气候相关信息披露指南的公司，对于气候风险的理解与潜在的机会有了更深的理解。

第一创业证券在内部不断完善相关的ESG治理架构。2021年，第一创业证券成立了ESG委员会，并在公司内部颁布了相关规章制度，从制度层面确保ESG治理的落实，定期召开委员会会议评估ESG风险、开展ESG投资活动、完善ESG信息披露，全方位系统化地执行ESG新发展理念。公司突破传统的财务指标考评体系，将ESG实质性议题的落实纳入绩效考核。与此同时，第一创业证券还积极参与ESG生态系统建设，不断提升可持续发展能力和影响力。

2022年是第一创业证券在探索ESG之路上的收获之年，这不仅是对公司所付出努力的认可，也肯定了ESG之路的正确性。第一创业证券以优秀的ESG治理在2021年和2022年连续两年入选恒生A股可持续发展企业基准指数成分股，肯定了公司可持续发展的潜力。在深交所发布的国证ESG指数系列中，第一创业证券国证ESG评级为AA级，在深市同业中排名第三名，全市场同业排名第八名。2022年9月，第一创业证券获得"中国上市公司ESG百强"的荣誉；10月，在Wind ESG评级中成为本次获得AA评级的两家上市证券公司之一，并且公司ESG综合得分在Wind资本市场行业63家上市公司中排名第一；11月，公司凭借优秀的ESG实践案例获得"2022拉姆·查兰管理实践奖——企业ESG实践奖""深圳2021年度优秀绿色金融案例——绿色金融先锋创新奖"等奖项。公司作为唯一一家入榜的证券公司，蝉联"2022大湾区上市公司绿色治理TOP20"。国际上也对第一创业证券表示了认可，在国际权威指数机构标普全球（S&P Global）发布的多元金融服务和资本市场行业2022年可持续发展评估结果中，第一创业证券2022年标普可持续发展评估得分位列中国内地行业第二。

13.4.4 践行ESG理念推动高质量发展

第一创业证券凭借高度的社会责任感和积极的实践推动ESG可持续新发展理念。

从公司战略层出发,将 ESG 理念融入公司愿景和发展目标中,在以自身的发展提升经济效益的同时,努力提高环境效益和社会效益。无论是环境保护、社会服务还是公司治理方面,无一不体现了第一证券创业公司高度的责任感,完善自我、服务大众,全面践行 ESG 理念推动绿色转型发展。

13.4.4.1 建立 ESG 治理体系

2020 年,ESG 治理体系在第一创业证券建立,完善了公司的治理体系。主要体现在:① 将 ESG 实质性议题纳入公司内部管理中,丰富公司治理体系;② 作为证券公司努力提高投资部门有关 ESG 的投研能力;③ 识别与 ESG 相关的风险,从高度不确定性中发现机会,提高经营活动对 ESG 风险的应对,探讨如何抓住发展机会;④ 完善 ESG 信息披露,从数据收集、核验校对、披露内容、披露报告等方面保证 ESG 信息的全面性、真实性、完整性,采用多种形式加强与外部利益相关者的沟通,提高 ESG 报告的使用度。

2021 年,第一创业证券从制度方面完善 ESG 的治理体系,根据相关标准和外部监管需要审议通过了有关 ESG 的议案,从制度方面率先明确建立 ESG 治理体系,同时开展 ESG 实践。公司专门成立 ESG 委员会,负责 ESG 相关的经营管理,深入贯彻 ESG 新发展理念,落实 ESG 实质性议题,从多方面开展 ESG 实践活动,同时丰富公司考核标准,将财务绩效和非财务绩效融合进考评体系。

13.4.4.2 大力发展 ESG 投资,完善环境气候风险管理体系

由于我国的 ESG 相关建设起步较晚,仍有许多待完善的地方。2020 年,第一创业证券作为国内首家证券签署 UN PRI 的公司,大力开展负责任投资活动,积极践行负责任投资理念,在投资决策和公司经营中构建 ESG 投资体系,提升公司投资管理风险的能力,同时为投资者提供相关服务产品。

在资产管理方面,第一创业证券根据资产类别、资产特征,将 ESG 理念融入固收类资产管理、权益类资产管理、私募股权基金管理等多元化业务种类中。对于固收类 ESG 资产管理,公司从构建投研体系出发,开发城投债 ESG 整合评估数据库,建立 ESG 投资决策流程,成为行业中的先行者,利用自身优势率先占领市场,打造品牌形象,建立"第一创业 ESG 整合债券"系列产品;对于权益类 ESG 资产管理,公司控股的公募基金公司——创金和信运用负面筛选和可持续理念针对气候变化、新能源、ESG 责任投资等概念发行权益类基金;针对私募股权基金 ESG 管理,第一创业证券的全资子公司——创投资将 ESG 投资策略与项目投资相结合,同时运用负面筛选和整合法等提升 ESG 私募股权基金管理水平,规模也在不断扩大①。

---

① 第一创业证券. 第一创业证券 2021 社会责任报告[R]. 深圳:第一创业证券股份有限公司,2022.

除了积极推进 ESG 相关投资,第一创业证券根据 TCFD 的建议持续建立和完善环境气候相关风险管理体系。2020 年,公司成为 FSB 设立的 TCFD 的支持机构,根据相关的建议和指南,于《2020 年度社会责任及 ESG 履行情况报告》中进行气候相关信息披露。第一创业证券是国内第一家参考 TCFD 披露指南的证券公司,通过情景分析,分析气候变化所带来的风险,提高风险识别能力,完善风险管理体系,针对外部环境变化开展风险评估,同时根据外部监管要求和指引,积极应对挑战,抓住发展机遇。

第一创业证券建立 ESG 风险管理体系和信用评级体系,列明 ESG 负面投资清单,合理评估 ESG 相关风险,并在整个风险管理体系中融合评估内容,合理应对市场风险和信用风险对公司可能带来的影响。公司将 ESG 管理纳入投资决策和业务流程中,分析业务投标的风险,提升自身业务发展,同时促进环境保护、社会进步和完善自身治理。

13.4.4.3　发起成立中国 ESG 研究院,发布国内首个企业 ESG 披露标准

通过几年的探索,第一创业证券的 ESG 治理水平得到了很大的提升,ESG 资产业务取得很大的发展,同时管理 ESG 风险的能力不断提高,但是 ESG 在国内仍处在起步阶段,缺乏统一的实践指南和标准,发展起来难度较大。为了更好地践行 ESG,从科学理论出发指导 ESG 实践,第一创业证券联合首都经贸大学等机构发起并成立了中国 ESG 研究机构,作为国内首家专门从事 ESG 研究的高校智库,中国 ESG 研究院根据中国国情,结合国外标准和指南,构建中国特有的 ESG 报告标准体系、建立相关数据库,构建评价体系,全面推广 ESG 理念。

13.4.4.4　建立体系化的 ESG 披露框架和披露标准发布研究成果

通过与中国 ESG 研究院的紧密合作,经过两年的实践,第一创业证券联合高校机构成功举办了两届中国 ESG 论坛,并且将研究成果落地,出版《ESG 理论与实践》《ESG 披露标准体系研究》《国内外 ESG 评价与评级比较研究》《中国 ESG 发展报告》等多部图书,为 ESG 研究和实践提供指导。

此外,第一创业证券和中国 ESG 研究院借鉴国际 ESG 披露框架,结合中国国情、目前的经济发展状况,同时依据行业特征,考虑企业实际,发布了《企业 ESG 披露指南》,该指南构建了体系化、科学化、透明公开的三维度四级 ESG 实质性议题披露体系,填补国内在此方面的空白,为企业 ESG 信息披露提供了参考。另外,公司与中国 ESG 研究院联合起草关于披露标准的图书,为《企业 ESG 评价体系》和《企业 ESG 报告编制指南》的编制提供了实践经验,为企业践行 ESG 理念,提升 ESG 绩效提供了重要依据和指引[①]。

---

① 第一创业证券. 第一创业证券 2021 社会责任报告[R]. 深圳:第一创业证券股份有限公司,2022.

13.4.4.5　以会员身份积极参与ESG标准制定工作

第一创业证券是深圳绿色金融协会会员单位,肯定了第一创业证券在绿色可持续发展方面的领先和带头作用,公司是中国基金业协会"绿色可持续投资委员会"的单位成员,积极投入ESG标准制定工作,提供ESG实践经验,贡献力量。

2021年,第一创业证券作为行业代表受邀加入《深圳经济特区绿色金融条例》配套标准和制度课题研究组,公司以先进的标准、丰富的经验积极参与两个课题研究——《金融机构绿色金融制度体系建设》和《绿色投资评估指南》,并获得课题研究贡献奖。2022年,公司为证券行业绿色金融制度体系建言献策,参与了由深圳市地方金融监管局、中国人民银行深圳市中心支行、银保监管委会深圳监管局和证监会管委会深圳监管局联合印发的《深圳市金融机构环境信息披露指引》(深金监发〔2022〕37号)的内部讨论及修改完善工作。

作为中国基金业协会"绿色与可持续投资委员会"委员单位,2022年第一创业证券牵头承担"ESG基础指标与动态优化(环境指标分级框架)项目",通过项目研究建立我国上市公司环境绩效评价指标体系,提出政策意见和建议,为证券基金行业监管政策制定和自律管理提供研究支持。

2022年,公司还积极参与中国证券业协会远程课程共建,第一创业证券申报的《ESG信息披露探索与实践》和《ESG理论与实践》两门课程入选中国证券业协会远程培训课程。通过参与绿色金融制度体系及评估标准的制定和课题研究,第一创业证券将ESG实践先行探索的经验沉淀固化下来,用于推动ESG生态系统的建设,助力"碳达峰、碳中和"国家战略目标的落实落地。

13.4.5　案例小结

作为国际主流的投资理念,全球许多资产管理都采用ESG投资策略。在我国2030年"碳达峰"与2060年"碳中和"的国家战略方针的引领下,践行ESG对"双碳"战略的推动起着重要的作用。第一创业证券是证券行业中的先行者,不断践行ESG新发展理念。作为一家投资管理机构,第一创业证券不断推出ESG产品和提供相关服务,同时作为上市公司,第一创业证券将ESG信息披露纳入企业社会责任报告中,不忘初心,牢记使命与责任,以自身行动积极践行ESG推动可持续发展,不断地提高企业的价值与核心竞争力。

第14章 银 行 业

作为金融业的主体,银行在国民经济健康运转发挥着重要的作用。其中商业银行是发展绿色金融的推动器,通过ESG管理积极构建绿色金融体系,有利于全社会共建绿色金融体系,所以银行业的ESG活动至关重要。本章介绍我国银行业的发展,分析银行业ESG信息披露的必要性,统计银行业的总体披露情况,选取了工商银行和招商银行两个典型企业,介绍其ESG信息披露发展历程,并从中提出了ESG信息披露的可借鉴的经验以及未来的改进方向,为未来ESG信息披露不断完善提供指导与参考。

14.1 行业基本情况

14.1.1 我国银行业的发展

银行是我国现代金融业的重要组成,承担着国民经济枢纽的重要角色,发挥着连接资金供给双方和各类市场主体的重要作用。中国银行业协会公布的数据显示,截至2021年末,中国银行业金融机构总资产超340万亿元,居全球第一。我国的银行业大体经历了四个发展阶段,即新中国成立后的恢复阶段(1949—1977年)、改革开放后的探索阶段(1978—1993年)、基本确立多层次银行体系阶段(1994—2001年)、发展转型新阶段(2002年至今)。

新中国成立后,国民经济处于复苏时期,在这一阶段中国人民银行发挥了重要的作用,此时的银行业是以人民银行为中心的单一制结构,即中国人民银行作为国家唯一的银行为经济运行提供服务。中国人民银行诞生于1948年,为适应新中国成立后的经济建设需求,其先后与财政部、中国农业银行、中国建设银行进行了合并,并发展其在地方的分支机构,即农村信用社,执行吸收存款、办理贷款、结算等具体商业银行服务。这种国家总体监管的银行业模式是在当时特殊的背景下形成的,事实证明,这种集中模式对我国经济温和稳定地恢复起到了积极的作用。

1978年改革开放后，单一银行制不再适应我国经济体制的变化，促使我国银行业向初步探索阶段转变。在这一阶段，中国人民银行的职能定位与财政部进行了分离，且不再作为国家唯一的银行运行。随着交通银行、招商银行等股份制银行的相继建立，以及外资银行的地域准入、业务范围不断扩大，我国二元制银行体制格局形成，也标志着我国银行业改革开放春天的到来，即进入了新的探索阶段。此外，制度建设在这一阶段也迈出了大步伐，国务院在1986年发布的《中华人民共和国银行管理暂行条例》为我国银行业的发展奠定了金融法基调，同年12月发布的《关于金融体制改革的决定》，为建立统一开放、竞争有序、严格管理的金融市场体系提供了制度保障。

金融市场法律制度框架的搭建与中国特色社会主义市场经济体制的确立为银行业的多层次化发展奠定了基础，在这一阶段，政策性银行与商业银行进一步分离，商业银行的市场化竞争也不断增强；国家先后成立证监会、保监会，实现了监管机构的分业监管；为预防金融危机风险，相继成立了四大资产管理公司，以处置国有独资银行的不良资产；逐步向外资银行开发国内市场等举措，促使我国基本建成了涵盖中央银行、开发性和政策性金融、国有大型商业银行、股份制银行、城商行、农商行等金融机构在内的多层次银行业体系。

进入21世纪以来，日新月异的新形势及越来越紧密的国际市场新趋势，为我国银行业的发展带来了新的机遇与挑战，使其发展进入了第四个发展阶段，即发展转型阶段。此时的银行业，一方面在监管框架、业务创新、经营细分等领域迎来了新的机遇，例如，2006年，监管机构扩大了商业银行的经营范围，允许商业银行设立的基金管理公司从事金融租赁、信托业务，鼓励银行业产品创新；2015年，银监会出台文件鼓励具备条件的民营资本设立中小型银行，丰富了银行业的金融供给；2019年，银保监会发布的对外开放12条新措施，进一步放松了外资来华的限制条件，吸引更多优质外资金融机构进入中国市场。另一方面，深度转型的挑战令银行业有着多重压力，例如，零售业务的数智化转型、互联网金融冲击、流动性风险与市场风险等多方考验都在促使银行不断创新与发展。

14.1.2 银行业对我国经济的影响

银行业作为我国金融业的重要组成部分，在国民经济中发挥着信用创造、资金统筹与资源分配的作用，是保障社会再生产的枢纽。银行通过资产负债业务、表外业务、中间业务促进社会经济活动，其中产生的大量信息可以为国家做经济决策、企业做财务分析提供必要的数据支撑与依据，通过引导资金在经济部门之间的配置，提高经济效益，优化产业结构。

14.1.2.1 优化资源配置

商业银行以盈利为目的会让其在业务发展中不断调整优化自身的资产结构,随时根据资金来源动态调整资产结构,针对重点及发展良好的公司提供资金服务,限制资金流向风险较高、不适合时代发展因而逐渐被淘汰的公司。为提高资产配置,银行也会吸收政府债券,促进国家基础设施的建设。另外,商业银行会根据政策要求扶持中小微企业,积极推动地方基础经济的发展。

14.1.2.2 货币政策的传导

中央银行货币政策的实施必须依靠商业银行才能实现,不管是通过调整再贴现率还是准备金率等,都是商业银行进行的有力措施,而这些政策的有效传导需要商业银行主动配合才能达成相应的目标。

14.1.2.3 为经济发展带来活力

商业银行在拓展业务的同时,也会不断创新金融产品,组建专业化团队投入金融市场,使用量化策略等方法降低经营风险、提高资产稳定性,以此为资本市场注入新的活力。同时,国内的商业银行依靠旗下的分支行机构立足于当地,影响周边生态商业圈,拓宽信贷市场融资渠道,持续降低资金交易成本,不断活跃经济发展。

14.1.3 银行业 ESG 信息披露的政策监管变迁

2007 年,为了回应银行业金融机构履行社会责任的广泛社会关注,银监会印发了《节能减排授信工作指导意见》《关于加强银行业金融机构社会责任的意见》等文件,指出"积极承担社会责任,是 21 世纪银行业金融机构必须具备的时代品格",明确了银行业金融机构需要将推动国民经济节能减排作为各自的重要使命和承担社会责任的具体体现。在此后的 5 年中,证监会、信托协会、银监会、保监会等相继发布了《中国银行业金融机构企业社会责任指引》《信托消费者权益保护自律公约》等文件,从节约资源、消费者权益保护、环境保护等不同角度规定了银行业在业务发展中应承担的社会责任。2012 年 1 月,银监会发布了《绿色信贷指引》,首次明确指出银行业需要从战略高度推动绿色信贷,大力支持绿色经济、低碳经济的发展,全面防范环境、社会风险。随后 5 年,发改委、银监会等陆续发布《关于报送绿色信贷统计表的通知》《绿色信贷实施情况关键评价指标》等文件,持续引导银行业以绿色信贷为主要渠道,使资金流向绿色、节能等领域,推动经济结构改革。在这个阶段,对于银行业的社会责任要求逐步明确为对环境和社会的具体要求。2016 年,七部委联合发布《关于构建绿色金融体系的指导意见》,意见指出商业银行应当树立绿色信贷理念,突显发展绿色金融的重要性,初步构建环境与社会风险管理体系。2022 年 6 月 1 日,在中国银保监会发布的《银行业保险业绿色金融指引》中,明确指出银行机构应该准确贯彻新发展理念,加大对绿色金融、低碳经济的支持,防范环境、社会和治理的风险,强化信息披露和与利益相关者的交流活动,完善相关政策制度和流程管理。

14.1.4 银行业对于我国 ESG 信息披露体系的重要性

14.1.4.1 在中国特色社会主义经济中承担着更多的责任

根据行业特性,我国商业银行在中国特色社会主义经济体制中履行了更多的社会责任。其一,协助投资规模大、经济效益低的基础设施项目融资,如三峡工程、南北水调等;其二,促进社会与经济协调发展,如西部大开发、高精专项开发等;其三,加快经济结构转型,如助力大型国有企业的破产兼并融资,保障供给侧结构性改革的顺利进行;其四,改善人民生活品质,健全多层次社会保障体系,如发放助学贷款、再就业贷款等。因此银行业披露的 ESG 信息包括了较为全面的中国特色 ESG 信息,以其为借鉴,可以加快全行业改进自身 ESG 信息披露的广度和深度。

14.1.4.2 促使各行业了解 ESG 风险、披露 ESG 信息

作为中国绿色金融改革进程中最重要的部分,银行业可以依据其资金融通的特性快速推进 ESG 信息披露体系中国化进程。银行应依据自身定位制定相应 ESG 评价体系,在所有的投融资过程中,动态评估每个客户的环境、社会和治理层面风险,并将评价结果纳入信贷审核和投后管理。此后,ESG 风险管理较差、ESG 信息披露较少的公司可能将遭遇融资成本高、融资难的情况。

14.2 行业 ESG 信息披露总体情况

14.2.1 银行业 ESG 信息披露的驱动因素

14.2.1.1 内部发展的需要

伴随着互联网金融等新兴金融业态的冲击、金融领域体制改革要求以及高质量金

融消费需求,我国银行业目前面临着较大的转型压力。银行业传统的发展理念已经无法适应当前经济发展的要求,银行开始重新审视自身的发展策略。基于环境、社会以及治理的 ESG 发展理念,能够促进可持续发展,受到了广泛关注。健全的 ESG 体系能够使银行带来创新发展的机遇,通过将 ESG 理念与业务结合,洞悉具有发展前景的业务方向,能够为银行获得可持续的创新发展机会。健全的 ESG 体系能够促进银行运营效率提升,通过绿色运营来促进银行盈利能力的提升。健全的 ESG 体系能够促进银行对风险识别和控制能力的提升,银行通过对环境、社会以及治理信息的披露,能够尽早发现内部风险因素,促进风险防范和治理。健全的 ESG 体系能够树立良好的银行形象,社会公众和投资者更加关注 ESG 表现良好的企业,对于公司价值和形象提升具有重要意义。拥有较高的 ESG 评级,能够更加受到市场投资者的青睐,对于上市公司股票市场估值具有较大好处。当前我国银行业在绿色金融、普惠金融、乡村振兴等多个领域履行着社会责任使命,推动了 ESG 理念的发展。

14.2.1.2 外部监管的要求

目前,ESG 理念已经受到了社会各界的广泛关注,我国银行业作为经济增长的重要支持行业,与实体经济联系非常密切,其自身践行 ESG 理念的行动,会带动整个市场经济体的行动跟进。目前对于银行业 ESG 治理的监管政策也逐渐丰富和完善。2020 年 1 月,银保监会发布《关于推动银行业和保险业高质量发展的指导意见》,明确大力发展绿色金融,建立健全环境与社会风险管理体系,将环境、社会、治理要求纳入授信全流程,强化环境、社会、治理信息披露和与利益相关者的交流互动,鼓励银行业金融机构设立绿色金融事业部,提升绿色金融专业服务能力和风险防控能力。2022 年 6 月,银保监会下发《银行业保险业绿色金融指引》,提出银行保险机构应将环境环境、社会、治理要求纳入企业管理流程和全面风险管理体系。可以看出,外部政策对银行业 ESG 工作的要求逐渐细化,需要各家上市银行紧跟监管要求,结合自身实际情况,做好 ESG 信息披露工作。

14.2.2 银行业 ESG 信息披露的现状

14.2.2.1 银行业 ESG 报告披露率位于行业领先地位

上市公司 ESG 相关报告及时通过权威渠道对外披露,能够使投资者和社会公众及时全面地了解公司的 ESG 治理情况。根据巨潮资讯网数据,截至 2022 年 11 月,中国 42 家 A 股上市商业银行,已全部发布 ESG 相关报告,覆盖比例为 100%。海南省绿色金融研究院根据申万一级行业进行数据统计,2022年A股ESG报告披露率排名前三的依次为银行业、非银金融业以及钢铁行业,披露率分别为100%、83.13%以及60.00%,披露率最低的机械设备行业仅为18.38%。凭借与各类行业主体进行业务开展的天然优势,我国上市商业银行能够迅速把握行业最新动态和国际发展前沿,具有较强的ESG信息披露意识和披露能力。

14.2.2.2　上市银行ESG报告形式呈现多样化特征

严格来说,目前国际上就ESG信息披露标准模式并未达成统一共识,存在由多个组织构建的ESG信息披露标准,例如全球报告倡议组织(GRI)、气候相关财务信息披露工作组(TCFD)以及可持续发展会计准则委员会(SASB)等指标框架。此外,还存在多种ESG评价指数,如Wind ESG指数、MSCI ESG指数、国证ESG指数以及富时罗素ESG指数等。我国上市商业银行在参照监管部门信息披露政策文件要求的基础上,基于自身情况选择了不同的ESG报告披露形式。从具体形式来看,通过统计A股42家上市商业银行ESG相关报告发现,16家披露了ESG报告,占比38.10%,这些上市商业银行主要按照环境、社会以及治理三个模块来构建整体报告;5家披露了可持续发展报告,占比11.90%,整体报告形式与ESG报告大致相同;21家披露了社会责任报告,占比50.00%,这些银行结合行业实际,从战略治理、绿色金融、普惠金融、客户服务等多个主题角度来构建整体报告。可以看出,上市商业银行ESG报告形式呈现多样化特征。

14.2.2.3　上市银行ESG报告编制依据呈现多样化特征

目前的ESG报告披露并未形成强制性标准,各家上市银行结合自身所处的交易所板块,以自愿性原则,参考了不同的ESG报告编制标准。涉及沪深两所社会责任信息披露指引、港交所ESG报告指引、GRI可持续发展报告标准以及国际标准化社会责任指南等多种标准(见表14.1)。通过整理42家上市银行ESG相关报告发现,有26家参考了GRI标准,占比61.90%;有2家参考了TCFD标准,占比4.76%;有3两家参考了联合国环境规划署《负责任银行原则》(PRB),占比7.14%。参考标准数量最多的是兴业银行,达到了17项;参考标准最明确的中信银行,明确了其编制依据、编制核心标准以及相关参考标准。基于不同的编制依据,上市银行在ESG指标的选择上也千差万别。例如,农业银行和招商银行明确其指标体系以GRI标准为核心;宁波银行和苏农银行依据国内信息披露法规设置指标;江阴银行和张家港银行则将党建引领纳入了ESG报告之中。

表 14.1　上市商业银行 ESG 报告编制依据统计表

序号	国内依据	国际依据
1	《关于加强银行业金融机构社会责任的意见》	全球报告倡议组织(GRI)《可持续发展报告标准》
2	《中国银行业金融机构企业社会责任指引》	联合国环境规划署《负责任银行原则》(PRB)
3	《中国企业社会责任报告指南 4.0》(CASS CSR4.0)	联合国可持续发展目标(SDGs)
4	《上海证券交易所上市公司环境信息披露指引》	《气候相关财务信息披露工作组建议报告》(TCFD)
5	《上海证券交易所上市公司自律监管指引第 1 号——规范运作》	国际标准化组织 ISO 26000《社会责任指南(2010)》
6	《深圳证券交易所上市公司自律监管指引第 1 号——主板上市公司规范运作》	《赤道原则(第四版)》(Equator Principles Ⅳ)

数据来源：巨潮资讯网上市银行 ESG 年度报告。

14.2.2.4　上市银行 ESG 信息披露的践行程度不同

由公开披露的 ESG 报告发现，上市银行间也存在着较大的披露意愿性差异。从披露次数来看，以招商银行为代表的上市银行，已经连续披露了两期 ESG 相关报告，但多数上市银行仍然以社会责任报告的传统形式对外披露。从披露频率来看，以工商银行为代表的上市商业银行，年度发布两次 ESG 相关报告，ESG 报告披露意愿性较强。从编制依据来看，有 27 家参考了国际相关标准，占比 64.29%，剩余的上市商业银行遵循的一直是国内的信息披露准则。结合上市商业银行 ESG 报告在披露次数、披露频次以及编制依据等方面的衡量因素，可以看出不同上市商业银行对于 ESG 理念的践行程度也不尽相同。

14.2.3　银行业 ESG 信息披露的评价结果与未来发展建议

ESG 评价结果是最能反映和衡量企业 ESG 理念践行水平的量化数据，较高的 ESG 评级结果能够使企业受到来自各方的关注和信任。虽然目前未形成统一的指标体系，但通过对主流 ESG 评级的分析，能够对行业和企业的 ESG 发展水平做出评估。考虑到评级的可靠性，选择国际认可度较高的 MSCI 和国内认可度较高的 Wind 两项 ESG 评级数据进行研究。根据 MSCI 最新评级结果，评级为 A 级的上市商业银行共有 6 家，占比14.29%;评级为BBB级的上市商业银行共有9家,占比21.43;评级为BB级及以下的上市商业银行共有4家,占比9.52%;23家上市商业银行为B级,占比54.76%。根据2022年第三季度Wind评级结果,超过38家商业银行的Wind ESG评级均在BB级以上,占比90.48%;评分为A级的上市银行数量为8家,占比为19.04%;评分为BBB级的上市银行数量为11家,占比为26.19%;评分为BB级的上市银行数量为19家,占比为45.24%;评分为B级的上市银行数量为4家,占比为9.52%。通过评级分布结果可以发现,上市银行之间的ESG评级存在较大差距。以交通银行、招商银行为代表的第一梯队,两类ESG评级均达到了A级,在行业中处于领先地位;以邮储银行、光大银行、中信银行为代表的其他银行,其ESG评级排名与企业规模呈现较大程度的脱钩。

从具体评分来看,考虑到数据的可统计性以及全面性,在此选择国内认可度较高的Wind ESG指数得分来进行数据分析,数据截至2022年第三季度末。从时间趋势来看,由图14.1可知,2020年第二季度至2022年第三季度,A股上市银行ESG评分呈现波动向好趋势,但是2022年的整体ESG评分较2021年有所下降。从行业对比来看,银行业ESG评分优于整体A股公司。截至2022年第三季度,A股42家上市商业银行ESG平均评分为6.11分,而A股上市公司的整体评分为6.02分,在所有行业中处于中等偏上水平。从评分分布来看,银行间ESG评分存在两极分化趋势。

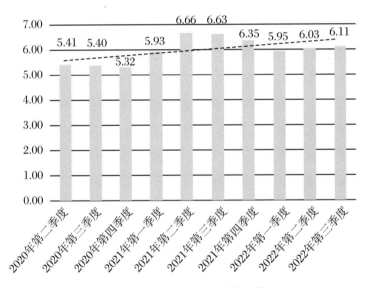

图14.1 A股上市银行ESG评分情况

数据来源:Wind数据库A股上市银行ESG综合评分。

随着学术界对ESG理论研究的不断完善以及经济主体对ESG理念践行的不断推进,未来ESG信息披露也将趋于全面和统一,行业主体之间的ESG信息交流也将更加频繁。银行可以将ESG信息披露体系纳入全面风险管理,构建银行ESG全面风险管理系统,增强抵御风险的能力。例如,在客户管理体系中根据目标客户的 ESG 风险要素,在信贷的审查、发放、回收阶段持续跟踪考量客户的 ESG 综合评级,根据不同的评级制定相应的防控策略。

银行业需要进一步转变自身发展思路,将 ESG 治理体系纳入公司整体发展战略之中,培养 ESG 人才队伍;形成和完善绿色金融、普惠金融等责任投资体系;创新和完善 ESG 投资产品;提高 ESG 信息披露水平;完善 ESG 风险管理体系,做 ESG 理念践行的先锋者。

14.3 工商银行的 ESG 信息披露实践

ESG 理念传入中国市场并逐步本土化后,已经跨过了最初认知上的生涩和迷惘,成为每家上市公司无法回避且不得不做出选择的问题。而 ESG 兴起带来的风险与机遇,也推动着中国企业不断探索更好的发展空间。本案例描述了作为中国银行业"龙头"的中国工商银行(以下简称"工商银行")在当今绿色金融改革和"双碳"目标的背景下,如何探索自身 ESG 的发展之路。

自国际 ESG 发展兴起后,在国内监管部门、评级机构、行业协会以及各大上市公司的共同努力下,中国 ESG 治理正式进入快速发展的时期。通过近 40 年的砥砺前行,工商银行在大浪淘沙中脱颖而出,成为当今全球首屈一指的商业银行,可谓属实不易。

14.3.1 关于工商银行

作为中国大型商业银行之一,工商银行的发展历史可以划分为如下几个阶段。

第一阶段为专业银行时期(1984—1993 年)。1984 年 1 月 1 日,工商银行正式诞生,它的成立不仅使中国人民银行完成了向中央银行跨越式的转变,还标志着中国银行业进入了国家专业银行体系阶段。在此后的十年风雨中,工商银行不断进行企业改革,积极开发存款、贷款、汇兑等业务,并成长为中国第一大行。截至 1993 年底,工商银行总存款余额 8844.44 亿元,比成立之初增长了 420%,占全国银行业存款总额的 38.1%;总贷款余额 11128.23 亿元,比成立之初增长 350%,占全国存款总额的 42.1%,积极推动了改革开放初期国民经济的发展。

第二阶段为国有商业银行时期（1994—2004年）。1993年后，在不断扩大对外开放以及商业性金融和政策性金融相分离的时代背景下，工商银行开始率先向国有商业银行进行转变，并逐渐形成了以客户为中心的营销管理体制。在此十年中，工商银行通过不断调整资产、负债和收入的结构，极大地推动了业务结构和运营模式战略转型。到2004年末，工商银行不仅总资产与总负债分别占国内银行业总资产与总负债的17.95%和18.15%，而且进出口结算业务总额也占到了全国的21.24%。此时，工商银行作为中国最大的商业银行也终于进入了世界五百强行列，开始树立优秀的国际化大银行形象。

第三阶段为股改上市、腾飞的时期（2005年至今）。为适应我国加入世界贸易组织后银行业面临的各种风险与机遇，经过国家批准和多年准备，工商银行在2005年10月改制为股份有限公司，并于2006年10月27日成功在港交所和上交所同时上市。工商银行上市不仅开创了两地同步上市的先河，而且还创下了多个历史之最，一时风头无二。此后，工商银行就进入了发展黄金时期，通过不断调整经营结构和模式，使得各项业务全面发展。截至2021年底，工商银行在全球拥有969.1万公司客户和7.04亿个人客户，雄厚的客户基础以及多元的业务结构，给企业创新和市场竞争带来强劲动力。各项存款总额264417.74亿元，各项贷款总额206672.45亿元，资产负债协调稳步发展。营业收入8608.80亿元，实现净利润3502.16亿元，盈利指标稳步改善。一级资本充足率和资本充足率分别为14.94%和18.02%，资本均保持在稳健合理水平。

14.3.2 工商银行的ESG信息披露实践

国内对于银行业履行社会责任的重视由来已久，而工商银行作为中国最大的商业银行，更加肩负着推进绿色金融改革、促进国民经济可持续发展的重任。在此环境下，如何防范ESG风险并以此提升ESG治理能力亦成为工商银行发展的重要使命。

为推动工商银行将社会责任融入发展战略和经营管理各个环节，在发展绿色金融、巩固脱贫攻坚成果、乡村振兴等方面积极承担社会责任，发挥大行作用，工商银行积极履行战略决策职能，深化ESG治理，持续完善ESG管治架构（见图14.2）。工商银行董事会下设的社会责任与消费者权益保护委员会，负责对普惠金融发展、绿色金融战略、消费者权益保护、多元化与员工发展、商业道德与员工商银行为准则等ESG核心议题进行审议，并向董事会提出建议。而董事会下设的战略委员会，则负责对战略发展规划、重大全局性战略风险事项（如ESG风险、气候风险）、年度社会责任报告等进行审议，并向董事会提出建议。

为进一步加强对绿色金融工作的统筹和推动,工商银行在管理层设立了绿色金融委员会,全面部署集团绿色金融发展工作,并且在数据安全方面,成立了金融科技评审委员会,对隐私和数据安全相关制度进行审查。

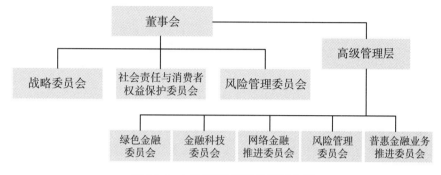

图 14.2　工商银行 ESG 治理架构图

数据来源:工商银行 2022 半年度社会责任专项报告。

14.3.2.1　环境信息披露

工商银行在可持续发展过程中,始终坚持社会责任与经济责任相融合,积极践行国家绿色发展理念和可持续发展战略,持续提升支持"碳达峰、碳中和"目标的金融服务能力。逐年调整绿色贷款专项规模,及时制定绿色贷款投放计划;不断提高绿色金融绩效考核权重,加大绿色金融 FTP 优惠政策倾斜;加强全口径资产绿色分类管理,全面实施信贷与非信贷资产的绿色分类,境内分行环境友好和环保合格类贷款余额占比达 99.3%。

为积极融入和服务国家"碳达峰、碳中和"目标,工商银行充分发挥债转股牌照优势,加大绿色金融领域投资布局,重点支持一大批光伏、风电、水电等绿色行业领域发展,助力绿色低碳发展。截至 2021 年末,新能源产业链投资余额 300 亿元。另外,工商银行全资子公司工银租赁紧抓绿色金融发展机遇,充分发挥租赁业务产品属性优势,重点加强对清洁能源、绿色公用交通、绿色航运、节能环保等绿色产业的服务支持力度,优化业务结构。2021 年底,工银租赁绿色租赁业务规模为 418 亿元,占境内融资租赁业务比例约 40%。

作为绿色金融领域的开拓者与探索者,工商银行不断强化绿色金融前瞻研究与对外合作,推动气候相关财务信息披露工作组(TCFD)、《生物多样性公约》等标准的落地实施和全球绿色共识的深化发展;扎实开展自身低碳运营,加强供应链管理和绿色采购,初步建成自身运营碳管理信息统计与分析系统,形成绿色办公、节能降耗、碳排放管理的数字化长效机制。

14.3.2.2 社会信息披露

在社会责任上,工商银行积极贯彻新发展理念,服务新发展格局,落实"六稳""六保"要求,围绕跨周期政策统筹安排投融资总量、节奏和结构,精准有力服务实体经济重点领域和薄弱环节,持续提升金融服务的适应性、竞争力、普惠性,有效发挥大行头雁作用。

为推动我国现代产业体系加快发展、经济体系优化升级,工商银行还与工业和信息化部签署《"双循环"新格局下支持制造业高质量发展战略合作协议》,全面增强金融支持力度,深化双方平台合作。当前,工商银行投向制造业贷款余额为 2.16 万亿元,是国内首家制造业贷款余额突破 2 万亿元的商业银行。根据国家普惠金融发展战略,2019 年工商银行就制定了"万家小微成长计划"。截至 2021 年,已在全国 500 多个城市组建近 9000 个服务小组,为超 1 万家入库小微企业定制一对一专属服务方案,提供全方位综合金融服务,向 160 多万户小微企业主动授信 1.3 万亿元。

14.3.2.3 治理信息披露

在公司治理方面,工商银行已将气候风险因素纳入全面风险管理系统。构建气候风险管理体系,积极参与 TCFD 全球金融治理,主动进行气候风险的识别、测量、控制等工作,并参加了中国人民银行组织的气候风险压力测试,在测试中测量"碳达峰、碳中和"目标实施对工商银行信贷业务结构的负面影响。

在压力测试中,根据生态环境部发布的《碳排放权交易管理办法(试行)》对温室气体重点排放单位的界定标准,测试对象应设定为年排放量在 2.6 万吨二氧化碳当量以上的公司客户。测试的压力传导机制设定为假设当目标企业达到生态环境部的碳排放标准时,就需要交纳额外的碳排放费用,因此会直接影响目标企业的偿债能力(见图 14.3)。工商银行压力测试的程度分为轻度、中度和重度三种情况,选取参数不仅主要参考了国内碳排放交易市场的碳价格变动情况,同时还考虑了央行与监管机构绿色金融网络的碳价情形。压力测试以 2020 年年末为基期,期限 10 年。在测试中假设在期限内目标公司不会进行低碳经济转型,同时由碳排放额外产生的费用无法通过交易进行转嫁。测试结果表明,三个行业的目标公司在压力测试情况下大多会受到一定程度的影响,但总体风险可控。并且工商银行在三种不同程度的压力情景下预测出,到 2030 年,其资本充足率分别下降 24、42、58 个 BP。

图 14.3 工商银行气候压力测试传导机制

现今,工商银行通过深入探索行业转型特征,明确绿色低碳的经营管理偏好,在信用风险等风险限额管理上强化了绿色发展要素,做好偏好传导,并把气候风险管理体系中的目标行业扩展到16个板块近50个行业。之后,工商银行还与中国银行业协会共同发起成立"中国银行业支持实现碳达峰碳中和目标专家工作组"。作为专家工作组组长单位,工商银行还组织开展气候风险培训,积极参与监管、同业线上线下气候相关会议,分享气候风险管理经验,巩固在国内气候风险领域的头雁地位。

除此之外,为全面加强ESG专项培训,推动ESG治理的有效落地,工商银行实施了诸如ESG专题网络培训项目、开设"工银ESG云课堂"、完善ESG培训常态化机制等措施。仅在2021年,工商银行就举办了绿色金融相关课程培训162期,培训57613人次;数据安全相关风险培训626期,培训191263人次。经过培训,工商银行整体提升了全集团各级机构、各岗位人员对ESG理念的理解掌握水平。

14.3.3 工商银行ESG信息披露的评级评价

从2007年开始编制第一份社会责任报告开始,工商银行在披露社会责任信息的道路上已走过了15年征程,并在2021年报告中首次使用了ESG议题。但正所谓"及之而后知,履之而后艰",工商银行的信息披露之路并不是一帆风顺。

还在2020年底时,Wind ESG给予工商银行的评分只有5.62(BBB级),在银行业的排名为16/36,而商道融绿和华正ESG的评级结果分别为B+级和BB级。根据评级和得分可以看出在大部分三方机构的ESG评价体系中,工商银行的ESG治理成绩一直处于行业中游,这与其业务成绩和行业地位大相径庭(见表14.2)。

表14.2 2018—2020年工商银行ESG评级结果

	Wind ESG	华证ESG	商道融绿	富时罗素	润灵环球
2018年12月31日	5.71	B	B+		BBB
2019年12月31日	5.82	B	B+	2.6	A
2020年12月31日	5.62	BB	B+	2.6	A

数据来源:Wind数据库工商银行ESG评级。

从Wind ESG评分细则(见表14.3)中能看出,得益于完善的风险管理体系、人才培养机制以及在绿色金融上的突出表现,工商银行在环境和治理维度得分较高。而社会维度得分却较低,这主要是因为在社会维度的披露中有部分指标还存在相当篇幅主观性文字描述,如消费者权益保护板块就缺少量化信息支撑。另外,工商银行对客户投诉事件以及负面信息的披露力度一直以来也有所欠缺,在2020年以前的历年责任报告中,工商银行均没有披露有关客户投诉事件的相关数据和负面信息的回复。这不仅不利于社会公众了解工商银行在面对投诉争议事件时的态度，更不利于各大三方机构根据相应指标进行评分。

表 14.3 2018—2020 年工商银行 Wind ESG 评分细则

	2018 年 12 月 31 日	2019 年 12 月 31 日	2020 年 12 月 31 日
Wind ESG 综合得分	5.71	5.82	5.62
Wind ESG 评级	BB	BB	BBB
环境维度得分	6.99	8.58	8.73
社会维度得分	2.40	3.35	3.52
治理维度得分	8.48	8.55	8.89
行业排名	14/27	12/34	16/36

数据来源：Wind 数据库工商银行 ESG 评级。

14.3.4　工商银行 ESG 信息披露的持续改进

近年来，业务发展上的披荆斩棘与 ESG 治理成绩不匹配一直困扰着工商银行所有董事们，在绿色金融改革和"双碳"目标的背景下，积极寻找更加有效的 ESG 信息披露策略成为他们唯一的出路。

针对公司 ESG 评级一直停滞不前的问题，2021 年 8 月底，工商银行率先公开发布了《中国工商银行 2021 半年度 ESG 专题报告》，成为国内首家披露 ESG 半年报的 A 股上市公司，根据历年 ESG 信息披露中暴露出的问题，ESG 半年报涵盖了治理与可持续风险管理、境内普惠金融、境内金融消费者合法权益保护等在内的七大板块，其中完全涉及社会层面的就包括两个板块。一直以来，上市公司每年披露的社会责任报告是各个评级机构及利益相关者获取公司 ESG 信息的重要载体，而披露 ESG 半年度报告，不仅可以有效强化 ESG 信息披露体系，而且对于各大评级机构来说也能够灵活调整对工商银行的动态评分。

工商银行重点改进了绿色金融（ESG 与可持续金融）委员会的职能职责，并印发《绿色金融（ESG 与可持续金融）委员会工作规则》，贯彻落实集团绿色金融（ESG 与可持续金融）战略与目标，协调推进各业务线条相关工作、指导相关业务发展和经营管理。同时，在管理层成立消费者权益保护工作委员会，印发了《消费者权益保护工作委员会工作规则（2022 年版）》，统筹部署、组织推进全系统消保和客户投诉治理工作，持续优化工商银行消费者权益保护和客户投诉治理工作体制机制（见图 14.4）。

第 14 章
银 行 业

```
贯彻落实集团绿色金融（ESG
与可持续金融）战略与目标

协调推进各机构各业务条线绿色金融
（ESG与可持续金融战略）相关工作

指导全行绿色金融（ESG与可持
续进入）业务发展和经营管理
```

图 14.4　绿色金融委员会主要职责

在具体编制的 ESG 报告中，工商银行也开始加入诸如投诉事件、信息安全等 ESG 要素的量化信息。例如，在 2021 年披露的社会责任报告中就显示了报告期内个人客户投诉数量共有 14.1 万件，每百网点个人客户投诉量 892 件，并且工商银行还针对客户投诉组织专项治理活动。另外，在 2022 上半年，为进一步推动低碳经济的落实，工商银行建成投产了自主研发的碳足迹管理数据统计系统，组织集团内各机构和子公司填报近几年能源消耗数据，数据收集范围包括碳排放数据、排放设施、监测设施等 3 个大类、58 个小类的信息，累计收集数据 260 多万条，在第三方专业公司对数据进行核查后开展归因分析，为之后全集团持续开展"双碳"工作奠定了坚实基础。截至 2021 年 9 月，工商银行的 Wind ESG 评分达到了历史最高峰 7.48 分（A 级），行业排名 8/43，华正 ESG 评级也从 BB 级提升到了 BBB 级（见图 14.5）。这一成绩不仅肯定了工商银行在 ESG 治理上所付出的努力，而且为今后集团 ESG 的发展道路拓宽了方向。

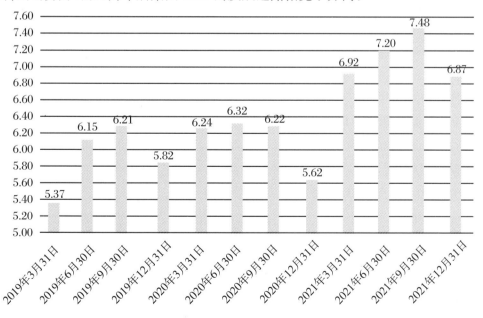

图 14.5　2019—2021 年工商银行 Wind ESG 综合评分

数据来源：Wind 数据库工商银行 ESG 评级。

14.4 招商银行的 ESG 信息披露实践

目前,以环境、社会以及治理为核心的 ESG 发展理念受到了银行业的广泛关注,本案例描述了招商银行股份有限公司(以下简称"招商银行")如何紧跟 ESG 发展前沿,深入实施可持续发展战略,积极开展 ESG 实践工作,取得了多项 ESG 评级位于行业前列的成绩。本案例旨在通过分析招商银行的 ESG 信息披露实践情况,启发思考银行业企业如何更好地履行社会责任,实现更高层次的可持续发展。

招商银行总部位于中国改革开放最前沿的深圳,是我国境内第一家完全由企业法人持股的股份制商业银行,历经三十多年的发展,招商银行已成为中国境内最具品牌影响力的商业银行之一,是中国领先的股份制商业银行。招商银行高度重视 ESG 管理与信息披露,结合公司实际构建 ESG 报告体系,已对外发布了社会责任/可持续发展报告、环境信息披露报告、可持续发展类债券、碳减排支持工具信息披露、外部认证类报告等类型较为丰富的 ESG 报告。MSCI 官网数据显示,招商银行在 2022 年 11 月获评 ESG 的 A 级评级,连续两年保持在 A 级别,是目前境内上市商业银行在该指标的最高评级,取得了较好的 ESG 发展成绩。

14.4.1 招商银行简介

招商银行于 1987 年 4 月成立,总注册资本 252.20 亿元,2002 年 4 月 9 日在上交所上市,是 A 股第四家上市商业银行,2006 年 9 月 22 日在香港证券交易所成功上市。招商银行单一最大股东为招商局集团有限公司,具有商业银行、境外投行、基金管理、人寿保险、金融租赁、保险资管等多种金融牌照,旗下控股及参股子公司分布于金融租赁、理财业务、基金管理、消费金融等领域,是业务多元化的银行集团。截至 2021 年末,招商银行拥有 1924 个总分支机构,遍布长三角、珠三角及海西、环渤海、东北、中部、西部等中国大陆主要中心城市,以及香港、纽约、伦敦、新加坡、卢森堡、悉尼等主要国际金融中心。

招商银行始终坚持"因您而变"的服务理念,将"依托 3.0 发展模式转型,打造最好财富管理银行、最强金融科技银行、最优风险管理银行、最佳客户体验银行和最具社会责任银行"作为战略目标。Wind 数据显示,截至 2021 年末,招商银行总资产规模达

9.25万亿元,2021年营业收入为3312.53亿元,净利润为1199.22亿元,ROAA、ROAE等多项指标处于行业领先。

招商银行在业务不断发展的同时,也获得了较高的社会荣誉。2022年,招商银行连续第四年荣膺《欧洲货币》"中国最佳银行",创造该奖项评选史上首个"四连冠",位列英国《银行家》全球银行1000强榜单第十一位,比2021年提高三个位次,连续五年位居前二十强[①]。

14.4.2 招商银行ESG信息披露的发展历程与理念

14.4.2.1 发展历程

招商银行围绕ESG发展前沿,构建了类型较为丰富的ESG报告体系,至今已发布包括社会责任/可持续发展报告、环境信息披露报告、可持续发展类债券、碳减排支持工具信息披露报告、外部认证类报告等在内的多项ESG相关报告。

2007年9月,招商银行发布其首部社会责任报告——《招商银行社会责任报告1987—2007》。《招商银行社会责任报告1987—2007》涵盖股东回报、客户服务、社会回馈、员工关爱等部分,披露了招商银行的社会责任价值体系,包括招商银行社会责任宗旨、社会责任观、社会责任的文化内涵、社会责任的行动目标、社会责任的行动准则。从2008年报告期开始,招商银行开始定期发布上一年度社会责任报告,环境保护是企业社会责任报告的重点披露部分。从2010年报告期开始,招商银行开始在社会责任报告中引入GRI等国际标准关注要素,是国内较早在社会责任报告中引入GRI指标体系的上市商业银行之一。从2021年报告期开始,招商银行为更全面地披露ESG相关内容,将社会责任报告更名为可持续发展报告,一方面遵循监管部门披露要求,另一方面纳入国际主流评级机构的关注要素,更加详细地披露了招商银行在公司治理、消费者权益保护、绿色金融、合规管理等方面的工作成效。招商银行于2021年开始披露环境信息报告,重点披露了环境相关治理结构、绿色投资、绿色金融以及绿色运营等相关环境绩效信息。此外,招商银行也披露了可持续发展类债券、碳减排支持工具信息、外部认证类报告,形成了类型较为丰富的ESG报告体系。

---

① 招商银行. 招商银行简介[EB/OL]. [2022-12-30]. http://www.cmbchina.com/cmbinfo/aboutcmb/default.aspx? guid=d4f2fba8-081e-4c8d-b973-17694f836c0c.

14.4.2.2 主要理念

金葵花是招商银行的行花,代表着积极、信念与美好向上,招商银行坚持"以客户为中心、为客户创造价值"的核心价值观,积极推进可持续发展,践行了葵花的美好寓意。2022年是招商银行成立35周年,回顾成立以来招商银行的ESG信息披露发展历程,可以看出招商银行能够积极围绕ESG发展前沿,将ESG理念与行业特点和公司发展方向相结合,逐步形成了能够推动公司可持续发展并具有招行特色的ESG管理体系。

招商银行以"打造最具社会责任银行"作为战略目标之一,积极创新ESG发展理念,在延续责任理念和履责方法的基础上,构建了葵花"SUNFLOWER"可持续发展模型(以下简称"WUNFLOWER模型",如图14.6所示)。该模型包含践行金融向善、应对气候变化、广阔职业平台、增进民生福祉、提升客户体验、推进稳健治理等六大重点实践领域,招商银行将该模型理念融合到公司的经营管理之中,指引公司可持续发展跃升至新的台阶。

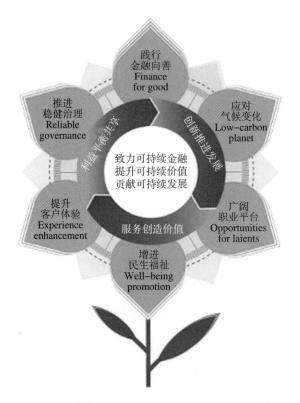

图14.6 招商银行葵花"SUNFLOWER"可持续发展模型图

在践行金融向善方面,招商银行将环境、社会以及治理等三个维度的理念与业务深度融合,让金融促进社会公平与进步,满足社会公众对于美好生活的需要。在应对气候变化方面,招商银行开展气候治理和绿色金融创新,对绿色投融资政策进行丰富和完善,加大金融支持绿色产业力度,开展绿色运营和绿色公益活动,推动绿色转型发展。为此,招商银行成立绿色金融跨部门协同工作小组,将气候变化风险管理纳入全面风险管理框架,制定了短期、五年期以及中长期绿色金融战略目标。在广阔职业平台方面,招商银行高度重视人才体系的丰富,畅通员工职业发展通道,通过培训、沟通以及职场环境改善等多种路径,持续提升员工体验。在增进民生福祉方面,招商银行积极贯彻乡村振兴战略,有效衔接巩固脱贫攻坚成果和乡村振兴,大力推动社会公益活动开展,搭建了"月捐悦多"等公益平台,为需要被关爱的群体提供温暖和帮助。在提升客户体验方面,招商银行积极推动金融创新,为客户提供满意服务和金融产品,持续开展金融数据和客户隐私保护,为客户普及金融知识,专注于客户体验的改善。在推进稳健治理方面,招商银行紧跟国际视野,完善公司治理框架,提高公司治理的有效性、科学性以及稳健性,为公司业务发展提供强力的制度保障。"SUNFLOWER 模型"是既能够反映招商银行可持续发展理念又具有招行品牌特色的战略模型,体现了招商银行在 ESG 发展理念上的创新。

14.4.3 招商银行 ESG 信息披露的主要做法

14.4.3.1 优化可持续发展报告编制

招商银行围绕 ESG 前沿趋势,持续完善可持续发展报告编制标准。从 2009 年度社会责任报告开始引入 GRI 国际标准要素,遵循 GRI 的重要性、完整性、可比性,认为信息披露已经达到 GRI 所规定的 B 级。2015 年度社会责任报告开始增加 GRI 报告篇幅,GRI 报告包括公司治理、经济、环境以及社会等模块,丰富了社会责任报告的披露内容。在 2021 报告期,为更好地与利益相关者沟通可持续发展和社会责任实践举措与绩效,基于 GRI 核心披露方案,招商银行将社会责任报告更名为可持续发展报告,ESG 相关信息得到了更加全面的披露。

招商银行优化实质性议题分析流程,通过识别、评估以及确认与报告环节,确定每年对自身和各利益相关者的有关议题,并给予回应。在识别流程中,招商银行分析研判最新研究热点,熟悉投资方对 ESG 领域的重点关注方向,识别出金融业在该领域的发展机会和关注要点,结合招商银行业务方向,基于"SUNFLOWER 模型",对发展机会和关注要点进行分析,确定 21 项实质性议题,具体结果如表 14.4 所示。在评估流程中,招商银行充分征询 ESG 相关领域专家学者的意见,明确各项议题的重要性程度,由招商银行员工代表评估议题的重要性程度,划分核心议题、重要议题以及一般议题,并构建招银行实质性议题分析矩阵。在可持续发展报告中,核心议题得到重点披露。

表 14.4 招商银行实质性议题分析表

序号	实质性议题名称	类型	序号	实质性议题名称	类型
1	推进绿色及可持续金融	核心	12	践行绿色运营	重要
2	消费者权益保护	核心	13	人力资本发展	重要
3	发展普惠金融	核心	14	数字化转型	重要
4	提升客户体验	核心	15	利益相关者参与	重要
5	网络、安全与隐私保护	核心	16	保障员工权益	重要
6	服务实体经济	核心	17	规范公司治理	重要
7	支持国家战略	核心	18	关怀员工生活	重要
8	普及金融知识	核心	19	参与公益慈善	一般
9	全面风险管理	核心	20	服务乡村振兴	一般
10	应对气候变化	重要	21	负责任供应链管理	一般
11	商业道德与合规经营	重要			

数据来源:招商银行2021年度可持续发展报告。

作为国内领先的股份制商业银行,招商银行积极参考国际国内主流评级衡量标准,在可持续发展报告中纳入评级机构评级考察点,完善披露指标体系,提高可持续发展报告信息披露的全面性,取得了较高的ESG评级。2021—2022年,招商银行连续两年获得MSCI-ESG的A级别,是目前境内上市商业银行在该评级中取得的最高评价,为境内上市商业银行的ESG报告披露起到了很好的示范作用。

14.4.3.2 重视与利益相关者沟通

在经营管理活动中,招商银行高度重视各利益相关者的感受和建议,根据自身实际情况,开展充分论证后,积极搭建与利益相关者交流与沟通的渠道,利用多样化手段,提高与各利益相关者沟通的效率,充分了解各利益相关者对各项议题的期望与诉求,并针对重点议题开展工作。招商银行2021年可持续发展报告显示,招商银行识别出政府与监管机构、股东与投资者、客户与消费者、员工、供应商与合作伙伴、环境以及社会等利益相关者的33项期望与诉求,搭建了31条沟通渠道。通过充分的利益相关者沟通,招商银行有针对性地对各项诉求予以反馈,以此驱动公司的ESG管理绩效提升。

14.4.3.3 改版官方网站

招商银行积极践行社会责任理念,持续深化可持续发展实践,通过改版官方网站,优化网站界面设计,向社会公众及时披露公司 ESG 动态及成效。改版后的官方网站在醒目位置专设《招行 ESG》板块,社会公众进入官方网站后可直接点击查询招商银行 ESG 板块内容。《招行 ESG》板块展示了"SUNFLOWER 模型"的理念内涵,板块包含了《ESG 披露报告》《ESG 管理制度》《ESG 新闻动态》《公益慈善》等模块。改版后的官方网站丰富了 ESG 信息的披露内容,方便了利益相关者获取公司的最新 ESG 信息。

14.4.3.4 紧跟 ESG 发展前沿

招商银行在 21 世纪初就联合多家跨国企业和国内顶尖企业创办了中国企业社会责任同盟(CFCSR),CFCSR 是国内第一个致力于中国企业社会责任发展的组织,招商银行行长成为中国企业社会责任同盟的首任会长。在当时,"社会责任"对于国内企业来说还是一个十分陌生的概念,企业更多关注自身经营的效率。如今,"社会责任"已经成为紧紧围绕企业发展的重要方面。

客观上,CFCSR 的创立推动了国内 ESG 理念的发展。银行业上市公司从 2008 年开始陆续对外披露社会责任报告,而招商银行在 2007 年就披露了首部社会责任报告,在 ESG 信息披露工作上走在了行业前列。2009 年,招商银行在社会责任报告中积极引入 GRI 标准,适应了 ESG 发展的国际趋势。2015 年,招商银行进一步丰富社会责任报告的披露内容,增加了 GRI 报告的篇幅,提高了其社会责任报告的影响力。2019 年,招商银行子公司招商基金成为国内率先签署联合国负责任投资原则组织(UN PRI)的中国公募基金管理公司之一。2020 年,招商银行首次发布可持续发展报告,是境内较早发布 ESG 专门报告的上市商业银行之一。

14.4.4 案例小结

作为国内领先的股份制商业银行,招商银行紧跟发展前沿,创新发展 ESG 管理理念,在 ESG 实践方面取得了较高评价。截至 2022 年第三季度,招商银行 Wind ESG 综合得分位居 A 股 42 家上市商业银行第四位,治理维度得分位居上市银行第一;在五项主流 ESG 评级中获得了 4 项行业最高评级,反映了招商银行在 ESG 领域的优秀表现,具体结果如表 14.5 所示。招商银行在 ESG 评价方面处于行业领先地位,将会为招商银行发展提供诸多益处。

表 14.5　招商银行 ESG 评级统计表

序号	评级名称	评级	评级名次
1	Wind ESG 评级	A	并列行业第一
2	华证 ESG 评级	A	并列行业第一
3	商道融绿 ESG 评级	A−	并列行业第一
4	盟浪 ESG 评级	AA−	并列行业第二
5	MSCI 评级	A	并列行业第一

数据来源：Wind 数据库 ESG 评级。

招商银行持续践行可持续发展战略，已经在环境、社会以及治理等三方面取得了多项荣誉。通过整理、统计招商银行最近五年的 ESG 报告发现，招商银行荣获多个组织发布的奖项与认可，获得的奖项与认可总数较多，在治理维度所获得的奖项最多，与其 Wind ESG 治理维度得分行业领先的情况相匹配，充分体现了招商银行在 ESG 工作方面的发展成效。

招商银行在 ESG 领域取得了较好成绩，其在 2021 年度可持续发展报告中写道，招商银行将坚定信心，继续与广大利益相关者并肩同行，在发展中全面践行 ESG 理念，表达出持续践行 ESG 发展理念的坚定信心。

医药卫生

第 15 章 医药行业

医药行业是我国国民经济的重要组成部分,是关系国家安全、国计民生和经济发展的重点产业。因为药物的特殊属性,医药行业在 ESG 三个维度均有较大的风险。随着 ESG 理念的深入人心,投资者以及其他利益相关者纷纷将 ESG 披露水平作为衡量企业可持续发展能力的标准。因为医药行业想要实现更长远的发展,就必须重视 ESG 披露工作。本章从医药行业的基本情况出发,分析了医药行业的发展历程以及在国民经济中的地位,随后对医药行业近年来的 ESG 评级表现进行了文本分析。在对医药行业整体 ESG 披露情况的把握之上,选取了创新药杰出企业恒瑞医药和中医药杰出企业片仔癀两家企业,介绍其 ESG 披露情况和优秀 ESG 披露举措,以期为行业内其他企业进行 ESG 信息披露提供参考。

15.1 行业基本情况

15.1.1 行业发展历程

中国制药业萌芽于清末民初。鸦片战争以后,国外资本和商品席卷中国,医药也不例外。英国大药房老德记、屈臣氏等在中国各省会遍地开花。在这种背景下,为响应清政府"师夷长技以制夷"的政策,许多民族资本家开始兴建药厂。其中最为突出的是黄楚九于 1912 年创立的西药厂龙虎公司,专门生产和销售"龙虎人丹",成为当时国货的象征。五四运动时期,"提倡国货"的思潮在中国涌动,一大批民族制药企业崛起。在这批民族制药企业中,项松茂先生创立的五洲大药房经历 10 年的发展,截至 1931 年,已有分店 17 家,产品多达百余种,价值近千万,成为当时国内最大的医药企业。

在新中国成立初期,民族医药企业被战争和帝国主义倾销摧毁至七零八落,那时候的药品比黄金还贵。面对这种局面,以毛泽东同志为首的党中央领导人为中国医药产业制定了国家计划。1950 年全国制药工业会议上确定了"发展原料药为主,制剂为辅"

的方针,将研发抗生素以及治疗流行病的药物作为重点。1964年,我国试办医药工业托拉斯,实行人、财、物统一管理、统一核算、统一分配。通过医药工业托拉斯,我国医药行业有了初步的发展。

1978年,伴随着改革开放的号角,我国医药行业开始了大步走地发展。同年6月,中国国家医药管理总局成立,实现了真正意义上的医药事业统一管理;1981年,中日合资的中国大冢制药有限公司成立;1981年,中国医药对外贸易总公司成立,搭建起中国与国际间的医药交流平台;1982年,第一家中美合资的中美上海施贵宝制药有限公司也宣布成立……此后,全球多家制药业领头企业都纷纷在中国建立合资公司,而中国的民族制药工业也在不断学习中取得了技术、管理等方面的进步,行业面貌焕然一新。截至1995年,全国的化工原料药产量已达33万吨,抗生素等化学医药品成为国际市场供应的主力军。

20世纪末至21世纪初,由于国内医药行业的过度放松,导致了一些管理不善的乱象。为管理这些乱象,国务院组建了国家药品监督管理局。但由于某些腐败现象,新药审批和药品GMP认证形同虚设,国内医药市场的混乱程度前所未有。

随后,党和国家对医药行业进行了一系列改革和整顿,出台多项规章政策,引导我国医药行业健康有序发展。截至目前,我国医药行业管制严格,医药制造业也在强劲增长。同时伴随着政策、人才、资本等要素的完善,国内医药业也逐渐向创新驱动型转变,整个行业呈现蓬勃发展的态势。

15.1.2 医药行业对我国经济发展的重要性

医药行业的发展水平直接关系着一个国家的综合实力。众所周知,医药行业作为一个高投资、高风险、高回报、回报周期长的典型行业,其主流的盈利模式是通过研发新药来获得专利保护期内的巨额利润。因此,一个国家的医药行业发展直接取决于该国的经济发展水平、技术研发能力和制度保障,这正是国家综合实力的体现。此外,随着我国医药制药业步入稳定发展期,医药行业的创新研究被提高到了绝无仅有的高度。在这种背景下,如何把传统中药与现代医药结合,充分发挥中国医药行业的独特优势,也被提上日程,而这正是一个国家文化自信的表现。

医药行业的发展直接关系着国民的生命健康。新中国成立以来,我国医药行业取得了瞩目的成就:解决了困扰中国许久的肺结核、天花等传染病广泛传播的难题;构建了覆盖全民的医疗保障体系,解决了老百姓看病难、看病贵的问题;中国国民的人均寿命从新中国成立初期的35岁大幅提高到现如今的76岁等。医药行业的发展一方面增加了人们患病后被治愈的可能性,大大延长了生命;另一方面,医药行业也可以通过疫苗等预防措施减少人们的[...]生命安全。因此，医药行业的发展直接关系着人民的[...]的行业。

医药行业的产出价值[...]贡献。截至目前，我国已经能够生产 4000 多种制剂药品，[...]球前列。在新冠肺炎疫情的影响下，国内外疫苗需求量[...]状态。自 2018 年至今，我国医药制造业的利润总额一直[...]药制造业的总利润达到 6271.4 亿元，较上年增加了 2764.[...]

15.1.3 ESG 信息披[...]性

因为药物的特殊属性，[...]有较大的风险。具体可以从医药行业的性质、医药行业的[...]生三个方面来分析。

药物具有外部性和生命[...]命相关性来看，药物的使用与人的生命健康直接相关，错误[...]无法估量的后果；就外部性来看，药物产生的社会效益远高[...]益。因此，就医药行业的性质而言，披露企业的质量管理、[...]医药行业的可持续发展。

医药行业同样具有制造[...]。在制造属性上，医药企业同样面临着与化工企业类似的污染问题；在消费属性上，药品同样面临着产品质量问题或营销腐败问题，甚至可能造成更严重的后果；在研发属性上，新药的研发具有高风险、高收益的特征，其研发工作的进展直接与企业的可持续发展能力挂钩。因此，医药行业也同样面临着其他研发行业所具有的 ESG 风险。

医药行业直接关系着人的生命健康安全，其所受政府监管的严格程度也是其他行业不能比拟的。在研发环节，药企需要注册审批，并在政府监督下完成药物的多轮检验；在生产环节，药企需严格遵循生产标准，对生产环境的要求极高；在销售环节，考虑到不同药物的不同属性，也可能被监管机构采取不同程度的限制出售措施。在这种背景下，药企的药品生产过程是否合规也备受广大投资者或利益相关者关注。

ESG 信息披露对于医药企业的发展十分必要。医药企业可以通过 ESG 信息的披露，向利益相关者展示自身的研发水平、合规化管理等能力，提高自身的品牌声誉，促进企业的可持续发展。

---

① 制药网. 2021 年,医药制造业利润同比增长 77.9%[EB/OL].（2022-02-24）[2022-12-30]. https://baijiahao.baidu.com/s?id=1725624247419091679&wfr=spider&for=pc.

15.2 行业 ESG 信息披露总体情况

我国医药行业 ESG 信息披露总体呈现稳中向好的趋势。ESG 信息披露在海外市场被广泛提及和运用,但直到 2018 年上半年随着我国 A 股被正式纳入 MSCI 指数,ESG 信息披露才正式走进上市公司的视野。

我国医药行业的 ESG 起步远落后于其他行业。2018 年 12 月,《中国上市公司环境、社会及管治(ESG)蓝皮书》发布,我国医药行业的 ESG 整体表现不尽如人意。具体来看,我国上市医药生物行业共有 495 家,ESG 信息披露率仅为 37.98%,不足一半。其中只有 80 家企业的 ESG 信息通过 ESG 报告的形式披露,披露规范也有待加强。

ESG 的评级结果是反映和衡量企业 ESG 管理和披露水平的关键量化数据,通过综合分析行业内所有企业的 ESG 评级数据,可以评估行业的 ESG 发展水平。国内的 ESG 信息披露起步较晚,目前尚没有统一的 ESG 信息披露指标。考虑到 ESG 评级结果的可比性,拟选用国内认可度较高的 Wind ESG 评级数据展开分析。具体来看,截至 2022 年 4 月,我国医药行业企业的 ESG 等级多数分布在 BBB 级和 BB 级,分别占比 48.46% 和 37.44%,总占比达到 85.90%。至今医药行业没有 AAA 级的企业,评级为 AA 级和 A 级的企业总占比仅为 11.01%,另还有少数企业评级为 B 级和 CCC 级(见图 15.1)。

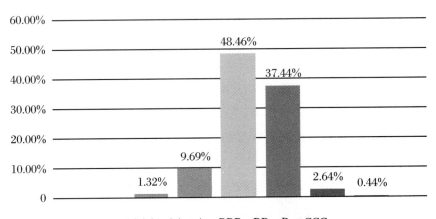

图 15.1 2022 年 4 月医药行业 ESG 等级分布

数据来源:Wind 数据库。

总的来说,中国医药行业的 ESG 披露率较低,信息披露意愿不强。在已经进行 ESG 信息披露的企业中,总体评级结果也不是很理想。因此提高医药企业 ESG 信息披露的意愿,优化已披露企业的 ESG 相关报告已经迫在眉睫。

15.3 恒瑞医药的 ESG 信息披露实践

随着 ESG 观念的深入人心,越来越多的企业开始尝试进行 ESG 信息的披露。润灵环球对 2021 年度医药行业上市公司的 ESG 评估报告显示,当前生物医药行业 ESG 相关报告发布比例低于 A 股市场整体水平,且等级较为靠后。本节以江苏恒瑞医药股份有限公司(以下简称"恒瑞医药")为例,详细介绍创新药领头企业恒瑞医药如何在 ESG 信息披露中杀出重围,获评 Wind ESG AA 级,以期为行业内其他医药企业进行 ESG 信息披露提供参考。

恒瑞医药成功地从一个小药厂发展成当今国际化的上市企业,其完备的 ESG 信息披露实践也是医药行业的典型代表之一。

15.3.1 恒瑞医药介绍

恒瑞医药的历史可以追溯到 20 世纪 70 年代创建的连云港制药厂。当时连云港制药厂的主营业务是生产止血消毒药水,企业技术含量低,利润也低,只能勉强度日。但随着孙飘扬上任厂长,连云港制药厂将目光瞄向了癌症化疗药物"VP16 针剂",并首创了该针剂的软胶囊型。该胶囊一经推出便大受欢迎,公司当年营业额大涨,连云港制药厂逐渐步入正轨。此后,1997 年,连云港恒瑞集团有限公司等 5 家发起人共同设立了江苏恒瑞医药股份有限公司,总部设立在江苏省连云港市。2000 年 10 月于上海证券交易所挂牌上市,公司的注册资本为 63.97 亿元。

恒瑞医药的经营范围广泛,涉及药品研发、生产和销售等多个领域。目前,恒瑞医药获批上市的创新药多达 11 款,其中多数是抗肿瘤药,恒瑞医药目前已然是抗肿瘤药的龙头公司。

恒瑞医药十分重视区域细分市场,目前,恒瑞医药已有分公司 22 个,包括日本恒瑞医药有限公司、美国恒瑞有限公司、香港奥美健康管理有限公司、北京恒森创新医药科技有限公司等,分布在中国的大江南北,甚至已经拓展到海外。恒瑞医药不仅关注销售网点的分布,对于研发机构也依旧在用心布局。恒瑞医药从上市至今,分别设立了上海恒瑞研发中心、美国恒瑞新泽西研发中心、美国恒瑞波士顿研发中心、瑞士巴塞尔临床研发中心等多个研发机构,打造了一支超大规模的专业研发团队。

自成立以来,恒瑞医药始终以"科技为本,为人类创造健康生活"为使命,将"创新"作为企业的主旋律,时刻践行着创新路线。目前,恒瑞医药已有11个创新药获批上市,另有60多个创新药正在临床检验。企业除了在具有优势的肿瘤领域深入研发,还广泛布局其他热门领域医药的研发。截至2021年底,恒瑞医药已经申请发明专利多达1806项。即使如此,恒瑞医药依旧没有停下持续高强度研发的脚步,2022年上半年的累计研发投入已经达到29.09亿元,研发投入占销售投入的比重同比提高了28.44%。在恒瑞医药不断开拓创新的同时,其发展和成就也受到国内乃至世界的广泛认可。2022年恒瑞医药获得全球医药研发TOP 25第16位、全球制药企业50强第32位、福布斯2022年中国创新力企业50强、全球生物医药发明专利TOP 100第13位等多项名誉。

恒瑞医药严格按照法律法规及中国证券监管委员会的要求,推动企业的治理能力现代化,不断完善企业的规章制度。对于ESG信息披露相关的管理工作,恒瑞医药也逐渐建立起管理体系。董事会是恒瑞医药ESG相关工作的最高责任机构,其职责是监督ESG表现,并审阅批复ESG信息披露的文件,是企业ESG信息披露工作的导航者。此外,为了更进一步推进ESG信息披露工作的正常运转,恒瑞医药在董事会下设立公司战略委员会,其主要工作内容为督促公司ESG工作的日常开展,并对董事会汇报ESG工作进展。

15.3.2 恒瑞医药ESG信息披露的驱动因素

ESG的概念起源于2006年,由当时的联合国秘书长安南与数十家顶级投资机构的CEO共同发起。他们建议可以从可持续发展、社会影响和公司治理等方面去评价一个公司。在当今社会,企业的本职不再局限于盈利,还应当在社会中承担更多的社会、环境等责任,继而获得自身的独特竞争优势,并达到可持续发展的目的。

15.3.2.1 内部发展的需要

进行ESG信息披露对企业自身而言是有利的。其原因可以从三个方面进行阐述。其一,ESG信息披露可以帮助企业梳理过去在环境、社会以及治理的工作,及时意识到公司当前存在的问题并及时解决;其二,ESG信息披露可以帮助企业从多个方面比较自身的发展能力,并激励企业向优秀企业学习;其三,ESG信息披露可以充分展示企业的外部效应,表现企业担当,从而提升自身的竞争优势。如果一个企业能够有条不紊地完整披露企业的各项合规信息,那么就是在向外界传达自身足够的实力和责任担当,从而赢得更多的投资支持和消费者认可。

15.3.2.2　外部环境的要求

进行ESG信息披露也是当前社会环境对企业的要求。在资本市场中,投资者,尤其是国际投资者非常关注企业的ESG信息披露信息,仅仅披露财务信息已经无法满足投资者投资决策的需求。当前社会中披露ESG信息的企业越来越多,能够规范披露自身的ESG信息开始被投资者认为是有实力、有发展能力的象征,而不能进行ESG信息披露的企业将被视为当前的经营情况不佳。

政策制度的出台和完善也是推动恒瑞医药进行ESG信息披露的动力之一。2020年3月,中共中央办公厅、国务院办公厅印发《关于构建现代环境治理体系的指导意见》,强制要求上市公司披露环境治理信息。2021年6月,中国证券监督委员会发布《公开发行证券的公司信息披露内容与格式准则第2号——年度报告的内容与形式》,其中新增了ESG相关章节,要求上市公司应当根据规定披露公司经营的环境信息。随着可持续发展观念的深入人心,上市公司纷纷开始主动披露ESG相关信息,恒瑞医药也不例外。

15.3.3　恒瑞医药的ESG实践做法

15.3.3.1　建立ESG管理体系

恒瑞医药将ESG管理视为公司的基本责任,建立了"董事会—战略委员会"两层级的管理架构,将ESG管理融入公司的治理体系中。

恒瑞医药的ESG管理由董事会统筹开展。董事会作为最高责任机构,主要负责ESG管理的战略制定、工作审批、监督ESG实施等工作;公司的战略委员会是整个公司ESG工作的直接管理者,落实ESG管理战略、检查督促各部门遵守ESG政策以及向董事会汇报ESG管理工作是其主要工作。

15.3.3.2　利益相关者参与

恒瑞医药以2021年度ESG报告的编制为契机,充分倾听利益相关者的意见,统筹兼顾利益相关者的期望和诉求,形成可持续发展共识,增进各方对公司的理解和支持。如表15.1所示,恒瑞医药对政府及监管机构等七类利益相关者采用多种途径充分进行调研,明确各方的期望和诉求,并在2021年度的ESG报告中进行了详细的披露。

表 15.1 恒瑞医药利益相关者

利益相关者	期望与诉求	主要沟通渠道
政府及监管机构	合规经营 依法纳税	政策指示 工作汇报 信息报送 现场视察
股东及投资者	合规经营 风险管理 透明运营 稳定回报	股东大会 业绩说明会 投资者交流会 调研路演 上市公司信息披露 电话及邮件沟通
客户及消费者	产品与服务质量 研发创新 消费者权益保护 客户隐私保护 知识产权保护 负责任营销	定期走访 客户座谈 客户满意度调查
员工	员工权益保障 员工薪酬福利 员工培训与发展 职业健康与安全	工会及职工代表大会 员工满意度调查 意见申诉及反馈 不定期走访及慰问
供应商与合作伙伴	责任采购 公平透明 诚信履约 合作共赢	招标会议 调研走访 交流合作 行业论坛
环境	应对气候变化 加强节能减排 践行绿色办公	落实环境政策 环境信息披露
社区	践行公益慈善 助力社区发展	志愿服务 公益活动

15.3.3.3 重大议题分析

为精准定位 ESG 管理实践方向,提高 ESG 议题化管理的准确性,恒瑞医药建立了重大性议题分析流程(见图15.2),以界定与公司和利益相关者可持续发展切实相关的重大性 ESG 议题。

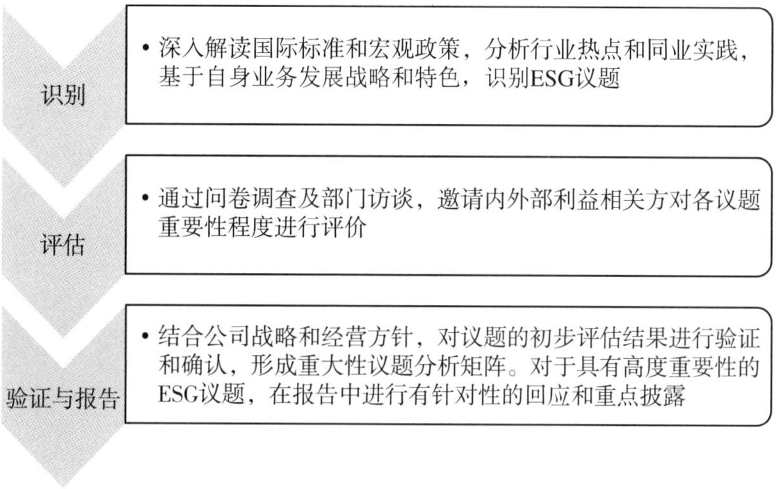

- **识别**：深入解读国际标准和宏观政策,分析行业热点和同业实践,基于自身业务发展战略和特色,识别 ESG 议题
- **评估**：通过问卷调查及部门访谈,邀请内外部利益相关方对各议题重要性程度进行评价
- **验证与报告**：结合公司战略和经营方针,对议题的初步评估结果进行验证和确认,形成重大性议题分析矩阵。对于具有高度重要性的 ESG 议题,在报告中进行有针对性的回应和重点披露

图 15.2　恒瑞医药重大议题分析流程

在报告期内,恒瑞医药从对公司可持续发展以及对利益相关者影响两个方面,向内外部利益相关者开展了关于恒瑞医药 ESG 相关重大性议题的访谈或问卷调查,并对重大性议题进行分析。其中,恒瑞医药共识别出合规经营、业绩增长、产品质量与安全、商业道德与反腐败、研发创新、职业健康与安全、客户服务以及气候变化减缓及应对等8项高度重要议题,16项中度重要议题以及2项低度重要议题。

2015年9月,联合国可持续发展峰会通过2030年可持续发展议程,指出了17项可持续发展的目标,为世界各国政府和企业进行可持续发展目标的制定确定了方向。恒瑞医药基于当前业务运营实际和未来战略发展方向全面审视可持续发展议程与公司 ESG 管理实践的关联性,识别出气候行动、负责任消费、体面工作等8个核心目标。在2021年度的 ESG 信息披露报告中,恒瑞医药综合了8个核心目标的实现情况和利益相关者的诉求,对相关内容进行了详尽的信息披露。

15.3.4　规范 ESG 信息披露,展示企业担当

《2021环境、社会及管治报告》是恒瑞医药发布的第一份 ESG 信息报告,报告主要分为公司治理、环境保护、创新、注重人权、坚持奉献等五个板块,其中最为主要的内容是公司治理、环境保护和社会责任。

15.3.4.1 明确治理,为 ESG 实践确立方向

恒瑞医药将管理视为 ESG 信息披露中的重中之重。在恒瑞医药看来,管理信息披露中最主要的是公司的投资者权益和企业合规管理。

恒瑞医药在 ESG 信息披露报告开篇就强调了公司为投资者披露信息所做出的努力。报告指出,公司指定董事会秘书负责信息披露和接待投资者来访及咨询工作。详细数据显示,恒瑞医药在 2021 年定期开展业绩交流会,证券部日常参与投资者交流 100 余次,公司高层参与投资者交流达 40 余次。此外,恒瑞医药还积极为投资者开展即时服务,通过上证 e 互动问题解答、电话接听及邮件回复来随时解决投资者遇到的问题。

由于医药行业具有高法律监管、高风险高收益等特点,企业的合规化建设也就必不可少。恒瑞医药充分意识到了这一点,并在 ESG 报告中详细披露了公司为合规管理所做出的努力,主要包括设立完善的合规管理体系、开展合规化教育以及优化企业的匿名举报受理机制。在合规管理体系中,合规管理委员会是公司进行合规化管理的最高机构,主要负责制定公司合规管理战略规划,领导、监督和评价全公司合规管理工作。其下设立合规管理委员会办公室,主要负责合规管理的执行工作。此外,恒瑞医药还在各个部门、子公司设立合规管理部,承担企业合规管理的具体工作。

15.3.4.2 坚持绿色,守护环境家园

恒瑞医药秉持着人与自然和谐共生的绿色环保理念,坚持并完善 EHS 管理体系,强调企业的发展要重视对环境的作用和员工健康的关怀。目前,恒瑞医药已经建立了安全生产流程系统、企业安全风险分区管理系统、重大危险源预测系统、环保全流程系统和职业健康管理 5 大系统,并已陆续开发风险评估、自查自纠、整改责令等 72 个功能,大大提升了公司的环境保护和安全生产水平。同时,恒瑞医药还结合企业当前 EHS 管理现状,制定了《恒瑞医药 2021—2025 年 EHS 规划》,明确提出到 2025 年,以利用方式处理危险废物不少于 70%。在生产安全方面,恒瑞医药积极开展应急救援演习,并设立了突发环境事件应急救援指挥部。2021 年,恒瑞医药在环境保护方面的行动已经较有成效。在节能技术创新上,恒瑞医药成功完成冷却塔升级,提高了冷却塔效率,每年节约费用约 25 万元;在清洁能源使用上,恒瑞医药已全面采用天然气作为锅炉燃料,提升了集中供热清洁化水平;在水资源管理中,恒瑞积极积极推广节水工艺技术,升级胶球在线清洗系统,并采用反渗透脱盐工艺处理方式,完成了浓水回收;在包装材料上,恒瑞医药淘汰了油墨喷码机,转而使用拐角贴和打印机。在产品的最终包装中,将原有的西林瓶塑料托改为纸托,减少了塑料制品的使用。同时,也积极将废弃包装返回原生产厂家,达到包装的重复利用目的;在三废处理上,恒瑞医药投资 263 万元对污水站废气治理设施

进行了改造升级,并投资250万元新建了2套废气处理装置。在生物医药产业园中,恒瑞医药投资5400万元新建了污水处理站,对固体废弃物的处理也实现了跟踪和检测。在此次报告期间,恒瑞医药因其在绿色可持续发展的突出表现,获得了国家工业和信息化部颁布的"国家绿色工厂"等多项荣誉。

15.3.4.3 以人为本,积极承担社会责任

恒瑞医药在 ESG 信息披露中显示了其对员工的关怀。在物质激励方面,恒瑞医药不断优化内部考核制度,以科学公平的考评方法来促进企业高绩效发展。同时,恒瑞医药积极将公司的盈利与员工的薪酬绑定,促进企业和员工形成利益共同体。自 2010 年以来,公司已经连续实施 4 次限制性股票激励计划,激励人数超过 2000 人次,累计授予限制性股票数量 5400 万股。在人文关怀方面,恒瑞医药通过组织丰富多彩的员工活动来丰富员工的日常生活。截至目前,公司设有 12 个主题各异的兴趣协会,并于每年 11 月作为公司的文化月集中开展年度文体娱乐项目。

恒瑞医药牢记"为人类创造健康生活"的使命,热心公益。目前,董事会已经将普惠医疗纳入决策范围,并监督开展普惠医疗的工作。在 2021 年,恒瑞医药纳入国家医保目录的药品总数达到 85 个,已经上市的 11 款创新药中 8 款已经进入医保范围。此外,恒瑞医药还参与多项公益事业,包括成立"尚远爱心公益"专项基金、支持连云港市"梦想改造+"关爱计划等。

15.3.5 案例小结

得益于恒瑞医药对于 ESG 信息披露工作的重视,近年来各大 ESG 评级机构对恒瑞医药的评级均位于行业前列。至 2022 年 4 月,在 Wind ESG 评分中,恒瑞医药的 ESG 信息披露更是再上一个台阶,由 2021 年 8 月的 BBB 级越级升至 AA 级(见表 15.2)。

表 15.2 恒瑞医药 ESG 评级统计表

序号	评级名称	评级	评级名次
1	Wind ESG 评级	AA	制药行业并列第一
2	商道融绿 ESG 评级	B+	制药行业并列第二
3	华证 ESG 指数	BBB	制药行业并列第二
4	盟浪 ESG 评级	A	制药行业并列第一

数据来源:Wind 数据库。

基于完备的ESG治理体系,恒瑞医药2021年度也取得了多项荣誉。在环境范畴,恒瑞医药荣获国家工业和信息化部颁布的"国家绿色工厂"称号;在社会范畴,恒瑞医药入选了福布斯中国最佳雇主榜单;在治理范畴,恒瑞医药荣获"2021中国医药创新企业100强""2021最具研发实力创新企业标杆奖"等多项荣誉称号。

2021年,面对新冠肺炎疫情冲击以及复杂环境的挑战,恒瑞医药坚持将为人类健康事业作贡献视为永不能忘却的初心、永不能停下的脚步。基于这种理念,恒瑞医药2021年的ESG信息披露工作表现突出,获得了社会各界的广泛认可。

15.4 片仔癀的ESG信息披露实践

随着社会责任投资理念的广泛认同,无论是国内证券市场的投资者还是国外证券市场的投资者都更加关注企业的ESG责任表现。ESG信息披露体系要求企业从环境、社会和治理三个维度进行ESG信息的披露。对于中医药上市企业而言,因为其药材原材料涉及多种珍稀保护动植物,在ESG信息披露中具有先天的劣势。本案例以中医制药著名企业漳州片仔癀股份有限公司(以下简称"片仔癀")为描述对象,详细介绍片仔癀的近年来的ESG信息披露实践,以期为行业内其他中医制药企业的ESG信息披露提供参考。

2022年10月,片仔癀入选中国医药上市公司最具ESG投资价值TOP 10榜单。片仔癀作为一家中医药企业的重要代表,其在ESG信息披露实践方面做法也得到广泛的认可。

15.4.1 关于片仔癀

片仔癀于1999年12月改制成立,总部位于福建省漳州市,是以漳州片仔癀集团公司为主发起人,联合漳州片仔癀集团公司工会、福建省漳州医药有限公司、福建省药材公司以及漳龙实业有限公司等5家单位共同发起成立的国有控股医药类上市公司。片仔癀于2003年在上海证券交易所成功上市。

片仔癀以其核心产品片仔癀中成药(为表区分,以下称为"片仔癀中成药")命名。相传片仔癀中成药起源于距今500年的明朝宫廷,在当时是明朝皇室的"御用良药"。在明朝嘉靖年间,因不愿再受困于朝廷暴政,一位御医携片仔癀中成药秘方私自逃离皇宫,片仔癀中成药也由此流落民间。由于在清热解毒等方面具有立竿见影的治疗效果,片仔癀中成药备受老百姓青睐,在过去还被闽南地区奉为"镇宅之宝"。至今,片仔癀中成药已被列入国家一级中药保护品种,成为名副其实的国宝名药。此外,片仔癀中成药还远销30多个国家和地区,连续多年居中国中成药单品出口量第一位,被誉为海上丝绸之路的"中国符号"之一。片仔癀以片仔癀中成药为主要竞争优势,在保护传承传统中医文化财富的同时,积极走向现代化发展。作为国家高新技术企业,片仔癀已经拥有14家直接控股子公司、9家参股公司,公司股本达6.03亿元,市值2000亿元左右。

15.4.2 片仔癀的ESG信息披露的发展历程

自2008年片仔癀公布第一份社会责任披露报告以来,截至2022年,片仔癀已经公布了15份社会责任报告,并自2022年开始更名为ESG信息披露报告。片仔癀的ESG披露报告大致可以分为两个阶段。

15.4.2.1 探索阶段(2007—2018年)

在这个阶段,片仔癀的信息披露主要分为5个部分,分别是社会责任、股东和债权人的权益保护、员工权益、环境保护和公司的可持续发展。但不同年度的信息披露有不同的侧重点。在2007年度和2009年度的社会责任报告中,片仔癀的信息披露更加强调"社会责任"这一部分,在公益活动以及员工权益上披露较为详细。在2010年度的社会责任报告中,片仔癀首次将管理体制的创新、品牌管理和技术创新引进报告中。在2011年度的社会责任报告中,片仔癀在职工的民主管理以及麝香原料基地建设内容等方面披露较多,相对而言环境保护相关的信息披露大幅度减小。在2012年度的社会责任报告中,片仔癀新增了企业的人员结构详细信息和对濒危动物的保护内容。

在2013—2018年的披露中,供应商、客户和消费者权益保护的内容从企业的可持续发展板块分离出来,片仔癀将其单独进行信息披露,并首次在2013年度的社会责任报告里披露了公司的纳税情况。值得一提的是,在此次报告中,片仔癀首次采用了更加直观的统计图表进行数据展示。

15.4.2.2 发展阶段(2019年至今)

在此阶段,片仔癀的ESG信息披露逐渐规范化。在报告形式上,片仔癀采用图文并茂的展示方式,添加了目录并采用加大字体、更改字体颜色和进行图表展示等多种方法突出显示重要内容,使可读性大大增强。在报告内容上,ESG信息披露的框架体系进一步明确,议题披露相关性也有所提高。此外,报告的内容也越来越丰富,2020年度的社会责任报告和2021年度的ESG信息披露报告篇幅均达到91页。

具体来看,在2019年度的社会责任报告里,片仔癀主要披露了企业概况、公司治理情况、产品质量与研发、员工权益、环境治理和社会责任。这些议题的选择来自于与政府、股东、员工、客户、供应商、社区和环境等利益相关者的沟通,从而更加贴合报告阅读者的阅读需求。值得注意的是,2019年度的社会责任报告首次采用图文并茂的宣传册形式来展示社会责任信息披露内容,并在卷首页加了董事长致辞,在卷末页加了披露内容的信息反馈,充分显示了片仔癀在此阶段对社会责任信息披露工作的重视。

2020年度和2021年度片仔癀的社会责任报告再次迈上了一个新的台阶。在2020年度的社会责任报告中,片仔癀披露的内容包括:公司概况、实质性议题识别、防疫、低碳生产、脱贫攻坚、可持续运营、市场责任(包括产品研发、质量管理、供应链和客户管理)、社会公益、环境责任和员工责任。在此披露报告的内容中有四大改变。第一是片仔癀对疫情、低碳、脱贫攻坚等社会热点问题进行了详细的信息披露;第二是片仔癀此次通过部门访谈、调研、行业对标等多途径对利益相关者和实质性议题进行了分析,披露议题的选取更具有现实相关性;第三是在此次披露报告中,片仔癀首次引用了GRI披露内容,披露指标的选取更具有科学性;第四是片仔癀首次将此报告从不超过35页的披露内容拓展到了91页,披露信息容量大大增加。在2021年度的社会责任披露报告中,片仔癀首次将ESG的内容填充进去,严格按照环境、社会及管理的主题组织披露内容,并在具体披露细节上,增加了数字细节的披露,减少了空泛的文字表述。

15.4.3 片仔癀ESG信息披露的主要做法

片仔癀于2022年发布了《2021社会责任报告暨ESG(环境、社会及管治)报告》,这是片仔癀第一次公布公司的ESG信息披露报告。其无论在内容,还是在形式上都有极大的改善。

15.4.3.1 规范ESG信息披露管理体系

片仔癀于2021年4月份公布了公司制定的《漳州片仔癀药业股份有限责任公司社会责任制度》(以下简称《片仔癀社会责任制度》),自此公司的ESG信息披露更加专业化、规范化。

《片仔癀社会责任制度》明确了董事会的审批地位及证券投资部的统筹管理者地位,并将公司所有部门都融入到社会责任的管理以及社会责任报告的编写当中,实现了全公司共同参与的良好局面(见图15.3)。此外,《片仔癀社会责任制度》分章节详细规定了公司关于股东权益保护、客户和消费者权益保护、环境保护与可持续发展等六个部分的社会责任履行要求和信息披露规定。由此,片仔癀在后续的ESG管理和信息披露工作中迎来了新气象。

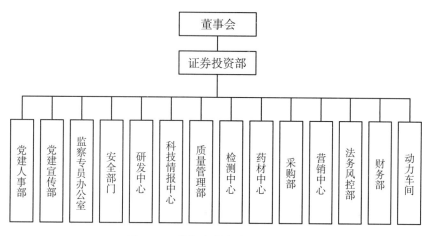

图15.3 片仔癀社会责任治理体系

15.4.3.2 明确ESG议题,优化ESG信息披露

为更好地回应利益相关者对可持续发展议题的关注,片仔癀积极与股东及投资者、政府及监管机构、客户及消费者、员工、供应商、社会公众和媒体等多方搭建常态化的沟通机制,通过多种渠道展开更深入、更广泛的沟通与交流,及时了解各方诉求与期望。在2021年末,公司共识别出应对气候变化、环境管理体系、环境保护和碳排放等4项环境范畴,乡村振兴、雇佣体系、薪酬福利、客户服务和产品质量管理等5项社会范畴以及反贪污、规范信息披露、合规经营等3项管治范畴共12个高度重要议题,并对其进行了较为详细的信息披露。

1. 环境范畴

片仔癀及时响应国家的"双碳"战略,从制度、意识、技术和行动四个层面开展相应实践,践行低碳理念。在制度上,片仔癀制定了"科学管理、节能减排、绿色发展、科技驱动"的能源管理方针,设立了计量体系台账、罗列能耗设备清单、制定每年节能目标、计划节能技术改造方案等具体措施,并对车间的单位产值能耗率、水耗率进行考核,与车间绩效挂钩,从而促进减碳目标的实现。在意识层面,积极开展节能宣传周、新职工环保培训等相关工作。在技术层面,片仔癀对燃油锅炉燃烧系统进行了技术改造,完成了300平方米的光伏发电项目,减少二氧化碳排放量达42.21吨。在行动上,片仔癀开展了义务植树、环保志愿、绿色办公等多项行动,以响应环保政策。鉴于中药材源于自然,甚至如麝香等部分药材的获取在一定程度上会损害生物多样性,为此片仔癀联合业内专家积极开展种植技术、养殖技术等项目的研究,建立中药材种植基地和养殖基地,维护生物资源的多样性和生态平衡。

2. 社会范畴

片仔癀始终将员工放在首位,依法保障员工的各项合法权益,为员工营造和谐温暖的工作环境。片仔癀深知发展人才是企业可持续发展的重要助力。在报告期内,片仔癀实行了三级培训体系,员工受训率达到100%,共计开展培训1130场次,员工培训的总投入达到95.96万元。在报告年度,片仔癀不仅对员工的安全生产问题给予了极大的关注,还积极开展节日活动、文化讲座等多形式的主题活动,丰富员工生活,提升员工幸福感。

在社会责任方面,片仔癀积极展现出国有企业的担当,在疫情防控和乡村振兴等方面都作出了很大的贡献。在疫情防控中,片仔癀积极助力常态化疫情防控,强化内部管控,做好公共场所的消毒杀菌工作,构筑牢不可破的防御体系。同时,作为中华老字号中医药企业的片仔癀也积极参与到疫情防控工作中去,积极为抗议防疫作出自己的贡献。具体来看,在福建省疫情反弹期间,片仔癀建立了"疫情防控战时状态动员机制",保障药品生产和供应。为遏制境外疫情的扩散势头,舒缓国内严峻的防疫形势,片仔癀也加快制备"清肺排毒汤"复方颗粒,在报告年度先后无偿捐赠清肺排毒颗粒达70万剂。

片仔癀始终坚持"为国为民"的理念,在漳州市慈善总会设立了片仔癀"社会救助、慈善爱心"基金,多年来累计捐款超过2000万元。片仔癀也积极响应2021年政府工作报告中"做好巩固拓展脱贫攻坚成果同乡村振兴有效衔接"的战略规划,积极开展特色化扶贫活动。片仔癀通过向扶贫户购买农副产品的形式,实现"以购代捐、以买代帮",增强贫困地区内在发展动力,从而实现稳定脱贫。

3. 治理范畴

在治理方面,片仔癀坚持党建引领,加强合规管理。片仔癀十分重视企业的廉政建设,在报告年度共开展各类廉政教育、警示教育等共计64场次,累计受教育人员达4107人次,开展大范围集体廉政谈话16次,参与人员1382人次。同时为加强廉政建设效果,片仔癀日常开设"廉政教育"专栏,及时向公司全体员工发布典型案例95起,转载廉政警示教育文章90篇。为了提高新入职员工的底线意识、风险意识和责任意识,片仔癀纪委对2021年度新入职员工均进行了岗前廉洁从业培训。

片仔癀注重顾客服务体验,不断加强企业的质量管理。在产品上,片仔癀建立了全面质量管理体系,实现采购、生产、检验和销售全过程覆盖。此外,片仔癀还展开了三级横向质量巡查,力争全方面把控产品质量。在服务体验上,片仔癀坚持"以客户为核心"的服务理念,重视与客户的交流,积极处理客户的投诉反馈意见,做负责任的营销。

15.4.4 案例小结

优秀的ESG评级反映了市场对企业在社会责任以及可持续发展方面的努力和表现的认可,有助于帮助企业形成良好的社会信誉。此外,随着社会对环境问题的关注,ESG评级结果也渐渐纳入到国际投资机构的考虑范围,因此,良好的ESG评级也可以进一步帮助企业吸引投资,降低融资成本。片仔癀自2008年公布第一份社会责任报告以来,15年间不断完善社会责任披露体系,获得了Wind ESG、商道融绿、华证、盟浪等多家评级机构的认可,也收获了社会各界的赞誉(见表15.3)。

表15.3 片仔癀ESG评级统计表

序号	评级名称	评级	评级名次
1	Wind ESG评级	A	制药行业并列第二
2	商道融绿ESG评级	A-	制药行业并列第一
3	华证ESG指数	BBB	制药行业并列第二
4	盟浪ESG评级	A	制药行业并列第一

数据来源:Wind数据库。

从Wind ESG评分细则可以看出,片仔癀2018—2021年在环境、社会和治理范畴的得分在不断提高,这与片仔癀近年来在ESG信息披露中所付出的努力相符。具体来看,片仔癀在2021年度环境维度的评分十分亮眼。从2018年环境维度的评分低于行业平均水平的一半,到2021年的得分成为行业平均得分的2倍,显现出片仔癀在环境治理层面的措施已经初具成效。在社会维度,片仔癀也逐渐拉开与行业平均得分的距离,至2021年,片仔癀的社会维度评分已经远超行业平均水平(见图15.4)。

在2021年,片仔癀从容应对错综复杂的外部环境和世界疫情的挑战,始终坚守本源,不忘初心,在社会、环境和治理等层面都取得了长足的进步。展望未来,企业进行ESG信息披露已经逐渐成为主流,期待片仔癀能够有效应对瞬息万变的外部环境,优化

ESG 信息披露的各个维度,继续保持 ESG 评级的领先地位。

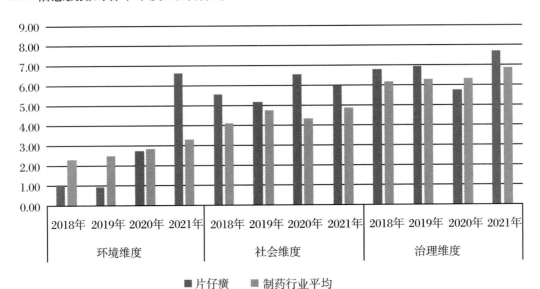

图 15.4　2018—2021 年片仔癀以及制药行业平均 ESG 得分

数据来源:Wind 数据库。

通信服务

第 16 章 通信设备行业

本章从通信设备行业的总体情况出发,探究行业内公司 ESG 信息披露情况,为企业管理者介绍该行业的市场发展情况以及未来趋势。通信设备行业隶属于制造业,涵盖范围广,是国民经济发展的重要力量。在目前数字经济的时代下,积极建设新型基础设施有利于加速我国企业数字化转型,提升国家数字竞争力。而该行业的发展通过赋能其他行业对绿色可持续发展起到关键性作用,有助于我国"双碳"目标的实现。与此同时,通信设备行业自身的 ESG 建设与发展也尤为重要,因此选取了工业富联的 ESG 信息披露情况作为实践案例,为该行业 ESG 发展与披露提供参考和建议。

16.1 行业基本情况

在《国民经济行业分类(2019 修改版)》中,通信设备工业属于制造业行业中的电子计算机、通信以及其他电子工业,其中,通信设备工业又细分为通信系统专用设备工业和通信终端设备工业。

据《中国电子信息产业统计年鉴》,我国通信信息设备制造业的营业收入一直在处于上升阶段,从 2014 年的 19745 亿元增长到 2020 年的 39729 亿元。2015—2020 年,我国通信系统设备制造业增速从 2015 年的 22.6%,于 2017 年下降到 5.0%,后又在 2018 年上增速到 12.4%,随后又回落到 4.3%,但是 2020 年增速达到 5.9%。

我国通信设备行业相较于其他发达国家发展较为缓慢,但是自改革开放以后,我国通信设备行业快速发展。1950 年 12 月,从北京至莫斯科的国际电话电路通车,这代表了我国第一个有线国际通话电路建设就此完成。此后,从苏联转接通往世界各个国家的国际通话也相继开展。而到了 1952 年 9 月,我国又打通了从北京至石家庄的国际载货电路。又历经 2 年,我国终于完成研发了 60 千伏的短波无线电发射器,并于 1956 年在上海尝试生产完成了电传类型化电报机。1963 年,我国的高频对称光缆研发完成。1970 年,我国 960 路微波通信系统Ⅰ型机研发完成。1970 年,我国的第一枚人工卫星

(东方红一号)升空获得成功。1974 年,我国又研制成功中长石英光缆。1982 年,我国首次在市内电话局间使用短波长局间中继光纤通信系统。1988 年 3 月 27 日,我国先后推出了实用通信卫星。1988 年,北京、波恩国际卫星数字式视频会议控制系统试运行。1989 年,我国首条 1920 路(140 Mb/s)的单模长途线路在合肥、蚌埠之间完成了通车。1989 年 5 月,全国第一座公用分组交换网通过鉴定,并在 11 月开始投入使用。2003 年,现代信息通信技术已经彻底改变了我国传统的农业生产方式和商业模式。

党的二十大报告中明确指出,要坚持创新在我国现代化建设全局中的核心地位,加快实施创新驱动发展战略,加快实现高水平科技自立自强,加快建设科技强国。如今,我国信息通信设备行业面对许多难题,应当努力实现新的原创性突破,在相关领域进行新兴产业链布局。2022 年 1—10 月电子信息制造业运行情况显示,我国的电子信息制造业的增速持续稳定,2021 年 1—10 月增速为 16.5%,到了 2022 年 1—10 月,电子信息制造业的增速为 9.5%。同时,我国电子信息制造业的出口增速呈下降趋势。2021 年 1—10 月,电子信息制造业交货至累计增速为 13.4%,到了 2022 年 1—10 月,电子信息制造业的出口交货至累计增速为 6.0%。在企业效益方面,我国电子信息制造业的企业效益正在逐步恢复,2021 年 1—10 月,电子信息制造业的利润总额为 34.3%,但是统计 2020 年一整年的数据,我国电子信息制造业的利润总额速达到 38.9%,但是到了 2022 年 1—2 月,我国电子信息制造业的增速为 -7.3%。同时,2022 年 1—10 月数据显示,全国电子与信息制造业固定资产投资同比增加 20.8%,较同期电子制造业投资增幅高出 10 个百分点。

16.2 行业 ESG 信息披露总体情况

近年来,通信设备行业披露 ESG 信息的上市公司数量逐渐增加。越来越多的通信设备企业的年报在持续增加相关的信息披露内容,这一方面为公司内部监管机构提供监督公司的信息依据,另一方面也为社会以及监管部门提供外部监督的信息来源。

目前通信设备企业有烽火电子、大唐电信、中富通工业互联、北魏科技、科新技术、四川九通、中兴通讯、国盾量子、工业富联等相关企业。随着我国通信设备业的发展,越来越多的通信设备企业参与到 ESG 信息披露的实践活动中,并且不断地提升 ESG 专项信息在年报中的比例,有的公司甚至还有专门的信息披露模块。由于当前 ESG 信息披露还未得到广泛认可,许多公司沿用 CSR 信息标准进行信息披露。而在 ESG 信息披露实践活动当中,由于目前国内没有强制要求披露 ESG 信息,并且没有统一的 ESG 信息披露的标准,因此,各个企业对 ESG 相关的信息披露的指标是不同的,各个企业对于环境、社会以及治理三个层面的信息披露的侧重点也是有所不同的,部分企业侧重于环境信息披露及强调企业的绿色发展,而部分企业注重于治理的发展,尽可能地披露相关公司治理体系信息,从而吸引投资者,而有的企业乐于披露社会责任,致力于消除社会对于企业的偏见,并且展示企业勇于担当社会责任的一面,体现公司的包容性以及人文关怀。

在社会责任信息披露方面,部分企业会披露企业的男性员工比例、女性员工比例、企业的志愿者人数以及相关物品捐赠价值的总和。在企业管理体系信息披露中,部分公司也会透露对于聘用供应商数量的管理策略,比如,按照地区分类的供应商数量,关于聘用供应商的选择方式,以及对相关供应商管理的实施和监督方式,而有的部分企业主要披露反贪污这一信息,其中包括有关防止贿赂、勒索、欺诈以及洗黑钱的政策及相关法律法规资料。在社会责任的信息披露方面,部分企业会选择披露对于社区的投资,以及对于员工的心理健康培训的相关信息,例如,企业会披露有关社区参与的活动,从而了解营运所在社区需要,确保其业务活动会考虑社区利益的政策,以及过去 3 年(包含报告月份)全年因工亡故的员工数目及比例和因工伤损失的工作日数目。

16.3 工业富联的 ESG 信息披露实践

富士康工业互联网股份有限公司(以下简称"工业富联")自成立之初,积极响应绿色发展这一时代号角,不断地建立健全自身的绿色制造体系,力图实现公司的"碳中和"目标、2050 年的价值链的"碳中和"、全社会的"碳中和"解决方案。工业富联通过强化公司内部的 ESG 管理体制建设来实现关于碳中和目标的明确分工,通过完善 ESG 报告内容来实现与关键利益相关者的有效沟通,通过甄选出高实质性的 ESG 披露议题来明确公司未来着力推进的事项,不断进行通信及移动网络设备、云计算、工业互联网三大事业群的技术革新,使得公司的碳中和蓝图实现层层落地。

2022 年冬季的中国全国企业家博鳌论坛上,新型经济实体企业创新 100 强候选名单再次被中国企业评价协会公布。紧跟着榜单第一、第二的国家电网、京东等巨头,2015 年新设立的工业富联取得榜单第五的佳绩。作为行业内的"后起之秀",其在 ESG 信息披露方面也得到广泛的认可。

16.3.1 双轮驱动策略：智能制造加之工业互联网

工业富联设立于2015年，总部地址位于广东省深圳市。公司长期坚持以"智能制造+工业互联网"为首的产品发展核心策略，主营产品业务包含移动通信基站及各类移动基础网络设备、云计算产品、精密制造工具设备及高端工业机器人系统，是我国专业整机设计及制造设备提供商。此外，还为客户提供工业互联网相关的解决方案。

工业富联致力于智能工业制造。其目的为从设计到制造流程，使得生产管理过程更好地做到实时智能感知控制和实时精确预测，可真正充分利用自动化控制来最终实现智能无忧化生产。而整个工业互联网平台最主要的作用是为了服务生产企业及其上下游行业的企业供应链，优化产品设计研发过程及整体工艺流程，保证企业整个研发制造的生产过程最终到消费客户的顺通无阻，实现信息互联及互通，在提高整体供应链体系及相关产业链体系的生产运作与效率有能力的同时，实现企业个性化需求定制产品及相关制造服务资源信息的快速优化配置。这也为有效降低世界经济危机影响的产生几率提供了另外一种有力可行的经济技术手段。

工业富联于2018年上市，注册资本规模约为198.72亿元。截至2021年，员工总数为191970人。2021年底，公司实现全年营业活动所得总收入4395.57亿元，较2020年增长了1.8%；利润总额为223.18亿元，纳税额合计为28.27亿元。基于其"深耕中国、布局全球"的生产和经营策略，在亚洲（中国、日本、新加坡、韩国等）、欧洲（捷克、匈牙利）和北美（美国、墨西哥）的12个国家和地区布局，在其中在8个国家和地区设有生产基地。

16.3.2 工业富联ESG信息披露的驱动因素

人类文明历经农耕文明、工业革命、信息化时代、数字经济等阶段，人们针对能源使用的演变一直贯穿人类文明发展史。人类活动对当地气候系统及周边生态环境资源的毁灭性破坏以及所能引发社会范畴其他各种严重问题，使得目前国际社会没有在减缓全球变暖、应对气候变化等问题谈判上充分达成广泛共识。以绿色及可持续经济发展理念为主轴，各国开始进行广泛深入的绿色能源系统性技术变革。

我国在2020年召开的第75届世界联合国科学大会开幕式上，郑重向世界提出实现"碳中和"的能源目标，且并非以降低现有能源设施的大量供给数量与过量使用总量，或限制未来经济增长模式为主要代价，而是将运用对各种技术加以革新的手段，利用开发更多先进的高效清洁、利用能源装置等科学技术手段来实现对人类活动本身所产生的二氧化碳物质的排放总量与其被吸收的总量之间达到基本平衡合理的状态。此外,我国制定的"十四五"规划中也明确地指出,要全面提高资源利用效率,构建资源循环利用体系大力发展绿色经济,制定发展行动计划方案等,通过各种方式,加快改变传统落后发展理念和思维方式,绿色实现转型跨越创新赶超。

工业富联在集团贯彻实现国家"双碳"总体战略目标的要求及"十四五"规划环保理念思想的具体指引下,由企业董事会牵头,制定与落实出了对国家气候变化实施综合协同应对体系的管理策略,构建与完善了新型现代环保型企业社会责任驱动型企业内部过程控制及管理和组织架构。从"治理、策略、风险管理、指标和目标管理"四个角度,推动了公司在内部层面对国际气候变化等相关国际议题的方案落实。

工业富联长期以来坚持并实施"高科技含量、低资源消耗、少环境污染"的理念,这也是全球绿色工业与制造经济新增长体系战略下公司的中长期创新发展路径和工作目标。通过绿色技术创新来持续且有效的推动,公司已经完成落实了国家"厂房集约化、原料无害化、生产洁净化、废物资源化、能源低碳化"规划,致力于逐步实现社会节能环保的减碳目标,推进企业健康绿色的可持续发展。工业富联认为企业既是全球温室气体污染物的主要排放者,同时也是全球气候生态友好型环境创新系统方案服务的核心提供方之一。"永续经营、绿色发展"一直都是工业富联居于核心的企业经营战略理念。公司一贯坚持要将绿色科技研发创新产品和产品绿色设计制造理念有机进行融合,实现公司环境保护效益质的提升。

公司综合考虑了应对气候变化的全局战略。第一,推动制定"双碳"目标行动战略和行动计划,更加积极有效地应对当前世界主要气候变化总体趋势对自身业务未来可持续发展产生的巨大影响,提升企业的整体竞争力,有效增强企业的气候韧性。第二,公司持续将全价值链服务纳入长期战略和规划的考虑范围,积极有效地推动产业供应链的上下游环节的环保减碳,致力于能够持续对行业未来的科技发展和创新发展起到更具实质性的助力作用。第三,继续探索,通过公司持续开展技术自主创新,为全球社会环境提供一套可资参考的减碳过程中控制和解决问题的优化系统方案。

16.3.3 解析工业富联的 ESG 报告

16.3.3.1 ESG 报告的编制依据

从 2018 年公司首次发行的 CSR 企业社会责任报告到 2022 年发布的 CSR 企业社会责任报告、碳中和白皮书等,工业富联对 ESG 相关报告的编制依据在不断进行筛选和补充(见表 16.1)。比如,从 2018 年开始起到 2021 年的 CSR 报告中,《GRI 可持续发展报告标准《电子信息行业社会责任指南》(SJ/T16000-2016)一直被沿用。而《电子信息行业社会责任治理评价指标体系》截至2020年一直都遵循T/CESA16003-2017的版本,而2021年则参照T/CESA16003-2021这一新的版本。此外,在2021年颁布的新版CSR环境影响报告中,新增内容的编制依据的是中国证券监督管理委员会发行规则中增加的《公开发行证券的公司信息披露内容与格式准则第2号——年度报告的内容与格式(2021修订版)》(第五节环境和社会责任)和《上海证券交易所上市公司自律监管指引第1号——规范运作》这两项。

2022年,作为新的尝试,公司首次发布了《工业富联碳中和白皮书》。白皮书编制主要参考为碳信息披露项目计划(Carbon Disclosure Project,CDP)气候变化问卷、气候相关财务信息披露工作组计划(TCFD)的建议报告。

表16.1 工业富联ESG相关报告的编制依据

	2018年CSR	2019年CSR	2020年CSR	2021年CSR	2022年碳中和白皮书
GRI 标准	√	√	√	√	
《上海证券交易所上市公司环境信息披露指引》	√	√	√		
《〈公司履行社会责任的报告〉编制指引》	√	√	√		
《关于进一步完善上市公司扶贫工作信息披露的通知》	√	√	√		
《电子信息行业社会责任指南》(SJ/T16000-2016)	√	√	√	√	
《电子信息行业社会责任治理评价指标体系》(T/CESA16003-2017)	√	√	√		
《电子信息行业社会责任治理评价指标体系》(T/CESA16003-2021)				√	
《公开发行证券的公司信息披露内容与格式准则第2号——年度报告的内容与格式(2021修订版)》				√	

续表

	2018年CSR	2019年CSR	2020年CSR	2021年CSR	2022年碳中和白皮书
《上海证券交易所上市公司自律监管指引第1号——规范运作》				√	
碳信息披露项目气候变化问卷					√
气候相关财务信息披露工作组建议报告					√

数据来源：工业富联《2018企业社会责任报告》《2019企业社会责任报告》《工业富联2020企业社会责任报告》《2021工业富联企业社会责任报告》《工业富联碳中和白皮书》。

16.3.3.2 ESG报告的编制内容

在编制内容的元素构成方面，工业富联在不断地进行调整和充实（见表16.2）。2018年CSR报告首发之时，就具有目录、高管致辞、高管签字、图表、案例、全球报告倡议组织（GRI）标准内容索引等比较明确的内容架构。

从2020年报告中可知，公司为充分回应各利益相关者的诉求，新增了第三方鉴证声明这一板块。2020年，工业富联聘请了作为第三方的检测认证服务机构TÜV南德意志集团（TÜV SUD）依据AA1000鉴证标准v3"类型一、中等程度"方案进行了较独立、客观公正的鉴证工作。2021年，公司聘请第三方检测认证机构TÜV莱茵技术依据AA1000鉴证标准v3"类型一、中等程度"方案进行了鉴证工作。

此外，2021年的环境影响报告中还添加了"关键量化绩效表""《上海证券交易所上市公司自律监管指引第1号——规范运作》对标索引""报告范围内子公司列表"等模块，使得报告的内容更加详实、具体。

表16.2 工业富联企业社会责任报告元素统计

	2018年CSR	2019年CSR	2020年CSR	2021年CSR
目录	√	√	√	√
高管致辞、高管签字	√	√	√	√
图表	√	√	√	√
案例	√	√	√	√
全球报告倡议组织（GRI）标准内容索引	√	√	√	√
沟通反馈表		√		

续表

	2018年 CSR	2019年 CSR	2020年 CSR	2021年 CSR
第三方鉴证声明			√	√
关键量化绩效表				√
《上海证券交易所上市公司自律监管指引第1号——规范运作》对标索引				√
报告范围内子公司列表				√
页数	65	71	79	107

数据来源：工业富联《2018企业社会责任报告》《2019企业社会责任报告》《工业富联2020企业社会责任报告》《2021工业富联企业社会责任报告》。

关于企业社会责任报告的主要内容构成方面（见表16.3），报告板块也是日渐充实。2019年，在公司原有的"关键绩效、公司治理、企业荣誉、责任治理、员工关怀、公益活动、绿色采购、清洁发展"等板块之上，新增了"无冲突矿产、责任矿产"板块。在2020年，继续增加了"人权保护、节能减碳、减废成果"板块。2021年，添加了"利益相关者关注的议题、气候风险与机遇、净零碳排放目标"等板块。

表16.3　工业富联企业社会责任报告的主要内容构成

	2018年	2019年	2020年	2021年
关键绩效（经济、环境、社会）	√	√	√	√
公司治理（危机管理；经营、职业安全、财务风险管理等）	√	√	√	√
企业荣誉	√	√	√	√
外部参与		√		
责任治理（CSR/可持续发展重要议题、企业永续发展委员会等）	√	√	√	√
利益相关者关注的议题				√
创新与品质服务（化学品、数字化、信息化安全管理等）	√	√	√	√
人才培养	√	√	√	√
员工关怀	√	√	√	√
人权保护（"劳工及人权政策培训"全覆盖等）			√	√
公益活动	√	√	√	√

续表

	2018年	2019年	2020年	2021年
绿色采购、绿色供应链、环境合规管理、环境管理体系	√	√	√	√
清洁发展	√	√	√	√
无冲突矿产、责任矿产			√	√
节能减碳、减废成果(废弃物零填埋工作等)			√	√
气候风险与机遇				√
净零碳排放目标				√

数据来源:工业富联《2018企业社会责任报告》《2019企业社会责任报告》《工业富联2020企业社会责任报告》《2021工业富联企业社会责任报告》。

16.3.4 工业富联的ESG管理体制

16.3.4.1 开展自上而下的高效治理

董事会是工业富联为实现可持续发展战略目标而设立的最高监督控制及管理机构(见图16.1),是公司"碳中和"目标的策略层级,敦促要求公司管理者必须严格将实现可持续发展目标有关的经营管理相关议题融入公司日常的运作管理。

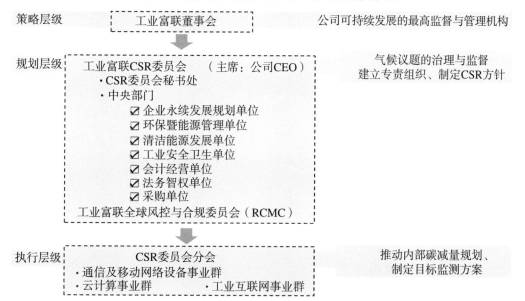

图16.1 工业富联应对气候变化及"碳中和"组织结构图

数据来源:《工业富联碳中和白皮书》。

董事会制定了工业富联为实现其可持续发展战略目标中的各项主要治理结构和组织愿景、方针、策略及其相应需实现的各种主要发展工作目标顺序和发展优先级的顺序等；还拟定出包含全球气候变化等议题的其他各项相关议题，评估公司在落实各项主要可持续环境及发展的策略方面将面临的相关政策风险与挑战及重大发展机遇等事项；组织及任命CSR委员会主席及其单位成员，定期总结并回顾有关包含世界气候变化问题等可持续环境经济发展战略领域下的整体工作及其表现，接受来自管理层提出的述职或汇报性意见并对此问题做出解释，进行相应的工作和批复。

董事会下设的CSR委员会，是公司"碳中和"目标的规划层级，负责气候议题的治理与监督，由公司CEO担任该委员会的主席。CSR委员会将通过建立起一个跨部门专责型协作组织，对企业内部各类资源信息进行全面整合，制定CSR方针，定期向董事会管理层汇报公司可持续稳定发展有关的各项主要事务的整体规划及最新工作进展。CSR委员会办公室内另设有CSR委员会秘书处、中央部门及CSR委员会分会组织。此外，工业富联还设立了专门的全球风控评估与财务合规专业委员会（RCMC），协同CSR委员会负责管理针对全球气候变化的影响后果的合规风险评价。

CSR委员会的秘书处负责完成对CSR相关气候政策与环境气候变化议题的鉴别、执行、查核，对其相关议题的管理流程进行协助并持续有效地进行改善。中央部门则负责组织其对国家气候问题相关行政法规制度建立的具体实践、对各项与气候议题治理及气候治理工作方法建设有关方面的政策方针建议文件和计划成果进行具体落实。中央部门还同时设有"企业永续发展规划单位""环保暨能源管理单位""清洁能源发展单位""工业安全卫生单位""会计经营单位""法务智权单位"及"采购单位"，负责内部统筹与管理、"碳中和"指标和任务目标的制定落实，推动公司内部碳资源减量回收工作责任制的协调推进、绩效量化管理评估等工作。

公司"碳中和"目标的执行层级是CSR委员会分会组织。公司现有的三大网络事业群，即通信及移动网络设备事业群、云计算事业群、工业互联网事业群，均同时设有所属的CSR专业委员会分会，负责协同CSR中央部门研究推动企业内部的碳减量规划、制定能耗目标、推动减排监测控制方案实施等。

16.3.4.2　明确ESG披露的议题

1. 关键利益相关者沟通

工业富联与其主要的利益相关者，针对各自关注的相关议题，通过各种方式建立了对话沟通机制（见表16.4）。而且，从表中可以看出，不同类型的利益相关者，在一些特别重要的社会议题方面，都表现出特别的关切。比如，员工、政府与监管机构均在"健康与安全"方面表现出关注。但两者沟通与回应的方式略显不同:公司与员工主要以工会活动、企业内网等方式交流;而与政府等则是以公文往来、机构考察等方式进行互动。关于"风险与合规管理"方面,政府与监管机构、股东与投资者对此都保持较长期密切关注。公司与股东、投资者等的交流方式主要为股东大会、企业社会责任报告、电话会议等。此外,"气候变化风险管理"是政府与监管机构及社区(媒体、社会组织等)共同关注的议题。公司与社区之间,主要以社区志愿者活动、问卷调查、新闻稿等方式进行交流。在"利益相关者沟通"方面,政府与监管机构及战略合作的伙伴(包括学术机构、研究服务机构、行业协会等)都比较关注该议题。公司与合作伙伴,建立了不定期走访、CSR活动、行业展会等交流模式。而供应商及客户,对"产品品质"方面都很关注。公司分别与供应商和客户,建立了供应商年度大会、供应商核查及客户热线、产品展览、CSR活动等沟通机制。

表16.4 工业富联主要利益相关者及沟通方式

利益相关者	关注的议题	沟通与回应方式
员工	健康与安全、员工权益、尊重员工多样性等	员工活动、职工代表大会活动、工会活动、企业内网、员工培训、员工手册等
政府与监管机构	商业道德、健康与安全、数据治理、风险与合规管理、废气、固体废弃物、气候变化风险管理、化学品管理、利益相关者沟通	机构考察、公文往来、政策执行、信息披露等
股东与投资者	风险与合规管理、商业道德、董事会构成、数据等	股东大会、财务报告、企业社会责任报告、业绩报告、路演、调研、电话会议等
供应商	产品品质、能源、责任供应链、冲突矿物管理等	供应商年度大会、供应商核查等
客户	产品品质、智能制造、绿色产品、数据治理等	CSR活动、产品展览、客户热线等
合作伙伴(学术机构、研究机构、行业协会等)	低碳经济政策变化、研发创新、利益相关者沟通	不定期走访、CSR活动、学术研讨会、行业展会、行业培训、交流会等
社区(媒体、社会组织等)	废气、能源、水资源、固体废弃物、绿色产品、气候变化风险管理、化学品管理、社区参与等	新闻稿、社群媒体、活动参与、问卷调查、社区志愿者活动、社会公益项目、社会事业支持项目等

数据来源:《工业富联企业社会责任报告》。

2. 高实质性议题分析

工业富联为进一步完善可持续发展议题清单,总结了涵盖"环境、社会、治理"三个范畴的与公司业务发展相关度及利益相关者关注度较高的共38项议题。设计在线调研问卷,面向国内外员工、政府和监督机构、股东与投资者、供应商等群体,共收集到5471份有效问卷。在这一基础上,根据"对经济、环境和社会影响的重要性"及"对利益相关者评估和决策的影响"程度的高低顺序,构建了重要性议题矩阵分析图,筛选出了公司的高实质性议题(见表16.5)。

在生态环境方面,"气候变化风险管理、能源管理、清洁技术创新"为重要议题。主要负责单位有企业永续创新发展与规划单位、清洁型能源生产发展单位、法务智权单位等。关于管理的方法与措施,主要提出3个方向:① 降低生产过程中对环境的影响;② 提高能源的使用效益;③ 加强化学品的管理、绿色产品的制造,从而降低公司生产和运营对环境方面的影响。从2021年的环境绩效来看,清洁技术领域的年度新增专利数较2020年增加了27项,达217项。截至2021年底,公司共拥有有效清洁技术相关的专利804项。清洁技术年度营收额从2020年的约1753亿元,上涨至2021年底的约1777亿元。此外,工业富联董事长李军旗也同时指出,公司已经实现了利用很多原材料的绿色循环制造。工业富联的刀具生产设备制造工厂目前已基本上实现了碳化钨化物资源的全生命周期绿色循环,年节省消耗大约450万吨的碳化钨原材料,实现了约5万吨的水资源节约效果及约120万度的电力节省。

在社会发展方面,"责任供应链、化学品管理、健康与安全、员工权益保护"为重要议题。主要负责的部门有人力资源暨总务行政单位、工业安全卫生单位、采购单位、工会单位。关于管理的方法与措施,主要提出下述的几个方向:① 优先保障企业员工的权益要求;② 有效促进员工职业生活安全舒适与安全健康就业;③ 依法制定供应链管理的市场环境评价及社会风险的管理评估政策制度及应对机制;④ 加强对化学物质的管控,在研发阶段进行其对环境及人体健康的影响评估。2021年,公司推动共417家关键供应商通过ISO 14001环境管理体系,278家关键供应商通过ISO 45001健康管理体系。员工的满意度整体平均分较上一年上涨0.07分至8.44分(满分10分)。此外,2021年,公司在各类公益与慈善活动领域再投入逾1.35亿元,员工志愿完成服务量31168人次,员工志愿参与服务工作总时间达3266个小时。

在公司治理方面,"商业道德、董事会构成、风险与合规管理、数据治理"为重要议题。主要负责的部门有审计单位、信息安全单位、证券单位、法务智权单位。关于管理的方法与措施,主要提出下述的几个方向:① 对商业道德管理机制的落实;② 不断完善董事会构成;③ 从机制、意识、技术手段层面等提升保障企业内部及客户的信息安全。2021年,公司宣布设立全球风控政策与风险合规专业委员会(RCMC),以适应国内外不断变化的监管态势。公司参考反虚假财务报告委员会(COSO)制定的全面的风险管理架构,参照ISO 31000风险管理标准、ISO 37301合规管理体系标准,建立了由运营层级、经营层级及治理层级构成的企业风险管理运作体系。

表 16.5　工业富联高实质性议题

范围	工业富联高实质性议题	说明	报告边界
环境	气候变化风险管理	识别、管理由气候变化引起的对公司的机遇和风险,如温室气体。评估并减少业务作业全流程的气体排放	政府与监管机构、社区
	能源管理	降低生产运营流程中的燃料和电力消耗,提高能源使用效益	客户、员工、供应商、社区
	清洁技术创新	把握住绿色发展的市场机会,着力发展清洁技术	客户
社会	责任供应链	对于供应链的环境和社会风险,制定并不断完善管理政策和管理机制	供应商
	化学品管理	对产品内的受限化学物质进行筛查、监管,制定相应的替换计划。在产品研发阶段,开展对环境和人体健康的影响评估	员工、客户、社区、政府与监管机构
	健康与安全	落实职业安全和健康的政策、规章、监察评估机制,注重员工的身心健康	员工
	员工权益保护	构建协商机制,保障工资支付等劳动保障法律合规、防止强制劳工	员工
治理	商业道德	在运营或开展业务中,秉持诚信、公平、透明等行事原则	政府与监管机构、股东与投资者
	董事会构成	董事会应具有独立性、多样性、专业性、有效性	股东与投资者
	风险与合规管理	构建完备的管治机制,确保企业运营满足合规要求,对于全球法律法规、供应链中断等风险进行预先识别及管控	股东与投资者
	数据治理	对内外部相关方的数据的获取使用等进行监督、整合,保障企业内部和客户的信息安全	政府与监管机构、客户、股东与投资者

数据来源:《工业富联企业社会责任报告》。

16.3.5 制定全局应对的气候战略

工业富联近年来除了大力推进实现自身的"碳中和"减排目标方面的重大进展成果之外,还注重将产业价值链上下游的碳排放中和控制纳入优先考量。此外,通过推动建立绿色碳排放管理评价体系、拓展政府"碳中和"服务专业咨询渠道等一系列方式,力图在实践中进一步推动为人类社会进步提供绿色"碳中和"的理念和解决方案。

工业富联于2021年启动碳中和的目标制定和路径规划行动。在其2022年发布的《工业富联碳中和白皮书》能源行动计划中,明确指出公司实现三个阶段的减碳减排目标,即短期目标任务为到2030年,碳排放量较2020年基准年①排放下降超80%,且可再生利用能源综合使用资源比例要达近80%。中期目标为至2035年,实现运营范围的完全碳中和,包含的碳减排范围是指由公司运营产生的化石燃料燃烧排放的二氧化碳等及公司从外部购买的电力及热力能源产生的相应排放。从长期目标来看,到2050年,实现全价值链净零排放这一蓝图,包括了员工上下班活动、生产运输配送等环节产生的间接排放量。

16.3.5.1 实现自身运营碳中和

关于工业富联"自身运营碳中和"计划的节能目标任务的预期实现,公司将持续遵循3R原则,即"持续减少能源运营碳排放(Reduce)、能源结构再转型(Replace)、碳排放抵消与碳排放捕捉(Resolve)",制定并完善了实施节能技术减排措施和利用可再生能源以供给总量优先、碳排放量抵消增量为辅措施的节能策略(见图16.2)。

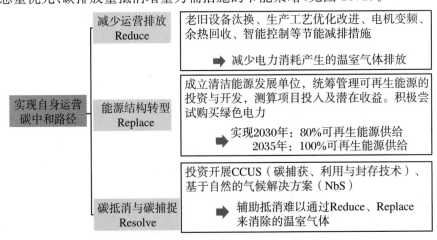

图16.2 工业富联的自身运营碳中和的实现路径

数据来源:《工业富联碳中和白皮书》。

---

① 2020年是公司各事业群碳排放数据最完整的年份,所以选为基准年。

1. 减少运营排放

在工业富联运营层面,鉴于我国碳排放的主要的来源之一是电力过度消耗产生了大量的工业温室气体排放,公司对此采取老旧设备汰换、生产工艺优化改进、电机变频、余热回收、智能控制等一系列的节能减排措施。公司对各生产事业群设立专职节能与减碳服务部门,主要负责定期全面跟踪公司节能及减排技术政策制定,研发新兴环保型节能生产技术,根据国际 ISO 50001 及 GB/T23331 能源技术管理政策体系来设定出相应的具体的公司用能标准政策和内部节能技术考核机制。此外,公司所属的部分园区内已经率先设立了智慧能源远程在线管理监控应用系统,通过企业使用智慧能源系统的全面数字化及精细化过程管控,旨在进一步有效提升公司用能效率。该系统拥有实时能耗监测、用能分析、能耗对标和能耗异常预警等功能,并对相关用能设备实施节能控制策略,实现了从管理及技术两个角度开展能源管理工作。

2. 能源结构转型

在可再生能源使用的目标方面,工业富联制定了于 2025 年达到 40%、2030 年达到 80%、2035 年达到 100% 的计划。公司成立清洁能源发展单位,统筹管理可再生能源的投资与开发,测算项目投入及潜在收益。截至 2021 年末,工业富联已累计建设运行规模将近 50 兆瓦的分布式光伏发电系统,并已有计划在 2030 年以前逐步实现规模增加约达 3050 兆瓦或以上规模的新型能源系统研究开发应用能力项目和电力基础设施投资。

3. 碳抵消与碳捕捉

工业富联现在正继续积极并努力地探索对我国碳循环综合利用和在经济上可继续开发利用和应用方面的有价值研究的技术和基于对生态环境保护发展产生着双重深远意义的应用研究和技术,如碳资源捕获、利用方法与封存处理技术等(Carbon Capture, Utilization and Storage,CCUS)相关的技术研究或创新辅助项目,鼓励国内外环保企业等积极合作研究,实施基于自然的全球气候解决方案(Natural-based Solutions,NbS)的辅助科技项目,或根据其相应评估结果所形成的国家碳配额自愿减排量的抵消量或者排减额,即国家核证自愿减排量(CCER,China Certified Emission Reduction)。通过上述措施可辅助抵消部分自身运营产生的碳排放量。

16.3.5.2 推动价值链碳中和

工业富联将与全球供应商广泛携手,通过采取"供应商准入管理"行动计划、"供应商管理与合作"战略、"供应商激励"计划等有效措施,提高全产业链合作伙伴的污染减排效果。公司将在未来进行供应商选择之时,优先选择生产过程自动化程度比较高、能源利用效益较高的合作方。在对供应商产品的安全合规性问题及生产准入制度方面要进行更严格的审核,保证产品厂商严格遵守当地环境监管规划标准及政府主管部门的法规要求。公司每年还会主动收集有关其对气候变化进行管理情况的相关具体落实的信息，包含化石能源限制使用、节能及减碳、温室气体指标盘查制度与监督查证、节能和减碳目标计划及执行方案、可持续再生的能源项目的能源使用控制比例等。

在对供应商负责的供应链管理的服务支持与组织管理和合作评价机制方面，公司通过逐步建立对供应商责任的社会与环境责任（Social and Environmental Responsibility，SER）方面的供应链管理体系，对供应链厂商责任体系进行有系统专项而深入持久的组织结构管理的研究设计与服务质量评估监督。对于一部分高能耗供应商，公司要求其提供相应的 ISO 50001 的环境能源质量管理认证体系的认证资料。2020年，公司已经与全球关键能源的供应商完全共同签署了《全球关键燃料供应商社会能源环境安全社会责任及能源环境责任（SER）行为守则》。

16.3.5.3　为社会提供碳中和解决方案

工业富联今后将持续通过努力建立碳排放控制管理标准体系、拓展国际碳排放中和治理咨询、提供全球数字化的能效控制提升服务方案等诸多方式，来继续为社会提供更多先进的提高碳排放中和、绿色治理转型的解决方案。在积极继续落实完善绿色碳能源发展建设具体问题清单和相关难题解决方案方面，公司近期也已按计划扎实稳步推进并落实了"绿色制造灯塔工厂"项目、"碳核算与咨询服务"项目、"智慧厂务能源管理系统"项目、"智能绿色循环制造系统"项目等建设投资项目的工作。

"灯塔工厂"系统通过高度智能化系统的综合用能分析评估和能源自动调节控制，实现了工厂能源生产管理自动化效率提高 80% 或以上水平的整体提升，能源总消耗降低了 10% 以上；碳足迹盘查系统实现了全数字化的工作流程上的碳足迹追踪，实现了产品的"碳足迹认证"。截至 2021 年末，公司目前已开发打造运营了工业园区 10 余座"灯塔工厂"标准厂房，其中，有深圳标准厂房、成都厂区、武汉厂房等，其中郑州标准厂房全部获得了世界灯塔工厂的认证。

碳核算培训体系与企业碳管理咨询和服务体系方面，针对国内当前大多数的企业比较缺乏权威专业的碳核算咨询人士及全国尚未统一建立碳排放统计核算体系等问题，工业富联根据现行的国际碳的排放与核查标准（ISO 14064-1，Greenhouse Gas ProtoCol，温室气体排放核算体系）及国内碳核查标准（如《工业企业温室气体排放核算和报告通则》等），构建起了企业碳核算线上核查平台。在碳资产核算业务基础平台上，公司可进一步为企业客户提供涵盖从公司短期战略运营计划层面到从长期商业供应链层面的碳管理咨询顾问服务。如在企业短期资本运营规划方面，公司需基于目标客户以及自身减碳核算及历史数据资料等，构建企业相应的减碳足迹地图，识别在其长期生产运作过程中发现的各项不公正、不合理的运作现象，如生产无效加工、过度生产加工、存货返工、原料资源浪费现象等，并适时对其减碳的优先级与行动方式进行有效梳理和跟踪识别。在长期供应链方面，公司持续采取符合节能增效减排需求的精益制造关键绩效指标、基于实时在线能耗监测管理平台实现的动态能耗分析监测功能等有效措施，提升制造有效性等。

16.3.6　案例小结

2022年4月13日，工业富联正式加入了中国ESG领导者组织，成为组织第38名成员。此外，公司还荣获了新浪财经2021中国企业ESG"金责奖"——最佳环境（E）责任奖、财联社ESG高峰论坛"2021中国企业ESG最佳案例"，入围"2021年中国企业慈善公益500强"等。

工业富联积极展开促进可持续发展方面的相关行动，得到了国内外的一些重要ESG评级机构的认可。2021年，公司获得MSCI 2次上调ESG评级至BB级；恒生ESG评级连续3年保持A级，保持在同业前10%的排名。富时罗素ESG的公司排名为行业第一；商道融绿的ESG评级为A−（见表16.6）。

表16.6　工业富联ESG评级一览表

序号	评级组织	评级	公司排名	评级日期
1	Wind ESG	BB	2372/4810	2022年8月1日
2	富时罗素		1/697	2022年12月1日
3	商道融绿	A−	5/800	2022年9月18日
4	华政指数	BB	1779/4844	2022年7月31日
5	鼎力公司治商		50/706	2021年10月31日

数据来源：Wind数据库。

工业富联自公司2015年正式成立以来，贯彻"高科技含量、低资源消耗、少环境污染"标准的绿色制造的技术体系，在ESG管理体制及ESG相关报告的构造、内容、实质性方面不断地进行完善，逐渐取得了社会的认可和好评。在积极推动企业绿色环保发展、实现企业公民社会责任方面，2021年董事长在《致股东的一封信》中已写明出了今后发展的重点行动的方向，就是工业富联不仅致力于在产品研发阶段引入绿色制造思维，将制造过程中的原材料实现全面的绿色循环，着力使用绿色可再生能源，同时还致力将制造生产设备实现数字化、网络化、智能化，在制造过程实现相应的节能减碳目标。

第 17 章 通信服务行业

本章分析了通信服务行业的基本情况以及 ESG 信息披露状况，同时选取中国电信与中国移动两大服务运营商作为行业典型案例，通过分析它们的 ESG 探索之路与 ESG 信息披露发展状况，为企业管理者提供参考，引发思考。通信服务行业用户覆盖面广泛，技术更新换代较快，因其规模效应以及政府规制，行业内企业较少。目前万物互联、5G 通信、6G 布局、大数据等推动行业迅速发展，通信服务行业绿色可持续发展对全社会、全行业的发展都起到关键性作用，其 ESG 管理能力直接影响到环境效益、社会效益，这就需要行业内企业自身管治能力的不断提高。

17.1 行业基本情况

从新中国成立初期，通信行业在中国实施运行已经 70 余年，在这期间，中国的通信行业发生了翻天覆地的变化，从原先部门专享发展到如今的 5G 大国，从原先通信行业排名垫底到如今的通信行业大国，从原先只有固定电话到如今个人移动电话每百人拥有的平均数超过 100 部，无数中国人见证了中国通信行业的发展。

1949—1978 年，中国的通信行业在党政部门以及军队开展业务。新中国成立初期，我国人口的总数量虽然在世界排名第一位，但是电话的应用普及率为 0.38%，为当时全球平均水平的 10%，在当时世界 185 个大国当中排名第 161 位。1949 年初期，上海全市的电话使用者约为 26 万户，电话普及率约为 0.05%。1949 年 11 月，中华人民共和国邮电部门建立，从此我国就有了统一管辖中国邮政和电讯事务的国家机构。十一届三中全会以后，我国建立了以邓小平同志为核心内容的中央政府第二届领导团队。邓小平同志指出"中国发展经济、搞现代化，要从交通、通信入手，这是经济发展的起点"。我国电信发展虽然在 1949—1978 年实现了从无到有的突破，但是发展较为缓慢，因此国家开始重视通信行业。

1978—1998 年，中国的通信行业业务收入始终维持两位数的增长，并长期遥遥领先于GDP增长。电信业务的总量和主营业务收入年同比增速都维持了两位数的增幅,年收入由7.3亿元增长到了7280亿元。到1999年,中国的电话普及率从原先的个位数增长到13%,移动电话普及率也从原先的0.3%上涨到3.5%,尤其在1998—1999年,增长率翻番。

2000年,中国主要的通信能力如局用交换机、移动交换机和电话主线较1995年以及1999年有较大的提升,同时长途交换机、长途业务电话以及长途光缆长度依然较为贫乏。2001年,江泽民同志在《中国信息化探索与实践》一书中提出,信息化是一场带有深刻变革意义的科技创新。为保证中国经济社会的高速健康发展,应当将利用信息技术资源放在重大战略地位。

截至2010年,中国累计完成电信业务总额达30955亿元,同比增加了20.5%,电信业务的主成交总额则同比增长了6.4%,全国手机客户总量达115339万户。胡锦涛同志研究制定的"十一五"通信行业相关规划全面完成,农村通信发展规划目标全面实现,全国乡镇通电话和乡村通网络已达到100%。

2021年,中国通信业充分深化执行党的十九大和十九届历次会议精髓,进一步深化贯穿中共中央、国务院的决策部署,积极推动互联网强国战略和数字中国建设,5G和千兆光网等新兴信息技术设施建成覆盖面和使用推广速度全方位加快,为形成中国数字经济的新优势、提升经济社会发展新动力提供了强大保障。2021年,产业发展质量与经济增长水平显著提高,实现了"十四五"的良好开局。神州通信业务总收入累计实现1.47万亿元,电信业务总额实现1.7万亿元,同比增加了27.8%。同年3家基础电信企业的固定互联网接入用户总数达5.36亿。习近平同志在党的二十大报告指出,坚持科技是第一生产力、人才是第一资源、创新是第一动力,深入实施科教兴国战略、人才强国战略、创新驱动发展战略,开辟发展新领域新赛道,不断塑造发展新动能新优势。在2022年前三季度,移动电话基站数已有1072万个,比上年末净增75万个,同时互联网宽带接入端口同比上年末净增将近4000万个。

目前,建设数字中国以及网络强国的关键是加快创新驱动和核心技术攻关。因此通信行业需要发挥带动作用,增强自主创新的能力,加快实施一批重大科技项目,加快创新驱动。截至2022年10月,中国的固定电话普及率为每百人12.8部,而移动电话普及率则为每百人119.1部。在全国范围内,北京、天津、四川、上海、西藏和贵州,这六大省市的固定电话普及率均在每百人20部以上,其中天津最高,约为每百人25部。在全国移动电话普及率中,以北京的移动电话普及率最高,每百人已达到180.5部,最低的为西藏,每百人已达到89.9部。中国的光缆线路长度达到5800多万千米,相比2021年末净增390多万千米,同时移动电话基站数已经达到1072万个,其中5G基站数达到222万个。未来,中国会牢牢抓住新一轮的技术革命与产业转型发展时机,进一步发挥制度、体制、市场等优势,持续地促进中国数字经济社会发展,为国民经济盛会的高质量发展创造澎湃动力。

17.2　行业 ESG 信息披露总体情况

早期通信行业很少有关于 ESG 的信息披露,或者有的时候通信行业的信息披露是被动披露,并且基本上披露的信息很少;但是随着通信行业的企业不断增多,披露的相关信息越来越多,几大运营商也越来越注意相关信息的披露。许多企业会主动披露关于设社会、环境以及管理类的信息。通信行业披露社会、环境以及管理类信息不仅仅有助于投资者了解公司的整体以及公司未来的发展趋势,同时也有助于民众以及国家了解公司的发展状况,有效地监督公司的发展。

通信行业是国家重要的行业之一,通信行业包含着公众使用的通信运营商,通信行业企业完善的治理架构,有利于公司不断提升经营管理水平,同时也有利于公司更好地服务客户,因此公众有权了解与他们利益相关的公司各方面的信息,越合规的公司越有能力为消费者提供更好的业务保障。通过相关的信息披露,投资者和社会公众能够全面系统地了解公司的战略,由于 ESG 报告中涉及公司治理、环境以及社会责任,这有助于消除公司与利益相关者、公司与社会之间的信息不对称。当一家通信公司能够披露完整 ESG 信息且进行有效的 ESG 报道,那么公众对于公司的公信力以及公众对于公司的服务保障将持有肯定的态度。如果与个人签署合作协议的公司能够完整披露相关信息,那么这些信息有助于提升个人对于公司的整体的满意度。近年来,越来越多的外部环境因素要求各个公司公开 ESG 信息,因此中国的通信行业也开始逐步公开通信行业的 ESG 信息。

目前中国通信行业有许多较大规模的企业,如中国移动、中国联通、中国电信、中国铁通和中国卫通等。上述企业大部分都成立于 2010 年前,其中包括了中国三大运营商。目前的运营商主要披露的是公司治理与社会责任相关信息,同时也会根据公司的需求来进行信息披露。

目前通信行业里的三大运营商都曾披露相关的信息,例如中国移动、中国联通和中国电信主要披露的信息包括以下:基础信息、金融行为、经营信息、知识产权、法律诉讼和经营风险等各种历史数据。其中许多数据围绕公司治理等相关信息进行披露,涉及企业管理制度的有企业的股东信息、最终受益人、股权变更信息等几十项信息。除了三大运营商以外,其他的通信行业运营商也会在部分数据库披露关于公司治理结构的信息,例如部分企业会披露公司的股东、公司的投资机构以及投资事件和公司并购等各种信息。通信行业的企业社会责任相关信息也会在部分数据库当中进行披露，国内的三大运营商在一些数据库中披露关于公司的法律诉讼相关信息，其中关于公司的裁判文书三大运营商都有披露，同时关于开庭公告，各个运营商都会在数据库当中进行披露。2022年8月，由工业和信息化部、国家发展改革委、财政部、生态环境部、住房和城乡建设部、国务院国资委、国家能源局等七个政府部门共同颁布《信息通信行业绿色低碳发展行动计划(2022—2025年)》，着力推动"十四五"时期信息通信行业绿色低碳高质量发展，赋能全社会节能减排促达峰。在文件中各部分都对信息通信产业发展提出了更高标准的绿色要求，包括提出到2025年，中国信息通信产业绿色低碳发展机制基础更加健全，节能减排目标实现关键性突破，信息产业总体资源效率明显提高，助力推动经济绿色转型的创新能力明显提高，单位网络信息流量综合能耗比"十三五"期末降低20%，单位电信服务数量综合能源消耗比"十三五"期末降低15%，筛选发展30个信息通信产业，赋能国民经济降碳发展的典型应用情景。通信行业披露的环境相关信息有直接的也有间接的，例如几大通信行业会通过披露电信业务的总耗能，从而披露关于公司的环境信息。

17.3 中国电信的ESG信息披露实践

如今，全球各个国家的政府及企业越来越重视ESG标准。随着现在全球化进一步加剧，全球企业都在积极响应ESG标准的制定。多项研究表明，企业积极主动披露ESG相关信息有助于个人、社会以及国家对该公司有更深层次的理解，并且有助于公司内部实施自我监督，同时帮助企业外部的相关监管机构开展工作，能够帮助同行公司避免不必要的错误以及损失，也有助于稳定投资者对于企业的信任。中国电信集团有限公司（以下简称"中国电信"）属于中国通信服务三大公司之一，该公司积极披露ESG相关的信息，同时也积极承担以及履行相关责任与义务，本案例通过总结中国电信的相关披露议题以及公司的概况，向读者介绍中国电信在承担社会、环境责任的同时如何实行积极有效的公司治理。

中国电信是国内特大型通信经营公司之一，公司的主要业务有移动通信、固定电话、卫星通信、ICT集成、网络接入以及应用等综合信息业务。同时，中国电信也属于完全由国家直接投资并且独立出资的中央企业。目前中国电信净资产约为9898亿元，员工约为39万人。中国电信旗下有中国电信股份有限公司、中国通信服务控股股份有限公司、新国脉数字文化股份有限公司和北京辰安科技股份有限公司等四家控股上市公司。目前,中国电信的分支机构、控股公司和分支机构有我国各省市、自治区、直辖市的通信分公司和中国电信控股卫星通信服务公司等多家企业。中国电信赢得众多殊荣,比如在2003年,集团就在《投资者关系》杂志评比中获得了亚洲地区最新上市项目组别的年度最佳投资者关系奖项。在2008年,美国《财富》周刊为中国电信颁发"最受赞赏的中国公司"荣誉称号。同时在人民网相关评选中,公司获得"人民社会责任奖"。2012年,公司凭借24.5亿的收入在中国的百强企业排名第15位。2018年,公司在《财富》杂志的世界500强排行榜中排名第14位。2022年,公司位列福布斯"2022中国数字经济100强"第5名。

17.3.1 中国电信的治理信息披露

中国电信的企业定位为"服务型、安全型、科技型",同时引入了各个重点领域的战略投资者,其中涉及的领域有安全、产业数字化、云网等。中国电信董事会为进一步完善市场化经营机制以及完善电信治理防范风险机制,做出许多决策,制定战略,强化管理,紧抓落实授权放权,采取多个措施。

为了推进专业信息服务和公司改制,中国电信新成立了数字生活公司、数字乡村公司、安全技术公司,进一步增强了在数字生活领域和网络信息安全领域的市场竞争力和影响力;同时完成了云公司"分改子"工作,进一步增强了在云计算技术应用领域的技术能力和市场实力。公司为推进地方政府与企业改制组建了十多个行业分支机构,推进了行业研究院建立,并形成了相应的预算核算、资金管理体系和机制。为推进地方企业改制,公司还设立了雄安、上海等关联企业,同时公司还进行了深圳企业授权放权的综合改革试验。

在公司管理信息披露中,中国电信披露了员工通过职工代表大会参与管理的概况,其中可以看到,在2019—2021年,职工代表提案一直维持在1300份以上,同时职工代表培训次数每一时期都在50次上下波动。

中国电信依法维护员工的权益,关心关爱员工,鼓励员工参与企业管理,积极帮助员工提升各项能力,实现员工与企业同根发展。集团鼓励优秀员工发展,加大对优秀员工队伍的培养力度,持续提高优秀员工队伍的能力与价值,不断推动先进人才队伍建设,并大力发扬劳动模范风采以弘扬劳模精神,例如主动组织实施职工技术培训,着重提升员工执行工作职能的专业知识和专业技能。中国电信无微不至地关心员工生活,尽可能地了解公司内部员工的需求,为提升员工的幸福感、安全感以及获得感尽可能做出努力。企业披露了为服务职工、改进员工工作环境、提升职工生活质量和帮扶慰问等有关信息,例如企业安排专门的建设基金以进一步完善职工小餐厅、小卫生间、小活动室和小卫生间等"四小"。同时在相关报告中,企业还为改善职工的生活品质而开展"净水工程",提升职工喝水质量,目前有8000多家基层单位已应用净水器,完成了职工从"有水喝"到"喝好水"的转化。公司还努力加强员工之间的友谊以及提升员工幸福感,如云南分支2021年开展了多项文体活动。其他提升员工归属感的举措还有建设母婴室、举办马拉松、包粽子等。

中国电信不断完善劳务用工制度,以实现对于职工的依法用工。中国电信系统秉承公平自愿和协商一致的原则,严格按照《中华人民共和国民法典》《中华人民共和国劳动合同法》《中华人民共和国工会法》等国家有关劳动用工及雇员权益保护的相关法律,制定并严格执行《关于印发〈中国电信集团劳动合同书(范本)〉的通知》等法律文件,与职工订立书面劳动合同,保证职工的基本权利,落实各方权责,明确工作时长与休闲假日,落实职工标准工时制,按时足额向其发放基本工资和办理社会保障。中国电信不断健全劳务派遣用工的服务经营方式和方位划分,逐步确定各种职业的用工类型,进一步完善与劳务派遣机构签定的外派协议,检查派出机构与输送的用工单位签定劳动合约,并及时发放工资和办理社会保障,维护劳务派遣用工利益。

根据《禁止使用童工规定》等有关法规,中国电信严格履行该规则,同时依法依规禁止使用儿童和少年员工,以避免强迫用工等情形,到2021年中国电信仍未出现强迫用工的情形和使用儿童和少年的情形。

在企业治理领域,中国电信严格执行《中华人民共和国网络安全法》《中华人民共和国数据安全法》《中华人民共和国个人信息保护法》等相关法律的要求,着重打击不正当竞争,建设数字化综合信息平台,加强境外运营管理等方面的合法规范经营,将有关法律规章制度下的条款纳入公司的管理制度。中国电信认真贯彻"防风险、包落实、促发展、提价值"目标,加强审计监督,在2021年开展审计项目多达24万多项,公司内部提出的案例建议多达2600余项,同时促进完善的制度有2900余项。针对党风廉政建设,中国电信落实全面从严治党,坚持党风廉政建设。2019—2021年,中国电信开展廉洁教育活动平均数量约为25000场次,而接受廉洁教育与培训人次也在逐年递升,从2019年的799356人次增长到2021年的1170320人次。

17.3.2 中国电信的社会责任信息披露

中国电信依托云网共和能力优势打造数字娱乐服务,提供全屋智能定制服务方案,围绕乡村治理以及社区智能管理等方面,对民众的生活进行服务,推动数字乡村建设。在社会责任以及数字建设方面,中国电信公司提出畅想数字生活,其中包括数字娱乐、数字家庭、智慧社区、数字乡村等。在数码娱乐领域,中国电信借助5G网络优势研发的天翼超高清、天翼云游戏、天翼云VR等一系列软件应用,为消费者提供了具有崭新感官体验的数码娱乐方式。在数字家庭方面,中国电信利用WiFi、物联网、4G、5G等各类通信方式以及终端,让用户全屋可以被智能"点亮"数字生活。在智慧社区中,中国电信打造智慧社区平台,创造美好智慧社区。

同时,中国电信以平安乡村为基础,通过融合物联网等各方面能力,打造数字乡村平台,建设数字乡村。为赋能数字转型,中国电信加强数字信息技术的创新应用,目前中国电信5G+智慧城市有21个,5G+智能制造业有71个,5G+智慧矿山14个,同时5G+行业还有智慧农业、智慧医疗、智慧文旅、智慧电力、智慧港口、智慧钢铁、智慧化工、智慧教育、智慧金融等。为用心服务客户,中国电信认真贯彻《中华人民共和国消费者权益保护法》《中华人民共和国广告法》,积极落实《中华人民共和国数据安全法》《中华人民共和国个人信息保护法》,并扎实开展综合治理。截至2021年12月底,中国电信平均受理时长仅需153秒,一次解决率高达98.93%,同时"违章停机远程复机"服务场景月均服务26830人次,客户满意率为98.61%。

17.3.3　中国电信的环境责任信息披露

在环境责任信息披露中,中国电信披露的议题有践行绿色发展、助力乡村振兴、推进社会公益以及携手抗击疫情。其中,携手抗击疫情这项议题是中国电信根据疫情时代背景提出的新议题。在该议题中,中国电信"外防输入,内防反弹",积极抓实抓细疫情防控各项工作,为我国抗击疫情贡献自己的力量。

在践行国家绿色发展战略这一项议题中,中国电信为应对如今的环境现状,积极响应国家绿色发展要求,严格控制企业中能源消耗量的增加。中国电信在利用政府自有专项资金保障节能减排工作有序进行的同时,还运用合作能源的经营模式,并借此契机积极地投入社会资金和科技,从而进行节电减排方面的技术创新。同时与中国联通联手共享4G/5G的基站,每年的平均节电量达到100亿度、平均降低二氧化碳排放量达到600万吨。在2021年,中国电信主要行动领域一共有三个,分别为节能减排管理、淘汰落后产能以及推动节能改进。对应推动绿色供应,中国电信已于2021年内,共对109例涉嫌串标、虚假投诉等相关供应商的不良行为进行了查处。同时,公司也提高了绿色可循环包装在供应链中的使用比例。为推进绿色工程,中国电信与中国联通深度合作于2021年内贡献了约46万个基站,并且中国电信也持续推广绿色应用。在助力乡村振兴以及推进社会公益这两项议题中,中国电信定点帮扶对口支援,实施助残济困扶弱活动,支援科教文卫事业,传递社会主义文明。

17.3.4 案例小结

近年多家企业落实 ESG 信息披露,积极披露相关信息,让社会以及公众见证企业的发展不是以牺牲社会、国家以及环境为前提,因此中国电信也积极响应 ESG 信息披露,向社会公众、向行业以及向国家披露 ESG 相关信息。

董事长柯瑞文下定决心要带领中国电信积极推进责任管理,坚持贯彻以及落实党中央以及国务院的决策部署,为推动新型基础设施建设,坚持云网融合,推进 5G 网络新基建等一系列措施,同时赋能数字发展,引领数字创新生态并加强与产业伙伴合作。中国电信不会以牺牲社会、环境等为代价提升自己的绩效,会积极承担社会以及环境责任,与相关部门联手共建和谐美好社会。目前,中国电信将继续积极实施高效的公司治理方法,为中国企业与 ESG 信息披露相关实践活动的落实贡献自己的微薄之力。

17.4 中国移动的 ESG 信息披露实践

中国移动通信集团有限公司(以下简称"中国移动")基于可持续发展模型,持续完善可持续发展管理架构和体系,公司在环境、社会和治理等方面开展信息披露,被广泛认可。本案例描述了中国移动在公司治理、社会与环境三方面的信息披露实践做法,以期为其他公司提供相关的借鉴参考。

17.4.1 关于中国移动

中国移动是目前与中国电信和中国联通并列的国内三大通信服务商之一,同时也是在全球范围内营收排在首位的通信运营商。目前,中国移动在国内进行全行业的通信服务,业务内容涉及移动语音、有线宽带以及固定电话等多种通信业务,服务范围覆盖了全国 31 个省、直辖市、自治区。中国移动于 2021 年在《福布斯》杂志公布的世界 2000 领先企业榜中名列第 32 位,同时在《财富》主办的环境、社会责任及企业管治大奖 2021 中获得钛金奖。2022 年上半年,中国移动在全国开通 5G 基站数已经占据全国 5G

基站数50%以上,2022年5月,中国移动上榜福布斯2022全球企业2000强,并排名31名。到2022年10月,中国移动的移动业务客户总数为9.73亿,5G套餐客户数达到5.72亿。

中国移动在数字经济背景下,为把握新的契机实施了全球领先的"力量大厦"计划。以"创世界国际一流企业,做网络强国、数字中国、智慧社会主力军"为总体发展目标,以"推进数智化转型,实现高质量发展"为发展的主线,加快转业务、转市场发展和转方式"三转",同时聚力新基建、新要素和新动力"三新",深化融合、融通和融智"三融",提升公司的能力、合力和活力"三力",全面构建基于5G+算力网络+智慧中台的"连接+算力+能力"的现代信息技术服务体系,同时统筹推进个人业务、家庭市场、政企经营等新业务发展,向建设具备全球竞争力的全球领先公司迈进更大的步伐。

17.4.2 中国移动的治理信息披露

在公司管理制度方面,中国移动积极响应相关标准,识别出标准中的管理制度。在前期的识别阶段中,中国移动通过识别"对中国移动的相关性与重要程度"和"对利益相关者的相关性与重要程度"两个维度,确定了目前需要披露的管理议题,其中包括了利益相关者沟通、公司治理与风险管控、财政表现与纳税以及负责人供应链管理等多项披露管理议题。

在对管理和经营绩效这一问题进行披露的同时,中国移动升级了"现场+远程+云化"的设计模式以助力风险预警。中国移动坚持诚信、透明、公开以及高效的公司管理准则,采纳了一整套健全的公司管理框架与方法,以便通过合理的企业管理,为企业关联方带来长远的效益。在治理这一议题下,中国移动披露公司的管理方法,其中包括董事会的架构,同时也披露为实施多元化董事会架构所采取选取董事会成员的标准,该标准包括专业经验、行业经验、区域以及教育与文化背景等。

面对风险管理与合规内控,中国移动制定了《中国移动内部管控治理办法》《中国移动重大项目专项风险评估管理办法》等顶层管理制度,根据5个重大关键风险提出了24条控制举措和30多项量化监测目标,以确保不出现重大风险损失,并对全国559项重点工程进行了专门的风险评价,将评价结果列入重要决策依据,对企业风险进行全面监督。同时中国移动聚焦推进规范治理,围绕"合规护航计划"不断推进规范管理制度。

目前中国移动对于直接经济影响议题,披露了经营绩效、服务规模、网络规模和国际服务4项信息。在18个披露数据当中,每年都呈上升趋势,可以看出中国移动的经营绩效一直处于上升趋势,并且在确保经济绩效处于上升的趋势同时也保证每项税费应缴尽缴。中国移动将经营总收入的部分用于市场开发和技术创新,截至2021年,公司已累计取得了 3900 多件登记著作权和 75 多件注册商标,国际商标已遍布世界 100 多个国家和地区。和之前披露的绩效一样,中国移动披露的研发费用以及专利申请书数量等各项指标也呈逐年递增状态。在研发类创新指标中,中国移动一共披露三大指标:研发与创新、开放合作和带动创业。

中国移动针对商业道德与反腐败议题,坚持将责任机制的建设贯穿于反腐倡廉工作各项领域之中,并通过印发责任名单和全年工作任务清单,确保落实主体责任。截至 2021 年,中国移动已于该年度内累计新增或修改管控举措 9762 个,暂停违法建设项目 1089 个,调动重要工作人员 623 人。同时就该议题,公司披露了每年进行的反腐倡廉活动总量(场次)与每年受到反腐教学与训练人次数(人次)。

中国移动采取保证透明采购、降低采购风险、开展分级管理、践行责任采购、加强质量盘查和携手合作共赢等措施,对于价值链进行管理,在相关数据中显示,中国移动 2020—2021 年关于供应链的效益基本上都处于上升趋势。

针对网络、安全和个人信息保障,中国移动制定并完备了《中国移动通信网关键信息基础设施网络安全保护指引》等 5 套指南,并绘制了 6 套通信网关键信息基础设施系统安全风险图谱,针对数据与信息安全,发布《中国移动数据安全分类分级及重要数据管控指导意见》,针对客户信息保护,发布《中国移动智能终端及应用安全管理工作规范》,尽可能收集个人最小范围信息。针对网络安全,中国移动进行各种培训,全国安全从业人员持有认证 1000 余个。

为了提高产品生产质量,中国移动公司于 2021 年组建了产品管理委员会,实行研发、建设、支撑、市场营销和服务五位一体的经营管理模式。目前,中国移动所公布的主要数据包括:客户总体满意度、热线投诉一次处理量、处理用户不良信息投诉量、总经理接待日接受用户数量、总经理接待日解决用户的询问和投诉总量。

17.4.3　中国移动的社会责任信息披露

在社会责任方面,公司严格遵守《中华人民共和国民法典》《中华人民共和国劳动法》《中华人民共和国劳动合同法》等法律法规要求,制定了各种制度。遵循男女平等的原则,中国移动遵守《女职工劳动保护特别规定》政策要求,同时秉承多元化与非歧视原则,对于少数民族以及脱贫地区优先招收员工。通过完善用工管理制度和监控通报批判,中国移动提供多元化、平等和包容的职场环境,因此中国全体员工中女性比例、高级管理层中女性数量也是中国移动披露的项目。

在职业健康与安全中,中国移动利用信息化手段提高安全检查工作,同时制定了《中国移动从业人员安全生产教育培训基础知识汇编》,在 2021 年开展安全知识 6841

次,参与学习29万人次。针对该项议题,中国移动披露开展安全应急演练活动数量、安全生产投入、千人事故死亡率、因安全生产事故而死亡的人数等6项指标。在职业发展培训的指标中,安全应急演练活动员工参与率在2019—2021年一直属于上升趋势,其他例如安全生产投入等指标一直有波动。在发展与培训议题中,中国移动深入实施领导力发展"领航"计划,同时全面推进"新动能能力提升"一揽子计划,并且打造特色网上人才发展中心。普通员工接受培训的人数(万人次)呈下降趋势,相反高层管理人员平均参加培训时间从2020年开始呈现上升趋势,而员工平均培训时间在2019—2021年一直处于上升趋势。在社会责任范畴中的劳工权益保护下,中国移动公布了CEO收到来信数、合同制员工加入工会比例、劳务派遣人员加入工会比例、签订平等协商集体合同比例与员工体检率。合同制员工加入工会比例以及签订平等协商集体合同的比例在2019—2021年一直保持为100%。对于当地社区,中国移动会与它们的母公司实施帮扶,其中有人才帮扶、资金帮扶以及消费帮扶等各种措施的帮扶,同样在公益慈善下8项披露议题都处于上升趋势。在本地化情况下,中国移动主要披露香港公司员工本地化比例以及香港公司管理人员本地化比例。

17.4.4　中国移动的环境信息披露

中国移动在环境绩效方面,同样积极响应国家各种政策,披露相关议题。针对公司的温室气体排放与能源使用,中国移动根据高度电气化导致的二氧化碳排放现状,制定相关目标,持续改进循环管理体系。因此中国移动在温室气体排放与能源使用这一议题中,一共披露了4小类议题,而4小类议题又包括了19类议题。在这19类议题中,煤气用量与汽油用量以及柴油总消耗量处于下降趋势,但是耗电量依然处于上升趋势。公司持续加强各类对于各种废弃物的管理。同时中国移动会披露废弃物情况与物料使用情况。针对水资源管理,中国移动遵守《中华人民共和国水法》《中华人民共和国水污染防治法》,提倡节约用水,制定了"人均管理用水零增长"的目标,且在水资源管理信息披露中,中国移动披露了总用水量与用水强度。面对环境的污染,中国移动响应国家号召,坚决打好污染防治攻坚战,明确多类环境污染以及环境风险等应急预案。而在环境绩效下的绿色供应链议题中,中国移动施行绿色化采购机制,同时大力鼓励工作人员开展与绿色供应链相关的创新实践。在该议题下,中国移动披露电子渠道线上交易额、全年共实施电子采购项目款和由于采购全流程电子化而减少纸质文件数量。中国移动通过各种服务提供环保产品及服务,尽可能地利用绿色产品以及绿色服务,帮助学生、上班族以及公司高层人员等减少不必要的碳排放,从而减少环境污染。例如,利用相关网络软件,如云视讯等软件,实现线上面对面娱乐、教学、工作以及会议等,无需线下通勤等各类有关碳排放的活动,从而减少相关人员通勤等各类活动导致的碳排放。

17.4.5 案例小结

近年来,可持续发展问题逐渐受到世界各国重视,中国也要求各规模类企业能够实现可持续健康发展,在兼顾企业经营绩效的同时,各规模企业还必须承担起社会责任和环保责任。越来越多的企业注重自己的ESG信息披露,通过展现企业的ESG信息披露从而向投资者、社会公众以及国家全面展示公司的可持续发展等战略目标与表现。中国移动基于可持续发展模型,持续完善可持续发展管理架构和体系,公司在环境、社会和治理等信息披露方面被广泛认可。随着ESG信息披露实践活动在各个领域的大力推进,中国移动如何继续推行ESG信息披露与相关实践落地是需要持续重视的企业战略问题之一。

房地产

第18章 房地产行业

房地产行业是我国国民经济的支柱产业,国家统计局数据显示,2021年房地产行业占GDP总量的比重为6.78%,建筑业占GDP比重为7%,这两项合计为13.78%;若再加入房地产行业上下游相关行业,这个比重将会更大。房地产行业高增长同时也带来了大量严重的社会、经济、环境问题。近年来,越来越多的房地产企业和投资者关注企业的ESG表现,而不仅仅是企业的财务盈利状况。本章首先阐述房地产行业发展现状及房企ESG信息披露总体情况,然后论述两大头部房企保利发展和招商蛇口的ESG信息披露实践,为其他房地产企业提供ESG信息披露的经验。

18.1 行业基本情况

18.1.1 房地产行业定义及行业发展态势

房地产行业是指以土地和建筑物为经营对象,从事房地产开发、建设、经营、管理等集多种经济活动为一体的综合性产业,属于第三产业范畴。从行业特点来讲,基础性、先导性、带动性和风险性是房地产行业的主要特点。

我国房地产行业取得了卓越的建设成果,人均住房面积从2010年的31.1平方米增长到2020年的41.8平方米。但房地产业的高增长也带来了大量严重的社会经济问题。第一,国民经济发展过高依赖房地产。2020年,全国土地财政收入约为11万亿元,约占国家税收收入的40%,超过地方政府收入的50%。第二,土地及房价走高严重挤压了其他行业的发展,严重制约了制造业尤其是科技行业的发展。第三,居民杠杆率持续走高带来了极大的金融风险。第四,高房价下贫富差距进一步拉大,中低收入人群难以负担住房成本,不利于共同富裕。

2020年起,国家实行房地产行业融资集中管理,严格限制新增融资,全面叫停前融、房地产信托。据中指数据,2021年开发企业非银行融资中,信托融资545万亿元,下降

39%,海外债5490万亿元,下降40.5%。房地产开发企业面临信贷收缩与债务集中到期双重危机,流动性困难;同时在新冠肺炎疫情的后续影响下,全球经济陷入衰退,居民消费意愿和消费能力也深受影响,房地产行业发展受到较大影响。

18.1.2 房地产行业分类

房地产行业可分为土地开发、商业地产、住宅地产、产业地产及房地产服务。其中,土地开发专指土地一级开发,开发商如华夏幸福等;商业地产指开发写字楼、酒店、商住公寓等设施,开发商包括万达集团、陆家嘴等;住房地产指商品住宅、租赁住宅、保障性供应住房,开发商包括保利集团、招商蛇口、万科、碧桂园等;产业地产指工业园区、旅游地产以及养老地产等,开发商包括华夏幸福、张江高科、浦东金桥等;房地产服务指除了房地产开发之外的行业,还包括物业管理、房地产中介服务以及房地产金融(见图18.1)。

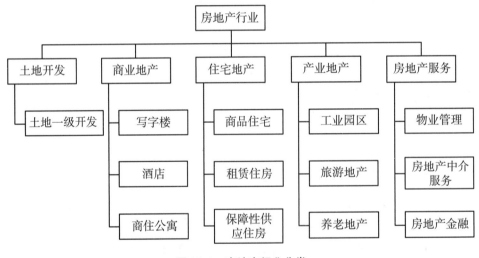

图 18.1 房地产行业分类

18.2 行业 ESG 信息披露总体情况

我国房地产行业上市公司ESG信息披露率相较A股整体较好,总体呈逐年上升态势,2021年房地产管理和开发行业116家上市公司中,有52家公司披露了ESG相关报告,披露率为44.83%。

我国ESG信息披露主要有三种形式,分别为社会责任报告、ESG报告以及可持续发展报告，其中大部分公司发布的是社会责任报告。研究统计了2021年房地产行业的ESG相关报告披露数，其中社会责任报告44篇，占比40%；ESG报告4篇，占比3.6%；可持续发展报告4篇，占比3.6%。相关公司除根据监管机构制定的信息披露规范指引编制报告（如港交所ESG披露标准）外，更多参考了GRI、SDGs、国家标准《社会责任报告编写指南》（GB/T 36001-2015）等标准体系。

18.2.1 房地产行业的ESG评级

从Wind ESG对房地产企业ESG的评级来看，房地产行业ESG环境信息披露水平有待提高，社会与治理整体水平总体良好。2022年度评级结果中，只有招商蛇口1家房企获得评级AA级，有5家房企评级为A级，依次为：北辰实业、金地集团、万科A、保利发展以及迪马股份。7.76%的房企评级为BBB级，62.07%的房企评级为BB级，22.41%的房企Wind ESG评级为B级（见图18.2）。总之，房地产行业环境披露情况较差，社会、治理方面的披露情况较为良好。

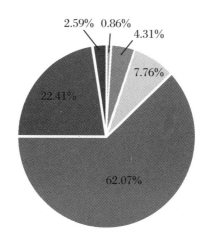

■ AAA ■ AA ■ A ■ BBB ■ BB ■ B ■ CCC

图18.2 2022年度房地产管理及开发行业Wind ESG评级

18.2.2 房地产行业ESG信息披露相关问题

房地产行业的环境信息披露状况仍需加强，环境定量数据披露水平较低。大多数企业在环境信息披露中着重突出了碳减排部分，披露信息集中在绿色建筑、绿色采购、绿色施工、绿色运营四个部分。从2021年的报告来看，只有少数几家房地产公司对环境定量数据进行披露,如金地集团、招商蛇口、万科 A、陆家嘴、金融街、保利发展等,且披露信息完整度也不高,只有用水量、用电量、废弃物总量、废水排放量等指标较常被披露。有 10 家公司对绿色建筑面积进行披露,保利发展、广宇发展、新城控股 3 家公司 2021 年的新增绿建面积覆盖率达 100%。

房地产行业在社会责任报告中着重突出了员工权益保护的部分。各个报告对员工权益情况均有阐述。各公司在该部分的披露重点主要集中在多元招聘与合规雇佣、薪酬福利、员工职业发展与能力建设以及员工家庭平衡与身心关怀等,房地产行业社区公益信息披露质量较高。2021 年是新冠疫情全球爆发的第二年,疫情的反复不定,叠加行业政策、金融环境等多种因素,使房地产行业受到较大影响,有 38 家公司披露了疫情常态化下的防疫抗疫措施。客户服务披露质量仍有提升空间,从 2021 年的社会责任报告来看,有 30 多家公司从保护客户隐私、优化客户满意度、提升客户服务体验、客户沟通等方面入手,披露客户服务数据,但很少对客户投诉率、客户满意度、受理客户需求后响应时间等细化数据进行披露,供应商管理披露仍需加强。从 2021 年的社会责任报告来看,有 22 家公司对供应商管理情况进行披露,对项目负责人资质和供应商管控设置要求。但很少披露供应商产品质量抽检总次数、供应商产品质量抽检频率、供应商考核调研次数等细化数据。客户服务方面做得比较好的公司有金地集团、保利发展等。

房地产行业在社会责任报告中着重突出了治理结构的部分。所有报告对治理结构情况均有阐述,数据较为全面。风险管理披露水平仍需提高,从 2021 年披露的社会责任报告来看,有 20 多家公司披露了风险管理情况,从风险管理流程、风险管理办法、内部控制、举报监察等方面入手,披露风险管理情况,但可持续发展披露情况较差。

18.3　保利发展的 ESG 信息披露实践

近年来,随着国内 ESG 实践的逐渐深入和 ESG 可持续发展理念的兴起,房地产行业作为我国国民支柱产业也在逐渐地转型,逐渐转向绿色低碳、公司治理、员工关怀、社会责任等 ESG 相关领域。本案例主要描述保利发展控股集团股份有限公司(以下简称"保利发展")作为央企地产的排头兵,如何积极践行可持续发展理念,完善 ESG 信息披露制度,同时为其他房地产公司提供参考,让更多的公司能够践行可持续发展的理念,积极履行社会责任。

2022年11月7日,由国资委社会责任局指导、中国社会责任百人论坛(ESG专家委员会)承办的"共建ESG生态,共促可持续发展——ESG中国论坛2022冬季峰会"在第五届中国企业论坛上召开。相比于近几年才开始重视ESG的房地产企业,保利发展已经连续发布ESG/社会责任报告十余年,并在2022年成功入选"央企ESG·先锋50指数"。在绿色建筑、公司治理、社会责任管理等方面实践多年,而保利发展也享受到了ESG带来的融资渠道新机遇。

18.3.1 保利发展简介

保利发展成立于1992年,是入选《财富》"世界500强"中国保利集团有限公司控股的大型央企地产上市公司。公司于2006年在上海证券交易所上市,2018年被纳入MSCI指数、道琼斯标普全球基准指数。保利发展自2015年起连续6年入选福布斯企业榜世界500强,2022年位居榜单第199位,居上榜中国房地产企业榜首;同时入选"央企ESG·先锋50指数"和"恒生A股可持续发展企业基准指数"。公司旗下的保利物业是港交所物业板块重要个股,也是中国物业上市公司领先企业。

18.3.2 保利发展披露ESG信息的内外动因

传统评价上市公司体系主要关注三大维度,即公司财务、盈利能力以及行业发展前景;而ESG投资旨在通过判断公司在环境、社会以及治理方面的作为从而做出投资的过程,ESG投资能更全面地评估一家公司的可持续发展能力和它对社会的贡献。ESG是国际公认的衡量企业可持续发展能力的三大维度,现阶段也是投资者评价企业可持续发展潜力和履行社会责任的重要依据。

18.3.2.1 内部发展需要

房地产行业是国民经济的重要物质生产部门,同时也是主要能耗部门,我国房地产行业中存在许多环境问题,从房地产开发到物业管理,水土流失、噪声污染、建筑垃圾等环境问题贯穿于房地产行业的始终。大量环境问题的存在使得房地产企业ESG信息披露成为必要。

根据中国人民银行、发改委和证监会联合发布的《绿色债券支持项目目录(2021年版)》(以下简称《绿债目录》),房地产行业的绿色发展主要集中在绿色建筑。《绿债目录》对"超低能耗建筑建设""绿色建筑"等多个方面提出说明要求,相关的认定标准如表

18.1 所示。

表 18.1 《绿债目录》可持续建筑相关标准

项目名称	相关标准	概况
超低能耗建筑建设	《近零能耗建筑技术标准》	建筑设方案设计应根据建筑功能和环境资源条件,以气候环境适应性为原则,以降低建筑供暖年耗热量和供冷年耗冷量为目标,充分利用天然采光、自然通风以及围栏结构保温隔热等被动式建筑设计手段降低建筑的用能需求
绿色建筑	《绿色建筑评价标准》	对绿色建筑评价标准进行了修正,重新构建了绿色建筑评价体系,主要评价体系由安全耐久、健康舒适、生活便利、资源节约、环境宜居等方面组成
	《绿色工业建筑评价标准》	规范了绿色工业建筑评价工作,规定了各行业绿色工业建筑需要达到的共性要求
	《绿色生态区域评价标准》	评价城区的绿色生态系统,对城区的土地利用、生态环境、绿色建筑、资源与碳排放、绿色交通等方面做出综合评价
	《绿色办公建筑评价标准》	规范和引导绿色办公建筑评价工作
	《绿色商店建筑评价标准》	规范和引导绿色商店建筑评价工作
	《绿色医院建筑评价标准》	规范和引导绿色医院建筑评价工作
装配式建筑	《装配式建筑评价标准》	促进装配式建筑发展,规范装配式建筑评价工作

房地产行业是中国实现"双碳"目标的关键环节,对于房地产开发商来说,节能减排、实现绿色可持续发展与经济效益相辅相成。公司努力减排并积极进行变革,推动 ESG 评分上升,就可以以较低的利率获得绿色贷款和绿色债券。因此,对于房地产企业来讲,ESG 信息披露一方面有利于提升企业形象,另一方面也将带动公司可持续发展,进而提升公司经济效益。

18.3.2.2 外部强制性规定

目前,全球已有 50 多家交易所发布了上市公司的 ESG 披露指南,比如,新加坡和欧盟等国家和地区对于 ESG 信息披露的监管相对完善,要求也较高,遵循"不遵守就解释"(即企业若不能或未遵守相关规定,则需要做出解释)的原则。2022 年 1 月 7 日,上交所发布了《上海证券交易所股票上市规则》(经 2022 年 1 月修订),为 ESG 信息披露提供了更明确的指导(见表 18.2)。

表 18.2　新《上市规则》修订前后 ESG 相关信息对比

分类	2020 年 12 月修订	2022 年 1 月修订
社会责任报告	无相关要求	按照规定编制并披露社会责任报告等非财务报告
环境事故、生态环境保护等方面信息披露	无相关要求	对上市公司发生重大事故、违背社会责任等情形,需要披露事件的概况、原因、影响、应对措施及解决方案进行了具体要求
信息披露基本原则和一般规定	信息披露规定基本原则	章节细化,并增设"信息披露管理制度"章节
公司治理方面信息披露	健全公司治理结构、运作规范、进行监督检查	增设"公司治理"章节,建立健全有效的治理结构,形成科学有效的职责分工,强化内外部治理和监督制衡,加强上市公司治理方面履行社会责任的要求规范;对股东大会、董事会、监事会、控股股东和实际控制人履行职责提出了更为详细的要求
重大风险情形信息披露情况	根据要求,在上市公司出现使公司面临重大风险的情形时,应当及时向上交所报告并披露	新增加对控股股东、实际控制人、董事、监事和高管受到刑事处罚、违规违纪时的披露要求
履行各利益相关者权益保护机制信息披露	无相关要求	对尊重利益相关者的基本权益保值有更为明确的要求,在实施股权激励政策、员工持股计划时遵守相关法律法规及上交所相关规定

18.3.3　保利发展 ESG 信息披露体系

18.3.3.1　积极完善 ESG 报告

保利发展从 2012 年开始发布第一份社会责任报告,2021 年发布的社会责任报告在报告的编制形式、编制内容相较以往进行了多次升级。近些年公司披露的社会责任报告新增了社会重大事件专题,例如,2020 年社会责任报告新增专题"同心抗疫、巩固扶贫工作""和基金'益起同行'";2021 年社会责任报告新增专题"精准筑牢疫情防线""积极参与城市共建""助力乡村振兴"等。在大众所关心的抗疫战线上,保利发展坚持保障广大客户、社会公众和每一名员工的安全。公司积极承担保护国家和人民福祉的责任,推进各业务板块协同作战、联防联控,精准筑牢疫情防线,为维护社会秩序、推动社会经济稳定发展贡献力量,真正贯彻落实ESG理念。

保利发展2021年发布的社会责任报告较2020年发布的社会责任报告在内容上丰富了许多,紧紧围绕环境、社会和治理三大主题进行披露。以对标的GRI信息披露标准为例,公司在公司治理、绿色建筑、员工关怀等方面披露更多指标,较大程度上完善了社会责任报告的内容结构。

总体来看,保利发展近些年披露的社会责任报告中,通过科学地对环境可持续发展、社会责任和公司治理各方面进行风险识别后,丰富了社会责任报告的内容,章节划分更加系统化,同时新增社会所关注的重大事项,大幅提升了报告信息的使用价值。

18.3.3.2 有效管理ESG关键议题

ESG信息披露的关键在于明确披露的议题。保利发展根据自身业务发展和相关法规、政策要求,列明对环境、社会和治理方面影响程度较高的议题。同时为了更深入了解利益相关者的期望与诉求,保利发展开展了利益相关者问卷调查,调研覆盖各利益相关者共7744人。根据调研结果,公司从"对企业的重要性"和"对利益相关者的重要性"两个维度对24个ESG议题进行了排序,并筛选出10个非常重要的ESG议题(见表18.3、图18.3)。

表18.3 保利发展ESG关键议题重要性排序

重要性	议题号	议题名称	议题总排名
高度重要	7	产品和服务质量管理	1
	10	合规经营	2
	11	应对全球气候变化	3
	2	员工权益和薪酬福利	4
	9	风险管控	5
	3	职业发展和能力建设	6
	4	员工职业健康和安全	7
	21	保护股东权益	8
	6	客户隐私和信息安全	9
	16	全生命周期资源管理	10

续表

重要性	议题号	议题名称	议题总排名
比较重要	8	负责任营销	11
	1	创造就业和平等雇佣	12
	5	客户投诉反馈和满意度	13
	13	能源综合治理	14
	12	生物多样性保护	15
	14	排放物和废弃物管理	16
	17	绿色建筑	17
	15	绿色供应链	18
	18	员工民主沟通和关怀	19
	22	责任投资	20
一般重要	23	推动城市建设	21
	19	供应商管理	22
	20	环保公益活动	23
	24	贡献社区发展	24

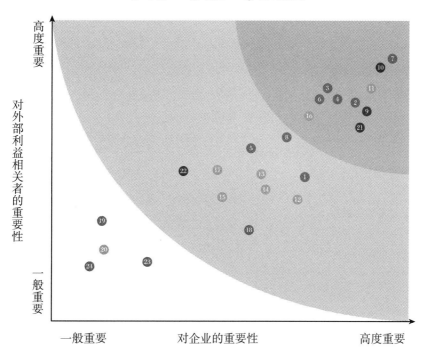

图 18.3　保利发展 ESG 关键议题矩阵图

18.3.3.3 持续加强信息披露及投资者沟通

保利发展认为建立与股东、员工、客户、合作伙伴、监管机构、公众和媒体以及其他关键利益相关者的正常沟通机制非常重要，公司积极拓展沟通覆盖面，力求积极回应利益相关者的每一个期望与诉求，向可持续发展未来迈进（见表18.4）。

在信息披露方面，2021年全年公司共披露了4份定期报告和90多份临时公告，按照行业ESG信息披露指引，定期公开数据，提升公司经营透明度。对内公司搭建了跨市场、跨产业规范运作机制，保障信息披露高质高效；对外公司积极参与上交所房地产行业披露指引、股权激励制度修订，为行业规则增添务实经验。

在投资者关系管理方面，公司紧密围绕新证券法及监管机构的要求，运用多元立体的资本市场沟通体系，如股东大会、投资者大会、证券信箱、投资者热线等，与股东、投资者进行深入交流，为投资者平等有效参与公司治理提供条件，切实维护投资者的合法权益和正当诉求。2021年8月，为提振投资者对公司的信心，集团及管理层主动增持，向市场传递公司价值信号，有效拉动公司市值。增持后公司股价大幅提升，自增持至2021年末公司股价涨幅达65%，领先于行业其他公司，有效维护广大投资者权益。

表18.4 保利发展利益相关者诉求与回应方式

利益相关者	期望与诉求	回应方式	
股东	· 回报与增长 · 保持持续盈利能力 · 风险控制 · 资讯公开透明 · 反腐败	· 召开股东大会 · 加强战略管理 · 风险识别、评估和应对 · 优化治理架构 · 建立良好的投资者沟通机制	· 定期披露经营信息 · 落实反腐败制度 · 经营业绩增长 · 分红与增持
员工	· 加强民主沟通 · 保障员工合法权益 · 职业发展与晋升 · 职业健康与安全 · 平衡工作与生活	· 召开职工代表大会 · 完善培训与人才发展体系	· 加强职业健康与安全生产管理 · 开展团建活动
客户	· 提供优质产品和服务 · 保障客户隐私 · 投诉反馈处理	· 优化质量管理体系 · 完善售后服务	· 保护客户信息安全 · 客户满意度调查

续表

利益相关者	期望与诉求	回应方式	
合作伙伴	·确保公平竞争 ·实现诚信互惠 ·推动管理和技术进步	·合规采购 ·加强供应链管理	·推行绿色供应链
政府/监管机构	·应对疫情 ·合规经营 ·引领行业健康发展	·驰援抗疫救灾 ·诚信经营和依法纳税	·建设保障房和人才公寓
社区公众	·服务社区发展 ·投身公益慈善 ·保护生态环境	·开展志愿者活动 ·带动就业和当地经济发展 ·节能减排	·保护生物多样性 ·改进生产工艺、技术设备 ·践行绿色低碳理念
媒体	·公开透明披露信息 ·专项采访和交流	·官方网站、公众号和社会责任报告等渠道及时公开信息	·建立完善的媒体沟通机制

18.3.4 保利发展ESG的实践及经验

18.3.4.1 践行"和者筑善",务实绿色根基

保利发展积极践行"和者筑善"品牌理念,致力于为人民创造自然、建筑与人文交融的和谐生活,大力提倡绿色发展理念,推动绿色建筑设计与研发,积极推广绿色施工,全力推进绿色运营,投资绿色家装产业,在业务全流程中践行低碳环保理念,保证各项业务可持续经营发展。

2016—2021年,保利发展建设已完成认证的绿色建筑项目共计354个,总面积达6455万平方米。2021年全年建筑面积100%达到绿色建筑设计标准。其中,达到绿色建筑一星及以上设计标准的项目共有113个,面积达1646万平方米;完成认证的国家绿色建筑项目41个,认证面积781万平方米,此外2021年共计有1115万平方米新开工项目使用了装配式建筑。

1. 绿色投资、绿色建筑、绿色运营

保利发展响应国家政策号召,结合房地产开发及综合运营长链条场景,寻找拥有绿色减排技术的企业,为减少建筑行业碳排放作出贡献。公司投资方向以房地产产业链上下游场景及相关环节延伸为主线,以"双碳"目标为导向,关注政策支持行业技术创新

或国产替代的投资机会,投资包括但不限于房地产产业链、家居消费、新能源发电及储能、能效运营智慧管理、建筑工业化、智能制造信息化、智能装备及机器人、绿色消费自主品牌等方向。

2021年11月,保利资本、碧桂园创投联合设立的产业链赋能基金正式进军"碳中和"赛道,领投了万华禾香板业数亿元的战略融资。随着"碳中和"号角正式吹响,保利资本基于地产行业转型产生的新机遇,积极布局建筑节能化、清洁能源使用等地产"碳中和"投资标的。通过筛选能够与地产主业产生业务协同且具备增长潜力的公司作为投资标的,保利发展助力被投企业快速成长获取投资收益,同时助力地产主业转型升级。

保利发展响应国家政策,积极研发装配式建筑创新技术,推进施工现场建筑垃圾减量化,推动建筑废弃物的高效处理与再利用,积极倡导"四节一环保"绿色施工。2021年,共有1615万平方米新开工项目应用了保利发展新型建造体系,其中1115万平方米新开工项目使用了装配式建筑。

保利发展始终坚持物业服务、商业管理、会展服务以及养老服务等领域绿色运营的宗旨,加强资源管理、废弃物管理,积极探索信息技术的应用,大力推广清洁能源和可再生能源在日常运营中的使用,降低碳排放。

公司对公共区域照明回路增加时间控制器、声光控制器等设备,对车库、园区、设备机房中的照明设备启停、照明时间进行有效控制,实行并网节能改造,减少能源消耗及碳排放。保利物业与电梯公司沟通,加装电梯能量回馈装置,实现能量回收使用。公司通过升级商业项目及部分高端住宅项目的电梯控制系统,根据实际客流和使用频率,合理增减运行电梯数量,提高电梯使用效率,降低空载产生的额外能耗。公司部分项目采用风力发电等新能源发电装置,在照明的同时达到降低碳排放的效果。例如,保利太原海德公园项目利用大楼屋顶闲散空间建设太阳能热水系统,保利广州海德公馆项目推进新能源汽车充电桩建设。

2. 节约能源、水资源

在节能与能源利用方面,保利发展根据现场的施工生产需求,编制节能与能源利用的施工方案,合理选择机械设备,提高机械的使用效率。施工现场要求使用节能产品,办公室用LED灯代替日光灯,空调、复印机、冰箱等全部选用节约能耗产品。公司结合现场施工实际需要,在阳光充足的部位设置太阳能路灯,并配备太阳能集热板。

公司在编制施工方案过程中,充分考虑水资源的循环利用,因地制宜制定节水措施,综合利用各种水资源,最大程度减少水资源浪费;积极探索封闭降水及水收集综合利用技术,提升经济效益与环境效益。

18.3.4.2 履行央企社会责任,赋能员工健康发展

1. 合规雇佣、重视员工关怀

保利发展始终坚持与员工共享价值、一同成长的愿景。公司遵守反歧视原则,在招聘中明确公平、公正、公开原则,为应聘者提供公平公正的竞争机会。招聘公告中未含有民族、性别、年龄等方面的歧视性内容,未将毕业院校、国(境)外学习经历、学习方式(非全日制研究生等)作为招聘限制性条件,未因民族、种族、婚姻、性别、地区、宗教信仰不同而影响录用。公司为员工提供具有市场竞争力的薪酬福利和完善的人才发展体系,切实维护员工职业健康安全,保护员工合法权益,致力于为员工营造公平、多元共融和民主幸福的工作氛围。

截至2021年末,公司已雇佣员工6万余人,其中女性员工超24000人,占比约40%,男性员工36927人,占比约60%。员工劳动合同和社会保险全覆盖,员工体检和健康档案全覆盖;员工培训全覆盖,受训总人次136万人次,平均时长24小时。2021年,保利发展子公司保利物业积极响应国家号召,落实国家关于"六稳""六保"任务要求,全力推进疫情防控和退役军人稳就业工作。公司正式推出"戎耀行动"军招品牌,为退伍军人建立专门的职业发展通道,保利物业累计招募退伍军人近千人,被评为"2021年度广东省退役军人优秀雇主"。

保利发展高度重视员工关怀,积极开展"爱心帮扶行动",公司工会积极开展"女职工关爱行动",定期开展女性健康检查和科普活动,为孕期、产期和哺乳期女性员工建立母婴室,提供便利和休息场所。此外,员工的生活与工作之间的平衡一直是公司重点关注的议题,公司致力于为员工打造健康舒适的工作和生活环境,积极开展各类员工关怀活动,帮助员工平衡工作与生活,对有困难员工予以慰问和帮助,提升员工的幸福感和归属感。

2. 公平透明,引领合作共赢

保利发展用双赢定义与供应商、行业等多元伙伴协作关系,截至2021年年底,公司共有6万多家供应商。公司持续提升供应链管理标准度、精细度、专业度,构建阳光透明的智慧供应链,在获得优质的产品和服务的同时,推动供应商获得丰厚收益和成长。公司积极防范供应链风险,反不正当竞争,公平采购,促进房地产行业的可持续发展。同时公司旨在为人民提供高品质生活需求,加快创新步伐,深化与政府、高校、同行业者的合作关系,参与行业标准建设,推动行业高质量发展。

3. 投身公益事业,助力乡村振兴

保利发展以"为人民创造美好生活"为目标,积极响应政策号召,助力乡村振兴、公益

慈善。2021年,公司助力乡村振兴投入总金额约2078万元,公益慈善捐赠总支出1700万元,采购帮扶地区农特产品约383万元。公司开展"培训+就业"精准援助工作,完善消费帮扶渠道,搭建美好沃土计划公益平台,积极开展艺术公益活动和健康便民行动。

公司延续"星火计划",继续承办"保利星火班",面向定点帮扶地区贫困家庭开展"培训+就业"精准援助工作,援助范围向边缘户扩展,提供免费置业技能培训和后期就业保障,提高困难人员职业技术能力,以人才振兴助推乡村振兴。2021年公司投入资金254万元用于"培训+就业"帮扶工作,举办第六期"星火班"。截至2021年,保利星火班持续举办4年,惠及427户家庭。

18.3.4.3 完善内部治理,保持稳健发展

保利发展依据《中华人民共和国公司法》等相关法律法规和中国证监会、上交所的相关规定,构建了严格的组织架构,公司最高权力机构为股东大会,决策机构为董事会,董事会下设战略委员会、提名委员会、审计委员会、薪酬与考核委员会四个专门委员会,以充分发挥独立董事的专业指导和监督作用。监督机构为监事会,董事长为法定代表人,分别依法履行职责,形成高效运转、有效制衡的监督约束机制。

保利发展董事会积极落实风险识别、预防、管控等职能,完善内部风控,将风险管控目标融入公司战略中,同时负责公司风险管理系统的监管效果。公司先后下发《审计整改管理办法》《房地产开发风险防控指南》等指引,搭建从风险前期预警到审计监督整改的闭环管理,促进内控、审计在提升企业管理水平中的作用发挥,有效控制风险。项目全生命周期环节逐一检查,以评促建,提升合规水平和防风险能力。

18.3.5 案例小结

近年来,保利发展Wind ESG评级稳步上升,从2018年BB级提升至2022年A级,在房地产管理和开发行业116家上市公司中排名第五。其中,公司在环境管理实践得分表现优异,在能源与气候变化与绿色建造实质性议题中得分分别排名行业第三、第四;社会管理实践得分中可持续产品、发展与培训得分排名行业第四、第三;治理管理实践中商业道德得分3.56,位居行业第二。综上所述,保利发展荣获Wind ESG评级A级是对公司ESG治理工作的高度肯定,将带动公司可持续发展,进而提升公司经济效益(见表18.5)。

表 18.5 保利发展 Wind ESG 得分表

保利发展	实质性议题	ESG 得分	排名（房地产管理和开发行业）
综合得分		7.70	5
争议事件		2.79	
环境管理实践	能源与气候	7.99	3
	绿色建造	4.57	4
社会管理实践	职业健康与安全生产	9.70	10
	可持续产品	7.57	4
	客户	3.25	9
	发展与培训	6.98	3
治理管理实践	公司治理	7.90	24
	商业道德	3.56	2

来源：Wind 数据库。

保利发展的 ESG 信息披露已得到广泛认可，期待保利发展能够继续以奋斗者的姿态昂首挺进，迈向新征程，继续从环境、社会、治理三大方面出发，与利益相关者同行，坚持做美好生活的同行者。

18.4 招商蛇口的 ESG 信息披露实践

近年来，气候变化风险的加剧为 ESG 发展理念融入房地产行业提供了新的发展机会。作为我国支柱产业，房地产行业在促进国民经济发展方面发挥了重要作用，但同时也出现了许多问题，房地产行业在环境和社会责任等可持续发展方面面临的挑战尤为突出。因此，未来房地产行业应更加关注环保、绿色金融、可持续发展等问题，及时披露 ESG 报告，从而实现经济效益与社会效益的双重发展。本案例主要描述招商局蛇口工业区控股股份有限公司（以下简称"招商蛇口"）如何积极落实可持续发展理念，完善 ESG 信息披露制度，并荣获 2022 年 Wind ESG 房地产管理及开发行业唯一 AA 评级的房地产企业。

2021 年初，"十四五"规划和 2035 年远景目标发布，我国更加注重高质量发展，注定继续加大对环境、社会和治理等方面的监管，从政策上引导和支持可持续发展。

2022年9月28日,招商蛇口官网《可持续发展》板块正式上线,标志着招商蛇口可持续发展事业又进入了新阶段。招商蛇口在过去几年内在推进战略转型的同时不断实现了质量、效益和规模的平衡发展。

18.4.1 招商蛇口简介

招商蛇口位于深圳市南山区,成立于1979年,作为招商局集团旗下城市综合开发运营板块的旗舰企业,是集团内唯一的地产资产整合平台及重要的业务协同平台。公司以"成为中国领先的城市和园区综合开发运营服务商"为目标,以独特的"前港—中区—后城"综合发展模式,全面参与中国以及"一带一路"倡议重要节点的城市化建设。

2022年,招商蛇口跻身福布斯全球上市公司2000强第395位,《财富》中国500强第87位。作为首批被纳入MSCI指数的公司之一,招商蛇口自2018年起,已经连续3年在MSCI的ESG评级中获得BBB级,在房地产行业中处于领先。

18.4.2 招商蛇口ESG发展历程

招商蛇口是中国房地产企业中较早实践可持续发展的公司。其可持续发展策略经历了由理念到实践,并融入公司各个层次贯彻执行的过程。1979年,时任招商局蛇口工业区董事长袁庚提出"将蛇口建设成为最适合人类生活的地方",将绿色低碳深植在企业基因中。40多年来,招商蛇口始终坚持以人为本、能效适配的思想,可持续发展理念已融入企业愿景和使命,成为企业价值观不可分割的重要部分,为股东与其他利益相关者创造更多、更好的经济、社会、环境综合价值。公司历年来在环境、社会、治理等可持续发展实践中的各方面积极尝试。

2015年,正值新公司成立元年,招商蛇口发布重组上市以来第一份《社会责任报告》,公司高层在一定程度上认识到环境、社会等因素对于企业长期发展的重要性,并提出长期遵循经济效益、环境效益和社会效益三位一体的可持续发展概念。2015年招商蛇口社会责任报告中已经采用了全球报告倡议组织(GRI)G4指引来编制报告,并取得了汉德技术监督服务(亚太)有限公司(TUV NORD)的第三方独立审查,以确保报告的质量。

2018年,招商蛇口紧跟全球可持续发展趋势,其发布的《2018年社会责任报告》积极对标联合国可持续发展目标SDGs,深度应用GRI标准,并披露管理方法,详尽地阐释招商蛇口运营过程中面临的风险与机遇,以及采取的应对举措等,体现其重视将经济、社会、环境因素深入融于公司管理和运营全过程；作为上市公司，招商蛇口还参考《环境、社会和管治报告（ESG）指引》，加强对 ESG 指标的披露和管理，满足监管部门以及投资者对公司社会责任信息披露的要求。社会责任报告内容的展现形式更加丰富多样，人文气息强。报告开篇以生态图形式，直观展现公司"美好生活圈"全生命周期产品体系，将公司业务与社会发展、美好生活紧密结合起来，传递出企业与社会、环境和谐共生的理念。报告充分结合大数据、图表、二维码等形式，将富有企业特色的履责实践、感人故事娓娓道来。同时公司自 2018 年起，已经连续三年在 MSCI 的 ESG 评级中获得 BBB 级，在房地产行业中处于领先。

2022 年招商蛇口正式发布《2021 年可持续发展报告》，这是招商蛇口连续第七年发布企业社会责任报告，此次报告由社会责任报告升级为可持续发展报告，向大家讲述招商蛇口如何推动城市可持续发展、共创美好生活新时代。《2021 年可持续发展报告》从理念到框架都非常清晰，内容充实，阅读顺畅，可以看出招商蛇口在各方面都开展了大量卓有成效的工作。2021 年，招商蛇口响应国家"双碳"目标，制定了"碳中和"行动纲领及"碳达峰"五年规划，通过技术和管理双轮驱动节能挖潜，同时在报告中细致披露了大量绿色建筑、低碳建造、运营降耗、绿色供应链等维度的年度成效及未来目标，数据无言但反映现象最真，可见招商蛇口绿色低碳工作之扎实，以及管理能力水平之高。2022 年 9 月 28 日，招商蛇口官网《可持续发展》板块正式上线，标志着招商蛇口可持续发展事业形成了又一阶段性成果。

18.4.3 招商蛇口的 ESG 信息披露体系

18.4.3.1 丰富 ESG 报告的编制内容

招商蛇口 2015—2020 年均发布的是社会责任报告，在 2021 年发布了第一份可持续发展报告。相较于 2020 年及之前的社会责任报告，它的内容丰富了不少，环境、社会、治理三大层面的指标披露也更加详细。这份报告依旧保持着高站位、高视野，内容聚焦"国家所需、招商所能"，持续奉献"蛇口所为"，将招商蛇口履责实践与时代热点的结合，充分展现了招商蛇口的央企使命与责任担当。专题"追寻百年光辉凝聚奋进力量"讲述招商蛇口坚持党的初心引领，把党的政治优势转化为竞争优势和发展优势，为国家各项重大战略部署落实、为中国经济行稳致远贡献招商力量；专题"向零碳迈进争当'碳中和'时代新标兵"展现了招商蛇口积极应对气候变化、助力实现"双碳"目标的决心和行动。

重组上市 7 年来，招商蛇口 ESG/社会责任报告披露除了调整编制的形式元素，在内容板块方面也做出了变化。相对于 2015—2017 年的社会责任报告，2018 年和 2019

年内容板块重新划分为"共筑美好生活""携手美好前行""成就美好未来",分别对应社会、治理、环境三个层面,并新增责任专题。《2020年社会责任报告》内容板块划分为"共筑美好生活""共筑美好价值""共享美好生态""共建美好家园",并新增专题"特区40年,与深圳共生共荣"和"科技引领,争当产业数字化标兵"。2021年开始,招商蛇口系统地更新了ESG信息披露的格式和内容,选取多项实质性议题,紧紧围绕治理、社会和环境三大主题进行披露。

总体来看,近两年招商蛇口披露的ESG/社会责任报告内容真实、亮点多。公司通过科学地对环境、社会和治理各方面进行风险识别后,充分披露了各方面的量化绩效指标,增强了报告的逻辑性、可读性、真实性,可以满足投资者对企业发展过程中在环境、社会和治理方面数据的需求,2021年更新升级的可持续发展报告取代了以往的社会责任报告,大幅提升了ESG报告的使用价值。

18.4.3.2 明确ESG披露的议题

进行ESG信息披露的关键,就在于明确披露的议题。为了更深入、更准确地理解利益相关者的期望和要求,增加报告的针对性和实质性,招商蛇口严格按照实质性问题的分析流程,根据自身业务发展要求,并参考行业法律法规进行了利益相关者问卷调查,并在ESG报告中进行披露。公司实质性议题筛选流程分为以下四个部分:① 议题识别,通过梳理公司可持续发展重要事项,研究利益相关者关注焦点,形成5个领域的21项议题。② 议题调查与筛选,开展利益相关者问卷调查,对有效调研答卷进行分析,根据实质性原则和利益相关者参与原则,对议题进行优先级排序,得到实质性议题。③ 审核确认,通过内部管理层与外部专家两种渠道对筛选与分析结果进行审核。④ 回应议题,针对实质性议题,在报告中重点披露相关管理、实践和绩效,并阐述未来计划,披露实质性议题。

招商蛇口基于内外部利益相关者的调研结果,按照实质性原则和利益相关者参与原则,从"对公司经营发展的重要性"和"对利益相关者的重要性"两个维度,对议题进行优先级排序,筛选出关键实质性议题作为本报告重点关注和披露内容。通过实质性分析,招商蛇口识别出的高实质性议题分别有:产品安全与质量、保障运营安全、优质服务、客户权益保障、坚持党建引领、提升核心竞争力、积极应对气候变化、员工基本权益保障、增进民生福祉以及赋能城市生长等(见表18.6、图18.4)。

第18章 房地产行业

表18.6 招商蛇口实质性ESG议题分析表

议题重要性	议题类别	序号	议题名称
高度重要	多元业务发展	2	产品安全与质量
		3	保障运营安全
		4	优质服务
		5	客户权益保障
	稳健经营	6	坚持党建引领
		8	提升核心竞争力
	绿色环保	12	积极应对气候变化
	员工发展	15	员工基本权益保障
	社会和谐	19	增进民生福祉
		20	赋能城市生长
比较重要	稳健经营	7	合规稳健运营
		9	打造责任供应链
		10	深化开放合作
	绿色环保	11	绿色健康建筑
		13	科学高效利用资源
	员工发展	16	员工培训与职业发展
		17	职业健康与安全
		18	关爱员工生活
	社会和谐	21	热心社会公益
一般重要	多元业务发展	1	产品与业务创新
	绿色环保	14	引领绿色生活

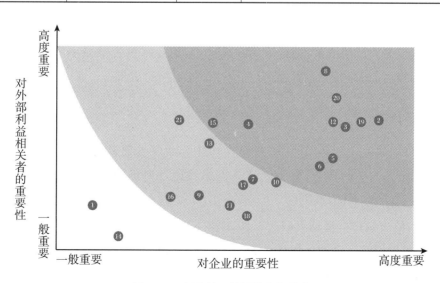

图18.2 招商蛇口议题优先级排序

18.4.4 招商蛇口的ESG信息框架

18.4.4.1 绿色环境

"绿水青山就是金山银山",招商蛇口将绿色低碳深植在基因中,从绿色建筑、绿色运营、绿色产业链、绿色生活到绿色智慧城市建设,让绿色生态理念与公司战略、企业文化紧密结合,贯穿于生产运营各环节,持之以恒推进绿色低碳发展和生态文明建设。

招商蛇口积极构建绿色人居、提倡绿色运营。公司将绿色低碳环保理念和可持续发展理念落实于项目全生命周期,加强能源效益管理、水资源管理和废弃物管理,提升资源利用率,努力建设资源节约型、环境友好型社会。同时,公司针对可能发生环境事故的风险进行全方位评估,制定针对性预案,有效减少生态环境影响。以下为公司制定的部分针对性预案:

(1) 提升项目中绿色清洁能源的应用比例,例如在产业园区开展光伏屋面改造等,降低能耗及运行成本。2025年将提升绿色清洁能源应用项目比例至100%。

(2) 做好覆盖机电设备设计、交付、运行、保养等方面的全生命周期管理,推进能耗能效管理平台项目试点工作,形成高效低耗的运行模式。

(3) 建立能耗能效管理平台和智慧空间IOC系统。

(4) 制定《船舶节能管理及考核办法》,精准实施降低船舶能耗的措施,制定船舶岸电改造计划,预计全年可以减少消耗燃油1430吨。

(5) 制定《集中商业设备设施能耗管控与维保工作指引》(试运行版),通过能耗能效管理平台了解各租户各阶段的能耗情况,对租户能耗提出优化改进策略。

招商蛇口未来将深植绿色发展理念,把绿色生态理念与公司战略、企业文化紧密结合,积极推进碳中和行动纲领,创新绿色健康技术,加强绿色智慧城市建设,有效减少生态环境影响,努力追求经济、环境、社会三位一体的可持续发展。

18.4.4.2 社会和谐

招商蛇口主动关注社会问题,不断寻找与社会共同发展的契合点,增进民生福祉、培育发展动能、践行公益事业,努力做社会进步与城市发展的推动者、在通向美好生活的道路上迈出更加坚实的步伐。

2021年,招商蛇口持续加大旧改工作,深耕招商中环、重庆长嘉汇等重点项目,以专业化城市更新业务平台推动战略实施,在贯通融合城市历史的基础上注入创新视野与思维,让旧城从旧改中蜕变新生。

在公益事业上,招商蛇口设立社区基金会,为城市发展注入温暖力量。2021年,社区基金会开展低保户慈善救助、爱心橱窗、睦邻读书角、"亦乐之星"评优、城市阅读空间、特色美术课、版画创作工坊、课内海量阅读等12个公益项目,覆盖人数达上万人。

招商蛇口非常重视员工的成长,公司切实保障员工的合法权益,提供公平合法的就业机会和有竞争力的薪酬福利体系,建立开放民主的沟通平台,为员工创造平等、多元、民主、和谐的工作环境。公司严格遵守《中华人民共和国公司法》《中华人民共和国劳动法》等法律法规、国际人权规范及运营所在地法规政策,坚持合法合规开展招聘,不因种族、肤色、性别、年龄、信仰等区别对待,杜绝童工雇佣、强制劳动等非法用工和违反政策规定用工,严禁非法收集应聘人员个人信息,坚持男女同工同酬,全面保障招聘的公平公正性。2021年,公司修订了《招商蛇口招聘管理制度(2021版)》,进一步强调并细化入职回避原则及范围,加强招聘工作的管理与监督。

公司高度重视人才培养,依托招商蛇口培训中心为人才培养平台,持续加强领军人才和专业人才队伍建设,打造员工全职业生命周期培养体系,开办系列特色人才培养品牌项目,公司同时也为员工提供特色人才培养项目,例如:高管远航班、中层强化班、转型先锋班、新任经理班、新员工培训,覆盖不同职业阶段的员工。

总的来说,招商蛇口未来将持续探索与时代背景和社会发展相契合的公益模式,为城市发展打造强劲文化引擎,为员工打造温馨、有活力、受尊重的工作环境,不负人文和谐承载者的使命与担当。

18.4.4.3 公司治理

招商蛇口将联合国可持续发展目标(SDGs)融入可持续发展理念中,相关价值主张及关键绩效如表18.7所示。

表18.7 招商蛇口可持续发展理念

五大维度	价值主张	关键绩效
城市活力承载者	创新"前港—中区—后城"综合发展模式,港、区、城有机融合,协同发展形成产城融合生态圈,实现宜业宜居、有机共荣的城市可持续发展模式	服务住宅业主38万户 完成产业园区布局25个 邮轮航线覆盖40个国家和地区 招商荟平台会员数290万人
生活空间承载者	关注人或以家庭为单位的多元化需求,提供满足不同阶段、覆盖全生命周期的产品与服务,全方位实现人们对美好生活的憧憬	

续表

五大维度	价值主张	关键绩效
改革创新承载者	赓续招商血脉,弘扬蛇口精神,勇于改革创新,积极参与国家重要区域的建设与发展,将蛇口模式推广到"一带一路"沿线国家和地区	资产总额 8562 亿元 营业收入 1606.4 亿元 纳税总额 293 亿元 战略供应商总数 174 家
绿色发展承载者	坚持绿色人居理念,通过从绿色管理、绿色建筑、绿色运营、绿色产业链到绿色生活的层层渗透,让绿色生态理念与公司战略、业务、文化紧密结合,努力追求经济、环境、社会三位一体的可持续发展	绿色及科技创新投入 3.32 亿元 绿色建筑面积累计 4239.2 万平方米 万元营业收入综合能耗(现价)0.0018 吨标准煤/万元
人文和谐承载者	以尊重之心融入当地,探索与时代背景和社会发展相契合的公益模式,促进地区发展,传递温暖力量;重视人文的力量,搭建文化交流平台,以和风细雨的方式为城市人文的发展浇灌养分	公益投入资金 4033 万元

招商蛇口秉承"合规立身、依法经营、开拓创新、基业长青"的合规文化,加强企业合规管理,持续推进质效提升和产融协同,保障公司稳健运营,实现公司高质发展。2021年,公司未发生重大违法违纪违规事件,开展内部审计 18 次,商务合同法律审核率、重大经营决策法律审核率以及规章制度法律审核率均达到 100%,公司持续深入推进"三个一"工程和"揭榜挂帅"专题,三年累计开发质效提升举措 1604 条,提升整体效能与长期竞争力。

招商蛇口的高质量发展依赖于阳光、高效的供应链,也依赖于和业务伙伴之间的无间协作。公司积极搭建战略合作与共享平台,建立良性的供应商管理机制,持续与各级政府、优秀企业、院校和科研机构加强合作,汇聚更多的资源和力量,实现优势互补、互惠互利、共同发展。截止到 2021 年,公司共有供应商 3 万多家,其中战略供应商总数 174家,战略采购率达 27.23%。

18.4.5 案例小结

近年来,招商蛇口 Wind ESG 评级稳居行业前列,2022 年荣获 Wind ESG 评级 AA级,在房地产管理和开发行业 116 家上市公司中排名第一。Wind ESG 评级致力于预见评估企业实质性 ESG 风险及其可持续经营的能力,帮助投资者识别重要风险和投资机遇。Wind ESG 评价体系由管理实践得分(总分 7 分)和争议事件得分(总分 3 分)组成,能综合反映企业的 ESG 管理实践水平以及重大突发风险。招商蛇口 ESG 综合得分为 8.81,管理实践得分 6.05,争议事件得分 2.75,显著高于同行业平均水平。综上所述,招商蛇口荣获 2022 年 Wind ESG 评级 A 级是对公司 ESG 治理工作的高度肯定,将带动公司可持续发展,进而提升公司经济效益。

作为行业里的领军企业,期待招商蛇口以只争朝夕的进取者姿态,以事不避难的奋斗者本色,继续稳中求进,守正创新,持续弘扬蛇口精神,保持高质量可持续发展。

第 19 章　建筑行业

本章主要分析了建筑行业的发展历程与发展状况,根据行业特点分析总体 ESG 信息披露状况。建筑行业绿色发展是 2030 年"碳达峰"与 2060 年"碳中和"目标实现的必经之路,同时也是我国经济走上高质量发展的必然要求。建筑行业能耗要求高,与环境双向影响,其经营风险较大,随着国内绿色建筑以及相关产业的迅速发展,关键技术的引入推动了建筑行业的绿色转型,与此相伴的也是较高的转型风险,此时对相关工作真实可靠的信息披露可以促进企业及时开展风险分析,提升风险管理能力,从环境效益与社会效益多方面评估,促进行业的可持续发展。因此,本章选择中国中铁与中国中冶两家企业,分析它们的 ESG 建设与披露状况,为企业管理者提供参考,同时更好地开展 ESG 工作,推动社会总体发展。

19.1　行业基本情况

建筑行业是基础性产业,是国民经济的重要物质生产部门,与整个国家经济的发展、人民生活的改善有着密切的关系。在党的二十大构建的国民经济发展新格局下,建筑行业想要实现更长远、更良好的发展,必须加强 ESG 管理,才能助推我国建筑行业从大国向强国转变。本节从建筑行业基本情况出发,介绍建筑行业在我国的发展历程、ESG 披露对于建筑行业的重要性以及目前我国建筑行业的 ESG 总体披露情况,包括行业的 ESG 披露意愿、ESG 评级情况并对未来发展趋势进行分析。在对建筑行业整体 ESG 披露情况的了解下,引入建筑行业内的典型企业中国中铁与中国中冶,介绍两家公司 ESG 管理工作的发展之路,分析总结其在 ESG 报告编制与披露工作中值得学习借鉴的先进经验,对 ESG 报告编制与披露工作中可改进的问题进行讨论。

19.1.1　我国建筑行业发展现状

建筑行业是我国国民经济的一个主要的物质生产性部门,它主要从事工程勘察、设计、施工以及对原建筑的维护工作。建筑工业按经济产业划分,可分为建筑、装饰、装修、其他等部门,是社会生产和生活所必需的固定资产。

在改革开放后,伴随着大规模的经济发展,我国的建筑行业发展速度很快,规模也越来越大。近年来,随着我国建筑业企业生产和经营规模的不断扩大,建筑行业的整体产量呈稳步上升的态势。到了 2020 年,我国建筑行业产值达 293079 亿元,较 2019 年同期增长 29132 亿元。同比增长 11.04%,实现了 2 年的持续增长。到了 2022 上半年,我国建筑行业总产值累计实现了 128979.8 亿元,较上年同期增加 7.6%。随着我国经济总量的持续增长,我国的建筑行业逐渐确立了其支柱产业的位置,推动着整个国民经济的发展。

19.1.2　建筑行业对国家发展的重要意义

由于具有较大的行业规模,对经济发展具有高贡献率,对很多产业具有较高的拉动能力等特质,建筑行业在我国的工业化发展过程中长时间起到了巨大的推动作用,对我国经济众多方面的发展发挥着积极重要的作用。

建筑行业在推动就业、统筹城乡发展方面发挥重要作用。建筑行业是一个劳动密集产业,它的工作灵活性、就业弹性要比整个国民经济的总体水平高得多。建设行业的稳步发展为社会创造了众多工作机会。1980 年,我国建筑行业有 648 万名从业人员,2017 年增长为 5350 万名,这也是建筑行业从业人数最多的时候,这一年,建筑行业从业人数占到国家总就业人数的 7.1%,与 1980 年相比,增加了 5.6%。建筑行业的发展,除了吸引大量的农民工外,还培养出了大量具有国际化视野和民族自信的建筑师、建筑业高级管理人才和建筑工程技术人才,对促进就业,提高从业人员的质量,促进城市和农村的共同发展发挥了十分重要的作用。

建筑行业在推动多主体共同发展,促进市场活力的迸发上同样发挥重要作用。在新中国成立初期,建筑企业基本上都是国有企业,直到改革开放后,我国建筑企业的经济制度才转变为以公有制为主体、多种所有制经济共同发展的新形式。建筑行业发展到今天,公司类型涵盖了国有、集体、股份制、私营等各类内资公司,也包括港澳台商投资公司、外商投资公司等各类所有制公司形式,让市场充分发挥了自身的活力,形成了一系列新的经济增长点,形成良好的建筑行业发展新业态。

建筑行业在改善我国基础设施建设面貌，推动城乡发展的进程上发挥重要作用。改革开放后，建筑行业紧紧把握国家发展的大好时机，顽强拼搏、攻坚克难，加快改革步伐，平稳顺利地完成了一批涉及国计民生的重要基础设施工程项目建设任务，推进了我国农田水利设施建设快速发展，增强交通路网建设能力，提升信息和能源等设施建设水平，统筹城乡医疗设施建设协同进步，在大中小学以及幼儿园校舍建设上取得斐然成绩，彻底改变了我国原有基础设施的面貌。党的十八大提出绿色发展理念后，我国建筑行业加大了创建绿色城市、绿色社区的力度，推进"四好农村路"的建设，努力解决了阻碍乡村发展棘手的交通问题，促进了城乡绿色发展。

19.1.3 建筑行业发展趋势

随着我国经济的快速发展，我国的建筑行业也向数字化、信息化、智能化转型发展，传统基础设施和新型基础设施的融合发展是必然趋势（见表19.1）。

表19.1 建筑行业发展趋势

发展趋势	具体内容
城镇化建设仍有较长红利期	尽管近年来我国城市化比例持续上升，截至2020年底，城镇常住人口的比例已达64.72%。但是，按照"十四五"和2035年的发展目标，"十四五"期间，我国的城市化水平将会提高至65%，2035年将会提高至75%，2050年将增长至80%。因此，尽管中国城市化已步入中后期，但对建筑行业仍有较长的发展红利期
持续拓宽绿色节能建筑新航道	"十四五"期间，我国确定了九大任务：加快发展绿色建筑质量、改造既有建筑节能环保能效、提升新建筑节能水平、增强可再生能源的利用、协调区域建筑能源、推广新型绿色施工方法、实施建筑电气化工程、推广绿色建材应用、加快绿色城市建设步伐
大力发展装配式建筑	近几年，我国政府在政策上加大了对装配式建筑业的支持，并且有了更明确的目标，其中包括了到2025年要实现新建建筑30%以上需为装配式结构的目标，大力推进项目建设规模迅速扩大
"投建营"全产业链一体化发展模式	为了满足产业发展的需要，大型建设公司积极拓展高增值的经营能力，如规划设计、投融资、全过程咨询、产业导入等，强化产业之间的联合，"投建营"全产业的整体发展，其竞争优势十分显著

续表

工程总承包将成未来建筑业主要模式	在国际建筑市场上,工程总承包占据了很大的比重,并得到了《中华人民共和国建筑法》及相关主管机关的大力推动,并在今后的建设过程中得到广泛的应用
新基建市场潜力巨大	在今后的发展中,随着建筑业的数字化、信息化、智能化的发展,智能化的建筑、智能化的运输等必然会是一个新的发展趋势,而传统的基建和新型的基础设施融合发展,会大大影响和改变建筑业的生产方式、实现方式和管理模式
建筑市场体系及运行机制更加健全	推进《中华人民共和国建筑法》相关法制进程,完善相关法律法规。进一步强化对公司的资质和资质的监管,健全项目的保证制度与诚信,建立一个以市场为导向的市场化机制,并将在项目建设中推广应用于项目的全流程

19.2 行业 ESG 信息披露总体情况

19.2.1 建筑行业在我国 ESG 信息披露体系中的重要性

建筑行业是二氧化碳三大主要的排放量来源之一。从能源末端的二氧化碳排放量来衡量,建筑行业的二氧化碳排放量与工业和交通运输行业大致相同,但是如果将整个建筑行业施工全过程的二氧化碳排放量计算在内,那么建设行业在二氧化碳排放量中所占的比例将会大大提高。我国建筑行业发展至今面临"两高"的问题,"第一高"是我国的建筑业全流程二氧化碳排放量较高,这一占比在我国的二氧化碳排放总量中超过50%。中国建筑能效学会发布的数据资料显示,建筑材料(水泥、钢铁、铝材等)占比为28.3%,运行阶段(公共建筑、城镇居建和农村建筑)和施工阶段占比分别为21.9%和1%。"第二高"是建筑企业想要达到"双碳"的衡量和确认难度高,几乎不可能像钢铁、建材等行业那样,制定科学、易行、细化的减排时间表和路线图。

19.2.2 建筑行业内 ESG 评级情况

近几年来,随着国家与社会对绿色建筑理念的普及与倡导,从业者更加关注权益问题,相关政策、技术、标准正蓬勃发展。同时,从事建筑行业的进城劳工人员劳工权益逐渐受到重视,建筑施工行业高素质从业者也存在一定的流失风险。以上与ESG相关的现实压力,推动了建筑行业由高速发展向高质量发展转变。建筑行业发展至今,国内市场趋于饱和,更多的企业开始在海外市场寻求新发展,ESG理念逐渐受到重视。随着国内基建与房建速度放缓,"一带一路"倡议配套建设不断落实,国内建筑龙头企业逐渐将目光转向海外,例如中国建筑已经提出"海外优先"战略。在"走出去"的过程中,国内建筑行业企业逐渐接纳国际ESG理念,越发关注重视自身的ESG治理。

2021年建筑行业公司数量上升,出具公司社会责任/ESG报告公司数与上年一致,155家建筑行业公司中,出具公司社会责任/ESG报告的共36家,披露报告的公司数占比为23.23%,占A股比例25%,披露率相似。

根据中证ESG评价指数等国内ESG指数的编制方法,建筑行业企业对ESG信息的披露将环境方面大致分成了7个主题:碳排放、污染与废物、水资源、土地使用与生物多样性、环境管理制度、绿色金融、环境机遇;将社会方面大致分成了6个主题:员工、供应链、客户与消费者、责任管理、慈善活动、公司贡献;将公司治理方面大致分成了6个主题:股东和控股股东治理、机构设置、机构运作、信息披露、公司治理异常预防和处理、财务风险及防范。中铝国际、中国中冶、中国中铁、中国铁建、中国能建、中国交建作为A+H上市央企,在出具ESG报告时还需根据港交所要求,更系统地对页数、报告编制准则、实质性议题、与利益相关者沟通、董事会声明上的讨论进行披露。通过披露报告的索引部分,可以直观看到中铝国际、中国中冶、中国能建、中国交建对编制准则的严格遵守程度。

19.2.3　当前建筑行业ESG信息披露的差异性

尽管建筑行业企业对ESG信息披露的主题明确,但多主体下的建筑行业企业对ESG信息的披露意愿仍存在差异。在环境披露方面,央企描述更详实全面,民企强调环境机遇,对环境数据主动披露的公司日益增多,自身纵向比较绿色发展逐显成效;在社会方面,国企和民企描述都比较详实,国企承担了更多的社会责任,也更注重开展研发活动,专利产出保持高位并持续增长;在公司治理上,各家披露内容差异不大,国企披露较多保护中小投资者的内容,对于投资者沟通场次、合规法务培训上都有详尽披露。2021年证监会对于董事会专门委员会会议次数的披露提出了明确要求,由于国企许多重大投资项目需要专人批准,会议次数要高于民企。

建筑施工行业ESG一致性评分在历史上较为平稳,近年来有下滑趋势,各机构对建筑施工企业的ESG评价差异化显著。从华证指数来看,建筑行业公司在2021年ESG评级中排名变动较大,大部分公司排名下滑,部分大型央企国企保持较为靠前的排名,这其中有7家企业——中材国际、中国电建、中工国际、中国铁建、中国核建、中国建筑、中国中冶，它们排名不降反升，且提升幅度较大。从嘉实评级来看，相较于2020年建筑行业企业排名，许多建筑公司的排名是下滑的，排名稳定的公司有中国建筑、隧道股份、天健集团，而中国中铁、安徽建工、亚厦股份3家公司的排名有较大提升。

19.2.4 建筑行业ESG信息披露的未来展望

国内机构针对建筑行业的ESG评价高于海外机构，尤其是各机构对建筑行业中A股的ESG评价存在显著差异。仍存在部分建筑行业企业不单独披露ESG/社会责任报告；已披露ESG企业社会责任报告的企业中，部分报告的专业性仍有待提升，指标统计标准仍有待统一。建筑行业部分企业环境议题表现，仍存在部分企业未通过环境管理体系认证的情况；参股公司通过环境管理体系认证的比例参差不齐；人均创造利润值的企业规模效应不甚显著。可持续性会计准则委员会（SASB）针对工程和建筑服务行业制定了特异性的ESG实质性议题，这些议题较好地涵盖了该行业在投资场景下需要重点关注的ESG内容，但部分指标在国内或难以直接适用。

针对国内语境，面向投资有效性，参考国际ESG标准及国内外建筑施工龙头ESG报告，仍需进一步梳理出建筑施工行业特异性的ESG实质性议题及其指标。未来建筑行业企业ESG信息披露中应重点关注固定资产绿色建筑和劳工权益两个部分。在务工人员老龄化和行业内人才流失问题初显的今天，关注劳工权益具有切实的社会意义。

19.3 中国中铁的ESG信息披露实践

中国中铁股份有限公司（以下简称"中国中铁"）已走过120多年的经营发展之路。作为在A+H同时上市的世界一流建筑企业，近年来备受消费者青睐和投资者关注。近年来，随着企业向高质量发展的不断转型，企业和投资者也开始更加重视中国中铁的ESG发展理念、ESG信息披露与ESG报告的编制。本案例以中国中铁的企业社会责任披露工作为描述对象，详细介绍中国中铁14年来的企业社会责任践行与发展之路。

中国中铁是世界上最大的建筑工程承包商之一，多年来一直是世界500强企业，2022年，中国中铁在《财富》杂志评选的世界500强企业中位列第34名，相较于2007年的324位，上升了290位，在中国500强企业中位列第5名。公司连续9年在国务院国资委经营业绩考核评价中获得A级、连续5个任期考核获得A级；连续14年在上海证券交易所的上市公司评价中获得A级。作为世界一流的建筑企业，中国中铁在ESG践行和信息披露方面取得了突出的成就。

19.3.1 关于中国中铁

1894年，中国中铁的前身山海关机械厂正式创建，也是从那时起，中国中铁确立了自己在中国的民族工业先行者和铁路事业的开拓者地位。直到2007年9月12日，中国中铁在北京正式挂牌，成为中国铁路工程总公司唯一发起建立的公司。15年前，响应党中央、国务院的国有企业整体上市的号召，2007年12月3日和12月7日，中国中建分别在上海证券交易所及香港联交所上市，并首创了"先A后H且H股定价高于A股定价"的国内发行模式，在沪港两地资本市场开始了它破茧成蝶的高质量发展之路。

发展到今天，中国中铁已成为一家多功能特大型企业集团，包括勘察设计、施工安装、房地产开发、工业制造、科研咨询、工程监理、资本经营、金融信托、资源开发、对外贸易，是世界上大型工程承包企业之一。中国中铁的经营范围几乎涵盖了所有建筑领域，可以为建筑行业提供"纵向一体化"的一揽子交钥匙服务。公司业务涵盖了整个基础设施建设的产业链，在中国各省、自治区和90余个国家和区域内都有中国中铁的工程项目。除此以外，中国中铁在多元化经营策略指导下也取得了较好的成绩，在勘测设计咨询、工业设备及零部件制造、房地产开发、矿产开发、高速公路运营、金融等领域均有所建树。

2021年，中国中铁营业总收入达到10704.2亿元，约是2007年的5倍，这也是中国中铁首次突破万亿大关，年复合增长率接近14%；从2007年不足9亿元的扣非净利润，到2021年的261亿元，增长了约28倍，年均复合增长率高达27%；2007年基本每股收益是0.24元，而2021年以增长到了1.04元，增长了约3.3倍，年均复合增长率约为11.2%；2007年不足2500亿元的新签订单，到2021年末实现新签订单2.7万亿元，增长了约10倍，年均复合增长率约18.7%。2022年前三季度，公司营业总收入、扣非净利润、基本每股收益、新签订单分别为8481.8亿元、211.61亿元、0.87元、1.98万亿元，同比增速分别为10.45%、9.48%、19%、35.2%，全年更是再创历史新高。

19.3.2　中国中铁的 ESG 信息披露发展历程

15年来,中国中铁作为中国甚至世界建筑业的领导者,始终肩负着"中国建设的铁肩和担当"的使命,以"守正、创新、稳健、上进、勇往直前"为核心价值观,以"勇于跨越,追求卓越"为企业目标,在保证国有资产保值增值的同时,已成为ESG企业社会责任的实践者、推动者和引领者,致力于构建科学、规范、系统、有效的ESG管理体制,主动承担社会责任,加速推进绿色转型,为社会持续创造和积累大量的物质财富,为我国乃至全球经济社会发展、绿色发展以及环境保护作出了中国中铁的贡献。

中国中铁在过去的15年里,一直以"国之大者"为核心,把国企的核心价值和责任都贯彻到了实处。中国中铁始终致力于打造精品工程,打造精品产品,提供优质的产品和优质的服务,与交通强国、区域协调发展、乡村振兴等国家发展规划紧密对接,参与到京津冀地区、雄安新区、长江经济带、黄河流域生态保护、粤港澳大湾区、成渝双城经济圈的打造中,充分利用全产业链的优势,推进一大批重点工程项目;参与到京沪高铁、京广高铁、京张高铁、港珠澳大桥、北京大兴国际机场、武汉杨泗港长江大桥等一系列重大项目的建设中,一方面对当地经济的发展起到了直接的推动作用,另一方面为当地创造了大量的就业岗位,对社会的稳定、经济的发展都起到了积极的作用。

中国中铁在过去15年的发展历程中,以"两山"为核心,坚持走绿色低碳发展之路。中国中铁高举习近平总书记的生态文明思想大旗,将绿色发展与公司发展各个方面相关联,坚持构建节能技术创新为支撑,节能管理和能源资源利用为核心,提升风险预防与污染事故应急反应能力为保证的工作体制,坚持推动节能减排,坚持技术创新,开展低碳技术研发、攻克绿色施工的科技难题,开发利用清洁新能源,如地源热泵、光伏发电等,将绿色环保理念贯穿在项目的全过程里,从评估、规划、施工到项目运营,全过程管理降低施工对生态的负面影响。此外,中国中铁集团还充分利用自身的资本优势,投入资金建设污水处理、海绵城市等绿色环保产业,统筹规划双碳领域,抢抓低碳经济机遇,在实现商业与绿色的双赢和守护蓝天碧水净土青山中发挥积极作用。

中国中铁在过去的15年里,一直在主动承担企业的社会责任,深刻地贯彻央企的责任和使命。中国中铁深入开展扶贫工作,为国家精准扶贫提供了有力支持,多措并举、综合施策、一县一策,帮助3个贫困县实现全面脱贫摘帽;通过"拔穷根"、就业帮扶"增收入"、产业扶贫"活源头"、消费扶贫"促致富"、文化扶贫"塑新风"等全方位帮扶,坚持摘帽不摘责任,摘帽不摘帮扶,摘帽不摘监督,做好乡村振兴大文章;公司定期开展义工活动,积极参加防震减灾、赈济捐款,在武汉火神山、吉林、上海等多地开展了抢险、方舱医疗救治工作,在抗击疫区成为"最美丽的逆行者"。

截至2022年,中国中铁已连续12年编制并向境内外投资者发布ESG社会责任报告。中国中铁积极推动经济社会全面可持续发展,在建筑行业ESG建设上取得了卓越成果,获得MSCI ESG评级B级、中指指数ESG评级AAA级、"A股公司ESG百强",入选国务院国资委"央企ESG·先锋50指数"。

19.3.3　中国中铁的ESG信息披露管理体系

中国中铁按照沪港公司的上市规则和监管规定,精细制定并严格实施了《董事会成员多元化政策》。在公司董事会的领导下,中国中铁在环境、社会及管治议题、风险和机遇等方面进行监督、直接管理,并在核准披露企业社会责任报告之前,先熟悉及遵循有关法规的最新规定。公司董事严格遵守公司的有关规定,及时准确地公告股东大会通知、议案、决议,并向监管部门报告。公司的股东会议由公司的律师见证,到场参与公司会议的召集、提案、表决、决议,并发表合法合规的法律意见。尤其值得关注的是,中国中铁十分重视董事会成员的多样化,使董事充分运用自身的专业技术和经营经验,在重大问题上参与讨论协商,建立民主议事氛围,独立发表意见,集中表决,一方面董事会的决策效能和管理能力得以确认,另一方面董事会决策的科学性和有效性得以保证和提高,为维护公司的整体利益和全体投资者的合法权益,尤其是维护中小投资者的利益,起到了非常关键的作用。

与时俱进,增强报告的先进性。中国中铁全面学习并落实中共中央、国务院印发的有关低碳发展的文件精神,深刻体会文件精神,在社会责任报告中深化理解并执行绿色低碳高质量可持续发展放的战略发展目标。坚持习近平总书记提出的"绿水青山就是金山银山"的理念,将"3060"双碳目标落实到公司每个项目、每个执行过程中,助力国家完成"碳达峰、碳中和"目标。中国中铁在设立公司内考核目标上,也充分考虑到"十四五"规划中对节能环保的要求,将总体目前设定为到2025年,在生态文明建设要求下,中铁体系绿色发展已有了长足的进步,对能源利用的效率不断提升,能源消费结构得到了明显改善,万元产值二氧化碳排放量与万元营业收入综合能耗达到了同步下降的目标。

注重与利益相关者沟通,增强报告的针对性。中国中铁始终将与各方利益相关主体进行交流放在重要地位,不断优化、开创更多的沟通渠道,致力于在提高公司社会责任表现的基础上,积极回应利益相关者对公司社会责任履行情况和未来期望上的关切问题和需求。确保ESG的合规达到100%的情况下,中国中铁寻求和确立"大投关"和"立体投关"的理念,管理层参与并定期通过各主要职能单位组织,主责部门牵头,相关业务部门与下属企业积极同投资者建立沟通交流活动,对投资者的疑问和需求进行全方位、专业化、立体式的咨询、解答和沟通。中国中铁2021年社会责任报告显示,一年内中国中铁共举行了 96 次视频电话及现场会议，共接待 2095 个机构，接投资人热线咨询 1228 次，回答上海证券交易所 e 互动平台投资人问题 189 个，受理电子邮件 1327 封，对投资者集中关心的问题进行整理、深入调研，及时反馈，增进投资者对业务情况的了解。经过与各利益相关者交流，中国中铁对 ESG 项目中的实质议题和业界内的热点问题进行了评价，以直观的矩阵方式将评价结果以关键议题重要性评估结果形式在 ESG 报告中予以披露。

多种方式展现 ESG 报告成果，增强报告的传播性。中国中铁 ESG 报告出具了中文和英文两个版本，企业社会责任报告设计以纸质版、电子版和设计版三种样式发布。通过结合相应图表和企业日常工作照片，将报告主体内容和关键绩效等相关信息更加直观、立体地传达给投资者，便于更多利益相关者阅读、查阅相关披露内容，不仅优化了投资人的报告阅读体验，也实现了企业社会责任报告最根本的作用，将社会责任报告向全社会传播，建立沟渠道，实现各方共同发展进步。

19.3.4　案例小结

随着国家对建筑行业高质量发展"双碳"、乡村振兴两大战略的重视程度不断增强，"双碳"目标与 ESG 制定管理直接相关，乡村振兴战略相关政策也指引着社会、治理两个维度工作的开展，中国中铁未来可以对环境、社会问题应予以更多重视，关注国家对市场 ESG 资产配置，建立 ESG 风险管理机制，强化 ESG 投资体系。

19.4　中国中冶的 ESG 信息披露实践

ESG 作为可持续发展的关键抉择，其发展受到越来越多的企业的重视。中国冶金科工集团有限公司（以下简称"中国中冶"）作为中国特大型企业集团，也十分重视企业 ESG 信息披露与 ESG 报告的编制工作。本案例以中国中冶的企业社会责任披露工作为描述对象，探讨中国中冶的企业社会责任践行与发展之路，分析了中国中冶在 ESG 工作方面的经验，展望了中国中冶 ESG 发展的未来。

19.4.1 关于中国中冶

中国中冶于2008年12月成立,是中国特大型企业集团。2009年9月,中国中冶人民币内资股(A股)和境外上市外资股(H股)分别在上海证券交易所和香港联交所成功上市。

中国中冶是新中国建设的第一批钢铁厂,它承担着全国各大中大型钢厂的主要设施的规划、勘察、设计、施工建设,是中国钢铁行业的先驱和主力,是建设新中国"钢筋铁骨"的基石。近年来,中国中冶在产业结构调整步伐加速,发展质量不断提高,实现产业链升级,收入规模不断提高,盈利水平不断提升。

经过近年来冶金建设的不断调整和产能置换,"两新一重"、交通强国、"一带一路"倡议等国家的政策扶持,中国中冶大力发展冶金、房屋建设、基础建设,新签约订单量稳步增长。中国中冶2015—2021年的新签合同金额从4016亿元增至12049亿元,增长约2倍,2015—2021年的营业收入从2173亿元增长至5006亿元,增长约1.3倍。

中国中冶在"聚焦主业、做优做强、适度多元、稳健发展"的发展战略的指导下,打造完成"四梁八柱"综合业务体系,四大业务板块分别为工程承包业务、房地产开发业务、装备制造业务、资源开发业务。

中国中冶在改革开放之初就曾创下"深圳速度",今天,中国钢铁集团已成为世界上规模最大、最具影响力的冶金建设承包商和冶金企业运营服务商,被列入国家重点支持的资源型企业,是目前全国钢铁结构生产量最大的制造公司,是国务院第一批重点发展的房地产业开发的国有控股公司,同时也是中国基础设施的主要力量。

2021年中国中冶出具的ESG社会责任报告,入选国务院国有资产监督管理委员会颁发的"央企ESG·先锋50指数",荣获新浪财经"2021中国ESG金责奖佳公司治理责任奖"荣誉,在新浪财经评选的"中国ESG优秀企业500强"中排名第114名。

19.4.2 中国中冶的ESG信息披露发展历程

中国中冶设立公司目标,主动承担ESG社会责任,积极回应联合国关注的17个可持续发展议题。在协同帮助消除贫穷上,中国中冶在全面脱贫后,继续以消费帮扶的方式助力乡村振兴,防止返贫;在协助消除饥饿上,组织开展捐资与志愿服务活动,捐赠粮食等生活必需品;在协助保障员工良好健康与福祉上,注重职业健康安全管理,加强职业病防治,为员工创造安全、健康的工作环境;在优质教育上,开展捐资助学活动,帮助贫困地区修建学校;在性别平等上,保护女性员工权益,坚持性别平等、同工同酬,注重关怀女性员工;在清洁饮水和卫生设施上,在贫困地区开展自来水、污水管网升级改造工程,为社区居民提供高水平的医疗服务;在经济适用的清洁能源上,加强清洁能源技术开发与应用;在体面工作和经济增长上,维护员工权益,构建全面薪酬体系;提供给员工职业发展通道与培训学习机会,提供丰富的员工福利,关爱困难员工;在产业创新和基础设施上,聚焦多领域基础设施建设,包括房建、交通市政基础设施建设、中高端地产等,加强科技研发与创新平台建设;在减少不平等上,在国内外贫困社区开展志愿帮扶活动,积极承担社会责任,公益捐赠,促进社会资源分配公平;在城市和社区的可持续发展上,发挥业务优势,持续深耕保障性安居工程及绿色建筑项目,开展环境治理项目,如污水处理、垃圾焚烧、生态修复等环保工程;在负责任消费和生产上,推进绿色技术研发,如新能源冶金技术、能源高效利用等技术,实施绿色采购,在供应链推广绿色低碳理念;在气候行动上,制定节能目标,提高能源利用效率、推广节能减排技术、选用新型环保设备;在水下生物保护上,开展生态修复、污水处理、流域治理工程项目;在陆地生物保护上,强化土壤污染防治,提供土壤修复咨询;在和平、正义与机构强大上,杜绝童工与强迫劳工,对贪污、腐败、舞弊等行为零容忍;在促进目标实现的伙伴关系上,积极与政府、行业伙伴、科研机构等开展合作,实现共赢,积极践行 ESG,使 ESG 价值日益凸显。

中国中冶不仅在国内践行 ESG 理念上承担责任,随着"一带一路"倡议的重要使命,中国中冶持续开拓布局海外市场,在坚持属地化战略、遵守当地的法律法规的前提下,广泛积极参与海外社区的建设与发展,ESG 本质上并非财务因素的评价体系,中国中冶海外践行 ESG 建设更大的意义在于与企业、用户、社会各方的利益共同发展。公司共完成了包括印尼德信 350 万吨钢铁、阿尔及利亚奥兰体育场、柬埔寨太子广场等 382 个海外项目,海外员工中属地化员工占比达到 63.55%,给当地企业和百姓提供了共商共享共建的机会,当地就业压力得到缓解,对企业良好国际化企业形象树立起到积极作用。此外,在与当地企业的合作中,中国中冶尊重、理解和学习当地文化,带动当地员工与中方员工携手并肩,谱写合作友谊的新篇章,共谋新发展。

19.4.3 中国中冶的高质量发展

面向未来,中国中冶围绕国家战略需求和核心主业需要,坚持创新驱动发展,增强创新能力,自强自立攻坚关键核心技术,健全完善科技创新体系,企业的竞争力、影响力和抗风险能力得到提升,推动中国中冶加快高质量发展转型步伐。

第一,设立专业技术研究院。中国中冶作为国家创新型企业,专注研究前沿技术,突破核心技术研究,帮助突破性技术落地;构建创新平台,激发科研平台引领作用;完善专利导航和布局,加强国际专利的注册,提高发明和外观设计的专利比例,增强了企业的综合竞争力。中国中冶现有甲级科研设计院12家,大型施工单位15家,具有5家综合甲级设计资质公司、42项特级施工总承包资质,其中四特级施工企业5家,三特级施工企业3家,双特级施工企业4家,位列国内一流水平,排名国内第一。公司注重高新技术的研发和培育,全国共设有27个国家级科技研发平台。

第二,重视知识产权保护,严格遵守《中华人民共和国专利法》。中国中冶一方面通过激励广大职工积极地申请专利、对其专利研究进行资金资助和为专利发明人颁发奖金奖励,以激发员工对专利研究和申请的热情;另一方面强化对知识产权的宣传,中冶公司将开展以提高知识产权经营质量为主要内容知识产权培训,公司上下贯彻学习《企业知识产权管理规范》(GB/T 29490-2013)等相关文件,以提高公司内员工对知识产权的认识。截至2021年,中国中冶已累积拥有40000多项有效发明专利。自2009至今,已累积82项获得中国发明专利,更是在2015—2017年度接连三年荣获中国专利奖金奖。

第三,加强产学研结合,发挥创新主体作用,不断推进产业优化升级。中国中冶坚持以技术为主导,形成自身强大号召力,吸引高校、企业等创新要素向企业集聚,充分发挥高校、科研院所的创新科研开发能力,以市场为导向,协同相关企业将研发成果产业化,形成以科技创新为出发点,校企联合提供资金和配套技术服务的合作模式,调动各方创新要素深度融合,推动科研单位、企业、区域经济等多方共同发展,充分发挥"产学研用"的优势,打造科技创新新体系,实现互利、互惠、互赢的目标。一方面,高校、科研院所等科研单位为企业带来最新的技术,为企业创新驱动发展带来根本动力;另一方面,作为企业,中国中冶在研发时,始终坚持以市场为导向,对市场需求充分调研分析,使技术创新和市场需求相匹配,保证了创新成果与市场需求的匹配和实用价值,既满足了市场上对高品质产品的需求,也体现了产业发展与科研成果的价值。除此之外,中国中冶加强产学研结合,对于产业链中各个参与其中的关键环节和企业等在科技创新领域的发展也起到积极影响,有利于形成全产业链共同优化升级。

19.4.4 中国中冶ESG信息的绿色低碳竞争力

随着"双碳"的发展浪潮,建筑行业迎来巨大的发展机遇,中国中冶设计低碳方案《钢铁行业碳达峰及降碳行动方案》,并成立4个低碳技术专门研究院,组建"中国中冶碳排放评估认定中心",切实承担起我国作为"钢铁强国"实现绿色发展、低碳发展和高效发展的责任,抢抓机遇,布局绿色建材、绿色设备、绿色建造、绿色回收等赛道,通过建造环节向产业链上下游延伸,打造企业低碳竞争力。

第一,绿色施工,严控污染。中国中冶贯彻绿色施工标准,注重对排放源头的监测,采用环保技术施工,科学处置废弃物,推进在污染物治理和废弃物管理等重点领域环境目标的达成。

第二,防范与修复土壤污染。中国中冶建立环保台账,制定监管清单,严格监督管理生产过程中危险化学品和药剂的使用,落实安全管理措施,防止不当操作造成的土壤污染;自主开发已污染土壤的修复药剂和设备,完善土壤污染的评价管控和风险管理机制,清理和修复受污染的土壤。

第三,注重水资源管理。加强入河入江排污口的排查整治工作,强化入河入江排污管控。优化建筑施工的雨污分流,监管雨水和污水的产生、收集、输送、处理等各个环节,规范治理落实施工现场初期雨水收集体系,完善重点区域重点场所防渗工程,建设雨污分流系统,减轻废水系统处理负荷,确保水源使用不存在违法违规、破坏当地生态环境的行为。

第四,加速绿色产业转型。中国中冶以环保创新技术为抓手,开展新能源建设、生态环境产业建设,践行着企业创新发展、绿色发展理念,布局绿色产业,保卫好蓝天、碧水和净土,把握能源转型与低碳经济的新机遇,发展光伏、风能等清洁能源替代化石能源。上海宝冶在江北图书馆项目实施的"风光互补"能源解决方案,在七天内解决项目成立初的用电荒问题,将硅晶板光伏发电、风轮发电和蓄电池发电进行组合,每天产生的清洁能源相当于化石燃料二氧化碳排放量减少逾4吨,在降低企业碳排放的同时推动国家"双碳"目标的实现进程。

19.4.5 案例小结

面对"十四五"时期的新发展格局,中国中冶面向未来,进一步牢牢把握和布局以国内国际双循环为主、国内国际双循环相互推动的新发展局面,将更高质量的发展要求作为首要目标,产业结构全面优化、对外开放更加深入,充分利用互联网经济的发展优势,为建筑行业的发展添砖加瓦,积极推进新旧动能转换,助力实现绿色转型发展,顺应供给侧结构性改革和市场消费升级的新要求,尊重以市场为导向的发展格局,持续在基建补短板以及社会责任和改善民生等领域发力。面向未来,中国中冶的发展有着前所未有的重大机遇,但这些纷繁复杂的变化也给中国中冶的ESG工作提出了更高、更多、更新的挑战和要求。

公共事业

第 20 章 电力行业

电力行业是国民经济的基础和命脉,我国电力供求关系从以前的严重短缺转变为现在的基本均衡。面对气候变化这样的全球性挑战,绿色能源、降低碳排放、生态保护等议题显得尤为重要。2020年,能源消费是我国二氧化碳排放量占比最大的活动,而电力行业占到42.5%。电力行业的"碳达峰、碳中和"的进展将直接关系到我国"双碳"战略目标实现。

20.1 行业基本情况

电力行业产业链包括上游原材料、中游装备制造、下游发输配电等。上游的原料主要有能源金属、工业金属以及其他能源,如作为发电能源的煤;中游的装备制造,主要有电力设备制造、电网设备制造;电力生产包括了火电、核电、水电等在内多种电力生产;电力传输包括交直流输电与变电,配售环节包括配电网络和电力销售;用电环节包括工商业、居民等不同的电力设备的安装、使用和负荷调整控制。如图20.1所示,近年来电力行业发展迅速,全国装机容量、发电量持续增长。

在能源结构的改革中,安全可靠的新能源逐步取代传统能源,将在未来成为主力能源。波动性可再生能源占比提高,降低了供给成本,改善了环境效益,但同时也增加了系统调整成本;随着发电容量的逐步下降,发电企业的发电能力也在逐步下降。电力网络将恢复公用属性,提高系统价值与成本,盈利水平趋于稳定。

电力市场改革逐步深化,目前已经步入深水区,这一市场的发展给政府和电网公司都提出了一个崭新的要求。"放开两头,管住中间"是目前国内电网的主要改革方向,也就是通过提高发电侧、售电侧的市场化程度,达到完全的市场化竞争。各部门纷纷出台有关政策,为我国电力市场的信息化建设进行了一些尝试。其中,资产、成本、价格、运行效率等关键因素的精确测量是我国电力市场的重要组成部分,而信息的公开与及时发布是其重要保障。根据产业发展的需求,政府必须制定健全的政府信息公开体系,以实现产业的科学化。

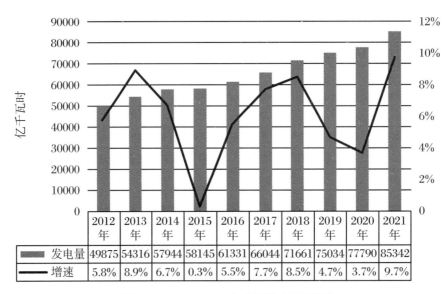

图 20.1　2012—2021 年全国发电量及增速

20.2　行业 ESG 信息披露总体情况

随着电力市场改革推进,有效的信息披露制度是完善电网行业监管的重要工具之一。从目前的政策导向来看,监管部门加强了对电力市场的管治,伴随"强监管"的落实与推进,企业需要披露更加丰富、更加相关的数据。

我国资本市场越来越注重社会和经济的可持续发展,电力行业的 ESG 信息披露整体表现在稳步增长。ESG 信息的披露形式多以 CSR 报告和可持续发展报告两种方式进行,而仅有少数几家公司披露了独立的 ESG 报告。我国 A 股电力企业的 ESG 信息披露表现并不均衡,其中,大型企业通常获得更好的评价,约有 47% 的报告信息披露水平较高,而 40% 左右的报告处在探索发展阶段,报告质量有较大提升空间。根据 Wind ESG 评级系统披露的数据,我国 A 股 97 家电力公司中有 47 家参与 ESG 评级,大多数公司的评级分布在 BB~BBB 级,其中有 4 家公司评级为 A 级,12 家公司评级为 BBB 级,30 家公司评级为 BB 级,1 家公司评级为 B 级,具体分布如图 20.2 所示。

如表 20.1 所示,电力行业的 Wind ESG 综合得分均值为 5.86 分,相较于其他行业处于中等偏下的位置。其中国投电力、广州发展、福能股份获得较高的综合得分,分别为 7.74 分、7.26 分和 7 分。从公司所有制来看,国有电力企业 ESG 指数(45.2 分)总体表现高于民企(37.1分)。

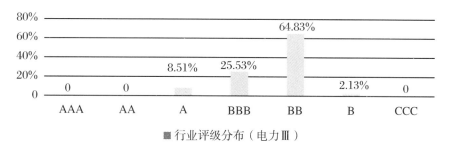

图20.2　Wind ESG 电力行业评级分布百分比

数据来源：Wind ESG 评级系统。

表20.1　2021年度A股电力行业排名情况

排名	代码	简称	ESG评级	ESG综合得分	争议事件得分	管理实践得分	环境	社会	治理
1	600886.SH	国投电力	A	7.74	2.91	4.83	7.68	6.97	6.41
2	600098.SH	广州发展	A	7.26	2.90	4.35	3.88	7.53	6.63
3	600483.SH	福能股份	BBB	7.00	2.90	4.10	7.44	3.11	6.92
4	600900.SH	长江电力	BBB	6.95	2.85	4.09	3.19	5.48	7.63
5	000690.SZ	宝能新源	A	6.72	2.42	4.29	4.11	5.95	7.41
6	600027.SH	华电国际	BBB	6.66	2.64	4.02	6.11	5.05	6.01
7	600101.SH	明星电力	BBB	6.59	2.97	3.62	1.51	4.90	7.45
8	000966.SZ	长源电力	BBB	6.56	2.91	3.65	3.57	6.42	5.28
9	000601.SZ	韶能股份	BBB	6.35	2.84	3.51	7.61	0.92	6.44
10	600116.SH	三峡水利	BBB	6.21	2.69	3.52	6.18	1.71	6.75
		平均值		5.86	2.80	3.00	2.18	3.01	6.41

数据来源：Wind ESG 评级系统。

电力企业ESG信息披露受到各界普遍关注，而监管机构尚未制定行业统一的ESG披露指引，电力企业未能有效披露环境等相关信息，在报告的可比性、有效性方面质量一般。将MSCI指标结合电力企业已公开的ESG信息来看，电力行业在环境、社会、治理方面主要有以下关键议题（见表20.2）。

环境维度是影响因素占比最高的方面。在MSCI评级体系中，环境指标在三大支柱中占比最高，达到50.6%，其中可再遇生能源机遇、碳排放、有毒排放物和废弃物排放这三项占比均超过10%。

在社会维度，企业重点关注的议题有安全生产、员工权益保障、产品责任等。电力行业是国民经济的命脉，良好的声誉有助于企业获取更多优质资源。安全责任事故作为重大风险事件,对员工的生命、企业声誉都有非常重大的影响。各家企业都非常重视安全规章制度的建立与执行,保障员工生命安全以及合法权益是维持企业正常运营的前提条件。

在治理维度,重点关注企业内控制度、信息披露制度建立等议题。结合企业中长期发展战略规划,优化公司治理结构。关注利益相关者的诉求,加强管理层的沟通与监督职能,促进企业的可持续发展。

表20.2 电力行业ESG关键议题及比重

维度	议题	二级指标	权重
环境	气候变化	碳排放	10.40%
	环境机遇	可再生能源机遇	12.50%
	污染和消耗	有毒排放物和废弃物	13.70%
	自然资源	水资源紧缺与利用	8.50%
		生物多样性与土地利用	3.90%
社会	人力资本	人力资本发展	14.40%
	利益相关者	社区关系	1.10%
	产品责任	个人隐私与数据安全	0.10%
	健康与安全	健康与安全	0.10%
治理	公司治理	董事会	33.70%
		审计	—

数据来源:MSCI,德邦研究所。

现有的ESG评价体系适合于绝大多数的公司,并未根据行业进行具体细分。国内电力行业ESG评价体系的建立还处于一个相对初级的阶段,各家机构打分机制不同,使得行业内各家公司的信息披露可靠性、可比性有待提高,甚至有很多家公司都没有机构的ESG评级打分,这对于未来的可持续发展以及ESG投资都是不利的。基于这种情况,结合我国当前的发展状况,具体分析我国的电力行业披露实践,构建出我国大型电力企业ESG信息的科学的、有效的、符合我国行业规律的、符合中国特色的ESG评价体系是十分必要的。

20.3 长江电力的 ESG 信息披露实践

近年来,我国水电行业逐年发展,发电量持续增长,这与经济发展水平呈现正相关关系。然而数据显示,我国的电力企业 ESG 指数总体上低于其他行业,其中环保和污染治理的得分最低,但在治理和社会层面上都有显著的提高。本节以中国长江电力股份有限公司(以下简称"长江电力")这一老牌水电公司 ESG 披露实践为研究对象,为电力行业未来 ESG 信息披露实践提供借鉴意义。

"金沙江下游四座水电站工程规模巨大、技术复杂、效益显著、影响深远,是实施'西电东送'的国家重大工程,是国之重器。"中国工程院院士张超然接受采访时说道。向家坝水电站自建立以来多次获得国家级奖项,2019 年、2022 年该项工程分别荣获"国家水土保持生态文明工程"称号、第三届"高混凝土坝国际里程碑工程奖"。长江电力几十年如一日坚持精益生产管理理念,在"双轮驱动"——科技创新与人才培养的推动下,公司在水力发电方面取得了一批重大的技术和研究成就,连续十年完成了"三零"指标,并在全国范围内连续安全生产 3800 多天,创下了 80 万千瓦水轮机机组的安全生产天数的世界纪录。

长江电力在提升自身实力的同时也带动项目所在地区经济的发展,为乡村振兴之路贡献自己的一份力,把社会效益与经济效益结合在一起,而这些成果都离不开创造价值、奉献社会、绿色发展、和谐发展的社会责任观。

20.3.1 长江电力:力争打造全球一流的水电清洁能源上市公司

长江电力于 2002 年 9 月 29 日创立,于 2003 年 11 月在上交所 IPO 挂牌上市。长江电力秉承"力争打造全球一流的水电清洁能源上市公司"的愿景目标,高质量落实"十四五"规划,立足大水电的引领地位,构建水风光储一体化发展格局,持续加强智慧综合能源开发,进一步形成产业链有效延伸、业务形态向用户侧拓展的新发展模式。公司在大力发展本土业务的同时,持续拓展海外市场,提高资本运作的质量和效率,将改革和创新推向更深层次,为国家和社会创造综合效益。公司的社会责任观如图 20.3 所示,包括创造价值、绿色发展与奉献社会三个方面。

目前,长江电力是世界最大的水电上市企业,具备水电装机量 4549.5 万千瓦,约为全国水电装机总量11.6%。2021年,公司市值首次突破5000亿元,全年投资收益54.26亿元,首次获得穆迪A1评级,在中国A股电力市场排名第一,在全球上市电力企业中排名前列,实现企业的高品质发展,为社会和投资者带来新的利益。长江电力作为"A+G"上市公司,具有AAA级及国家主权级的国际资信等级,在国内外的资本市场享有较高的声誉。

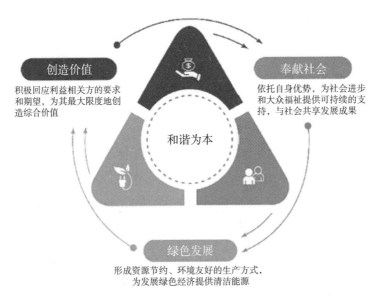

图20.3　长江电力社会责任观

数据来源:长江电力官网。

20.3.2　ESG信息披露动因分析

第一,利益相关者诉求。股东是企业最重要的利益相关者,企业的发展与股东自身的利益密切相关。企业信息披露的透明度、及时性便于股东增进对企业经营活动的了解。同时作为企业的投资者,股东也是公司治理的重要推动力量,良好的公司治理结构有助于提升公司运营效率、内控治理能力、风险防范水平,此外,有利于敦促企业定时、及时披露重大信息,提升投资者以及债权人信心,拓展公司融资渠道。

第二,响应监管机构要求。我国近年来陆续出台了一系列针对环境信息、公司治理信息披露的规定(见表20.3),长江电力作为央企,有责任有义务响应国家号召,履行监管机构的披露要求,积极执行相关规定。

表 20.3　ESG 信息披露相关法律法规

时间	名称
2003 年	《关于企业环境信息公开的公告》
2008 年	《关于加强上市公司环境保护监督管理工作指导意见》
2012 年	《水电发展"十二五"规划》
2015 年	《企业事业单位环境信息公开办法》
2016 年	《"十三五"节能减排综合工作方案》
2018 年	《上市公司治理准则》
2020 年	《上海证券交易所科创板上市公司自律监管规则适用指引第 2 号——自愿信息披露》
2021 年	《环境信息依法披露制度改革方案》
2021 年	《企业环境信息依法披露管理办法》

第三,可持续发展需要。国内外越来越多研究表明企业良好的 ESG 表现可以提升企业内部治理水平,有助于企业抵御风险,提升社会声誉,还能改善企业下行风险,降低企业融资约束等,帮助企业在发展过程中,获取关键资源,协调各方力量,推动高质量发展,同时也能有效地降低股价下跌的风险,降低股票价格的异常波动对公司的经营和投融资活动造成的影响。长江电力制定了构建新发展格局,拓展新发展模式,高质量谋划公司"十四五"发展,持续深化内部改革、加强科技创新、推进数字化转型,努力创建以水电为核心的世界一流清洁能源上市公司的发展战略,ESG 信息披露作为公司治理的重要环节是必不可少的。

20.3.3　ESG 信息披露的持之以恒

20.3.3.1　深耕细作,笃行致远

截至 2021 年,长江电力已连续 18 年披露企业社会责任报告。2021 年,长江电位居力富时罗素 ESG 排名国内 A 股电力行业第一,国际权威指数公司 MSCI 对公司的 ESG 评级上调至 BB 级,这体现了全球资本市场对长江电力在 ESG 风险机遇管理和长期投资价值的肯定和认可。

长江电力 ESG 信息披露参考国内外主流的披露制度与评价体系,通过分析自身可持续发展过程中面临的机遇与挑战,结合联合国可持续发展目标等相关要求以及各利益相关者意见,识别出 27 项公司关键议题(见表 20.4)。

表 20.4　长江电力 ESG 议题来源与关键议题识别

议题来源		
指标、指南分析	水电行业对标	政府沟通会
社会责任调研	投资者线上线下沟通交流	社区意见征集
政策舆情分析	职代会	ESG 相关标准及要求
环境影响评估	供应商沟通会	
关键议题识别		
公司治理	安全生产	保障权益
水资源管理	清洁电能	职业发展
改革创新	节能减排	科技创新
党的建设	保护生物多样性	多元包容
企业文化	负责任采购	社区参与与发展
电力产业链发展	国际化运营	可再生能源开发利用
防洪	慈善捐助	跨文化融合
补水	乡村振兴	能源保供
航运	反腐败	应对气候变化

数据来源：长江电力 2021 年度社会责任报告。

长江电力结合内外部多方意见与建议对重要性及优先顺序进行了排序。根据议题重要性及优先排序，公司在安全生产、能源保供、可再生能源开发利用、水资源管理、乡村振兴、改革创新等方面做出更为详细的信息披露。

长江电力从议题编制到识别利益相关者等，到最后报告撰写、审核，整个过程是持续收集反馈并改进的。议题审核是由公司内外部利益相关者审核筛选出对公司发展最具影响的关键议题，确定公司管理重点和报告披露内容（见表 20.5）。

表 20.5　长江电力关键议题审核

内部	外部
公司领导层	社会责任专家评审
社会责任管理机构	第三方机构参与
各业务部门和所属公司	利益相关者沟通
员工意见征集	

长江电力也十分重视与利益相关者的交流和沟通，不断拓宽交流渠道，增强信息交流的便捷性和有效性，充分保障各利益相关者的知情权和监督权，促进相互了解和沟通

（见表20.6）。

表20.6 利益相关者的关注与诉求与长江电力的责任实践

利益相关者	关注与诉求	责任实践
政府	守法合规 政策响应	主动依法纳税，与地方政府沟通协作，响应国家能源发展战略，服务绿色低碳经济
股东	资产保值增值，信息公开透明	持续提高盈利能力，确保高质量信息披露，定期发布报告
客户	畅通沟通渠道，提高清洁电力供应稳定性和可靠性	充分沟通协商，保持良好合作，实现互利共赢，积极响应客户需求，提高客户满意度，实施阶梯水库调度，提升发电能力
员工	薪酬与福利保障，职业健康与安全，成长与发展，员工关爱	持续完善薪酬福利，民主管理，职业健康，平等就业，注重人才培养与激励，改善办公条件，关爱女性员工健康，帮扶困难员工
合作伙伴，供应商	信守承诺，公平公正公开，推动行业发展	完善供应商管理制度，实行负责人采购，完善科技创新机制，开展行业前沿科技研发与应用，深化国际合作，提升行业影响力
环境	提供可再生能源，加强应对气候变化，提高资源利用效率，保护生物多样性	健全环境保护制度和管理制度，识别和评估水资源风险，减少水资源消耗，开发利用清洁能源，开展长江流域珍稀动植物保护工作
社区	服务地方经济发展，改善当地民生，开展志愿公益活动	开展乡村振兴与帮扶活动，推动帮扶教育医疗基础设施等，深化跨文化交流与融合，开展公益捐助和志愿服务
媒体	信息公开、透明	及时主动公布重要信息，积极接受媒体采访

数据来源：长江电力2021年度社会责任报告。

长江电力始终牢记习近平总书记"把国家重器握在自己手中"的殷切嘱托，立足水电运营主责主业，扎实践行"精确调度、精益运行、精心维护"的生产理念，持续健全与大水电管理相适应的安全管理体系。公司注重环境、社会、公司管理，通过社会责任报告、ESG报告，披露了公司在可再生能源开发、碳管理、生物多样性保护等领域的成功经验，以回应评级机构的非财务信息披露要求及投资者关注。

20.3.3.2 "双碳引领"礼遇自然

在环境方面，长江电力重点披露了可再生能源、水资源利用、清洁电能、节能减排、能源效率、保护生物多样性等方面的议题。识别环境风险，以环境管理体系为平台，不断完善环保制度标准,推进环境风险防控与隐患整治,加大监督检查力度,促进环保管理能力的持续提升。长江电力采取的行动主要有健全环境保护制度保障和管理体系,聚焦"水风光储"多能互补,布局新能源、智慧综合能源、抽水蓄能等能源开发利用业务,推进能源结构优化,减少水资源消耗,降低梯级电站弃水,高效利益水资源(见表20.7)。

结合国家"双碳"目标、低碳转型能源结构战略等,长江电力制定了智慧综合能源业务新发展策略,开辟新能源、抽蓄发展新格局,采用定量与定性相结合的方式披露了公司在环境实践方面做出的努力。

表20.7 长江电力环境管理关键绩效

关键议题	关键绩效
应对气候变化、节能减排	坝区水、气、声等污染物排放100%达标,垃圾分类管理覆盖率100%;生产单位环境贯标率100%;一般固废及危险废物合规处置率100%;四座电站发出绿色清洁电能2083.22亿千瓦时,约等于减少二氧化碳1.73亿吨
水资源使用	四座梯级电站节水增发92.14亿千瓦时;三峡7—8月5场超40000立方米每秒洪水过程实现洪水资源100%利用
生物多样性保护	"长江大保护"专项计划完成率100%;维护长江的生物多样性,新建投运15个智慧综合能源项

数据来源:长江电力2021年度社会责任报告。

长江电力主动识别气候变化相关风险机遇,有针对性地制定减排计划,在积极应对气候变化、推动清洁能源发展过程中拓展新兴业务,切实为温室气体减排创造实效。

长江电力践行低碳理念,构建清洁能源走廊。2021年,公司拥有100台水电机组设备,总装机容量达6169.5万千瓦。与包括长沙市在内的多个城市和区域签订"智慧综合能源"战略合作框架,在十堰东风智能化装备产业园建成了22兆瓦分布式光伏发电等一批项目,在江苏宿迁泗阳县建成15个光储充等项目,智慧综合能源实现规模化发展。积极实施水风光一体化调控,推动新能源、智慧综合能源、抽水蓄能等协同发展。纯电动船"长江三峡1号"引领零碳技术发展。2021年,全球载电量最大的纯电动游轮——"长江三峡1号"建成并试水。"长江三峡1号"一次可充电6000千瓦时,续航100千米,预计每年减少1600吨二氧化碳排放量,贡献温室气体减排。

长江电力助力减碳行动,贡献温室气体减排。生产清洁能源在助力能源系统低碳发展中发挥着重要作用。长江电力通过提供清洁能源,开展循环经济,促进节能提效,助力实现"双碳"目标。长江电力披露了自身碳减排以及助力用户碳减排的实例。

长江电力探索自身碳减排,助力外部用户减排行动。公司系统识别各类直接及间接二氧化碳排放的来源,分类别、分步骤地实施减碳行动,开展三峡水库温室气体排放监测与分析研究,不断降低自身运营产生的碳排放量。长江电力及下属三峡电能针对长三角企业和城市的痛点难点,与上海市、浙江省共同推动"三峡绿电"进入电力市场交易,匹配节能降碳服务,制定"一企一策"的"碳中和套餐",助力用户碳减排(见表20.8)。

表20.8 长江电力助力内部、外部碳减排行动

	碳排放来源	减碳行动
公司内部	以大坝淹没区生物水下厌氧分解、水库内物质沉积等为主的水库水体温室气体	2021年,公司自行立项开展三峡水库碳排放监测与分析研究,总结凝练长期趋势;测算得到三峡水库2021年碳排放强度与前期研究结果基本保持稳定
	电气设备中的六氟化硫;用于照明、空调等的电力设施电能消耗;水电厂抽水产生热能	对使用SF6作为绝缘介质的高压电气设备进行密封设置,在相关设备检修时要求对SF6进行100%回收
外部用户	大陆集团是世界先进的汽车零部件供应商,对节能降碳需求非常紧迫	通过分布式光伏等方式节省能源费用,减少二氧化碳排放,该工程运行期间,为公司减少了4.5万吨的二氧化碳排放量,节能降碳成效明显
	德国巴斯夫集团是世界大型化工企业之一,有节能降碳需求	采用电化储存与绿色电力市场营销相结合的方法,为巴斯夫公司的节能减排提供了一套个性化智能集成能源解决方案

数据来源:长江电力2021年度社会责任报告。

长江电力重视识别和评估水资源风险,加强在水资源管理的研究与创新,升级水资源决策支持系统功能,加强对流域内的水资源的管理和调度,不断提升水资源的使用效益,水资源决策支持系统让调度更高效。2021年,公司在"智慧长江与水电科学"实验室开发水资源决策支持的基础上持续改进,形成联合调度成套新技术和系统解决方案,可满足防洪、发电、航运、供水及生态等多目标需求。截至2021年底,该系统已累计改进功能200余项,实现梯级电站的高效统一管理。

长江电力将自身绿色发展融入中国三峡集团尊崇自然、绿色发展的生态保护体系,坚持推进生态文明建设,创新技术手段,开展长江中游"四大家鱼"自然繁殖生态调度试验,实施流域名木名树迁地或就地保护,助力打造人与自然和谐共生的"三峡样板"。

为了提高三峡水库鱼类的自然繁殖能力,在2020年的生态调度中,三峡水库在4月下旬到5月上旬进行了三次生态调度试验,在此过程中,该水库的鲤鲫鱼类总产卵量达到了3亿枚左右。三峡电站6月进行了两次葛洲坝流域四大家鱼的生态调度实验,在此过程中,宜都流域的鱼类总产卵规模达到了124亿多枚,达到了有史以来最高值。

乌东德水电站采用分层取水调度试验,通过调整水温来提高鱼群的繁殖。在乌东德水电站今年首次进行分层取水生态调度试验,采用6个机组、3层叠梁门(共108个)

进行分层取水调度,3层叠梁门落门后右岸排放水温提高约0.1 ℃。

20.3.3.3 惠普与众,和谐共建

在社会责任方面,长江电力披露的关键议题包括:乡村振兴、海外融合、地方发展、社会公益、员工权益保障、成长发展、员工关怀等。公司始终将履行企业社会责任、促进可持续发展作为提升核心竞争力的重要路径,在实践中不断深入对社会责任的理解,将社会责任管理理念融入企业战略和运营管理体系中,携手各方创造经济、社会和环境综合价值(见表20.9)。

长江电力大力推进贫困县、库区乡村产业、教育、医疗、基础设施等方面的全面振兴,帮助重点帮扶地区和电站库区实现从精准扶贫到乡村振兴的无缝衔接,加强跨文化交流,打造多元化国际宣传平台,优化升级宣传内容和传播形式,打造中国企业国际形象,不断深化海外融合发展增强当地经济发展活力,为海外社区建设和民生改善提供有力支撑,推进地企协同发展,不断推出"幸福微笑""慈善阳光班"等公益活动,将一点一滴的爱心汇聚成强大的社会暖流。坚持不懈地推进社会治理,增进社会福祉,不断创造社会广泛的社会价值。实现核心管理绩效:缴纳税费160.91亿元,社会责任项目投入资金2.37亿元,实施社会责任项目60个,参与公益活动1000余人次。

表20.9 社会责任管理关键绩效

关键议题	主要行动	关键绩效
乡村振兴	着力推动帮扶县和库区乡村产业、教育、医疗、基础设施等全面振兴,助力定点帮扶地区和电站库区实现从精准扶贫到乡村振兴的无缝衔接	帮助两县引进帮扶资金共计763万元,助力建设奉节县脱贫群众城区就业平台、安坪镇返乡创业园,搭建创业就业平台;新建巫山县三溪小学附属幼儿园教学楼3033平方米
海外融合	加强跨文化交流,打造多元化国际宣传平台,优化升级宣传内容和传播形式,打造中国企业海外责任形象,持续深化海外融合与发展	编制形成《企业本土化传播策略白皮书(秘鲁篇)》《三峡集团秘鲁跨文化沟通指南》等多项研究成果
地方发展	增强地方经济发展活力,助力海外社区社会发展和民生改善,促进地企协同发展	助力乡村招商引资3.6亿元;为湖北奉献清洁能源7717.36亿千瓦时
社会公益	持续开展"幸福微笑""慈善阳光班"等慈善公益活项目,将点滴爱心汇聚成强大的社会暖流	参与公益活动1000余人次

续表

关键议题	主要行动	关键绩效
员工权益保障	持续完善民主管理、职业健康、平等就业等方面的劳动用工管理制度,维护公司和广大员工的合法权益	员工离职率0.36%
成长发展	通过市场化人才引进、多元化人才培养、技能型人才激励、规范化职业发展等一系列人才发展举措,拓宽人才成长空间,提高人才发展积极性	员工培训总投入1070.86万元;2021年开展员工身体健康检查1次/人年,公司及各单位全年共开展安全教育培训8530余人次
员工关怀	把员工的关怀放在改善工作、生活条件、改善身心健康、满足特殊需求等方面,使其持续提升员工的归属感和幸福感上	女性管理者占比9.48%

长江电力立足公司水电事业与库区建设的协调发展,振兴库区,不断加强对三峡、葛洲坝、溪洛渡、向家坝4座电站库区的帮扶力度,助力库区经济建设和民生保障,为电力事业营造良好生产经营环境的同时,加快推进库区长远发展。2021年,长江电力实施库区帮扶项目22项,涵盖基础设施帮扶、教育帮扶、卫生帮扶、产业帮扶、就业帮扶等多个方面。

"三峡集团奖学金"成功落地秘鲁里卡多·帕尔玛大学。2021年12月27日,由中国长电国际(香港)有限公司出资设立的"三峡集团奖学金"在秘鲁里卡多·帕尔玛大学成功落地,计划向该校优势专业土木工程系青年学生奖励5000元,资助优秀大学生完成学业,加深中秘青年学生之间交流。

长江电力通过对员工的工作、住宿、餐饮等方面的改善,促进员工身心健康,关心慰问基层一线员工、困难员工、离退休员工,为他们解决后顾之忧,帮助他们舒心工作、安心生活。不断开展大病救助、节日慰问等活动,不断提高职工的幸福感。重视员工的身心健康,保证员工保健疗养制度的实施,使员工身心放松,快乐工作。为提高员工及家人对公司的归属感,实施特殊的妇女保护措施,保障妇女的健康,加强女员工的归属感与幸福感。

20.3.3.4 价值创造,管理增效

长江电力在公司治理方面披露的关键议题包括:综合效益、党建工作、安全运行、精益生产、创新驱动、合规运营、负责任采购、企业文化等方面。具体采取的措施包括公司不断完善董事会构成,提升董事履职能力,确保发挥好董事会决策参谋和助手作用,保障公司规范治理。编制《董事会授权管理制度》,统筹推进公司专职董事监事人才库建

设,健全公司外派专职董事管理制度,优化公司所属企业董事会成员构成,持续提升公司规范、科学、高效管理决策水平(见表20.10)。

表20.10 长江电力公司治理关键议题与绩效

关键议题	主要行动	关键绩效
综合效益	强化运行管理水平,梯级六座电站联动,持续发挥梯级枢纽防洪、发电、补水、航运、生态等综合效益	四座梯级电站年度累计发电量达2083.22亿千瓦时;梯级六座电站联动拦峰蓄洪、削峰错峰,拦蓄洪量达172亿立方米;三峡水库成功应对8场超40000立方米每秒以上洪水,并顺利完成进入正式运行期后首次175米蓄水
党建工作	公司紧抓党建基础工作,以"党建创新拓展年"为依托,不断推进全面从严治党向纵深发展。全方位部署党风廉政建设工作,依法依规落实党员干部监督管理工作,持续推进公司合规经营与健康发展	定期开展党风廉政建设和反腐败专题研究,2021年审议党风廉政建设有关议题5项;全年组织党组管理干部报告个人有关事项90人次
安全运行	开展安全管控研究,开展"五大安全风险"管控,梳理并完善安全管理体系及应急管理机制,抓好网络安全建设,保障安全稳定高效运行	葛洲坝电厂实现连续安全生产18周年;乌东德电站、白鹤滩电站接机发电实现"首稳百日";安全生产实现"双零"目标
精益生产	精确调度、精益运行、确保电力稳定供应	所属四座梯级电站年度弃水率0.016%
创新驱动	推动科技创新,坚持创新驱动,推动科技成果转化和应用	国企改革三年行动纵深推进,被选为"国有重点企业管理标杆创建行动标杆企业"
合规运营	加强合规经营管理,完善合规管理机制,印发《合规手册》《境外经营合规管理办法》《合规咨询与审查管理办法》等规范制度,强化日常合规审查	强化法律审核,重大合同、重大项目、重要业务法律审核率100%
负责任采购	断完善在供应链管理方面的制度、机制,坚持公平、公正、公开的阳光采购,规范开展供应商评价,促进供应商综合能力提升,携手产业链协同发展	竞争性采购比例达77.71%
企业文化	以"努力创建以水电为核心的世界一流清洁能源上市公司"的愿景为指引,持续打造"精益求精-责任担当 做大国重器的合格守护者"为主题的企业文化体系	制定《企业文化建设"十四五"工作规划(2021—2025年)》;编制印刷公司《安全文化手册》《安全行为手册》《安全文化五年规划》

数据来源:长江电力2021年度社会责任报告。

20.3.4 案例小结

长江电力以"努力创建以水电为核心的世界一流清洁能源上市公司"的愿景为指引,持续高质量数据发展模式,深化企业内部改革。2021年,共完成124份信息披露材料的发布,利用上证e互动、董秘邮箱、交流热线、微博、微信等多种线上渠道进行信息交流。通过"一对一"和"一对多"的形式,与国内外的投资人沟通。在2021年,公司共召开3次网络直播的绩效报告会,共514家中外投资机构、1085名投资人就公司的经营状况和发展情况进行了深度交流。

长江电力坚定行稳致远的决心不变,不断追求提质增效,认真践行诚信运营,持续推动法务、合规、内控、风险四位一体建设,以自身的持续稳健发展,不断为行业发展贡献正能量。

20.4 三峡能源的 ESG 信息披露实践

ESG信息披露关注企业在环境、社会、治理方面的实践与表现,以实现经济效益与社会效益统一。在面向"双碳"目标的"1+N"政策体系中,国企发挥统领作用。中国三峡新能源(集团)股份有限公司(以下简称"三峡能源")积极响应国家政策号召,大力发展可再生能源,在沙漠、戈壁、荒漠地区加快规划建设大型风电光伏基地项目,构建"清洁低碳、安全高效"现代能源体系。在实现企业经济效益同时,三峡能源积极履行社会责任,注重生态保护与能源利用效率,扶持乡村经济发展,捐助灾区重建等。本节以三峡能源ESG信息披露实践以及社会责任活动为研究对象,分析其可取经验,为同类型企业未来在ESG信息披露方面提供相关指引。

2021年6月1日,三峡能源在上海证券交易所正式举行首发上市敲钟仪式标志着公司圆满完成"股改—引战—上市"三步走改革路线图,迈入自我滚动发展的新阶段。公司首次公开发行股票85.71亿股,募集资金总额227.13亿元。公司首份《年度企业社会责任报告》在2021年披露,公司信息披露制度逐渐完善。三峡能源是坚定不移的洁净能源探索与实践者,将"两山"思想贯彻到了荒漠、盐碱滩涂、荒山野岭、废弃矿山、沉陷水面上,大力推行"新能源+生态修复"综合模式,探索出一条生态修复与综合利用、保护生态相结合,经济效益与社会效益、环境效益相结合的新路子。在山西阳泉大同采煤沉陷区,建设电站、种植被、生态环境修复,将废弃矿山变成了绿洲;安徽淮南煤矿沉陷区综合整治和太阳能利用,在全国范围内建设了世界上最大的浮动太阳能发电基地,形成了一道生态、经济、社会效益共赢的靓丽风景;青海格尔木地区采用"草网"将2900多平方千米的沙漠地区改造为"光伏田",实现了高达2900多平方千米的生态和经济效益。2021年7月,三峡陕西铜川的"光伏+"黄土高原生态恢复项目被列入了"第二届联合同可持续发展目标实践行动优秀案例",其中的"太阳能+高效农业+观光+扶贫"项目在2022年7月于全球首次亮相。三峡能源在实施农村发展的过程中,充分发挥自身的作用,实施"新能源+扶贫"的新型帮扶方式,提升农村土地综合利用价值,实现农光互补、渔光互补、牧光互补等多元格局,打造具有新能源特色的扶贫新路径。

20.4.1　公司成功上市,创造价值回报股东

三峡能源成立于1985年9月5日(2019年6月26日整体变更设立股份有限公司),作为三峡集团的子公司,是新能源业务的战略实施主体,承载着三峡集团发展新能源的历史使命。

三峡能源2021年的业绩大幅增长,盈利能力显著提高,全年的营业额达154.84亿元,较2020年同期增长36.85%;公司实现了56.42亿元的净利润,较2020年同期增加56.26%;公司的净资产收益率为10.14%,比2020年增加1.16个百分点,在2021年派发10.83亿元的现金股利(含税)。

三峡能源的主营业务包括开发、投资和运营风能、太阳能等新能源。以"风光三峡""海上风电场引领者"为核心,以规模效益为重,实行差异化战略、成本领先等经营战略,力争建成一家具有良好产业结构、高资产质量、高经济效益、高管理水平的国际一流新能源企业。

截至2021年底,三峡能源已建成的装机容量为2289.63万千瓦,其中,风力发电1426.92万千瓦,光伏发电841.19万千瓦。2021年度,公司发电量达330.69亿千瓦时,同比增长了42.5%。其中,光伏发电量为94.99亿千瓦时,同比增长了42.90%;风电发电量为228.89亿千瓦时,同比增长44.70%。三峡能源秉承"为我中华,志建三峡"的三峡精神,以"双碳"目标为引领,坚定绿色低碳发展方向,坚持新发展理念,发挥国企在能源绿色转型中的示范作用。公司已经同30多个省、自治区和直辖市的业务单位建立了良好的合作关系,在装机规模、盈利能力等方面都跻身于新能源行业的前列。

20.4.2 ESG信息披露动因分析

20.4.2.1 公司治理水平逐渐完善

由委托代理理论可知,大型企业的代理成本更高,而同时由于资金实力雄厚,内部控制体系比较健全,其信息披露质量也比较高。三峡能源在2021年首次发行股票后,一直非常重视内部控制制度的建设,强化公司的风险控制能力,提升公司的管理效率。同时,作为国有企业,随着改革的不断深化和完善,公司的三会建设和信息披露也越来越好,因此在治理层面有良好的表现。

20.4.2.2 满足利益相关者的诉求

政府以及监管部门是社会责任信息披露的重要力量,近年来有关部门出台了一系列 ESG 信息披露的指导性规章制度,对信息披露要求趋于严格,三峡能源披露社会责任报告也是对国家相关政策的积极响应。

员工是企业能够正常运转的重要保障,三峡能源在员工关怀、培训与发展、权益保障、安全生产等方面的努力也能更好地激发员工积极性。公司把员工相关的建议纳入ESG信息披露的重要议题,也传递出积极信号,使得员工更愿意投入到公司的发展中来。

股东是公司重要的利益相关者,同时对于公司的绩效水平、风险管理、社会责任履行、合法合规性等都高度重视。公司定期披露报告、临时公告等,可以满足股东、债权人以及投资者的相关需求,增强信息透明度,从而有利于股东的各项决策。

20.4.3 ESG信息披露概况

2021年三峡能源正式在沪市主板上市,是国内电力行业历史上规模最大IPO,同时也是A股当期市值最高的新能源上市公司。2022年4月,公司参考国内外相关标准,披露了《中国三峡新能源(集团)股份有限公司2021年度社会责任报告》,这是公司的第一份企业社会责任报告。这份报告以GRI的《可持续发展报告指南》以及《中国企业社会责任报告指南基础框架》(CASS-CSR4.0)为主要标准框架,从经济绩效、环境绩效、社会绩效三个维度,采取定量结合定性的方式披露了具体指标的数据(见表20.11)。

表 20.11 三峡能源 2019—2021 年度关键绩效指标

类型	关键绩效指标	单位	2019 年	2020 年	2021 年
经济绩效	营业收入	亿元	89.57	113.15	154.84
	营业收入同比增长率		21.32%	26.33%	36.85%
	净利润	亿元	30.51	39.41	60.86
	净利润环比增长率		7.88%	29.19%	54.42%
	净资产收益率		7.08%	8.98%	10.14%
	科技投入	亿元	2.55	4.52	6.70
	新增专利数	项	16	28	106
	国家、省部或行业学会科学技术奖励	项	3	2	3
	可控装机总量	万千瓦	1053.65	1559.65	2289.63
	总发电量	亿千瓦时	186.47	232.00	330.69
	风电装机总量	万千瓦	611.99	888.06	1426.92
	光伏装机总量	万千瓦	420.14	650.08	841.19
环境绩效	水土保持防治目标达标率		100.00%	100.00%	100.00%
	污染物排放达标率		100.00%	100.00%	100.00%
	一般固废及危废合格处置率		100.00%	100.00%	100.00%
	环保和治理费用	万元	6554.50	10562.86	16814.94
	万元产值综合能耗	吨标准煤/万元	0.08	0.07	0.07
社会绩效	在岗员工人数	人	2664	3315	4206
	员工工会入会率		100.00%	100.00%	100.00%
	劳动合同签订率		100.00%	100.00%	100.00%
	职代会提案办结率和满意度		100.00%	100.00%	100.00%
	新增职业病	例	0	0	0
	社会保险覆盖率		100.00%	100.00%	100.00%
	医疗保险覆盖率		100.00%	100.00%	100.00%
	女员工产假后返岗率		100.00%	100.00%	100.00%
	员工满意度		100.00%	100.00%	100.00%
	重大危险源	个	0	0	0
	重大安全风险	项	0	0	0
	重大安全隐患	个	0	0	0
	重大以上安全事故	起	0	0	0
	捐赠总额	亿元	0.66	1.46	0.85
	乡村振兴定点帮扶资金投入	万元	1450.00	3000.00	3000.00
	乡村振兴定点帮扶单位数	个	1	1	2
	组织乡村振兴培训人数	人	3733	3156	16607
	购买帮扶地区农产品总额	万元	471.50	606.70	1615.00

数据来源：三峡能源 2021 年度企业社会责任报告。

三峡能源使用35个关键绩效指标定量披露了各项数据,其中包括经济绩效指标12个,环境绩效指标5个,社会绩效指标18个。此外,报告从"风光旖旎•赋能绿色生生不息""风光无限•赋能创新欣欣向荣""风光璀璨•赋能发展灼灼日茂"以及"风光怡人•赋能社会美美与共"四个板块定性披露了公司在环境、社会、治理方面做出的努力。

20.4.3.1 环境维度

三峡能源注重可持续发展能力,将绿色环保思想有效地贯彻到电站建设、设计和运行全过程。例如江苏盐城响水海上风力发电工程中,设置了一种特殊的鸟类预警系统,能够在紧急情况下对鸟类经过进行紧急制动,大大提高了鸟类的存活率。三峡能源推行"海上风电场领军企业"的发展策略,大规模进行海上风电场建设,并在工程建设的同时,加强对海洋生态的保护。另外,三峡能源还采取了"新能源+农+林+渔+旅游"的发展模式,利用煤矿沉陷区,光伏扶贫,农光互补,建设环保新能源项目。在青海省格尔木市建成了国内首座大规模廉价太阳能发电站,利用草方格法将杂草与流沙和细小的沙粒结合起来,在海拔2900多米的戈壁地区进行了"绿色"开发。利用"太阳能+荒地+林光相辅相成"的方式,在内蒙古鄂尔多斯达拉特旗建成了"太阳能+荒地+林光相辅相成"的太阳能发电基地,把这片荒芜的戈壁变成了"绿色的太阳能、绿色的林果绿岛"。甘肃金昌太阳能光伏项目采用了"电力+生态技术",利用沙棘植物的固沙和蓄水量,提高了土壤含沙率,同时太阳能光伏电站也具备良好挡风、防风作用,在开发场内种植花草、果蔬既能改善生态,还能补给周边人民生活所需。三峡能源在实施期间的土壤侵蚀控制指标和污染控制指标均达100%。

20.4.3.2 社会维度

三峡能源重点披露了在供应链社会责任、安全生产、员工权益保障、人才培训、定点帮扶与乡村振兴、公益慈善等方面的信息。

1. 供应链社会责任

三峡能源本着"平等、尊重、诚信"、共建共享共赢的原则,积极构建合作平台,不断创新合作方式,力求使双方的利益同创共享,从而达到"1+1>2"的效果。持续完善供应链管理系统,强化上下游产业链的把关与审核,依托数字化、信息化技术,搭建高质量、负责任的产业链资源平台,带动上下游产业实现高质量发展。还与多个省市建立长期战略伙伴关系,加深了政府和企业间的合作。从深度与广度,共同为当地的经济和社会发展服务;根据实际情况,规划示范基地,实现多方共赢。

2. 安全生产

三峡能源安全管理体系不断健全,建立了安全生产责任清单,从上到下各层级签订安全生产责任书,做到了责任全覆盖;实行安全生产分级管理,配备安全总监、安全管理部门、专兼职安全员,确保公司及各单位安全监管全覆盖;通过实施"大项目建设"模式和"电力生产省域化"的模式,提高了公司的安全生产管理水平。通过举办"大讲堂""一把手讲安全课"等活动,创建三峡能源安全宣传教育的品牌工程;大力开展"安全生产月"活动,营造一种人人关心安全、人人学习安全知识的良好风气;编写员工的三级安全教育和培训教材,加强安全宣传和培训,提高员工的安全意识;通过不断地进行"五分钟安全"活动,培养员工在上班前静下来思考的良好习惯。

3. 员工权益保障

三峡能源严格遵守《中华人民共和国劳动法》及相关法律、法规,与所属职工建立了良好的劳动关系。落实劳动合同法,建立健全的社会保障制度,并及时足额缴纳社会保险、商业意外险、社会医疗保险等,充分保障员工休息休假、参与民主管理等权益。深入挖掘员工的内心需求,营造一种积极、健康、向上的企业文化环境;关心职工的生活,帮助和关怀困难的员工,提高他们的归属感;通过组织各种形式的娱乐活动,使职工的工作与生活得到均衡,使他们的工作更快乐、更健康,使他们的凝聚力成为公司持续发展的不竭动力。

4. 人才培训

三峡能源十分重视人才的培养。在2021年,公司通过三峡能源企业党校、网络学习平台等内部、外部资源,制定了《2021年度员工培训工作计划》,开展了包括风险管控、项目经理管理能力等42项专业培训;改革人才培养模式,加强对年轻人才的培训,实行以干代训、轮岗、参加专项工作等的"双导师"的培养模式;与外部组织共同努力,进行专业技术培训;通过对优秀青年的不断甄选,帮助他们在自己的岗位上成长,并实现自己的价值。同时,公司还组织了常态化职称认定,开展技能人才认定,完善了人才津贴的激励机制。截止到2021年末,公司拥有经济、工程、会计、政工等各类专业技术人员2537名,同比增长14%,中级及以上专业人员比例上升32%。

5. 定点帮扶与乡村振兴

三峡能源坚持贯彻党中央、国务院、三峡集团公司有关农村建设的一系列重大政策、重大决策部署,以高度的政治责任感和强烈的使命感,积极参加了定点扶贫工作。2003年,在江西省万安县、内蒙古巴林左旗等重点扶贫地区,精心组织实施了一系列民生工程,包括教育、医疗、基础设施等,为两地实现高质量脱贫提供了有力保障,成为央企实施定点帮扶的"三峡样本"。2021年,公司将继续加强对人才培养、消费和产业的帮扶,每年引进和投入帮扶资金近3亿元,在江西省开展了50多个扶贫项目,被评为"全国扶贫先进单位"。

6. 公益慈善

三峡能源在发挥央企社会责任的同时,发挥其业务、专业、资金、人力等方面的优势,开展了慈善捐赠、公益活动、志愿服务、支援抢险救灾等活动,为改善人民生活提供了极大的便利。2021年,公司在鹤壁市洪涝灾害严重地区开展抢险救灾和灾后重建志愿服务,向河南省慈善总会经济捐赠300万元。在通辽市的雪灾救援和恢复中,向当地红十字会捐赠300万元。

20.4.3.3 治理维度

三峡能源在完善公司治理方面提出的举措以及成果如下。一是推进"三会"规范化运作,高质量完成"三会一层一组织"建设,充分落实董事会职权。二是完善公司治理结构,加快完善现代企业制度建设,深入落实国企改革。明确各项改革任务,推行"大建管"模式,在公司上下深化"放、管、服"改革,提高工作集约化、专业化程度。在激励机制改革方面,实施"揭榜挂帅"、竞聘上岗、差异化薪酬、中长期股权激励等措施。三是规范内控体系与制度建设,强化公司风险管理机制。设立了法治领导小组,成立法律合规部,印发《2021年法治工作要点》,落实法治建设第一责任人职责。开展风险评估,重大风险事件报告、重大风险应对跟踪等多项举措。成立党委审计工作领导小组,完善6项审计制度,开展专项审查和巡察,落实审计意见后续监督反馈。四是建立信息披露机制,及时、完整、公平地完成重大信息披露,高质量完成定期报告、临时公告的相关披露。2021年,三峡能源申报的《强化制度引领 激发治理效能》,被评为"第二届工业企业管理创新优秀论文"一等奖,三峡能源也入选国资委管理标杆企业。

20.4.4 ESG信息披露外部评价

根据Wind ESG评级系统,三峡能源的ESG评级为BB级,排名为第30名,综合得分5.52分,在被评级的47家电力企业里居于中等偏下的水平。从各项得分来看,治理水平(6.53分)略高于电力行业平均水平;争议事件(2.89分)与平均水平持平;管理实践(2.63分)、社会实践(2.64分)略低于平均水平;环境得分(0.33分)大大低于行业平均水平,具体来看是由于公司仅披露了能源与气候变化方面的数据,缺乏对废水、废气处理方面的信息披露。

20.4.5 案例小结

三峡能源自成立以来于2021年首次披露企业社会责任报告,这是在ESG信息披露道路上迈开的重要一步,既是改革之路,也是创新之路。IPO上市这一举措加快了公司进行国企改革的步伐。公司在上市前后不断完善内部治理结构、建立健全内控制度。从报告内容来看,公司披露的多是正面的应对措施以及绩效,较少披露环境方面的信息,缺乏环境信息中废气、废水等的排放情况。报告形式主要是定期年报、季报,以社会责任报告和年度报告为主,公司披露的ESG报告以及管理实践缺乏第三方机构的认证。

"风劲扬帆正当时,勇立潮头敢为先。"在未来,可以加强信息披露事务管理,保护投资者的合法权益,拓宽与媒体、投资者、员工等利益相关者的沟通渠道,获取利益相关者更多的真实诉求。此外,还可以参与国内国际有影响力的论坛、评选,争取获得主流机构的认可,提升公司ESG信息披露的质量和权威性,有助于三峡能源在绿色发低碳发展之路走得更远。